사회복지서비스 재정지원방식

윤영진 · 장승옥 · 지은구 · 김은정
공저

청목출판사

머리말

사회복지서비스의 공급은 민영화에 영향을 받은 시장기제의 도입으로 다양화하고 있다. 특히 공급의 다양화에 따라 사회복지서비스의 재정지원방식도 다양화되는 것이 전 세계적인 현상이라고 할 수 있으며 이는 우리나라에서도 예외는 아니다. 최근 정부는 사회서비스 사업을 기획하고 진행하면서 그동안의 전통적인 방식인 공급자중심의 방식을 탈피하여 바우처등 이용자중심의 방식을 도입하였으며 이러한 공급체계의 변화와 새로운 재정지원방식의 도입은 사회복지계의 뜨거운 논쟁의 핵심으로 부상되었다. 이용자중심 방식에 대한 보다 명확한 배경이나 근거 또는 유형이나 실천적 적용 등에 대한 연구가 활발하지 못한 상황에서 논의는 비생산적으로 흐를 가능성이 있으며 보다 생산적인 논의를 위하여서는 공급체계 변화의 배경을 분석하고 공급체계의 변화에 따른 재정지원방식의 유형과 특성의 장단점을 분석하며 서비스 유형별 그리고 대상자 특성별로 재정지원방식을 재분류하여 실천적 함의를 도출하는 것이 매우 중요하다고 할 수 있다.

이 책은 2008년 보건복지가족부의 재정지원을 받아 이루어진 연구를 수정 보완한 것으로서 연구의 목적은 다양한 사회복지서비스 공급체계 변화의 흐름을 짚어보고 공급체계의 변화에 따른 재정지원방식의 변화를 국가주도형, 제공자주도형 그리고 이용자주도형으로 분류하여 민영화의 핵심인 공급자(또는 제공자)주도형과 이용자주도형의 유형을 소개하고 사회복지서비스사업의 특성과 대상자의 성격을 중심으로 적합한 재정지원방식의 유형을 도출하는 것이다. 본 연구의 세부 집필자는 제1장, 2장, 9장 윤영진, 3장, 7장, 8장 지은구, 4장 장승옥, 5장과 6장 김은정이다.

본 연구가 연구범위의 광활함과 자료와 시간 등의 부족으로 제한적인 결과만을 도출하였지만 사회복지계에서 사회서비스공급체계변화와 재정지원방식의 유형들에 대한 보다 과학적인 분석과 연구가 진행되도록 하는 징검다리의 역할을 수행하는데 미력하나마 도움이 되었으면 하는 바람이다. 본 연구의 출판을 허락하신 청목출판사의 유성렬 사장님과 연구 자료의 정리에 도움을 준 윤지은 선생에게 감사의 뜻을 전한다.

2009년 7월

저자 일동

차 례

제1장 서 론

제1절 연구의 목적

최근 사회복지서비스 제공과 관련하여 바우처 제도를 도입하는 등 서비스 이용자 선택권을 확대한 점은 패러다임의 변화라 할만큼 획기적인 변화이다. 기존에 사회복지서비스가 제공되는 방식은 서비스 공급자 중심적이었다. 공급자 중심 서비스 제공은 서비스의 중복, 비효율적 전달체계, 서비스의 과잉 및 과소 공급, 부정수급 등의 문제점을 야기했다. 이러한 문제점을 해소하기 위해 선진 각국은 이용자 중심적 서비스(user-centered services) 제공이라는 새로운 정책설계에 많은 노력을 기울였다. 영국의 직접지불제도와 개인총예산제도(individualized budget)의 도입, 오스트리아의 공공-비영리-영리기관 협력체계(public-social-private-partnership) 제도 시행 등이 그러한 예이다. 여기에는 복지국가의 재구조화라는 시대적 흐름도 영향을 미쳤다. 세계화, 경제위기와 재정위험, 인구구조의 변화, 일자리 및 가족관계의 변화 등이 복지국가의 재편을 촉진하는 측면이 있다. 복지국가의 새로운 흐름은 분권화, 민영화, 시장화, 다양화 등으로 특징지어진다.

우리나라도 최근 빈곤 근로층의 양산, 소득 양극화 심화, 저출산·고령화, 보육, 가족관계의 변화 등의 새로운 사회적 위험에 대한 재정적 대응의 일환으로 복지재정이 확대되는 추세이다. 새로운 사회적 위험으로 인하여 발생하는 새로운 사회적 욕구는 공공부조와 사회보험만으로는 해결할 수 없다는 인식이 확산되었고 사회복지서비스는 복지국가를 발전시키는데 중요한 역할을 담당하게 되었다. 사회복지서비스의 공급확대가 불가피한 시대적 요구에 부응하기 위하여 안정되고 유연하며 효과적인 사회복지서비스를 제공하도록 유도하는 국가의 역할은 매우 중요시될 수밖에 없다. 다양한 사회적 욕구를 효과적으로 해결하기 위해서 적절한 사회복지서비스를 제공하고 이에 상응하는 최적의 비용지불방식을 도출해내야 하는 과제를 안고 있다. 사회복지서비스 재정지원과 관련하여 종전 시설 중심의 제공자 재정지원 방식은 재정지출의 효율성과 사회복지서비스 제공의 효과성을 담보하는 가장 최선의 방안이라고 할 수 없다. 이에 따른 새로운 재정지원 방식이 모색될 필요가 제기되고 있다.

2007년 사회서비스 분야 4대 전자바우처 사업이 시행되면서 이용자 중심의 보편적 서비스 제공이라는 새로운 지평을 열게 되었다. 일부에서는 국가복지를 소홀히 한 채 민영화 내지 시장화로 가는 것이 아니냐는 비판적 시각으로 보기도 하였다. 그러나 재원의 대부분이 국가재정에서 지원되고 있으며, 이용자 선택권이 확보된다는 점에서 맞춤형 사회복지서비스 제공과 재정지출의 효율성을 제고할 수 있는 정책대안이라고 볼 수 있다.

그러나 사회복지서비스 공급체계와 연계된 재정지원 방식으로 바우처 방식만이 효율적이고 적절한 방식이라고 평가할 수는 없다. 사회복지서비스의 유형과 공급방식에 따라 다양한 재정지원 방식이 있을 수 있으며, 그 효과도 다를 것이다. 사회복지서비스 공급체계와 잘 부합된 재정지원 방식을 설계하기 위해서는 정책의 경로 의존성과 선진국 사례를 고려할 필요가 있다.

따라서 이 책에서는 사회복지서비스 공급체계의 유형을 살펴보고, 이에 상응한 재정지원 방식으로 크게 제공자 지원방식과 이용자 지원방식으로 나누어 선진국에서 시행되고 있는 다양한 제도들을 검토하고자 한다. 그리고 사회복지서비스 유형에 적합한 재정지원 방식을 모색하고, 재정지원 방식과 성과의 연계를 도모하고자 한다. 마지막으로 한국의 사회복지서비스 환경을 고려한 사회복지서비스 재정지원 방식 모형을 탐색하고자 한다.

이 책에서 다루는 연구 주제와 관련된 질문은 다음과 같다.

첫째, 사회복지서비스의 공급 확대는 어떠한 방식으로 이루어지는 것이 바람직한 방향인가? 국가주도형이 바람직한 것인가 또는 민영화나 시장화를 통한 복지혼합방식의 공급이 바람직한 것인가? 복지혼합의 적절한 구성은 무엇인가?(사회복지 공급체계의 구성방식)

둘째, 사회복지서비스의 공급 확대에 따른 국가재정의 지원방식은 어떠한 방법으로 이루어지는 것이 바람직한 것인가? 공급자 중심 재정지원과 이용자 중심 재정지원 방식은 어떻게 조화롭게 설계될 수 있는가?(사회복지서비스 재정지원 방식)

셋째, 사회복지서비스의 유형과 이용자들의 특성을 고려하여 이들에 가장 적합한 재정지

원방식은 무엇인가?(사회복지서비스와 이용자의 유형별 재정지원방식)

넷째, 사회복지서비스의 제공에서 재정적 책임성과 효과성을 담보하기 위해서는 어떠한 노력을 해야 하는가? 사회복지서비스의 성과관리는 어떻게 하는 것이 바람직한가?(사회복지서비스 성과관리방식)

위의 질문들은 사회복지서비스의 제공에 따른 공급주체와 재정지불방식에 대한 논의들로서 사회복지서비스의 제공에 앞서 정리되고 해결되어야 할 과제들이라고 할 수 있다. 이 책은 사회복지서비스의 제공과 연관하여 여러 재정지원방식을 연구하고 분석하려는 탐색단계의 시도이다. 다양한 사회복지서비스의 제공에 따른 여러 재정지원 대안들 중에서 사회복지서비스의 유형에 가장 적합하고 바람직한 재정지원방식을 찾기 위한 노력으로 계획되었다. 이 책은 2008년에 수행한 보건복지가족부 용역과제 "사회복지서비스 공급체계와 재정지원방식에 관한 연구"를 수정・보완하여 책으로 출간한 것이다.

제2절 연구 방법과 연구 흐름

이 책의 주제는 사회복지서비스의 공급체계의 다양한 모형을 검토하고 여기에 상응한 재정지원 방식을 모색하는 것이다. 본 연구에서의 연구대상은 사회서비스 중 사회복지서비스에 한정하여 논의하고자 하였다. 특히 대인 사회서비스(personal social service)에 초점을 맞추어 논의하였다.

본 연구의 주제와 설정한 연구 질문에 대한 답을 찾기 위하여 문헌조사를 통해 사회복지서비스 공급체계의 이념형으로서의 모형과 사회복지서비스 공급의 최근 흐름을 검토하였다. 그리고 필요한 경우 통계자료를 활용하였다.

서비스 제공자 및 이용자 재정지원 방식은 문헌조사와 홈페이지 활용, 외국방문을 통하여 외국사례를 집중 분석하고 우리나라에의 시사점을 찾고자 시도하였다. 외국의 사회복지서비스 공급 및 재정지원 방식을 파악하기 위해 영국과 오스트리아를 방문하여 관련 전문가와 공무원을 면담하였다.

그리고 재정지원 방식에 대한 분석 및 대안 제시를 위해 관련 분야 전문가의 자문을 받아 활용하였다. 또한 사회복지서비스 분야 실무 종사자와 공무원들의 의견을 반영하고자 노력하였다.

이 책의 구성은 다음과 같다. 제2장에서는 사회복지서비스 공급주체의 유형에 대해 이념형으로서의 역할분담 모형을 검토하였다. 그리고 이를 토대로 하여 사회복지서비스 공급체계 모형의 재구성을 시도하였다. 제3장에서는 최근 사회복지서비스 공급의 흐름을 정리하였다. 제4장은 서비스 제공자 재정지원 방식에 대해 그리고 제5장은 이용자 재정지원 방식을 심층 분석하였다. 제6장에서는 이를 토대로 하여 사회복지서비스 유형과 재정지원 방식을 연계하는 시도를 하였다. 제7장에서는 사회복지서비스 재정지원 방식과 성과관리를 연계하여 성과지향적인 재정지원 방식을 모색하였으며, 제8장에서는 한국 실정에 적합한 사회복지서비스 재정지원 모형을 시론적 차원에서 탐색하였다.

이 책의 연구 흐름은 다음과 같다.

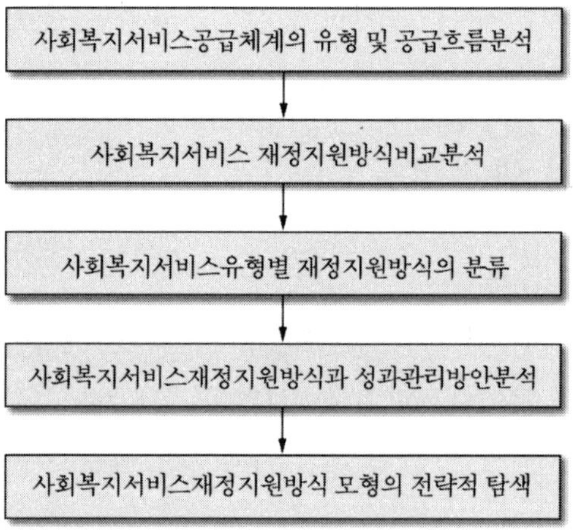

〈그림 1-1〉 연구의 흐름

제2장

사회복지서비스 공급체계의 유형론

제1절 복지국가의 변화 추세와 복지혼합

1. 복지국가의 변화 추세

최근 30여년 동안 선진국은 복지국가 축소(welfare state retrenchment)라는 새로운 경향을 보여준 것으로 평가를 한다. 그러나 OECD 국가를 중심으로 복지부문 지출 및 재정동원을 보면 복지국가 축소의 경향을 지지하기 어렵다는 의견이 더 우세한 것으로 보인다. 실제로 1980년과 2001년의 사회복지지출(social expenditure)의 대 GDP 비율을 보면 OECD 21개 국가 중 아일랜드와 네덜란드를 제외한 모든 국가가 평균 4% 이상 증가한 것으로 나타나고 있다(Rothgang, et al., 2006; 254). 복지국가 활동의 측정지표인 사회적 지출을 보면 1980년대 이후 복지국가는 후퇴하지 않았음을 보여준다.

다만 각 국가간 분산(dispersion)의 측정치(표준편차, 변동계수, 범위)를 보면 감소하고 있다. 또한 통계상 최초의 지출수준과 이후 성장률 간에는 유의미한 부적 상관관계가 있는 것으로 밝혀지고 있다. 이러한 추세를 볼 때 지난 30년 동안 복지국가의 변화는 지출, 재원마련, 규제 유형에서의 국가간 다양성의 감소라는 수렴 현상이 있었다고 말할 수 있다. 1970년에서 2000년까지의 GDP 대비 의료보장 지출의 추이를 볼 때에도 공공의료지출 수준은 완만하게 증가하는 추세를 보여준다. 다만 민간의료지출 비중이 상대적으로 커지고 있는 것으로 나타나고 있다.

〈표 2-1〉 21개 OECD국가의 사회적 지출의 대 GDP 비율(단위: %)

국가	1980	1990	2001	변화
호주	11.30	14.20	18.00	6.70
오스트리아	22.50	24.10	26.00	3.50
벨기에	24.10	26.90	27.20	3.10
캐나다	14.30	18.60	17.80	3.50
덴마크	29.10	29.30	29.20	0.10
핀란드	18.50	24.80	24.80	6.30
프랑스	21.10	26.60	28.50	7.40
독일	23.00	22.80	27.40	4.40
그리스	11.50	20.90	24.30	12.80
아일랜드	17.00	18.60	13.80	-3.20
이태리	18.40	23.30	24.40	6.00
일본	10.20	11.20	16.90	6.70
네덜란드	26.90	27.60	21.80	-5.10
뉴질랜드	17.20	21.90	18.50	1.30
노르웨이	17.90	24.70	23.90	6.00
포르투갈	10.90	13.90	21.10	10.20
스페인	15.90	19.50	19.60	3.70
스웨덴	28.80	30.80	28.90	0.10
스위스	14.20	17.90	26.40	12.20
영국	17.90	19.50	21.80	3.90
미국	13.30	13.40	14.80	1.50
평균	18.29	21.45	22.62	4.34
표준편차	5.76	5.44	4.72	4.47
변동계수	0.31	0.25	0.21	-
범위	18.90	19.60	15.40	-

자료: OECD(2004), Rothgang, et al.(2006)에서 재인용

이러한 현상을 종합해 보면 선진국의 복지국가의 변화는 복지지출의 절대적 감소가 아닌 국가간 수렴 현상과 내용의 변화 현상으로 요약할 수 있다. Gould(1993)도 복지국가의 재구조화와 복지다원주의의 추세에 따른 복지 제공에서의 신수렴화 현상이 이루어지고 있다고 지적한다. 이를 Rothgang, et al.(2006)은 단계효과(level effects)가 아닌 통로효과(corridor effects)로 설명하고 있다. 복지국가의 변화가 새로운 단계로의 진입이 아니라 통로가 좁아지는 수렴 현상이 발생하고 있다는 것이다. 이러한 변화는 1970년대 중반 이후 세계화, 경제위기, 국가채무 누적, 인구구조 변화, 일 및 가족 구조의 변화에서 비롯된 새로운 사회적 위험 등의 요인이 영향을 미친 것으로 보인다.

그런데 복지국가의 변화가 양적 측면에서의 지출 축소로 이어지지는 않았지만 질적인 측면에서의 내용상의 변화가 진행되었다. 이러한 질적인 변화는 국가 간의 편차를 보이고 있지만 공통된 흐름이 있다. 그것은 복지국가 활동능력의 두 가지 측면에서의 변화이다.

하나는 조직의 축(organizational axis)을 중심으로 한 수평적 변화이다. 이것은 공공(public)과 민간(private)의 축의 변화로서 국가복지의 축소 및 민영화와 관련된 변화이다. 다른 하나는 공간의 축(territorial axis)을 중심으로 한 수직적 변화이다. 이것은 지방화와 국제화로의 변화이다.

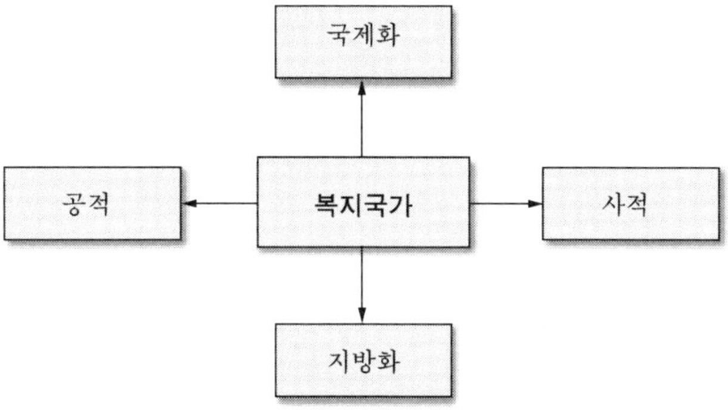

〈그림 2-1〉 복지국가의 가능한 변화 방향

복지국가 변화의 흐름은 수평적 변화의 측면에서 국가복지의 축소, 복지 공급의 민영화와 시장화, 민관 공유영역의 확대, 수요자 중심, 복지다원주의라는 특징을 보여준다. 이러한 변화는 1980년대 영국의 대처 행정부와 미국 레이건 행정부의 신보수주의의 영향을 받은 것으로 볼 수 있다. 수직적 측면에서의 변화는 분권화, 지방화, 국제화로 특징지어진다. 이들 변화의 내용은 훨씬 다양한 모습을 보여주고 있다.

2. 복지혼합(welfare mix)과 복지다원주의(welfare pluralism)

국가 차원에서 사회복지의 수준은 국가복지만을 의미하는 것이 아니며, 국가, 시장, 자원부문, 비공식부문 등 다양한 공급주체들이 수행하는 역할의 혼합에 의하여 결정된다. 이러한 다양한 공급주체와 관련하여 복지혼합 또는 복지다원주의라는 용어를 사용하고 있다.

그런데 복지혼합과 복지다원주의는 구분하여 사용할 필요가 있다. 복지혼합은 경험적·기술적 개념이고, 복지다원주의는 처방적·가치지향적 개념이라고 볼 수 있기 때문이다(신동면, 2001: 229). 복지혼합은 가치중립적 개념으로서 다양한 복지서비스 공급주체의 구성방법에 대한 기술(description)을 의미한다. 반면에 복지다원주의는 '주의(ism)'의 의미가 내포하듯이 하나의 이념으로서 사회복지에 대한 역할과 책임이 국가로부터 다른 공급주체들에게 이전되어야 한다는 '주장'이라고 볼 수 있다. 복지다원주의는 신우파(New Right)의 사상과 맥을 같이 하고 있으며, 국가 역할의 축소를 정당화하는 구실로서 주장하고 있다.

복지다원주의는 복지공급의 주체가 다양하게 존재한다는 것을 강조하는 수준에 그치는 것이 아니라 현대 복지국가 위기에 대처하기 위한 하나의 방편으로 국가복지의 축소와 역할의 이전을 주장한다. 국가는 집권화, 관료주의, 권위주의, 정보의 비대칭성, 수익과 비용의 괴리 등으로 인해 정부실패 현상을 초래하기 때문에 국가복지를 민간부문에 의해 대체해야 효율적 복지서비스의 공급이 이루어진다고 주장한다.

그러나 복지다원주의자들은 국가복지의 시장, 자원부문 등에 의한 역할 대체를 주장하기 때문에 국가복지의 축소만 초래하고 사회복지 총량의 감소를 가져올 가능성이 있다는 점에서 비판을 받고 있다. 더욱 문제가 되는 것은 복지다원주의가 서비스 수준의 불평등을 심화시킨다는 점이다. 국가의 영역을 대체한 시장 영역이 확대된다면 서비스의 불평등이 증가할 수밖에 없다. 시장이 욕구(needs)에 대응하기보다 지불능력에 기초한 수요(demands)에 대응하기 때문이다. 다만 복지다원주의는 복지서비스의 제공주체로서 국가의 역할과 함께 시장, 자원부문, 비공식부문 등의 역할을 고려하게 해준 점에서는 의미를 갖는다.

따라서 사회복지서비스의 공급체계와 관련해서는 복지다원주의보다는 복지혼합이라는 용어를 사용하는 것이 적절하다고 판단한다. 가치중립적 개념으로서 복지혼합은 사회복지서비스의 공급체계의 구성을 잘 보여주는 개념틀이다. 따라서 복지혼합의 경우 복지레짐보다는 복지체제(welfare system)가 더 적합한 용어에 해당한다. 복지혼합의 구성비를 통해 한 국가의 사회복지서비스 공급체계의 객관적 측정이 가능해진다. 가령 한국의 복지혼합에 대해 김상균 · 홍경준(1998)은 '낙후된 국가, 성장한 시장, 변형된 공동체'라고 규정짓고 있으며, 신동면(2001)은 '잔여적 국가, 성장한 시장, 미미한 자원부문, 보호적 가족'으로 평가하고 있다. 김진욱(2005)은 복지혼합의 지출구조를 국가 24.7%, 기업 22.4%, 시장 14.0%, 제3섹터 1.4%, 가족 37.4%인 '보호적인 가족 주도형의 혼합적 복지혼합구조'라고 주장하고 있다.

그런데 한가지 유의할 점은 복지혼합은 서비스 공급주체의 구성과 관련된 개념으로 논의되고 있지만 재정부담 측면, 규제적 측면 등이 고려되어야 할 개념이란 점이다. 가령 서비스 공급의 재원은 국가가 부담하는데 서비스는 민간(예컨대 비영리기관)이 공급하는 경우 국가복지에 속하지만 민영화된 복지혼합 구조를 보여준 것으로 볼 수 있다. 이 부분에 대해서는 뒷 절에서 다시 논의하기로 한다.

복지혼합의 구성과 관련해서는 많은 학자들이 다양하게 제시하고 있다. Johnson(1987)은 사회복지서비스의 공급주체를 국가, 상업부문, 비공식부문, 자원부문으로 논하고 있다. Starr(1989)는 공공부문, 민간사회복지부문, 민간비영리부문으로, DiNitto and Dye(1993)는 공공(정부)부문, 민간비영리부문, 민간영리부문으로, Gough & Kim(2000)은 국가, 시장, 비영리조직, 기업, 가족으로 구성되어 있음을 주장한다. Evers(1990)는 국가, 시장, 자원부문, 비공식부문으로 구성된 복지체제 모형을 제시하고 있다. 그런데 국가별로 복지혼합의 내용은 다를 수밖에 없으며, 또한 한 국가의 복지혼합은 시간이 지남에 따라 변화하게 된다.

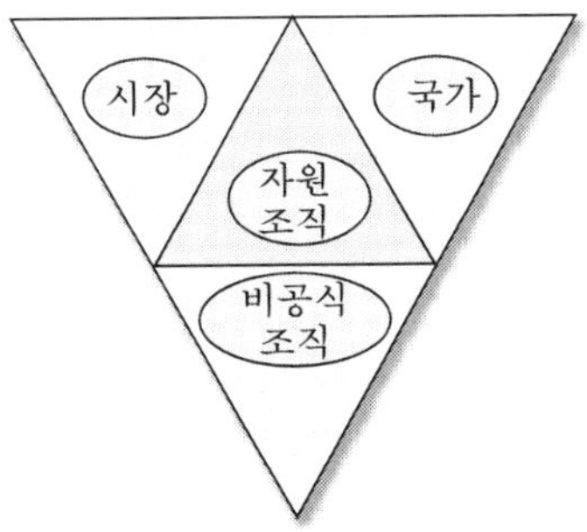

자료: Evers(1990), 신동면(2001)에서 재인용.

〈그림 2-2〉 복지체제 모형

Gough(1999)은 복지혼합의 측정을 위한 지표로서 〈표 2-2〉와 같이 제시하고 있다.

〈표 2-2〉 복지혼합의 측정지표

	국내적	국제적
국가	현금급여, 사회서비스	국제기구 또는 외국으로부터 원조 혹은 서비스
시장	민간보험, 교육 및 의료 등의 복지서비스	다국적 기업이 운영하는 민간보험, 교육 및 의료 등의 복지서비스
비영리조직	NGO, 혹은 비영리조직이 제공하는 급여, 서비스	국제 NGO로부터 원조, 서비스
기업	국내 기업이 제공하는 기업복지	다국적 기업이 제공하는 기업복지
가족	가족내 사적 이전, 직접적 보호 서비스	외국 거주 가족으로부터 송금

자료: Gough(1999)

앞에서 학자들이 제시한 복지혼합의 구성을 한국적 상황에 적용한다면 우선 공공부문과 민간부문으로 구분할 수 있다. 공공부문에는 중앙정부, 지방정부, 비영리공공기관이 있으며, 민간부문에는 비영리부문, 영리부문, 비공식부문이 존재한다.

〈표 2-3〉 복지혼합의 구성체계

공공부문			민간부문		
정부단위		공공기관	공식부문		비공식부문
중앙정부	지방정부	비영리 공공기관	비영리부문	영리부문	비공식조직
중앙관서	지방자치단체	국민건강보험공단, 한국장애인개발원 등	사회복지법인(신고/미신고 시설), 일반비영리법인, 시민단체, 종교단체 등	시장기구를 통하여 유료의 서비스를 제공하는 기업 및 사업자	가족, 친지, 이웃 등

제2절 사회복지서비스 공급주체 역할분담 모형

1. 개관

사회복지서비스 공급주체의 역할분담 모형은 일반적으로 서비스의 재정부담과 서비스의 제공(전달)주체를 기준으로 하여 설정한다(DiNitto and Dye, 1993). 즉 누가 서비스를 제공하는가, 누가 서비스에 대하여 지불하는가, 누가 서비스를 조정하는가에 의해 모형을 형성한다.

앞에서 논의한 복지혼합의 구성체계를 중심으로 하여 공급주체의 역할분담 모형에 대해서는 순수공공, 공공과 민간의 혼합, 순수민간의 조합이 기본이 된다(Savas, 1987). 순수공공부문과 순수민간부문을 양축으로 하여 그 내부 구성주체와 공공과 민간의 혼합방식에 의해 다양한 모형이 제시되고 있다. 또한 공급주체의 역할분담 모형은 역사적 발전의 측면, 국가간 비교론적 측면에서도 살펴볼 수 있다. 그러나 이들 공급주체 역할분담 모형은 이념형(ideal type)으로 제시된 것임을 유념할 필요가 있다.

2. 정부와 민간비영리부문간의 관계모형

다원적 복지체제로서의 복지혼합의 중심에는 비영리/자원부문이 있다. 이를 Evers(1993: 4)는 '중개부문(intermediary sector)'이라고 부른다. 비영리부문이 다른 부문과 다양한 방식으로 관련을 맺고 있기 때문이다. 따라서 사회복지서비스 공급주체의 역할분담 모형은 정부와 민간비영리부문의 관계가 핵심 축이 된다. 정부와 민간비영리부문의 관계에 대해 여러 학자들에 의해 다양한 모형이 제시되고 있다. 여기서는 개략적인 내용만 살펴본다.

1) Gidren, Kramer & Salamon 모형

Gidren, Kramer & Salamon(1992)은 재정과 서비스 전달을 중심으로 정부지배모형, 이중모형, 협조모형, 비영리부문지배모형으로 구분한다.

〈표 2-4〉 정부-비영리부문 관계 유형

		모형			
		정부지배모형	이중모형	협조모형	비영리부문지배 모형
기능	재정	정부	정부/비영리부문	정부	비영리부문
	전달	정부	정부/비영리부문	비영리부문	비영리부문
	정책결정	*정부*	*정부/비영리부문*	*균형/불균형*	*비영리부문*

주: 이탤릭 3행은 이혜경(2002) 첨가
자료: Gidren, Kramer & Salamon(1992). 이혜경(2002)에서 재인용.

여기서 이중모형은 다시 보충적 관계와 보완적 관계로 구분한다(James, 1987). 보충적(supplementary) 관계는 정부 제공 서비스와 동일한 서비스를 배제 집단에게 제공하는 관계이다. 보완적(complementary) 관계는 정부가 제공하지 못하는 서비스를 제공하는 관계이다.

그리고 협조모형은 협조적 대행자 관계와 협조적 동반자 관계로 구분한다(Gidron, Kramer and Salamon, 1992). 협조적 대행자(collaborative-vendor) 관계는 비영리조직들이 재량권이나 협상능력을 가지지 못하고 정부 재원으로 정부의 프로그램을 대행해 주는데 그치는 관계이다. 협조적 동반자(collaborative-partner) 관계는 비영리조직이 프로그램의 관리에 있어서나 프로그램 개발에 있어서 상당한 정도의 재량권을 갖는 경우이다.

이를 표로 만들면 〈표 2-5〉와 같다.

〈표 2-5〉 정부-비영리부문 관계 모형

정부 주도모형	이중모형		협조모형		비영리부문 주도모형
	보충적 관계	보완적 관계	협조적 대행자 관계	협조적 동반자 관계	

2) Kuhnle and Selle 모형

Kuhnle and Selle(1990)는 정부와 민간비영리부문간의 관계를 접촉의 용이성과 재정적 의존성을 기준으로 통합의존형, 통합자율형, 독립의존형, 독립자율형으로 구분한다.

통합의존형은 서비스를 제공하는 민간비영리부문의 운영자금 및 대상집단에 사용하는 모든 재원은 정부가 제공하며, 민간비영리부문과 정부의 의사소통이 긴밀하게 이루어지고, 정부의 규제도 강한 모형이다. 통합자율형은 민간비영리부문이 정부와 긴밀한 의사소통을 가지며 정부정책에 통합되어 있으나 정부의 재정지원과 규제에서는 민간의 자율성이 보장된 모형이다. 독립의존형은 재정적으로는 정부에 의존하지만 민간비영리부문이 정부정책의 영향력을 받지 않는 모형이다. 독립자율형은 민간비영리부문이 정부정책에 통합되지도 않고 정부재정이나 규제로부터도 자유로운 모형이다.

3. 국가간 비교모형과 역사적 발전모형

1) 국가간 비교모형

국가간 비교모형의 고전적인 모형은 에스핑 앤더슨(1990)의 복지자본주의의 3가지 유형을 들 수 있다. 이후 다른 학자들의 모형은 에스핑 앤더슨의 모형과 유사하거나 수정보완한 경우가 대부분이다.

Salamon & Anheier(1996)는 비영리부문 체제 유형을 국가의 복지지출 수준과 비영리부문의 규모에 의해 4가지 유형으로 구분하고 있다. 그 내용은 〈표 2-6〉과 같다.

〈표 2-6〉 비영리부문 체제 유형

		비영리부문의 규모	
		작음	큼
국가의 복지지출	낮음	국가주의 (일본)	자유주의 (미국)
	높음	사회민주주의 (스웨덴, 이태리)	조합주의 (독일, 프랑스)

자료 : Salamon & Anheier(1996)

또한 Munday(2007)도 사회서비스 시스템의 유형을 4가지로 구분하고 있다.

① 스칸디나비아의 공공서비스 모델

② 가족 돌봄 모델: 그리스, 스페인, 포르투갈, 이태리, 키프로스, 몰타 등

③ 자산조사를 통한 선별적 모델: 영국, 아일랜드

④ 북유럽 보충성 모델: 독일, 오스트리아, 네덜란드, 프랑스, 벨기에

Schuyt(2001)는 유럽의 복지국가 모델의 미래가 국가와 시장이라는 양극단으로 하는 모델로 구축되는 것이 아니라 다양한 모델을 보여준다고 주장한다. 기존의 정부 모델(government model: 사회서비스와 '재정복지')에 다음과 같은 4가지 모델이 추가되었다는 것이다. 즉 보험 모델(insurance model), 직장복지 모델(occupational welfare model), 일차 네트워크 모델(primary network model), 박애 모델(philanthropy model)이다. 그는 네덜란드의 경우 다른 서구 국가들처럼 이미 박애 모형이 복귀했다고 주장한다.

2) 역사적 발전모형

이인희(2004)는 사회복지서비스의 공급주체의 역할분담과 관련된 이론적 논쟁은 사회복지의 패러다임 변화과정과 밀접한 연관이 있다고 주장한다. 그가 내세운 사회복지 패러다임의 변화는 종교적 패러다임 → 정치적 패러다임 → 이념적·전문적 패러다임으로의 변화이다.

〈표 2-7〉 사회복지 패러다임 변화

종교적 패러다임	정치적 패러다임	이념적・전문적 패러다임
평행봉이론 (parallel bar theory)	확장 사다리이론 (extension ladder theory)	공사 동반자이론 (partnership theory)
Goschen	Sidney and Batrice Webb	Salamon
-신구빈법의 관점 -구제의 가치가 있는 빈민은 민간 자선조직협회에서 서비스 제공 -구제의 가치가 없는 빈민은 공적 구빈기관에서 제공	-잔여적 수준에서 제도적 맥락으로 전이되는 관점 반영 -국민의 최저생활은 국가가 보장하고 민간은 국가가 독자적으로 제공하기에 한계가 있는 영역에 대해 책임 -민간의 독자성 인정, 국가 서비스 역할의 보편성 지향	-정부와 민간비영리조직 간의 상호협력을 통해서 더 나은 서비스를 제공할 수 있다는 인식에 토대

4. 가계소득 원천 모형

복지재정의 최종 귀착지인 가계소득을 중심으로 복지혼합 모형을 제시한 사람이 있다. Standing(1999)은 사회소득(social income) 개념을 사용하여 개인의 복지는 다양한 소득의 원천에 의해 영향을 받는다고 보고 이들을 복지혼합과 연결시켜 논의하고 있다. 즉, 사회소득은 임금과 개인의 투자소득, 가족・친척・지역사회로부터의 급여와 원조, 기업복지, 국가로부터의 급여 등으로 구성되어 있으며, 이들로부터 개인 복지가 직간접적으로 영향을 받는다고 주장한다.

사회소득 개념을 원용하여 Gough & Kim(2000)은 가계소득과 다른 서비스 공급주체와의 관계를 보여주는 복지혼합 모형을 제시하고 있다.

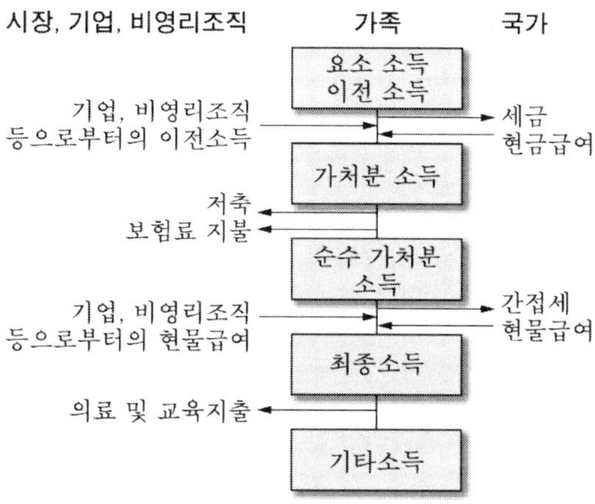

자료: Gough & Kim(2000), 신동면(2001)에서 재인용.

〈그림 2-3〉 Gough & Kim의 복지혼합 모형

제3절 사회복지서비스 공급체계 모형의 재구성

여기서 사회복지서비스 공급체계 모형은 서비스 흐름 국면과 재정 흐름 국면으로 구분하여 설정한다. 서비스 흐름 국면과 재정 흐름 국면은 상호 밀접하게 연계되어 있지만 두 국면을 구분하여 살펴보는 것이 재정지원 방식의 메커니즘을 이해하는 데에 도움이 되기 때문이다.

1. 서비스 흐름 국면

1) 서비스 흐름의 참여자

서비스 흐름 국면에서는 서비스 흐름에서의 참여자와 제공방식이 중요하다. 특히 서비스 흐름에서의 참여자는 다양한 공급주체와 수혜자를 확인하고 이들의 관계를 살펴볼 수 있다는 점에서 의미가 있다.

서비스 흐름에 대해서 의미있는 시사를 해주는 모형은 Savas(1987)의 서비스 공급 모형이다. Savas는 민영화를 제대로 이해하기 위해서는 서비스의 제공과 생산의 차이를 이해하지 않으면 안 된다고 보고 서비스 전달에 있어서 세 당사자의 기본적 참여를 제시한다. 즉,

① 서비스 소비자(consumer), ② 서비스 생산자(producer), ③ 서비스 기획자(arranger)/제공자(provider)이다. 서비스 소비자는 서비스를 직접 획득하거나 받는 개인들의 계층을 말한다. 서비스 생산자는 서비스 업무를 사실상 직접 수행하거나 소비자에게 그 서비스를 전달하는 사람이다. 서비스 기획자/제공자는 소비자에게 생산자를 배정하고, 또는 생산자에게 소비자를 배정하고, 소비자에게 봉사할 수 있는 생산자를 선정하는 사람을 말한다. 삼자는 인가(authorization), 서비스 전달(service delivery), 지불(payment)의 흐름으로 연결된다.

이 모형은 서비스를 제공(기획)하는 것과 생산하는 것의 차이를 명확하게 한 후 서비스의 공급유형을 분류하였다는 점에 매우 큰 의미가 있다. 이 때 정부는 제공자(기획자)로서 누구를 위해(수혜자), 어느 정도(수준)의 공급을 하며, 재화에 대한 지불은 어떻게 할 것인가를 결정한다.

여기서는 Savas 모형을 원용하여 서비스 참여자를 ① 서비스 기획자, ② 서비스 제공자(공급자), ③ 서비스 수혜자(소비자)로 구분한다. 여기서 서비스 기획자와 제공자를 구분하는 이유는 실질적 서비스 제공은 민간비영리기관이 수행하지만 서비스의 기획 및 재정부담은 정부가 하는 경우가 많기 때문이다.

서비스 기획자에는 중앙정부, 지방정부, 민간비영리부문, 민간영리부문, 민관파트너십이 있다. 서비스 제공자(공급자)에는 역시 중앙정부, 지방정부, 비영리공공기관, 민간비영리부문, 민간영리부문, 비공식부문, 민관파트너십이 있다. 그리고 서비스 수혜자(소비자)에는 노인, 장애인, 아동 및 가족, 일반시민 등이 존재한다.

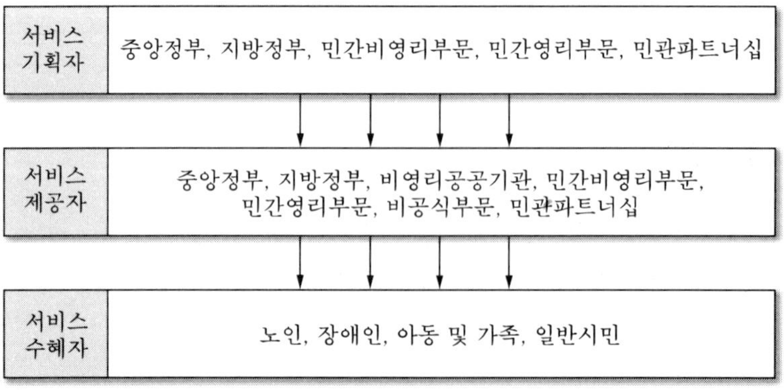

〈그림 2-4〉 사회복지서비스의 흐름도

서비스의 기획자와 제공자는 사회복지서비스의 공급체계를 형성한다. 사회복지서비스 공급체계 모형은 앞에서 논의한 대로 크게 5가지 유형이 있다. 즉 정부주도 모형, 비영리부문주도 모형, 민관파트너십 모형, 영리부문주도 모형, 비공식부문 모형이다. 최근에 영리부문주도 모형이 크게 증가하고 비공식부문 모형도 중요성에 대한 새로운 인식이 확대되고 있지만 역시 중요한 공급체계는 정부주도 모형, 비영리부문주도 모형, 민관파트너십 모형의 세 형태라고 볼 수 있다. 이 중에서 비영리부문주도 모형과 민관파트너십 모형은 엄격하게 구분하기 어려운 측면이 있다.

〈표 2-8〉 사회복지서비스 공급체계 모형

정부주도 모형		비영리부문 주도 모형	민관 파트너십 모형				영리부문 주도 모형	비공식 부문주도 모형
			이중모형		협조모형			
중앙정부	지방정부		보충적 관계	보완적 관계	협조적 대행자 관계	협조적 동반자 관계		

정부주도 모형은 보편주의 원칙에 기반을 두고 돌봄과 지원 서비스가 취약계층에 제공되며, 일반조세로 비용을 충당하고, 서비스 제공은 정부가 직접 담당한다. 비공식부문은 돌봄에 중요한 역할을 수행하지만 비영리 및 영리부문의 역할은 별로 크지 않다. 스칸디나비아 국가의 공공서비스 제공방식이 여기에 해당된다. 서비스의 평등성, 적용범위, 책임성이 높다는 점에서 그동안 높이 평가를 받아왔다. 그러나 최근에는 경제적, 재정적, 정치적 변화로 인해 이 모형이 수정되는 경향이 있다. 보편주의 원칙의 적용이 축소되고 비영리부문의 기여도가 확대되는 추세이다.

순수한 비영리부문 주도 모형은 서비스 기획자 및 제공자가 비영리부문인 경우이다. 이 경우 비영리부문은 민간 자선금 혹은 저렴한 이용료 부담에 의존하여 서비스를 제공한다. 그러나 순수한 비영리부문주도 모형보다는 서비스 기획자가 정부이고, 제공자가 비영리부문인 경우가 더 일반적이라고 볼 수 있다. 우리나라 사회복지서비스의 대부분은 민간비영리부문에 의해 제공된다. 비영리민간부문인 사회복지법인이 전체 사회복지시설의 81.2%를 운영하고 있으며, 공공부문이 직접 운영하는 경우는 2.5%에 불과하다(김영종, 2003). 비영리부문주도 모형에도 비영리민간부문이 운영하는 시설에 정부가 보조금을 지원하는 방식과 정부가 시설을 설치하고 관리운영을 민간에게 위탁하는 방식의 두 가지 유형이 있다. 이 경우 민관파트너십 모형에 포함시킬 수 있다. 비영리부문주도 모형은 서비스 공급의 효율성을 기할 수 있다는 장점이 있지만 공공부문이 사회복지서비스 공급에 대한 책임성을 회피하는 구실로 이용할 수 있는 문제점이 있다.

민관파트너십 모형의 이중모형과 협력적 대행자 모형은 서비스 기획자가 정부이고 서비스 제공자가 민간비영리부문인 경우이다. 영국의 경우 직접적인 서비스 제공주체로서의 정부의 역할이 점차 축소되고 민간비영리부문 더 나아가 영리부문과도 계약을 맺어 취약계층을 대상으로 한 선별적 서비스를 제공하는 방식이 확대되는 추세에 있다. 우리나라의 경우 사회복지서비스 공급은 사실상 민관파트너십 형태로 이루어져 왔다. 공공부문은 주로 재정적 지원을 담당하고 민간비영리부문은 직접적인 서비스 공급을 담당하는 방식이다. 공공부문이 공급해야 할 서비스를 민간이 대행한다는 관점에서 민간은 공공의 대행자(public agent)로 기능한다(김영종, 2003). 그동안 우리나라의 민관파트너십 유형은 협력적 대행자라기보다 종속적 대행자라고 보는 견해가 다수이다(이봉주 외, 2008: 24). 민간비영리부문이 사회복지시설을 설치하고 운영하는데 있어 법적·행정적 승인에 대한 권한과 재정적 자원을 공공부문에 일방적으로 의존하고 있는 특성을 갖고 있다는 것이다. 그러나 최근 민간비영리부문의 자율성이 확대되면서 협력적 대행자 또는 동반자 관계로 발전해 가고 있는 추세이다. 협력적 동반자 모형은 서비스 기획자 및 제공자가 정부 외에 민관파트너십 형태의 제3의 기관이 담당하는 모형이 등장하고 있다. 민관파트너십(public private partnership/public social private partnership) 형태의 특수목적회사(special purpose corporation) 등이 그러한 예이다.

한편 민관파트너십 모형에서 서비스 생산자와 제공자 간에 다층적 구조도 형성될 수 있다. 비영리조직-정부간 관계에 대한 이론들은 사회서비스 분야에서의 영역 간 조직들의 관계를 유형화시키는 데는 매우 유용하지만, 이러한 이론 틀은 현대사회의 복잡성에 비추어 볼 때, 단지 두 개 내지 세 개의 조직 간의 직접적인 관계에만 초점이 맞추어져 있다는 한계가 있다. 즉, 복잡하고 간접적인 관계를 분석하기 위해 조직간 관계 연구는 연결망 관리의 관점에서 다-조직간(multi-organizational), 그리고 다-영역간(multi-sectoral)관계로 그 외연이 넓어져야 한다(Agranoff and McGuire, 2003).

이러한 관점에서 박치성(2006)은 다음과 같은 계약의 두 가지 패턴을 제시한다.

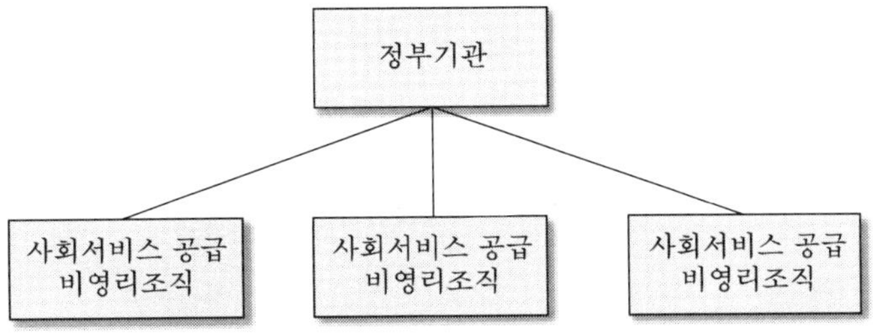

〈그림 2-5〉 간단하고 직접적인 계약 관계

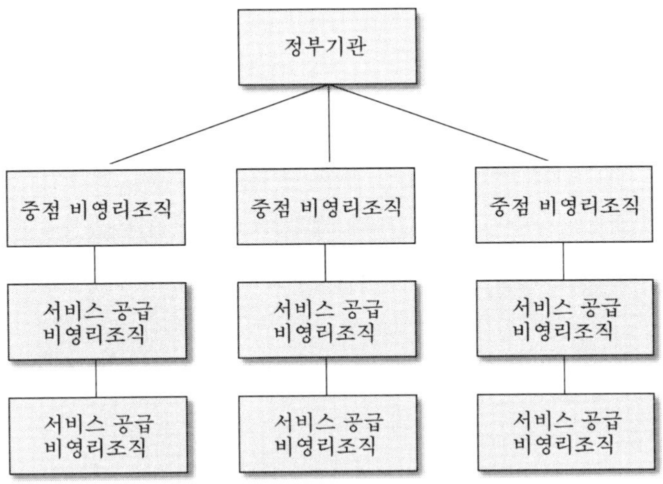

자료: Kumar(2004: 9)

〈그림 2-6〉 복잡하고 간접적인 계약관계

민간영리부문주도 모형은 시장기제를 통해서 민간영리부문이 수요에 반응하여 서비스를 제공하는 모형이다. 주로 고소득층을 대상으로 서비스를 제공하는 경우가 많다. 미국의 의료보험제도가 시장에 개방된 사례가 대표적인 예이다.

비공식부문주도 모형은 사회복지서비스 제공에 대한 정부의 역할은 제한적이며, 종교적 전통에 따라 가족들을 돌볼 책임은 가족에게 있다는 점이 강조되는 모형이다. 기반이 튼튼한 비영리단체들이 중요한 기여를 한다. 그리스, 스페인, 포르투갈, 이태리 등 지중해 국가에서 찾아볼 수 있는 모형이다(Munday, 2007). 이 모형을 비판하는 사람들은 여성들에게 지나치게 의존하고 서비스 이용자들의 권리가 제한적이며 서비스가 여러 지역에 골고루 제공되지 못한다는 점을 지적한다. 그러나 최근 가족의 돌봄 서비스에 대한 정부의 재정지원이 확대되는 경향을 보여주기도 한다.

〈표 2-9〉 사회복지서비스 공급체계 모형

공급체계 모형	서비스 기획자	서비스 제공자	서비스 수혜자
정부주도 모형	중앙정부/지방정부	중앙정부/지방정부	이용자
비영리부문주도 모형	정부/비영리부문	비영리부문	이용자
민관파트너십 모형	정부/민관파트너	비영리부문	이용자
영리부문주도 모형	정부/영리부문	영리부문	이용자
비공식부문주도 모형	비공식/비영리부문	비공식부문	이용자

2) 서비스 제공방식

서비스 흐름 국면에서 서비스 공급주체 못지않게 서비스 제공방식도 고려해야 할 주요 변수이다. 일반적으로 서비스 제공방식은 정부 직접공급, 계약, 성과협약, 면허 등이 있다. 직접 공급방식은 서비스 기획자와 제공자가 정부가 되지만 계약, 성과협약, 면허 등의 방식은 서비스 기획자는 정부, 서비스 제공자는 비정부부문이며, 많은 경우 비영리부문이 맡게 된다.

Savas(1987)는 서비스 제공방식을 정부 서비스, 정부 판매, 정부간 협정, 계약, 면허, 보조금, 바우처, 시장, 자발적 서비스, 자기 서비스 등으로 분류하고 있다. 그리고 이들 제공방식을 〈표 2-10〉과 같이 서비스 기획자, 생산자, 비용 지불자로 구분하여 설명하고 있다.

〈표 2-10〉 Savas의 서비스 제공방식과 주체간 비교

서비스 대안	서비스 기획자	서비스 생산자	비용 지불자
정부 서비스	정부	정부	-
정부 판매	소비자	정부	소비자
정부간 협정	정부(1)	정부(2)	정부(1)
계약	정부	민간기업	정부
면허(배타적)	정부	민간기업	소비자
면허(복수)	정부	민간기업	소비자
보조금	정부와 소비자	민간기업	정부와 소비자
바우처(구입증서)	소비자	민간기업	소비자
시장	소비자	민간기업	소비자
자발적	자발적 모임	자발적 모임	-
자발적(계약)	자발적 모임	민간기업	자발적 모임
자기 서비스	소비자	소비자	-

주 : 정부(1)과 정부(2)는 두 개의 다른 정부.
자료: Savas(1987); 박종화 역(1994: 138) 표 4-9에서 인용.

2. 재정 흐름 국면

서비스 재정 흐름에는 다음과 같은 요소들이 포함되어 있다. 즉 ① 서비스 재원, ② 서비스 재정 부담자, ③ 서비스 재정 귀착지, ④ 서비스 재원 지원방식이다.

서비스 재원은 재원의 출처에 따라 정부재정(보조금, 조세지출 등), 이용자 부담금, 민간자원(후원금, 법인전입금, 외국원조 등), 사업수입, 기업주(사용자) 부담금 등으로 구분할 수 있다. 정부주도 모형, 비영리부문주도 모형, 민관파트너십 모형에서의 주 재원은 정부로부터 제공되는 재원이다. 따라서 정부재정이 어떤 방식으로 누구에게 전달되는가의 문제가 중요하다. 이 책에서의 관심도 정부재정의 흐름에 초점을 맞추고 있다.

서비스 재정 부담자는 크게 정부와 민간부문, 그리고 서비스 이용자로 구분할 수 있다. 재정 부담자로서 정부에는 중앙정부와 지방정부가 있으며, 민간부문에는 민간비영리부문과 민간영리부문, 그리고 후원자 등이 있다. 정부재정의 제공방식과 관련해서 중앙정부와 지방정부간 부담비율이 어떠하며, 이용자의 부담이 수반되는지, 그리고 정부가 재정지원을 차등적으로 하는지 등이 관심의 대상이 된다.

서비스 재정 귀착지는 정부재정이 지원되는 최종적인 대상을 말한다. 재정 귀착지는 크

게 제공자(기관)와 이용자로 구분할 수 있다. 다만 중앙정부의 재정은 제공자 또는 이용자에게 이전되는 중간에 지방정부를 경유하기도 한다. 그동안 재정지원이 시설을 중심으로 한 제공기관에 제공하는 방식이 주를 이루었으나 최근에 바우처 등 이용자에게 직접 제공하는 방식이 도입됨으로써 새로운 변화를 맞고 있다. 이용자에게 직접 재정을 지원하는 방식은 서비스 선택권을 행사한다는 점에서 서비스 제공의 효율성에 크게 기여할 것이라는 기대 속에서 도입되었다. 그러나 사회복지서비스의 특수성과 환경적 요소를 고려할 때 지원방식의 효과에 대해서는 좀더 면밀한 검증이 필요할 것이다.

서비스 재원 지원방식은 서비스 공급방식 및 서비스 유형에 따라 다양한 방식이 존재한다. 재정 귀착지에 의한 재원 지원방식은 제공자 지원방식과 이용자 지원방식으로 구분할 수 있다. 제공자 지원방식에는 보조금, 구매계약, 위탁계약, 리스 등이 있으며, 이용자 지원방식에는 직접지불제도, 개인총예산제도, 바우처, 수당, 조세지출 등이 있다. 이들 재정지원 방식은 제4장과 제5장에서 집중 검토된다.

3. 사회복지서비스 공급-재정지원 모형

사회복지서비스 공급-재정지원 모형은 서비스 흐름과 재정 흐름의 조합에 의하여 다양하게 구성할 수 있다. 즉 사회복지서비스 기획자, 제공자, 재정부담자의 조합에 의하여 다양한 유형의 사회복지서비스 공급-재정지원 모형을 구성할 수 있는 것이다.

1) 사회복지서비스 공급-재정지원 모형

사회복지서비스의 공급체계와 재정지원은 서로 연계하여 검토되어야 한다. 이러한 서비스 공급-재정지원 모형은 서비스의 유형 및 재정지원 방식에 따라 다른 모습을 보이게 된다. 그리고 지금까지 논의한 모형들은 이념형 성격이 강하기 때문에 실제 정책설계시에는 좀더 세밀한 대안이 검토되어야 할 것이다.

〈표 2-11〉 사회복지서비스 공급-재정지원 모형(예)

재정지원 방식	서비스 흐름			재정 흐름	
	서비스 기획자	서비스 제공자	서비스 수혜자	재정 부담자	재정 귀착지
직불제도	지방정부	고용자	이용자	지방정부	이용자
바우처	중앙정부	비영리기관/영리기관	이용자	중앙정부(지방정부/이용자)	이용자
돌보미 수당	중앙정부	서비스제공자	이용자	중앙정부/지방정부	서비스제공자
보조금	중앙정부	비영리기관	이용자	중앙정부/지방정부	비영리기관
위탁계약	중앙정부	비영리기관	이용자	중앙정부/지방정부	비영리기관

2) 국가복지와 민간복지, 그리고 민영화

최근 사회복지서비스의 민영화 흐름과 관련하여 국가복지의 축소를 우려하는 목소리가 나오고 있는데 이러한 현상은 공급-재정지원 모형에 의해 좀더 분명히 설명할 수 있다. 서비스의 기획자와 제공자, 그리고 재정 부담자가 누구인가에 따라 국가복지와 민간복지의 구분이 가능하다.

(1) 사회복지지출의 범위

국가복지와 민간복지를 구분할 때 일차적으로 재정 부담자가 누구인가를 고려해야 한다. 재정 부담과 관련해서는 OECD의 사회복지지출의 범위가 명쾌하게 설명해 주고 있다.

OECD는 사회복지지출의 포괄범위와 관련하여 사회복지지출(social expenditure), 총사회복지지출(gross social expenditure), 순사회복지지출(net social expenditure) 개념을 제시하고 있다. 사회복지지출은 "복지에 악영향을 미치는 특정한 환경에 처해 있는(또는 처할) 가구 또는 개인이 공공 또는 법정 민간부문으로부터 수령하는 사회적 급여(social benefits)와 사회복지 관련 정부의 재정지출"을 의미한다(고경환 외, 2002).

따라서 사회복지지출의 포괄범위는 공공사회복지지출(public social expenditure)과 법정민간사회복지지출(mandatory private social expenditure)을 포함한다. 이것은 「정부부문지출 + 사회보험급여 + 법정민간급여」를 의미한다.[1] 다른 측면에서 보면 사회복지지출의

1) IMF 재정통계지침(GFS)에 의하면 일반정부 부문은 정부단위와 사회보험기관 및 비영리공공기관을 포함한 개념이다. 따라서 일반정부 지출에는 사회보험급여가 포함된다.

포괄범위는 총사회복지지출에서 자발적 민간부문을 제외한 범위이다.

총사회복지지출은 사회복지지출에 자발적 민간부문을 포함한 총괄적인 사회적 급여(social benefits)를 의미한다. 여기서 총(gross)의 뜻은 자발적 민간부문을 포함하고 사회보장 수급자가 수령하는 급여액 중 소득세와 소비생활에서 부담하는 간접세 부분을 제외시키지 않았다는 것이다. 따라서 총사회복지지출의 포괄범위는 정부부문지출, 사회보험급여, 법정 민간부문지출, 자발적 민간부문지출을 포함한다.

순사회복지지출은 총사회복지지출에서 사회보장 수급자가 부담하는 세금을 공제하고 조세혜택을 추가한 개념이다. 따라서 순사회복지지출이란 "총사회복지지출에서 사회복지 수혜자가 부담하는 세금은 공제하고, 세제혜택은 더하여 얻은 실제의 사회적 급여"를 의미한다. 사회복지 수혜자의 입장에서 보면 국가경제의 생산량 가운데에서 그들이 배분받는 비중으로 볼 수 있다. 추계 목적은 사회복지를 필요로 하는 국민에게 실제 돌아가는 몫이 국내총생산 중 어느 정도의 비율을 차지하는가를 포괄적으로 파악하는 데 있다. 이들 개념을 도식화하면 〈그림 2-7〉과 같다.

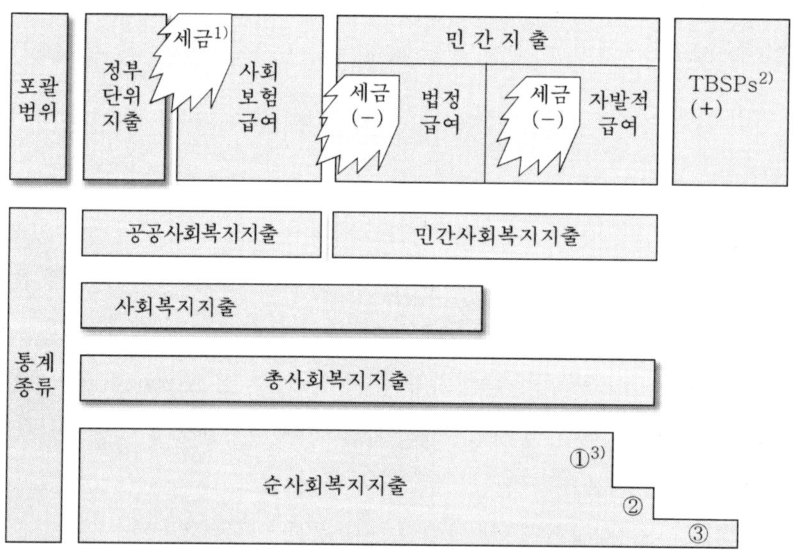

주: 1) 세금: 이전소득자가 부담하는 직·간접세
2) TBSPs(Tax Breaks for Social Purposes): 이전소득자 및 사회복지서비스 공급기관에 대한 조세혜택
3) ①은 Tax 〉 TBSPs, ②는 TBSPs = Tax, ③은 TBSPs 〉 Tax임.
자료: 고경환 외(2002).

〈그림 2-7〉 OECD 사회복지지출 통계의 포괄범위 비교

OECD의 사회복지지출의 재원범위는 공공사회복지지출과 법정 민간사회복지지출을 포함한다. 즉 ① 중앙정부와 지방정부를 포함한 정부단위 재원, ② 법률로 설립된 사회보험기관의 급여, ③ 민간 지출로서 고용주가 법령에 의하여 강제적으로 부담하는 재원이 포함된다.

그런데 재정 부담 측면에서 국가복지라고 할 때에는 정부부문이 재정을 부담한 경우를 지칭한다. 이 때 정부부문의 범위가 문제되는데 현재 국제적 기준은 IMF GFS 기준에 의해 일반정부(general government)를 정부부문의 범위로 잡고 있다. 일반정부에는 중앙정부와 지방정부의 정부단위와 비영리공공기관이 포함된다. 사회보장기금 관리기관의 경우 정부단위 또는 비영리공공기관에 속하지만 별도의 항목으로 분류할 필요가 있을 경우 별도로 구분한다.

따라서 OECD 사회복지지출 범위에 의하면 ① 중앙정부와 지방정부를 포함한 정부단위 재원과 ② 법률로 설립된 사회보험기관의 급여가 일반정부 부문에서 부담하는 재원 범위가 된다. 결국 OECD 기준에 의하면 공공사회복지지출이 국가복지에 해당된다. 민간사회복지지출은 민간복지에 속한다.

(2) 국가복지와 민간복지, 그리고 민영화

사회복지서비스의 공급과 재정지원을 동시에 고려하면 국가복지, 민간복지, 민영화에 대한 개념을 분명히 인식할 수 있다. 정부가 서비스를 공급하고 재정부담을 한다면 국가복지, 민간부문이 서비스를 공급하고 재정부담을 한다면 민간복지라고 부른다. 이 경우의 국가복지는 서비스 기획자, 서비스 제공자, 재정부담자가 모두 국가(중앙정부와 지방정부)이다.

그런데 서비스 제공자가 민간부문이고 재정부담자가 국가인 경우에는 국가복지와 민간복지 중 어디에 해당하는가가 문제될 수 있다. 그러나 서비스 제공자가 민간부문이라고 하더라도 정부부문이 재정부담을 한다면 국가복지라고 해야 할 것이다. 앞에서의 논의에서 보듯이 OECD 기준에 의한 공공사회복지지출은 국가복지에 속하기 때문이다. 이 경우 서비스의 기획자도 정부가 될 것이다.

〈표 2-12〉 국가복지와 민간복지

유 형	서비스 기획자	재정 부담자	서비스 제공자	비고
국가복지	정부	정부	정부	
	정부	정부	민간	민영화
민간복지	민간	민간	민간	

국가가 보조금, 위탁계약 등을 통해 재정부담을 하는 경우 서비스 기획자로서 역할을 하는 것이 일반적이며 서비스 제공에 대한 최종 책임을 지고 있다고 볼 수 있다. 재정부담을 국가가 지고 있더라도 서비스 제공을 민간에게 위임 또는 이양하는 경우 민영화라고 부른다.

따라서 사회복지의 민영화가 국가복지의 포기를 뜻하지 않는다. 민영화를 하더라도 국가의 재정 책임성을 강조해야 할 논거이다. 다만 서비스 공급을 영리법인에게까지 이양하는 민영화를 하는 경우 국가의 재정부담은 줄어들고 이용자가 재정부담을 할 가능성은 높아지게 될 것이다. 사회복지 민영화를 논할 때 국가의 역할을 분명하게 설정할 필요가 있음을 인식하게 된다.

제 3 장

사회복지서비스[1] 공급의 흐름

제1절 개 관

최근 의료, 교육, 사회복지 등 휴먼서비스 전 영역에서 사회적으로 가장 이슈가 되고 있는 단어 중 하나가 바로 민영화일 것이다. 정부는 최근 의료법 개정을 추진하며 의료민영화 확대의 가능성을 타진 중에 있고 이미 2007년부터 사회서비스사업을 추진하면서 재정지원방식으로 이용자에게 직접 이용금을 지원하는 방식 중 한 방안인 바우처를 적극 활용하고 있으며 여기서 더 나아가 경쟁과 선택이라는 시장의 기제가 강조되는 바우처를 보육

1) 보건복지가족부는 2007년 사업을 시작하며 사회복지서비스라는 용어보다 사회서비스라는 용어를 사용하고 있다. 사회서비스와 사회복지서비스라는 용어는 학자들 간에 이견이 있고 아직 합의된 개념을 가지지 못한 것으로 사료된다. 본 연구에서 사회복지서비스라는 용어를 사회서비스를 대신하여 사용하였는데 이는 우리나라의 사회복지사업법의 사회복지서비스에 대한 정의와 사회서비스의 사회복지적 측면을 강조하는 Johnson(1995) 등과 같은 학자들의 입장을 반영한 결과이다. 우리나라의 사회보장기본법 제3조 제4호와 사회복지사업법 제2조 제4호에 따르면 사회복지서비스라 함은 국가, 지방자치단체 및 민간부분의 도움을 필요로 하는 모든 국민에게 상담, 재활, 직업소개 및 지도, 사회복지시설이용 등을 제공하여 정상적인 사회생활이 가능하도록 지원하는 제도를 의미한다. 따라서 사회복지서비스는 도움을 필요로 하는 모든 장애인, 노인, 아동 등에 대한 보호 육성, 지도, 치료, 재활 등의 서비스시책이라고 할 수 있다. 결국 사회복지서비스는 도움을 필요로 하는 장애인, 노인, 아동 등의 요보호자들에게 보호 육성, 지도, 치료, 재활 등을 제공하는 것이라고 정의될 수 있다. 하지만 사회복지서비스가 사회서비스에 포함되는 영역으로 사회서비스를 사회복지서비스를 포함하는 광의의 개념으로 해석하는 경우도 있다. 이러한 경우의 대표적인 것이 사회적 기업육성법에 있는 사회서비스에 대한 개념이라고 할 수 있다. 2007년 제정된 사회적 기업육성법의 제2조 3항을 보면 사회서비스란 교육, 보건, 사회복지, 환경 및 문화분야의 서비스 그 밖에 이에 준하는 서비스로서 대통령령이 정하는 분야의 서비스라고 정의하였으며 동법 시행령 제3조에 "그 밖에 이에 준하는 서비스로서 대통령령이 정하는 분야의 서비스"란 보육서비스, 예술, 관광 및 운동서비스, 산림보전 및 관리서비스, 간병 및 가사지원서비스 그 밖에 노동부장관이 법 제 4조에 따른 사회적 기업육성위원회의 심의를 거쳐 인정하는 서비스라고 규정하고 있다.

서비스영역으로 확대하겠다는 의도를 분명히 하고 있다. 사회복지영역에서의 민영화는 오래전부터 시행되어 왔다고 볼 수 있지만 본격적으로 논의가 된 것은 1980년대 이후라고 할 수 있다. 즉 1980년대 영국과 미국에 보수주의 정권이 등장한 이후로 정도의 차이는 있지만 전 세계적으로 민영화가 확대되었다고 할 수 있다. 영국과 미국은 국가가 직접 사회복지재화와 서비스를 생산하고 공급하는 국가주도형 방식에서 민간비영리조직과 영리조직이 사회복지서비스를 제공하는 민영화를 추진하여 국가와 민간조직이 혼합하여 복지서비스를 제공하고 있으며 유럽의 나라들도 정도의 차이는 있지만 적게는 민간영리조직이 10%에서 많게는 20% 이상 복지서비스제공을 책임지고 있는 것이 현실이다. 작은 정부를 추진하는 신자유주의국가인 영국과 미국을 포함하여 많은 유럽 국가들에게 있어 민영화가 시도되는 가장 결정적인 이유는 **재정적 효율성**이라고 할 수 있다. 즉 국민의 삶의 질 개선과 새로운 사회적 위협에 대한 대응을 위해 사용되는 정부재정지출의 한계를 극복하고 보다 효율적인 재정지출방안을 모색하는 핵심 방안 중 하나로 민영화가 추진되었다. 국가직접주도의 복지공급체계가 다른 복지국가들과 비교하여 확립되어 있지 않은 우리나라의 경우 민영화의 역사는 복지공급체계의 역사와 같이 한다고 할 수 있으며 과거와 달리 최근의 민영화는 복지시장화로의 진입을 추진하는 것으로서 의료, 교육, 사회복지 전 영역에서 새로운 공급체계로의 개편을 포함하여 많은 변화를 예고하고 있지만 현재 민영화에 대한 논의는 걸음마 단계에 머물러 있는 것이 우리나라의 현실이라고 할 수 있다. 제3장에서는 민영화의 개념과 범위 그리고 유형 나아가 서구복지국가에서 민영화가 추진될 수밖에 없었던 토대 그리고 민영화를 위한 전제조건 등에 대한 분석을 일차적 목적으로 설정하였다. 본 장에서는 민영화에 대한 이론적 측면과 현실적 측면에서 민영화의 문제점들을 중심으로 지적하기로 한다. 제3장의 연구 질문은 다음과 같다.

첫째, 사회복지영역에서 민영화는 무엇을 의미하는가?
둘째, 민영화하에서 사회복지서비스를 공급하는 공급체계 또는 공급유형은 무엇인가?
셋째, 사회복지영역에서 민영화가 필요한 이유는 무엇인가?
넷째, 복지시장화와 준시장화는 무엇인가?
다섯째, 복지시장화와 준시장화가 작동하기 위한 선행조건은 무엇인가?
여섯째, 복지시장화에 따른 국가의 책임과 권한은 무엇인가?

위와 같은 질문에 대한 대답을 찾기 위하여 제3장에서는 첫째, 민영화에 대한 개념을 정리하고 둘째, 사회복지영역에서 영리중심의 민영화를 강조하는 수요자중심모델을 설명하며 셋째, 민영화에 대한 정부의 관리 통제적 측면을 분석하며 넷째, 민영화를 위한 전제조건과 영리중심민영화의 특징과 문제점들을 살펴보고자 한다.

제 2 절 사회복지민영화의 본질

1. 민영화의 배경

사회복지영역에서의 민영화는 서론에서 언급한 바와 같이 오래 전부터 시행되어 왔다고 볼 수 있지만 본격적으로 논의가 된 것은 1980년대 이후라고 할 수 있다. 즉 1980년대 영국과 미국에 보수주의 정권이 등장한 이후로 정도의 차이는 있지만 전 세계적으로 민영화가 확대되었다고 할 수 있다. 사회복지의 공급을 크게 분류하면 국가중심공급과 민간중심공급으로 구분되며 민간중심공급을 다시 세분화하면 비영리중심공급과 영리중심공급 그리고 가족중심공급 등으로 구분할 수 있다. 아래의 그림은 사회복지공급을 구분한 것이다.

〈표 3-1〉 사회복지공급의 구분

국가중심공급	민간중심공급		
중앙정부나 지방정부에 의한 직 간접적 서비스제공	가족이나 친척 또는 친구로부터의 비공식적 지원	자발적 조직(비영리조직)으로부터의 서비스제공	이윤을 추구하는 조직으로부터의 서비스제공

민영화에 따른 복지혼합은 국가중심공급이 민간중심공급으로 전환되는 것을 강조하지만 여기서 민간중심공급은 가족중심이라기보다는 영리기관과 비영리기관중심의 공급을 의미한다. 전통적으로 자본주의 초기 복지국가가 완전한 모습을 갖추기 전 복지영역의 공급은 주로 가족이나 민간 자발적 조직에 의해서 이루어져 이미 민영화는 진행되어져 있었다고 할 수 있다. 자본주의가 확대발전하면서 증대하는 사회문제에 대한 적극적인 책임을 강조하는 복지국가는 국가의 개입을 통한 사회보험 특히 소득보장과 건강보호를 중심으로 하는 사회보험의 발전을 가져다주었다. 특히 가족중심과 자벌적 조직중심에서 국가가 사회문제에 책임을 지며 적극적으로 시장에 개입한 이후 등장한 복지국가는 1930년대 경제 불안을 극복하는데 결정적인 역할을 수행하였다. 즉 복지지출 증대를 통한 노동력재생산과 생

산의 증대는 서구 국가들이 경제 불황을 극복하는데 도움이 되었다. 사회보험을 중심으로 하는 국가주도형의 서비스를 제공하는 복지국가의 발전에 균열이 생기게 된 것은 1980년대 국가의 복지재정증대에 따른 재정적 위협을 보수주의학자들이 공격하면서부터라고 할 수 있다. 경제대불황이라는 시장의 실패를 복지재정지출의 증대를 강조하는 큰 정부를 통해서 극복하는 복지국가의 이념적 경향은 정부의 실패를 강조하며 공적부문의 비효율성을 주장하는 정치가들과 학자들에 의해서 위협에 빠지게 되었고 이 시기부터 인구통계적 변화(인구고령화와 저출산)가 본격적으로 시작되면서 복지국가의 위기가 논의되기 시작되었으며 사회복지 전 영역에서 민영화가 본격적으로 시작되었다(Taylor-Gooby, 2004; Taylor-Gooby, 2001; Castles, 2004).

민영화의 배경에는 복지재정의 계속적인 확대에도 불구하고 사회문제가 축소 소멸되지 않고 계속 확대 재생산되면서 재정적 압박으로 국가지출을 축소하여야 한다는 측면과 새로운 사회문제들이 출현하면서 복지재정에 들어가는 사회적 비용을 비생산적인 비용으로 간주하는 신고전파경제학자들의 기본적인 사고도 작용하였다고 볼 수 있다. 즉, 새로운 사회적 위협에 대한 국가지출의 증대가 예상되는 가운데 지출의 확대보다는 재정의 효율성을 강화하여 재정적 어려움을 극복하고 비생산적인 사회적 비용을 생산을 위해 사용하여 자본의 이익을 창출하여야 한다는 의도가 민영화를 강조하였던 배경이 된다(Taylor-Gooby, 2004; Taylor-Gooby, 2001; Castles, 2004).

자본주의가 확대 발전하면서 후기산업사회에서 노동에 대한 소외가 더욱 심해지고 양극화의 심화로 인한 소외계층이 확대되면서 복지제도에 대한 필요성이 더욱 증가하고 있지만 민영화를 강조하는 국가들은 생산을 확대하여 성장을 추진하고 사회서비스는 민간기관들을 참여시킴으로써 공적복지를 축소하고 민간영역을 확대하여 해결하려는 정책적 시도가 민영화에 반영되어 있다고 볼 수 있다. 결국 민영화를 이해하는데 있어 정부의 실패와 재정적 효율성이라는 두 흐름이 기본적 틀인 민영화는 다음과 같은 특징을 갖는다.

첫째, 민영화는 보편적인 복지정책에 대한 국가의 책임을 줄이는 자유시장정책과 연관이 있다.

둘째, 국가가 민영화를 강조하는 경우 일반적으로 효율성을 강조하게 된다. 즉 국가는 민영화가 비용효율성이 높다는 점을 강조하게 된다. 효율적 서비스제공은 국가의 관리가 보다 기획력이 높고 서비스제공에 있어 전문적이고 기술수준에 있어 숙련도가 높은 일반 민간 기업으로 전환되면서 나타나게 된다는 점이 강조된다.

셋째, 특히 국가는 민영화를 통해 경쟁도입과 시장의 힘이 국가가 제공하는 공적 서비스를 보다 효율적이고 효과적으로 만들 것이라는 기대를 갖게 된다.

하지만 민영화는 국가의 재정적 효율성을 강화시켰다는 점에 있어 여전히 논란이 되고 있다. 이는 민영화의 선두주자인 미국이나 영국 등이 민영화를 추진하였지만 민영화가 추진된다고 해서 공적지출이 감소되지 않고 오히려 꾸준히 증가하였다는 점에 기인한다. Ascoli와 Ranci(2002)는 유럽의 국가들이 정도의 차이가 있지만 민영화를 추진하면서 국가 제정의 지출이 감소된 예가 없음을 강조하였다.

현재 사회서비스영역에서 민영화를 위한 시도는 북유럽을 포함하여 전 세계적인 현상이라고 할 수 있다. 특히 새로운 사회적 위협에 대한 국가적 대응을 위해 재정적 지출의 증대가 피할 수 없는 현상임을 고려하면 민영화를 통해 재정적 효율성을 담보하고자 하는 정책적 시도는 효율과 형평 어느 쪽을 강조하든 매우 주요한 정책임에 틀림없다. 사회복지학적 관점에서의 국가적 대응을 필요로 하는 현 사회의 특징(후기산업사회특징)으로 다음 같은 점들이 강조될 수 있다(지은구, 2006).

첫째, 급속한 가족의 해체와 가족구성의 다양화(특히 전통적인 가족이 붕괴되고 한부모 가족의 급속한 증가와 동성 간의 가족의 출현 등 가족구조의 새로운 유형의 등장)

둘째, 고령화(노인 인구의 급속한 증가)와 저출산(생산인구의 감소 초래)

셋째, 남성과 여성의 역할변화와 조정(여성의 사회참여증가)

넷째, 민영화된 사회복지조직의 급속한 발전

다섯째, 사회복지의 축소개편과 예산감소현상

여섯째, 사회문제의 복잡성과 다양화의 증대

Taylor-Gooby(2004)는 저출산, 고령화, 양극화, 근로빈곤층 등의 새로운 사회위협(또는 위험)은 후기복지국가의 발전에 큰 장애요소가 될 것임을 주장하였다. 이러한 새로운 사회위협 중 인구고령화는 노인인구에 대한 의료비지출의 증대, 노인부양비의 증대, 노인생계보장비의 증대 등 **사회적 비용**(social cost)**의 증대**를 의미하여 저출산은 노동인구의 감소와 국가재정의 근간이 되는 세금의 축소를 가져오고 가족의 해체는 사회적 비용의 증대를 의미하여 복지지국가의 발전에 심각한 장애요소가 된다. 결국 새로운 사회적 위협에 대한 국가적 대응이 후기복지국가발전의 기본적 토대로서 작동할 수 있도록 하는 것이야말로 현 복지국가가 해결하여야 하는 많은 사회정책 중 가장 시급할 것이다. 우리나라도 최근 복지국가가 가지고 있는 새로운 위협으로 인구고령화, 저출산, 사회적 양극화심화, 근로빈곤층의 증대 등의 문제가 국가의 적극적 대응을 필요로 하는 새로운 사회문제로 대두되고 있다.

따라서 민영화가 발전하게 된 배경은 경제적으로는 국가 재정부담의 축소 내지는 감소와 공적부문에서 같은 비용으로 더 많은 효과를 기대하는 재정적 효율성과 효과성 그리고 정치적으로는 국가의 개입을 최소화하고 시장의 기능을 강화하는 작은 정부를 강조하는 신보수주의의 입김 강화 그리고 인구통계적으로는 노인인구의 증대와 저출산, 새로운 개념의 가족의 등장 등과 같은 변화로 인한 사회비용의 증대에 대한 대응 등으로 정리될 수 있다.

2. 민영화(privatization)

민영화는 공공부문에서 민간부분으로 서비스공급의 책임을 전이시키는 것(Ascolil and Rancil, 2002) 또는 정부생산에서 민간생산으로 생산의 배열을 조정하는 것(Savas, 2000)이라고 간략하게 정의내릴 수 있다. 민영화는 영리중심의 민영화와 비영리중심의 민영화가 모두 포함되며 기본적으로 민영화는 시장기제의 도입을 의미한다고 할 수 있다. 즉 민영화를 통하여 공공부분에 시장기제(market mechanism)가 도입되는데 일반적으로 민영화에 의해서 도입되는 시장기제는 이용자선택권, 경쟁, 공개입찰이나 계약을 포함하여 개인소유권과 이용료(user fee) 등이 언급된다(OECD, 2008). Savas(2000)는 민영화가 포함하는 요소로서 계약, 프랜차이즈, 보조금(grants), 바우처, 자유시장, 자발적 서비스, 셀프서비스 등을 지적하였다. 즉 민영화를 통하여 도입되는 시장기제는 구체적으로 이용자선택권을 강화하는 바우처나 직접지불 등이 모두 포함되며 비영리중심민영화의 도구는 계약 등이 포함된다고 할 수 있다. 위와 같은 민영화의 요소나 시장기제는 크게 공급을 강조하는 요소나 기제와 수요를 강조하는 기제나 요소로 구분할 수 있다. 즉 공급측면을 강조하는 시장기제는 공개입찰이나 계약 등으로 구분할 수 있으며 수요측면을 강조하는 시장기제는 바우처, 보조금 등을 들 수 있다(OECD, 2008). 계약 등의 시장기제는 제공자에게 정부가 재정을 제공하여 공급을 강조한다는 측면이 있으며 바우처나 보조금[2] 등은 특정 상품의 소비를 위한 보조로서 이용자들의 소비를 강화한다는 측면에서 수요측면을 강화하는 기제라고 할 수 있다.

2) 보조금의 경우 제공기관에게 직접 제공되는 보조금은 특정 상품에 대해 정부가 보조금을 지원하여 상품가격을 낮게 유지함으로 소비를 강화하지만 재정보조는 직접적으로 제공기관에게 제공된다는 측면이 있다. 하지만 세금공제나 세금혜택등과 같은 보조금은 직접 이용자에게 혜택이 제공된다.

Le Grand와 Robinson(1982)은 민영화가 국가와 시장의 역할에 따라 여러 유형으로 구분될 수 있음을 강조하였다. 그들에 따르면 민영화는 크게 세 유형을 나누어지는데 그 유형들은 다음과 같다.

첫째, 국가직접제공의 서비스가 축소되는 민영화
둘째, 국가보조금의 축소를 의미하는 민영화
셋째, 국가의 규제의 축소를 의미하는 민영화

국가가 직접 제공하는 서비스를 축소하는 민영화는 민간비영리기관중심의 민영화를 의미한다고 볼 수 있고 국가가 민간비영리조직에게 서비스의 공급을 전가함으로써 공적조직이 갖는 서비스제공의 한계를 극복하고 서비스의 효과성을 강화한다는 측면에서 많이 이용되는 방식이다. 국가보조금을 축소하는 민영화는 제공자(비영리조직)지불방식의 민영화에서 이용자지불방식의 민영화로 전환하는 것을 의미한다. 국가가 사회서비스를 제공함에 있어 비영리조직 중심의 민영화는 제공자보조금방식을 기초로 한다. 하지만 이용자에게 직접 보조금을 지불하는 방식은 국가가 이용자들이 직접 서비스를 선택하고 서비스를 제공하는 기관들이 경쟁이 가능하도록 유도함으로써 국가는 제공자에게 지불되는 보조금을 이용자에게 직접 지불하여 기관운영비나 인건비 등과 같은 관리비용을 줄여 재정적 효율성을 높일 수 있게 된다. 또한 관리비의 절감과 함께 부정이용자 억제효과를 통해 보조금을 절감할 수 있다는 측면이 강조된다. 결국 이용자보조금방식을 통하여 국가는 제공자에게 지불되는 보조금을 줄일 수 있게 된다. 따라서 국가보조금을 축소하는 민영화는 민간비영리조직 중심의 서비스제공에서 소비자에게 직접 이용금을 지불하여 효율성을 높이는 이용자중심모형으로의 전환을 의미하는 것이고 특히 영리중심의 민영화는 공공부문영역에 선택과 경쟁을 강조하는 시장의 가치가 도입됨을 의미한다고 볼 수 있어 **영리화**(profitization)라고 구분할 수 있다.

국가가 관리 통제하는 공공서비스(특히 사회서비스)가 민영화를 통하여 민간비영리조직에서 제공되는 경우나 또는 이용자가 선택할 수 있게끔 시장을 통해서 제공되는 경우 국가의 역할은 서비스의 양과 질 그리고 가격을 강력하게 통제함으로써 사회서비스의 공공성을 확보하기 위하여 노력하는 것 이라고 할 수 있다 된다. 따라서 국가는 사회서비스의 공공성을 확보하고 보다 효과적인 서비스가 제공되며 질과 내용이 만족할 수준으로 제공되는 것을 관리는 관리시스템으로서 목표에 의한 관리(MBO), 질 중심관리(TQM)나 성과

관리 등의 신공공관리(NPM)방식을 도입 발전시키게 된다. 하지만 **국가의 규제의 축소를 의미하는 민영화**는 국가의 사회서비스에 대한 관리 통제가 축소되는 민영화를 의미하는 것으로 서비스의 양과 질 그리고 가격은 시장경쟁을 통해서 결정되도록 하는 방식을 취하게 되고 국가는 최소의 개입만을 하게 되어 일반 시장의 기능과 같이 이익을 추구하는 영리조직이 시장을 주도하는 현상이 서회서비스영역에서 일어나게 되어 사회서비스민영화를 통해 **영리화**가 이루어진다. 결국, 국가규제가 축소되면 결국 국가의 관리 통제기능이 시장으로 완전히 이전됨을 의미하는 것이기 때문에 이 경우 민영화는 영리를 추구하는 개인이나 집단에 의해서 관리 되고 통제되고 국가는 간접적으로 최소 수준의 서비스 질과 양 그리고 가격만을 통제하게 된다.

민영화를 통해서 국가가 사회복지재화와 서비스를 전달하는 모델로는 일반적으로 크게 두 방식이 존재하며 첫 번째 방식은 제공자중심모델이고 두 번째 방식은 수요자중심모델이다. **수요자중심모델**은 수요를 창출하기 위한 도구로서 **바우처나 세금감면이나 수당** 등을 사용한다(Ascolil and Rancil, 2002). 즉, 수요측면을 강조하는 것으로서 국민들에게 직접 현금이나 바우처를 통하여 민간서비스를 구매하도록 유도하며 세금보전을 통해 역시 민간서비스를 구매할 수 있도록 하여 수요를 창출한다. 나아가 사회보험의 영역을 민간보험이 대체할 수 있도록 하는 정책 역시 자유경쟁시장을 통해서 더욱 효과적이고 효율적으로 서비스가 제공될 수 있다는 수요자중심모델에 기초한다. **제공자중심모델**은 공급을 강조하는 민영화방식으로서 국가나 민간조직이 서비스를 필요로 하는 사람들에게 직접 서비스를 제공하는 것을 의미하며 도구로는 계약이나 국고보조금 등이 활용된다.

일반적으로 사유재는 세금수당이나 직접지급 또는 현금지급이나 바우처 등의 소비자보조금방식을 이용하여 시장을 통해서 구매가 이루어지며 시장을 통해서 구입하는 것이 어려운 서비스인 경우는 국가나 민간비영리조직으로부터 직접 서비스를 제공받는다. 따라서 국가나 비영리조직이 직접 서비스를 제공하는 경우 구매와 판매의 교환은 시장을 통해서 이루어지지 않으며 교환을 위한 시장은 형성되지 않는다고 할 수 있다. 하지만 민영화는 모든 재화와 서비스를 경쟁과 선택의 가치가 지배하는 시장을 통해서 교환이 이루어질 수 있도록 하는 것을 포함하기 때문에 복지재화의 생산과 판매를 통하여 개인이나 집단의 이익이 실현될 수 있다.

민영화를 추진하는 경우 국가는 제공하는 재화나 서비스를 시장을 통해서 수요자가 직접 구입할 수 있도록 하는 소비자보조금방식으로 세금수당이나 직접지급 또는 현금지급이나 바우처 등을 이용할 수 있으며 시장을 통해서 구입하는 것이 어려운 서비스인 경우는 국가나 민간비영리조직으로부터 직접 서비스를 제공받을 수 있도록 하는 현물이나 전문적 서비스 등을 제공하게 된다. 따라서 국가나 비영리조직이 직접 서비스를 제공하는 경우 구매와 판매의 교환은 시장을 통해서 이루어지며 국가나 민간비영리조직이 직접 서비스를 제공하는 경우는 교환을 위한 시장은 형성되지 않는다고 할 수 있다. 아래의 표는 수요자중심모델과 공급자중심모델을 비교한 것이다.

〈표 3-2〉 수요자중심민영화모델과 공급자중심민영화모델비교

	수요자중심모델	공급자중심모델
도구	바우처와 세금감면이나 개인총예산 그리고 수당이나 직접지불	보조금(grants), 계약, 비영리기관에 세금혜택, 공개입찰, 민과 관의 협력체계(PPP 또는 PSPP)
재정지원방식	이용자보조금방식	제공자보조금방식
특징 (가정)	-국가는 경쟁과 선택으로 재정적 효율성을 확보할 수 있음을 전제 - 일부 국가에서는 공적복지재정축소를 전제	- 국가는 공적복지재정책임을 유지 - 재정적 책임성 및 성과관리강조 - 효과성개선전제
장점	- 재정과 서비스운영관리측면에서 국가는 모두 간접적 책임만 진다. - 이용자의 선택권이 강화되므로, 이용자 중심성이 증가할 수 있다. - 서비스 공급기관의 품질향상 노력이 증가할 수 있다.	- 국가는 직접적으로 재정적 책임만 있고 운영과 관리는 민간조직에게 있어 공적조직이 가지고 있는 관료적 한계를 극복하고 서비스가 보다 효과적으로 제공될 수 있다.
단점	- 정보비대칭으로 취약계층에 대한 사회서비스제공에 한계가 있다. - 공적복지의 국가책임에 대한 도덕적 해이가 발생할 수 있다. - 공적복지영역의 축소가 발생할 수 있다. - 거대자본을 바탕으로 하는 거대영리기관이 서비스를 독점하는 경향이 일어날 수 있다. - 기관들이 이용자들을 선별하여 서비스를 제공하는 서비스차별이 일어나 이용자간에 양극화가 일어날 수 있다. - 다수의 공급기관이 형성되기 어려운 서비스나 전문성이 강한 서비스 등에는 효과적이지 않다. - 적극적인 정보공개나 품질관리체계가 구축되지 않은 상태에서는 오히려 취약계층에게 불리하다.	- 서비스를 독점하는 비영리조직의 도덕적 해이가 발생할 수 있다. - 서비스이용자들은 서비스이용에 있어 도덕적 해이가 발생할 수 있다. - 더 많은 재원을 확보하기 위한 제공기관 간의 부적절한 로비 등의 부작용이 발생한다.

3. 영리중심 민영화

사회복지민영화는 일반적으로 사유재와 사회복지재화 등을 모두 영리를 추구하는 시장을 통해서 교환이 이루어질 수 있도록 하는 것을 포함한다. 즉 민영화를 추진하는 경우 국가는 복지재화의 공급을 민간비영리조직에게 일임하기도 하지만 제공하는 재화나 서비스를 시장을 통해서 수요자가 직접 구입할 수 있도록 허락하기도 하고 나아가 조직이 시장을 통해서 사회복지재화를 판매하여 이익을 실현하도록 하는 것을 허락하는데 이러한 현상을 민영화와 구별하여 상업화 또는 영리화라고 부른다. 즉 영리를 추구하는 민간조직들이 사회서비스영역에서 시장을 형성하고 경쟁을 통하여 서비스 질을 담보하며 이용자(소비자)들은 원하는 만큼의 서비스를 국가의 직접적 보조금이나 개인적 소비능력을 통하여 구매하게 된다. 이러한 현상을 일반적으로 사회복지영역에서의 영리중심의 민영화 또는 영리화(profitization)라고 한다.

영리중심민영화는 다음과 같은 영역에 큰 변화를 가져다 준다고 볼 수 있는데 그 변화들은 첫째, 현 사회복지전달체계의 조직구조에 심대한 변화와 둘째, 현 수준에서 직접적 서비스제공의 당사자인 국가복지영역의 발달지체나 축소 그리고 셋째, 수많은 거대한 영리기관들의 사회서비스영역으로 진입 등이다. 이러한 변화가 가능하도록 하는 이념적 가정은 선택을 개인적 능력으로 돌림으로써 정당화된다. 즉, 민영기관들이 제공하는 다양한 서비스들을 개개인들이 자유롭게 선택할 수 있다는 점을 전제하여야 가능하다고 볼 수 있다.

4. 사회복지 영리화와 민영화의 구분

사회복지서비스의 생산과 공급은 일반적으로 국가가 주도하는 경우와 비영리민간조직이 주도하는 경우 그리고 영리조직을 중심으로 시장이 주도하는 경우로 크게 생산과 공급주체를 삼원화할 수 있다. 최근 복지재정의 급속한 증대와 국가의 재정적 책임의 한계 등으로 대부분의 복지국가에서는 복지재정의 효율성과 효과성을 강조하는 방향으로 공급체계의 여러 새로운 방향모색을 시도하고 있다. 가장 일반화된 경향은 **민영화**를 통하여 서비스의 생산과 공급을 민간비영리조직이 주도하도록 하는 정책적 전환이며 두 번째 경향은 영리화 또는 상업화를 추진하여 복지서비스를 일반 영리기업에서 생산하고 공급할 수 있도록 하는 정책적 전환이라고 할 수 있다. 즉, 민영화를 통하여 사회복지서비스공급주체가 다양화하는데 이러한 공급주체의 다양화를 일반적으로 **복지혼합**이라고 부른다.

일반적으로 민영화가 영리화를 포함하는 개념으로 사용되고 있지만 민영화와 영리화는 기본 가정을 구분하여야 할 필요성이 있다. 즉, 영리화와 민영화를 구분 짓는 가장 중요한 경계는 두 가지로 요약할 수 있다. 첫째, 국가가 복지서비스를 생산[3]하는 경우는 영리화라기보다는 비영리조직중심의 민영화라고 할 수 있다. 하지만 국가가 복지서비스의 생산을 시장에 넘기게 되면 이런 경우는 영리중심의 민영화라고 할 수 있다. 둘째, 개인적 영리를 추구하는가 아니면 집합적 이익을 추구하는가에 대한 구분 역시 민영화와 영리화를 구분 짓는 경계가 된다. 비영리중심의 민영화는 기본적으로 협력과 조정을 통해 지역사회의 기능을 보존 증대시켜 지역주민의 삶을 향상시키는 것에 있기 때문에 개인적 이익을 추기하기보다는 집합적 이익을 추구한다. 하지만 영리화는 단위 조직뿐만 아니라 개인적 이익을 추구하여 복지서비스의 생산과 공급을 통하여 이익을 추구한다는 점이다.

복지혼합에 따른 민영화는 위에서 지적한 바와 같이 크게 공급자중심모델과 수요자중심모델로 구분될 수 있다. 제공자중심모델은 국가가 자발적 조직(제3부분)인 민간비영리기관 사이에 협력과 조정을 통하여 정부의 실패에 따른 서비스전달의 효과성을 증대시키기 위함이 가장 중심적인 목적이라고 할 수 있다. 반면 수요자중심모델은 정부가 이용자들의 선택권을 확대하기 위하여 영리조직이 사회복지서비스영역에 개입하는 것을 허락하여 복지영역에 시장이 형성되는 이론적 토대를 제공하였다. 정부는 민영화를 통하여 재정지출을 최소화하면서 새로운 사회적 위협의 시장을 통한 문제해결을 강조한다. 따라서 민영화가 크게 보면 시장화를 포함하고 있고 민영화가 시장화의 전제조건이 되지만 내용적으로 보면 민영화와 시장화를 구분하는 것이 이해를 돕기 위하여 보다 바람직한 구분이라는 점에서 본 연구에서는 비영리중심 민영화와 시장중심 민영화를 구분하여 사용하도록 한다. 이는 Gilbert와 Terrell(2005)이 민간비영리중심의 민영화와 이익을 추구하는 영리조직중심의 민영화를 구분하여 후자를 **상업화**(commercialization)라고 부른 이론적 토대라고 할 수 있다. 다음의 표는 비영리조직중심의 민영화와 시장화를 구분한 것이다.

---

3) 서비스공급은 민간이 주도하지만 국가가 복지서비스의 재정적 책임을 전적으로 갖고 있는 경우 복지생산을 국가가 주도하는 것으로 인정한다.

〈표 3-3〉 민영화구분

	비영리중심의 민영화	시장중심 민영화
가치	사회적 가치: 지역사회번영 등의 사회적 목적 실현	시장가치: 이윤추구
가정	생산과 공급에 있어 협력과 조정을 강조. 민관협력네트워크 등의 협력실천을 위한 조정기구강조	생산과 공급에 있어 시장의 자율적 조정과 경쟁 강조
국가역할	국가는 관리통제의 역할 그리고 재정책임	국가는 최소한의 재정지출만을 추구하며 개입은 제한적임
도구	보조금, 위탁계약, 민관파트너십	수당, 바우처, 민간보험
이용자	비영리기관이 서비스를 제공하며 이용자들은 선택권이 제한	영리와 비영리기관이 서비스를 제공하며 이용자들의 선택권은 강화

위의 민영화에 대한 두 분류 이외에 영국은 1990년대 건강보험영역에 **준시장**(quasi market)을 추진하였다. 준시장은 사회적 목적을 실현하는 비영리기관들이 경쟁과 선택이라는 시장의 원리를 통하여 정부보조금과 이용자들을 확보할 수 있도록 하는 시스템을 의미하기 때문에 비영리 중심의 공급자중심민영화와 영리중심민영화(상업화 또는 영리화)의 중간 형태를 취하고 있다고 볼 수 있다. 준시장화는 공공부분의 형평성을 잃지 않으면서 자유경쟁시장의 효율성을 얻기 위한 공공부분의 제도적 구조라고 할 수 있다(http://en.wikipedia.org/wiki/Quasi_market).

전통적으로 효율과 형평은 상이한 경제적 또는 사회적 가치를 의미하며 효율성은 시장을 통해서 그리고 형평은 국가의 개입을 통해서 이루어지는 것으로 알려져 왔다. 이러한 전통적인 견해는 사회복지의 준시장화라는 정책적 고려에 의해서 부분적으로 수정되었으며 수정의 가장 큰 부분은 바로 형평성이라는 사회적 가치 또는 목적을 유지하면서 경제적 효율성을 담보하는 것이 가능하며 이러한 가능성의 토대는 바로 내부시장 또는 준시장이라는 영역을 통해서 가능하다는 점이었다. 1990년에 도입된 영국 NHS의 내부시장(internal market)이 가장 대표적인 준시장화의 예라고 할 수 있다. 아래의 그림은 복지혼합에 의해서 나타나는 민영화의 구분을 나타낸다.

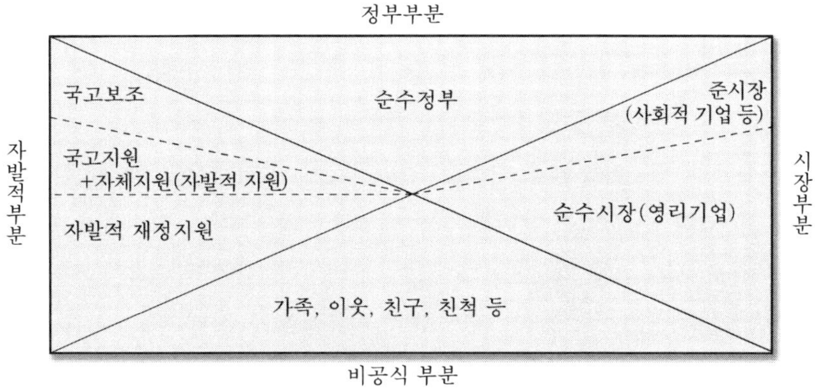

〈그림 3-1〉 사회복지영역에서의 민영화구분

봉건시대와 초기 산업사회에서는 가정(비공식부분)에서 사회문제에 영향을 받은 가족구성원들을 돌보는 비공식부분이 일반적이었으며 국가의 개입은 천재지변과 같은 재해가 일어난 경우로 국한된다. 민영화를 굳이 구분한다면 이 시기에는 국가가 사회문제를 등한시하여 복지영역에서의 민영화는 가족과 자발적 조직(예를 들어 자선조직협회나 거주지정착촌 등) 중심으로 사회복지서비스가 제공되었다고 볼 수 있다. 하지만 산업사회가 발달되면서 개인의 문제가 사회구조적인 문제에 의해서 일어나게 된다는 사회문제에 대한 사회책임이 강화되면서 1960년대까지 소위 사회보험과 공적부조를 중심으로 하는 복지국가가 등장한다. 이시기는 소위 복지국가 전성기라고 할 수 있으며 국가가 사회문제에 대한 책임을 인정하고 각종 사회문제를 극복할 수 있는 다양한 제도를 국가주도로 제공하게 된다.

하지만 1970년대 이후 석유파동과 함께 세계경제는 스태그플레이션에 의해서 실업과 물가상승을 동시에 경험하는 경제적 어려움을 겪게 되고 1980년대 이후 다양하고 복잡한 사회문제가 확대 재생산되며 인구고령화와 같은 신사회적 위험이 등장하면서 복지재정에 대한 위협과 사회문제의 해결이 경제사회정책의 핵심적인 과제로 등장하게 된다. 복지재정의 효율성을 강조하고 다양한 사회복지사업에 대한 효과성이 중요시되면서 서비스의 지식과 지술이 앞서 있는 민간비영리조직과의 서비스협조가 일어나게 되고 나아가 영리기관이 사회복지영역으로 진입하는 새로운 유형의 민영화가 시작되었다는데 이러한 최근의 민영화는 결국 민간비영리중심의 제공자지원방식의 민영화와 수요자(또는 이용자)중심의 민영화를 모두 포함하며 이용자중심민영화는 이용자들의 선택권과 기간의 경쟁이 강조되면서 영리기관의 시장개입을 허용하게 되어 영리중심의 영리화가 등장하는 계기가 되었다.

결국 1980년대 이후 민영화가 강조되고 복지수렴과 복지비지출 삭감경쟁이 일어나면서 자발적 민간비영리중심의 조직과 함께 영리기업의 사회복지영역으로의 진입이 증대되어 국가가 제공하는 서비스를 민간이 함께 제공하는 복지혼합의 시대로 접어들었다고 할 수 있으며 복지서비스의 생산과 공급을 국가가 책임지는 국가주도형 또는 정부주도형서비스와 민간비영리중심의 제공자중심형 그리고 영리기관이 복지시장에 개입하는 것을 인정하는 이용자중심형 사회복지서비스가 혼합되는 복지혼합의 시대로 발전하게 된다. 특히, 민간비영리조직이라도 서비스를 제공하는데 있어 조직이나 개인의 이윤을 추구하지 않으면서 경쟁과 선택이라는 시장의 기제를 도입하여 이용자들의 선택권을 강화하고 생산된 서비스의 질을 향상시키는 경우가 있을 수 있는데 이러한 경우는 모두 준시장화에 포함시킬 수 있으며 시장의 기제인 선택과 경쟁을 통해서 개인이나 집단의 이윤을 창출하는 경우는 완전 영리화라고 구분할 수 있다.

5. 사회복지 영리화

앞에서 지적한 것과 같이 민영화에는 비영리조직 중심의 협력과 조정을 강조하는 민영화도 포함되고 경쟁과 선택을 활용하여 사회적 목적을 실현하는 준시장화와 영리중심의 민영화의 개념이 모두 포함되어 있어 이에 대한 구분이 필요하다. 경쟁과 선택이라는 시장의 기제가 반드시 부정적인 것만은 아니며 위에서도 언급한 것과 같이 일정정도의 선의의 경쟁과 이용자들의 다양한 선택권을 확보하여 준다는 의미에서 사회적 목적 하에 서비스의 양과 질을 향상시킬 수 있는 시장기제의 이용은 고려할 만하다. 하지만 영리화는 이윤추구라는 가장 원초적인 가치를 창출하는 것이 주된 목적이기 때문에 이윤추구라는 시장의 가치가 개입되어 사회적 안정의 확대나 삶의 질의 개선이라는 사회적 가치가 침해받는 경우 영리화는 집단이나 개인의 영리를 추구하는 도구로 전락하게 된다. 따라서 본 연구에서는 민영화가 공공화에 대립되는 개념이며 민영화속에는 시장중심의 민영화와 비영리 자발적 조직중심의 민영화가 모두 포함되고 시장중심의 민영화는 다시 준시장화와 영리화로 구분할 수 있으며 준시장화와 영리화의 개념을 보다 명확히 구분하기 위하여 시장중심민영화라는 용어보다 영리화라는 용어를 사용하기로 한다.

우리나라도 이미 사회복지 전 영역에서 민영화는 진행되어 왔다고 할 수 있다. 2006년을 기준으로 민간비영리조직(사회복지법인, 비영리법인, 학교법인)은 전국의 종합사회복지관(2006년 기준으로 397개 기관)의 90% 이상(374개 기관)을 운영하고 있으며 국가직접주도의 종합사회복지관은 약 6%(23개 기관)정도에 머물러 있고(보건복지부, 2007) 의료기관도 국가직접 공급보다 의료법인 중심의 비영리조직과 개인의원 중심으로 공급이 이루어지고 있으며 보육영역도 국가와 비영리 그리고 영리조직이 모두 서비스를 제공하고 있는 실정이다. 민간비영리조직과 영리조직은 조직설립목적이 완전히 다르기 때문에 사회적 목적의식을 가지고 있지 않은 이윤을 추구하는 영리조직의 개입을 인정하는 민영화는 비영리조직의 민영화와 구분되어야 한다. 이는 일반기업과 사회적 기업이 같은 이윤을 추구하더라도 이윤추구의 목적이 완전히 다르기 때문에 같은 영역의 조직으로 보지 않는 것과 같은 이치이다. 경쟁과 선택을 강조하지만 효율보다는 형평을 강조하는 준시장화, 협력과 조정을 강조하고 사회적 목적을 실현하는 민영화, 경쟁과 선택이라는 시장 기제를 이용하여 특정 개인과 집단의 이익을 추구하는 영리화는 구분되어야 한다.

이 책에서는 시장이 단순히 교환의 장이라는 측면만이 강조되는 경우 민영화와 시장화는 구별하기가 어렵게 되며 적당한 경쟁과 선택권의 확보라는 것이 반드시 조직과 개인의 측면에서 부정적인 측면만을 갖는 것은 아니기 때문에 민영화, 준시장화 시장화의 유형을 구분하고 시장화를 영리화와 동일한 유형으로 구분하기로 한다. 따라서 특정 개인이나 집단의 이익만을 추구하고 경쟁과 선택을 이용하여 판매자의 이익만 실현하는 경우는 영리화로 정의하기로 한다. 따라서 사회복지영리화는 사회복지재화와 서비스를 시장을 통해서 교환하지만 교환의 목적이 특정 개인이나 집단의 영리만을 추구하는 개인적 가치가 지배하는 것이라고 정의할 수 있다.

사회복지재화의 총량이 늘어난다고 해도 일부 개인이나 집단이 사회복지재화를 독점한다면 그 혜택은 일부 소수집단에게만 국한되며 총량의 증대는 아무런 의미가 없어지게 되고 총량의 증대에도 불구하고 사회복지재화를 소비할 수 없는 집단과 소비할 수 있는 집단 간의 불평등은 심화하게 된다. 예를 들어 10명의 국민들이 똑같이 100원을 가지고 있으면 총량은 1,000원이 되고 총량이 10,000원으로 증대한다고 한다면 단순하게 계산하여 국민 1인이 100원에서 1,000원씩 소득이 증대하게 되지만, 한 명의 국민이 모든 이윤을 독차지 하여 9,100원을 갖고 나머지 9명이 혜택의 증가 없이 100원을 가졌다고 한다면 혜택의 총량은 1,000원에서 10,000원으로 증가하지만 일부 개인이 혜택을 독점하여 나머지 국민들의 복지증대는 전혀 이루어지지 않고 불평등만 증대한다고 할 수 있다. 결국, 개인적 이윤을 추구하는 시장의 가치는 형평성이라는 사회적 가치를 위협하여 사회의 불평등구조는 더욱 심화되게 된다.

시장은 일반적으로 특정한 재화와 서비스를 교환함을 목적으로 판매자와 구매자가 모이기 위해 설립된 장치라고 할 수 있다(Gregory and Ruffin, 1994). 이러한 일반적 시장에 대한 정의는 시장이 교환을 목적으로 하는 사회적 제도 또는 기구라는 것을 강조하는 것이다. 따라서 사회복지의 민영화를 시장화로 해석하게 되면 민영화는 복지재화와 서비스가 시장에서 판매자와 구매자 사이에 교환이 일어나는 것이라고 할 수 있다. 하지만 상품의 단순한 교환관계만을 강조하게 되면 복지재화를 무엇을 위해 누가 생산하는지 그리고 누구를 위해 생산하는지 나아가 어떤 사람이 얼마만큼의 복지재화를 왜 필요로 하는지 등의 교환관계이면에 숨겨져 있는 생산과 소비의 사회적 관계는 모두 등한시되는 결과를 초래하게 된다. 자본주의에서 시장은 판매자와 구매자 사이에서 재화의 단순한 교환 이상의 의미를 내포하고 있다. 교환관계이면에 자본주의에서 시장은 판매자와 구매자가 서로의 이익을 실현하는 격전장이라고 할 수 있고 자본주의 하에서 시장은 주로 구매자보다는 판매자 중심이며 나아가 부의 집적과 집중을 실현하는 실천 장으로서 역할을 수행하여 자신의 이익을 실현할 수 있는 능력을 가지지 못한 사람들을 의도적으로 배제하는 사회적 차별을 만들어낸다.

사회복지재화와 서비스는 자본주의 사장경제가 만들어낸 불평등과 사회적 배제를 조정하는 사회적 가치재 또는 공공재적 성격을 강하게 띤, 사회적 생산(social product)이라고 할 수 있어 단순히 교환관계만 강조될 수 없는 측면이 있다. 지은구(2006)는 사회복지재화와 서비스를 사회적 배제와 차별을 조정하는 조정기구로 정의하였는데 이러한 정의는 곧 사회복지재화와 서비스가 그 속성상 단순히 시장에서 교환이 이루어지고 그 상품에 대한 책임과 권한이 단순이 사람으로부터 사람으로 이전되는 것 또는 재화의 소유권이 이전되는 것만이 중요한 것이 아니며 사회복지재화는 그 성격상 생산과 소비 분배의 불평등과 불균형을 시정하여 국민들의 삶의 질을 개선 향상시키는 것을 목적으로 하기 때문에 생산과 공급 전 과정에 대한 국가의 개입과 통제가 불가피함을 의미한다고 할 수 있다.

따라서 사회복지재화에 대한 교환은 시장을 통해서 이루어진다고 하더라도 단순히 교환만이 이루어지는 것이 중요한 것이 아니며 복지재화의 생산과 공급 전 과정 그리고 교환의 과정과 교환 주체들에 대한 숙고가 반드시 필요하다고 볼 수 있다. 결국 시장에서 교환될 수 있는 단순한 사유재가 아닌 공공재 또는 가치재로서 사회복지재화와 서비스의 시장에서의 교환은 국가로부터 엄격하게 제한되어야 한다.

6. 사회복지영리화의 전제

민영화는 영리를 추구하는 기관의 진출도 포함되어 민영화가 **영리화**의 토대라고 할 수 있다. 사회복지영리화는 사회복지전달체계 및 사회복지 제 영역에 다양한 영향력을 행사한다. 일반적으로 영리화를 통하여 민간영리조직이 사회복지서비스시장에 진출하게 되면 이용자들은 다양한 기관이 제공하는 다양한 서비스를 선택할 수 있는 선택권의 확대가 이루어질 수 있으며 기관들은 이용자들을 확보하기 위하여 서비스의 내용과 품질에 신경을 쓰게 되어 국가의 관리와 통제 없이도 시장을 통해서 서비스에 대한 관리와 통제가 이루어질 수 있어 국가의 재정지출이 효율적이 될 수 있다는 장점이 있을 수 있다. 하지만 복지서비스가 시장을 통해서 생산 공급되는 영리화는 가장 중요한 전제로서 국민들이 현명하며 합리적인 선택을 할 수 있는 능력(즉 자기결정권)과 선택할 수 있는 다양한 종류의 서비스가 존재하여야 한다는 점이 강조된다.

국민들이 보편적으로 현명하며 합리적으로 선택할 수 있는 능력을 가지고 있다는 것이 전제된다면 시장의 출현은 다음과 같은 전제조건이 필요하다. 즉, 시장을 통해서 복지재화와 서비스가 제공된다는 것은 다음과 같은 두 전제조건이 필요하다.

첫째, 국민 개개인들이 경쟁시장에서 복지재화와 서비스를 구매할 수 있을 정도의 구매력이 필요하다. 국가의 복지재정지출이 계속 확대되고 국가가 직접 복지서비스를 제공한다면 시장경쟁을 통한 복지재화의 교환은 불가능하므로 시장경쟁이 가능하기 위해서는 국가복지축소가 전제되어야 한다. 또한 경쟁시장이 도입되기 위해서는 국가가 직접 보조금을 이용자에게 지원하는 이용자보조금방식이 확대되어야 한다. 국민들이 직접 시장에서 복지재화를 구입하도록 국가가 보조금을 국민들에게 직접제공하게 되면 국민들의 구매력은 그만큼 증대된다. 이것은 보조금의 확대를 의미하는 것이 아니고 기존 보조금을 가지고 보조금지불방식의 변화를 통해 국민들의 구매력을 향상시키는 것을 의미한다. 개인세금축소를 통한 소비력증대도 국가가 활용하는 대표적인 방식이라고 할 수 있다.

둘째, 시장이 가능하기 위해서는 공공부분 특히 사회서비스분야에 내부시장이 형성되어야 한다. 시장경쟁은 시장에서 경쟁할 수 있는 조직과 서비스를 필요로 한다. 즉 동일한 재화나 서비스를 제공하는 많은 조직들이 존재하여야만 시장경쟁은 가능하다. 구매자(이용자)들을 더 많이 확보하기 위하여 비슷한 영역에서 서비스를 제공하는 조직들은 경쟁을 하게 되는데 이는 구매자들을 확보하는 것이 국가로부터의 보조금을 확보할 수 있도록 또는 조직의 이윤을 확보할 수 있도록 해주기 때문이다. 결국 영리화의 중요한 조건이 동일한 서비스영역에 있는 다수의 조직이 경쟁할 수 있는 내부시장이 결성될 수 있는 조건인가를 확인하는 것이라고 할 수 있다.

경제적으로 선택과 경쟁이 강조되는 영리화전략은 케인지안복지국가(Keynesian welfare

state)에서 슘페터리안일복지국가(Schumpeterian welfare state)로의 전환을 의미한다. 복지영역에서 영리화전략을 강조하는 가장 중심적인 논리는 전통적인 복지국가가 국민들의 다양한 복지욕구를 충족하지 못한다는 점이다. 즉, 전통적으로 복지국가가 제공하는 국가주도형복지서비스가 보편적 복지재화의 제공을 강조하여 구매자의 다양한 욕구를 반영하지 못한다는 점이다. 따라서 영리화를 통해 경쟁조직들이 구매자의 욕구에 맞는 서비스를 제공할 수 있으며 일방적으로 받기만 하는 수동적인 복지수혜자들을 능동적인 복지이용자로 바꾸어 줄 수 있다는 점이 강조된다. 경쟁조직이 늘어나게 되면 제공자와 구매자의 관계는 구매자 중심으로 재편되고 제공자들은 더 많은 구매자를 확보하여야 하기 때문에 제공자들의 권한은 대폭 줄어들게 되고 구매자들의 권한이 대폭 증가한다는 것 또한 경쟁과 선택을 강조하는 영리화전략의 핵심논리라고 할 수 있다. 결국, 영리화전략의 핵심적 논리는 다음과 같은 네 가지 첫째, 모든 국민이 합리적인 선택을 할 수 있는가? 둘째, 영리화가 국민의 다양한 복지욕구를 충족시킬 수 있는가? 셋째, 복지영역에 내부시장이 형성될 정도의 조직이 존재하는가? 넷째, 국민들이 욕구를 해결할 수 있는 복지서비스를 구매할 수 있는 구매력을 가지고 있는가?로 집약될 수 있다. 위의 영리화의 기본전제들에 대해 차례로 살펴보기로 한다.

1) 모든 국민은 합리적인 선택을 할 수 있는가? 선택의 조건: 인간의 합리성(rationality)과 사회적 합리성

시장주의자들이나 주류경제학자들은 대부분 모든 인간이 합리적이라는 가치를 강조한다. 그들에 따르면 모든 인간은 보편적이며 스스로 판단하고 생각할 줄 아는 합리적인 속성을 가지고 있다고 한다. 이러한 인간에 대한 기본적 시각은 결국 인간들이 합리적으로 생각하여 시장에 참여하게 되고 스스로 자신들에게 유리하다고 판단되는 경우 거래를 시도하며 그 거래는 합리적 인간에 의해서 결정된 것이므로 그 결과 또한 그들이 결정하여야 한다는 것을 의미한다.

하지만 모든 인간이 합리적으로 자기가 스스로 판단할 수 있을 정도의 상황에 놓여 있지 못하다는 것은 너무나 당연한 이치이다. 아무리 합리적인 사고를 가진 사람이라도 급한 상황에서는 무엇이 자기에게 유리한지를 판단할 수 있을 정도의 합리적인 사고를 하기가 어려운 경우가 있어 생각지도 않는 결정과 판단을 내리는 경우가 많다. 그러한 경우 대부분 결정은 합리적인 사고에 의한 예측가능한 결과보다는 예상치 못한 결과가 일어나게 된다. 사회복지재화와 서비스가 필요한 사람은 대부분 사회문제에 영향을 받은 사회문제해결에 대한 욕구를 가진 사람들이라고 했을 때 그들이 처한 상황은 필요한 재화와 서비스에 대해 스스로 결정하여 그들이 결정한 사항에 대해서 스스로 판단할 수 있을 정도의 합리적인 상황에 놓여 있지 않다고 할 수 있다. 또한 선택을 할 수 있는 정보도 가지고 있지 못한 경우가 허다하다. 한부모가정을 이루고 있는 세대주나 아동 그리고 청소년, 근로빈곤층, 저소득층 가족성원, 노동능력이 없는 노인이나 여성, 장애인 등 사회적 보호막이 필요한 사회적 욕구를 지닌 이들 대부분들은 스스로 판단할 수 있을 정도의 능력이나 정보 등이 부족하여 일반 사람들과는 달리 특별한 사회적 대응을 필요로 하는 사람들이다. 이러한 사람들과 일반 사람들이 같이 시장에서 그들이 필요한 재화를 구매한다고 한다면 여유롭게 시장에서 판매자나 재화의 정보를 따져가면서 구매를 하는 구매자와 누가 더 질 좋고 값싼 재화를 구매할 가능성이 높겠는가에 대한 정답은 이미 나와 있다고 할 수 있다.

따라서 스스로 결정하는 것이 어렵고 스스로 판단하고 결정하는 경우 이익보다는 손실이 클 것 같은 집단에 대한 시장차원에서의 보호는 결국 국가가 그들이 필요한 재화를 분배할 수 있도록 해주는 즉, 사회적 보호를 통해서 일정정도의 재화와 서비스를 일반 사람들과 같이 사용할 수 있도록 해주는 방법이 필요한 것이다. 결국 사회복지서비스나 재화의 전달은 대상자의 다양성에 따라 결정될 수 있는데 스스로 판단하고 스스로 결정한 것에 대해 스스로 책임질 수 있을 정도의 합리성을 가진 보편적 인간에 대한 보편적 사회서비스에 대한 분배는 시장을 통해서도 전달 가능하지만 기본적으로 정보의 왜곡과 스스로 결정할 수 있을 정도의 능력을 가지고 있지 못한 또는 스스로 결정하는 경우 자신들에게 불리한 결정을 내릴 수 있는 집단들에 대한 사회서비스의 전달은 국가적 차원에서 이루어지는 것이 합리적인 방안이라고 할 수 있으며 이것이 바로 모든 국민들의 전체 사회복지를 증진시키는 **사회적 합리성**이라고 할 수 있다.

국민들이 현명하며 합리적인 선택을 할 수 있는 능력을 가지고 있고 개인적인 동기부여 즉 개인적인 이익을 위하여 서비스와 기관을 선택할 수 있다는 선택에 있어 합리성에 대해 Taylor-Gooby(1998)는 시장이든 준시장이든 개인의 선택은 전적으로 사회, 문화적 요소에 의해 영향을 받는다는 점을 강조하였다. 즉 개개인들의 선택은 사회적 요소에 의해서 영향을 받으며 사회적 요소는 개인들이 선택할 수 있는 능력과 선택할 수 있는 조건의 성숙 등을 의미한다. 결국 인간은 단순하게 개인적 이익을 추구하는 경제적 동물이라고 간주할 수 없으며 그들의 삶의 정황 속에서 선택은 영향을 받게 된다고 할 수 있다.

2) 영리화가 국민들의 다양한 사회복지욕구를 해결할 수 있는가?(구매자의 다양한 욕구가 반드시 경쟁시장을 통해서만 이루어지는가?)

시장은 일반적으로 구매자보다는 제공자(판매자)중심이다. 이는 재화의 생산과 공급이 구매자보다는 판매자의 이익의 측면에서 결정되기 때문이다. 시장에서 모든 사람들은 좋은 물건을 살 가능성이 있지만 그렇다고 시장이 모든 사람들에게 좋은 물건을 제공하는 것은 아니다. 이는 기본적으로 구매자보다 판매자가 상품(재화나 서비스)에 대한 정보를 더 많이 알고 있기 때문에 일어나는 현상이며 판매자는 물건을 판매하여 더 많은 이익을 추구하기 때문에 일어나는 현상이기도 하다. 결국 시장은 구매자보다는 판매자 중심으로 움직이며 판매자에게 있어 균형가격이란 자신들에게 최대의 이윤을 가져다주는 가격을 의미할 뿐이며 이는 소비자에게도 마찬가지로 소비자에게 있어 균형가격이란 자신들에게 가장 큰 만족을 가져다주는 물건에 대한 자신들이 원하는 가격이라고 할 수 있다. 하지만 시장에서 재화의 균형가격이란 생산자나 판매자의 이익이 보전되는 한에서의 가격을 의미하며 상품가격의 진실이 완전히 공개되어 소비자의 입장에서 인정되는 가격이 아닌 판매자나 생산자의 입장에서 인정되는 가격이라고 할 수 있다. 결국, 시장에서 가격은 소비자만족을 실현시키기 위하여 소비자중심으로 책정된 것이 아니고 생산자 또는 판매자의 이익을 실현하도록 판매자중심으로 결정된 것이기 때문에 판매자는 상품가격의 진실을 알고 있지만 소비자는 가격의 진실을 알 길이 없도록 되어 있다. 즉 소비자는 상품에 매겨진 가격의 진실을 알 길이 없으며 어떠한 근거로 가격이 책정되었는지에 대한 정보는 오로지 생산자나 판매자만이 알고 있다. 결국 시장은 생산자나 판매자 중심이며 결코 소비자중심이 아니라고 할 수 있다.

시장이 생산자나 판매자중심으로 움직인다는 것을 인지한다면 영리화를 통해 사회복지서비스의 재화나 서비스가 시장에서 공급된다고 했을 때 결국 사회복지서비스나 재화의 가격도 생산자나 판매자 중심으로 결정될 것이며 소비자중심으로 결정되지 않는다는 것을 의미하기 때문에 소비자가 선택을 통하여 재화를 결정한다는 것은 이론으로만 가능하게 된다. 또한 구매자가 욕구하는 상품을 시장에서 구매한다는 것은 구매능력 즉 소비능력과 비례하기 때문에 값싼 상품은 소비자의 욕구를 충족시킬 가능성이 매우 적고 값비싼 상품은 소비자의 욕구를 어느 정도 해결 할 가능성이 있게 된다. 즉, 시장은 일차적으로 생산자나 판매자의 이익을 실현시키는 도구로서 작동하고 구매자의 욕구충족은 구매자의 소비능력과 어느 정도 비례한다고 볼 수 있다.

결국 정해진 소비능력 하에서 구매자(소비자)가 결정할 수 있는 것은 재화의 선택이며 이 경우 재화의 선택은 재화의 질보다는 재화의 가격에 의해서 이루어질 가능성이 크게 된다. 소비자들이 재화를 선택하는데 있어 서비스나 재화의 질을 생각하여 결정하게 된다면 이는 결국 서비스나 재화의 질에 상응하는 가격을 지불하여야 한다는 것을 의미하기 때문에 결국 시장경쟁은 다양한 질을 담보한 다양한 가격의 상품을 소비자에게 내놓게 되고 소비자는 곧 자신이 지불할 수 있는 지불능력에 따라 즉, 자신이 원하든 원하지 않든 지불능력에 따라 재화를 결정하게 된다. 지불능력이 없는 사람은 질이 담보되지 않는 재화를, 지불능력이 있는 사람은 이로 인해 그에 상응하는 질을 담보한 재화나 서비스를 구매한다. 결국 경쟁은 가격경쟁이 될 것이고 질을 위한 경쟁은 가격이 담보되지 않는 한 이루어질 가능성이 없게 된다.

결국 영리화를 통해 사회서비스시장을 창출하여 사회서비스를 공급하겠다는 시장경쟁을 통한 사회서비스의 질 개선은 다른 의미로 해석하면 판매자의 이익을 실현하는 범위 내에서 질에 상응하는 다양한 가격의 재화나 서비스를 통해 소비자가 가격에 상응하는 서비스나 제화의 질을 제공받도록 한다는 것을 의미한다. 이는 결국 소비자가 재화나 서비스를 결정하기보다는 판매자가 부담능력이 있는 소비자를 결정하는 소비자선별(cream screaming)을 가져다준다. 이러한 소비자선별은 곧 소비자차별을 의미하게 되어 지불부담능력을 가지지 못한 이용자들은 값싼 재화나 서비스를 그리고 지불능력을 가지고 있는 소비자는 질이 담보되는 비싼 재화나 서비스를 이용하게 되는 시장소외현상이 나타나게 되어 사회복지서비스시장도 시장이 가지고 있는 양극화의 문제를 그대로 답습하게 되는 결과를 초래하게 된다. 결국 시장이 만들어낸 사회적 양극화에 대한 문제를 해결하여야 하는 사회복지서비스가 또 하나의 시장을 형성하여 다시 이용자들을 역차별하게 되는 현상이 나타나게 되는 것이다.

판매자가 시장에 개입하여 재화를 판매한다는 것은 첫째, 소비자가 있어야 하는 것이고 둘째 재화에 대한 이익이 실현되어야 가능하다. 이 둘 중 어느 하나도 충족시키지 못한다면 판매자는 재화를 공급하지 않게 된다. 여기서 판매자는 소비자가 왜 재화를 구매하며 재화를 통해서 무엇을 실현하려고 하는지 등 구매자의 구매동기는 전혀 중요한 것이 아니며 단순히 재화지불능력이 있는가 없는가만이 고려사항이 된다. 결국 판매자는 소비자가 처해 있는 여러 측면을 고려하는 것이 아니고 단순히 하나의 측면인 지불능력만이 고려대상이 되어 판매자와 소비자의 관계는 단순한 거래관계가 중심이 되어 사회적 가치는 실종된다. 경쟁할 수 있는 조직(또는 재화)이 있고 소비자에게 서비스나 재화를 선택할 수 있는 능력이 있다고 한다면 재화는 소비자의 지불능력에 따라 구매가 결정(교과서에서 나오는 대로 수요와 공급의 자연법칙에 의해서 가격이 결정되지 않는다)될 수 있지만 현실적으로 재화의 가격은 소비자가 결정하지 않고 생산자가 결정한다. 소비자의 지불능력은 재화의 구매를 결정하는 요소이지 가격을 결정하는 결정적인 요소가 될 수 없기 때문이다. 가격의 결정은 오로지 재화에 대한 모든 정보를 가지고 있는 생산자가 결정하며 제한된 정보를 가지고 있는 국민들은 책정된 가격에 대한 구매결정을 내리게 된다. 이러한 시장의 가격체계는 불균형한 거래를 낳고 시장실패의 한 원인을 제공해 주었다.

소비할 수 있는 재화나 서비스에 대한 정보가 부족한 소비자에게 시장은 오직 생산자만 승리할 수 있도록 하는 메커니즘일 뿐이며 시장에서 이루어지는 불균형적인 배분은 국가의 개입과 통제를 통한 균형 있는 배분의 요인을 제공해주었다. 국가의 가격통제와 특정 상품에 대한 배분은 공공재 특히 사회복지재화와 서비스의 발전을 가져다주었으며 사회복지서비스의 국가배분은 복지국가의 중요한 원리라고 할 수 있다. 결론적으로 영리화를 통하여 시장에서 사회복지재화와 서비스가 제공된다면 국민들은 그들의 다양한 욕구를 충족시키기 위해서 그에 상응하는 가격을 지불하여야만 한다. 즉 적절한 욕구해결은 적절한 가격지불이라는 등식관계가 성립하게 된다. 따라서 지불능력은 곧 서비스의 질과 양을 규정지으며 사회복지서비스 이용자들의 소비의 양극화를 심화시키게 된다.

3) 복지영역에 내부시장이 형성될 정도의 (서비스나)조직이 존재하는가?(사회복지영역에서 경쟁할 재화나 기관이 있는가?)

경쟁이 이루어지기 위해서는 다음의 조건이 전제되어야 한다.

첫째, 경쟁할 수 있을 정도의 조직이 있어야 한다.
둘째, 경쟁할 수 있을 정도의 다양한 상품(서비스)이 있어야 한다.
셋째, 정보가 공유되어야 한다.

시장이 형성되어 사회복지서비스를 위해 경쟁을 하기 위해서는 위의 세 조건을 모두 충족시켜야만 가능하다고 할 수 있다. 정보비대칭문제는 시장이 해결할 수 없는 문제라는 점을 이미 지적하였으므로 여기서는 생략하고 경쟁할 수 있을 정도의 서비스와 조직이 사회복지영역에 존재하는가만 확인하면 영리화의 조건은 설명된다고 볼 수 있다. 복지혼합에서 국민이 선택할 수 있는 조직 간 경쟁은 국가조직과 민간조직 사이에서 일어난다고 할 수 있다. 우리나라의 경우 사회복지영역 민간조직과 국가조직 사이에 선택할 수 있는 다양한 서비스와 경쟁조직이 존재하는 곳은 단 한곳도 없다고 할 수 있다.

보건복지가족부의 통계에 따르면 의료서비스공급주체로 공공부문은 7.7%에 그치고 민간부문이 92.3%를 차지하고 있어 민간독점구조가 형성되어 경쟁은 민간부분 특히 민간의료법인과 개인의원 사이에 일어나 국민의 선택권은 심각하게 제약받고 있다(김연명, 2008). 결국 경쟁은 민간조직 사이에서만 일어나며 이러한 현실에서 의료민영화를 강화하게 되면 민간조직들에 의한 시장독점과 서비스의 편중이 더욱 심하게 일어나게 되어 국민들의 의료형평성은 심각한 위기를 맞게 된다. 결국 의료영역의 조직들은 대부분 민간조직들로 국가조직이 민간조직과의 경쟁상대가 되지 않아 이용의 선택권은 민간조직으로 제한되어 있다.

연금의 경우 국가주도의 국민연금과 민간조직 연금보험 사이의 경쟁과 서비스선택은 이루어질 수 있지만 개인연금이나 퇴직연금 등 민간조직에 가입하기 위해서는 직업과 소득이 안정적이어야 한다는 것이 전제조건이라고 할 수 있어 사회적 배제가 형성되어 형평성에 문제가 발생하게 된다. 국민들에게는 경제적 부담이 큰 민간조직의 보험서비스보다는 국민연금의 안정성이 더 중요하다. 그리고 사회복지서비스분야는 그동안 국가가 등한시하여 왔던 부분이고 대부분 비영리조직 중심으로 최소수준의 서비스가 진행되어 조직이나 서비스를 위한 경쟁은 이루어지지 못하고 있는 분야이다.

경쟁할 수 있을 정도의 다양한 서비스와 조직이 성립되기 위해서는 먼저 국가가 직접 제공하는 국가 주도의 사회복지영역이 확립되어 있어야 한다. 다양한 복지공급체계의 등장은 복지민영화의 토대로서 민영화는 국가복지공급체계에 민간공급체계가 부차적으로 복지서비스를 제공하는 혼합식 공급을 의미하기 때문에 가장 일차적으로 복지공급주체의 다양화와 복지서비스의 다양화는 국가주도의 공급체계구축과 서비스를 확립에서부터 시작된다고 할 수 있다. 하지만 위에서 언급한 바와 같이 우리나라는 국가가 운영하는 국·공립복지조직은 절대적으로 부족하고 민간비영리기관이 운영하는 기관도 그 수에 있어 부족하며 지역적 편차가 심한 것으로 나타나고 있다. 특히 사회소외계층을 위한 사회서비스의 제공은 2007년도에 시작한 4대 사회서비스사업이 시작이라고 할 정도로 사회복지서비스의 확충은 이루어져 있지 않다.

요약하면 사회보험은 국민의 노후보장이나 건강을 책임질 수 있을 수 정도로 안정적이지 못하며 사회소외계층을 위한 사회서비스는 걸음마단계에 머물러 있어 국민들이 복지서비스를 제공하는 기관을 선택한다든지 자신에게 가장 적합한 사회서비스를 선택하는 것은 불가능하다. 즉 국민들이 서비스를 제공하는 조직을 선택하다든지 서비스를 선택할 수 있는 영역은 매우 제한적이라고 할 수 있다. 특히 국가중심서비스와 비영리중심서비스 그리고 영리중심서비스를 개인별 상황이나 특성에 따라 선택할 수 있는 진정한 의미의 이용자 선택권은 우리나라의 경우 주어져 있지 않다고 할 수 있다. 아래의 표는 사회서비스분야에서 유럽의 복지혼합에 따른 국가와 민간비영리(third sector) 그리고 영리조직(private)의 시장 참여비율을 나타낸다.

〈표 3-4〉 사회서비스 공급주체별 구성 비율

시장공유	영국	노르웨이	프랑스	독일	스페인	이탈리아
재가노인 보호			제3부분:28% 국가:59% 민간:13%	제3부분:68% 국가:15% 민간:18%	제3부분:31% 국가:30% 민간:40%	
장애인			제3부분:85% 국가:11% 민간:4%	제3부분:84% 국가:7% 민간:9%	제3부분:56% 국가:26% 민간:17%	
기타 client			(장년) 제3부분:81% 국가:17% 민간:2%	제3부분:73% 국가:18% 민간:9%		
모든 종류의 이용자	제3부분:14% 국가:40% 민간:46%					제3부분:81% 국가:19% 민간:0%
아동돌봄	풀타임서비스 제3부분:18% 국가:33% 민간: 49% 파트타임과 풀타임서비스 제3부분:82% 국가:6% 민간:12%	제3부분:32% 국가:68% 민간:0%	제3부분:70% 국가:26% 민간:3%	제3부분:62% 국가:37% 민간:1%		
다른 서비스		(장애인) 제3부분:40% 국가:60% 민간:0% (알코올) 제3부분:63% 국가:37% 민간:0%			(장애인, 재가) 제3부분:90% 국가:8% 민간:2% 노인(day care) 제3부분:37% 국가:34% 민간:8%	
모든 사회서비스			제3부분:55% 국가:41% 민간:4%	제3부분:61% 국가:22% 민간:17%		

*제3부분은 비영리조직을 의미하며 민간은 영리기관을 의미함. 연도는 1990에서 1998년까지 나라별로 상이함
자료: Ascolil and Rancil, 2002: 28-29에서 재인용

위의 표에서 나타나고 있는 바와 같이 외국의 경우 사회보험이 국민들의 기본적인 삶의 질을 보장하고 있지만 새로운 사회위협에 대응하기 위하여 사회서비스분야에서 복지재정의 지출증대에 따른 효율성을 강화하는 한 방편으로서 민영화가 시도되고 있으며 대부분의 경우 영리를 추구하는 조직의 참여보다 민간비영리중심의 민영화가 대세이며 국가가 직접서비스를 제공하는 경우도 매우 높음을 알 수 있다. 이와는 달리 우리나라는 사회보험이 국민들의 삶의 질을 보장하지 못하고 있으면서 노령화나 저출산 등과 같은 새로운 사회적 위협에 대한 국가적 차원의 대응이 미흡한 이중고에 시달리고 있고 국가는 이 모든 문제를 민영화를 통해서 해결하려고 시도하고 있다. 따라서 국민들의 기본적 삶을 보장하면서 새롭게 등장하는 복잡한 사회적 욕구에 대한 대응으로 다양한 복지공급체계를 시도하여 복지재정의 효율성을 담보하고 국민들이 다양한 사회복지서비스를 선택할 수 있도록 하는 것이 조직간 경쟁이나 원하는 서비스를 선택할 수 있는 기본 토대이며 이것은 국가가 해결해야 하는 복지영역에서의 핵심적 과제라고 할 수 있다.

4) 국민들이 욕구를 해결할 수 있는 복지서비스를 구매할 수 있는 구매력을 가지고 있는가?(영리화와 소비자선택권의 확대)

영리화의 경제적 조건은 소비자선택권의 확대이다. 소비자선택권의 강화는 바로 국민들의 구매력이 강화되어야만 가능하다고 했을 때 소비자선택권은 곧 구매력을 의미한다고 할 수 있다. 소비자선택권이 영리화의 중요한 전제라고 한다면 소비자선택권이 가능한 경제적 토대가 바로 시장화의 물적 토대라고 할 수 있다. 소비자선택권의 확대에 대한 경제적 토대로 생각할 수 있는 것들은 다음과 같다(Taylor-Gooby, 1998).

첫째, 소득상승
둘째, 고용의 확대
셋째, 복지재정지출 확대

복지재정지출 확대는 소비자선택권 확대에 대한 간접적 조건으로서 대부분의 복지국가들이 국민들의 소비(구매력)향상을 위해서 반드시 전제되어야 하는 조건이다. 국민들에 대한 복지재정지출 확대는 국민들의 소비능력을 향상시킬 수 있다. 하지만 인구고령화와 같은 새로운 사회적 위협에 대한 대응의 필요성은 날로 증대하고 국민들로부터 오는 세금이

기초인 국가재정은 부족함이 재정지출을 확대할 수 없는 복지국가의 딜레마와 복지재정지출한계를 설명해 준다. 이러한 재정의 부족을 해소하는 한 방법으로 경제적 효율성을 강화한다는 측면에서 국가는 기존 복지재정 확대없이 국민개개인의 선택권만을 강화시키는 방안을 생각하게 되고 이것이 영리화에 대한 논의의 기초라고 할 수 있다. 즉 복지지출의 한계에 도달하면 국가는 시장을 통해서 경제적 효율성을 강화하는 방안을 모색하고 이것은 결국 국민 개개인들의 선택권(선택할 수 있는 경제적 능력)을 강화하여 국민 개개인들의 복지가 국민들 스스로의 능력에 의해서 해결되도록 하는 방안을 의미하게 된다. 결국 복지재정지출확대가 없다면 복지재정지출의 효율성만을 강화하여 명목적인 복지선택권 확대를 의도하게 되고 이는 국민들의 실질 구매력의 증대를 의미한다고 할 수 없다.

소득상승은 국민들의 실질소득증가와 함께 소득세 등과 같은 세금축소에 의해서도 나타난다. 국가는 국민들의 세금을 축소하여 국민들의 소비력을 증대시키게 되며 증대된 소비력은 국민들의 선택권향상에 영향을 미치게 된다. 우리나라는 선진국과 비교하여 소비자선택의 물적 토대가 이루어지지 않아 소비자선택의 확대 즉 구매력이 확보되어 있다고 보기는 어렵다고 할 수 있다. 특히 저소득층의 구매력은 매우 미흡하다고 할 수 있는데 그 근거는 다음과 같다.

첫째, 국민들의 실질소득증가가 이루어지고 있지 않아 국민들이 소비할 수 있는 경제적 여력이 충분치 않다. 통계청(2008)에 따르면 우리나라 국민들의 실질소득은 2005년 2.8%, 2007년은 2.5% 그리고 2008년 1/4분기는 1.2%를 나타내어 최근 5년간 소득증가가 가장 낮았으며 실질소비지출도 2006년 1.9%, 2007년 1.7% 그리고 2008년 1/4분기에 1.5%에 그쳐 소비지출이 매년 감소하고 있는 것으로 나타나고 있고 특히 소득과 소비지출이 모두 경제성장률에 못 미치는 것으로 나타났다. 다음의 표는 우리나라 국민들의 소비지출과 국민총소득을 2000년 이후 연도별로 나타낸 것으로서 표에 따르면 우리나라는 2002년을 제외하고는 경제성장률에 비해 실질국민소득(GNI)과 최종소비지출이 모두 낮음을 알 수 있다.

특히 일하는 빈곤층의 증대를 포함하는 저소득층의 증가는 사회서비스에 대한 구매동기를 증가시키지만 구매력은 부족하여 사회적 불평등을 심화시키는 한 요인이 된다. 1997년 경제위기 이후 우리나라의 절대 빈곤율은 7.4%부터 15%이상에 이르는 것으로 추정되고 있으며 절대적 빈곤율을 측정하는 기준에 따라 다소간의 편차는 있으나, 경제위기 이전인 1990년대 중반에 비해 절대적 빈곤이 크게 심화하였다는 점에는 이견이 없는 것으로 파악되고 있다.

〈표 3-5〉 연도별 국민총소득 및 소비지출비교

년 항 목	GNI(%)	GDP(%)	1인당 국민총소득GNI($)	최종 소비지출(%)
2000	5.5	8.5	10,841	7.1
2001	2.8	3.8	10,160	4.9
2002	7.0	7.0	11,499	7.6
2003	1.9	3.1	12,720	-0.3
2004	3.8	4.6	14,162	0.4
2005	0.7	4.2	16,413	3.9
2006	2.6	5.1	17,690[4)]	4.8
2007	3.9	5.0	20,045	4.7

자료: 통계청, 국가통계포털, 각 년도

김미곤 외(2003)의 연구결과에 따르면 첫째, 2000년 국민기초생활보장제도의 수급자수가 약 146만명(전 인구의 3.18%)이고 둘째, 부양의무자기준으로 혜택 못 받는 비수급빈곤층 약 99만명(2.1%)이며 셋째, 재산이유로 혜택 못 받는 비수급빈곤층 약 104만명(2.2%)으로 이들 모두를 합친 절대적 빈곤층에 있는 사람은 전 인구의 총 7.4%, 349만명 정도로 추정하였다. 우리나라는 빈곤선으로 절대적 빈곤선이 최저생계비를 기준으로 사용하고 있지만 대부분의 OECD국가들이 사용하고 있는 상대적 빈곤선인 중위소득의 60%이하 또는 50%이하를 빈곤층으로 계산할 경우 저소득층의 수는 기하급수적으로 늘어나게 되고 이는 결국 복지영리화가 진행될 경우 최소수준의 복지서비스 이외에는 구매력을 가지지 못하는 계층을 의미하는 것으로 볼 수 있다. 2007년 정부의 발표에 의하면 전체가구 중 최저생계비에 미달하는 시장소득을 가진 약 14%정도의 가구가 빈곤층이며 소비지출을 기준으로 하면 13.4%의 가구가 빈곤한 것으로 나타났다. 또한 중위소득을 40%로 잡았을 경우 약 18.1%의 가구가 그리고 중위소득을 가주중위소득의 60%로 잡았을 경우는 27.3%의 가구가 빈곤한 것으로 조사되었다. 결국 최저생계비이하의 소득을 가진 가구가 증가하다는 것은 가구소비지출의 약화를 의미하고 이는 소비자선택권이 확대되어도 선택할 수 있는 경제적 여건의 부족으로 인하여 소비의 상대적 불평등을 심화시키며 소비의 양극화를 초래하는 중요한 기제로 작동하게 됨을 의미한다.

4) 한국은행이 세계은행의 '세계발전지수(World Development Indicators, 2007)'를 요약 정리한 자료에 따르면 2006년 한국의 1인당 GNI는 1만7,690달러로 비교대상 209개국 가운데 51위를 나타냈다(2008년 한국은행 6월 18일 보도자료).

〈표 3-6〉 최저생계비기준 빈곤율(전가구기준, 연간)

구분	소득(단위: %)			지출	
	시장소득	경상소득	가처분소득	소비지출	가계지출
2003	11.7	10.0	11.1	11.7	8.4
2004	11.6	9.6	10.8	10.5	7.5
2005	12.7	10.5	11.7	12.6	9.0
2006	12.7	10.0	11.2	12.5	8.8
2006	14.0	11.1	12.3	13.4	9.7

주: 1) 1인가구, 농어가가구 제외
2) 1인가구 포함, 농어가가구 제외
자료: 통계청, 「도시가계조사」, 「가계조사」, 각 년도, 원자료

〈표 3-7〉 중위소득 기준 빈곤가구율(전가구기준, 연간)

구분	소득(단위: %)									지출					
	시장소득			경상소득			가처분소득			소비지출			가계지출		
	중위 40%	중위 50%	중위 60%	중위 40%	중위 50%	중위 60%	중위 40%	중위 50%	중위 60%	중위 40%	중위 50%	중위 60%	중위 40%	중위 50%	중위 60%
2003	13.3	17.8	22.7	11.4	16.4	21.8	11.6	16.2	21.6	4.9	9.4	15.5	5.6	10.3	16.6
2004	13.8	18.3	24.0	11.7	16.4	22.4	11.7	16.4	22.1	4.7	9.2	15.4	5.6	10.3	16.7
2005	14.3	18.8	24.3	12.1	16.8	22.8	12.1	16.6	22.6	5.3	9.8	16.1	6.1	11.2	17.6
2006	14.6	19.1	24.4	12.0	16.8	22.6	12.0	16.8	22.6	5.5	10.0	16.4	6.4	11.2	18.0
2007	18.1	22.5	27.3	15.3	20.0	25.3	15.0	19.7	25.1	7.9	12.9	19.0	9.0	14.1	20.6

주: 1) 1인 가구, 농어가가구 제외
2) 1인 가구 포함, 농어가가구 제외
자료: 통계청, 「도시가계조사」, 「가계조사」, 각 년도, 원자료

둘째, 저소득층의 소비력의 개선이 전혀 이루어지고 있지 않아 경제적 부담능력이 서비스제공여부를 결정짓게 되는 복지영리화가 진행될 경우 소비의 양극화는 더욱 심화될 가능성이 있다. 기초생활수급자의 가구 당 평균소득과 재산이 계속 줄어들고 있다는 것은 저소득층의 소비능력 또는 구매력이 점차 감소하고 있다는 것을 의미한다. 다음의 표는 시도별 기초생활수급자가구 평균소득 현황을 나타낸 것이다.

〈표 3-8〉 시도별기초생활수급자(가구) 평균소득 현황(단위 : 원)

시도	2002년			2003년				2004년			
	가구수	수급자수	평균소득	가구수	수급자	평균소득	증감	가구수	수급자수	평균소득	증감
강원	33,071	58,042	240,691	32,213	55,264	210,348	-30,433	32,796	55,829	208,951	-1,397
경기	94,540	171,990	243,079	99,168	174,615	230,198	-12,881	101,592	177,041	227,463	-2,735
경남	52,694	90,785	228,590	55,109	93,178	221,885	-6,705	55,879	93,618	220,570	-1,315
경북	64,880	114,988	247,989	66,896	116,076	240,151	-7,838	67,772	116,283	236,093	-4,058
광주	20,573	44,144	309,489	22,055	46,172	288,260	-21,229	22,720	47,209	290,094	-1,834
대구	32,934	65,256	286,758	35,594	69,102	276,486	-10,272	37,144	71,703	275,757	-729
대전	16,929	34,541	293,202	17,855	35,362	275,384	-17,818	18,451	36,078	270,385	-4,999
부산	53,114	97,574	237,245	57,212	102,271	223,540	-13,705	59,235	104,885	218,564	-4,976
서울	80,242	147,211	229,873	84,104	150,341	216,216	-13,657	87,511	155,421	212,233	-3,983
울산	8,137	15,010	268,062	8,608	15,344	248,913	-19,149	8,983	15,876	244,564	-4,349
인천	28,323	53,618	239,044	29,237	53,914	223,560	-15,484	30,084	55,044	217,688	-5,872
전남	72,722	132,164	274,991	73,122	129,641	269,081	-5,910	73,763	129,844	266,514	-2,567
전북	54,760	105,666	290,724	56,406	106,407	278,910	-11,814	57,170	106,796	277,286	-1,624
제주	9,910	17,887	271,822	10,248	18,420	270,739	-1,083	10,472	18,704	272,893	-2,154
충남	41,882	77,781	275,836	42,657	76,993	268,038	-7,798	42,596	75,696	261,477	-6,561
충북	26,307	48,968	237,923	27,377	49,590	226,795	-11,128	27,744	49,577	224,795	-2,000
계	691,018	1,275,625	252,992	717,861	1,292,690	240,571	-12,421	733,912	1,309,604	237,535	-3,036

자료: 장향숙의원, 2004년 국정감사정책리포트 11(지은구, 2006: 258에서 재인용)

위의 표에서 보는 바와 같이 수급자들의 평균소득은 매년 줄어들고 있다. 기초수급자들의 평균소득이 계속 줄어드는 것과 함께 수급자선정당시에 수급자들의 재산현황을 평가한 자료에 의하면 수급자들의 재산이 하나도 없는 경우가 계속 증가하고 있다. 이는 수급권자들의 경제적 생활의 정도가 점차 심각해지고 있음을 나타내 준다고 할 수 있다. 특히 아래의 표를 보면 매년 100만원 이하의 재산을 가지고 있던 수급권자들이 계속 하락하고 있고 재산이 없는 수급권자의 수는 계속 증가하고 있어 국민기초생활보장제도의 혜택을 받고 있는 저소득층에게 본인부담의 서비스제공은 비현실적임을 알 수 있다. 또한 본인부담금이 없이 서비스를 이용한다고 해도 추가부담이 필요한 부가서비스와 선택서비스를 이용할 경제적 능력이 부족하여 서비스 이용의 차별현상이 일어나게 된다.

〈표 3-9〉 국민기초생활보장수급자 가구 재산현황(단위 : 가구)

	계	재산 없음	0-500만원 이하	500-1,000만원 이하
2002년	691,018	220,452	206,196	88,677
2003년	717,861	222,811	220,766	86,839
2004년	736,656	235,322	226,084	86,510

자료: 복지부제출 현애자 의원 국정감사자료(지은구, 2006: 259에서 재인용)

셋째, 임시직, 계절직, 시간직 등의 불완전고용조건의 확대로 고용불안정이 심하여 불완전고용상태에 있는 국민들이 본인부담이나 추가선택의 사회서비스를 선택할 수 있는 여건이 조성되어 있지 못하다. 아래의 표는 우리나라 불완전고용의 실태를 나타내주는 표이다. 표를 보면 노동자 두 명 중 한 명은 비정규직노동자임을 알 수 있으며 1997년 이후 상용직 노동자와 비정규직 노동자 사이의 비율이 벌어져 상용직은 줄고 비정규직은 늘었음을 알 수 있다. 특히 비정규직노동자 중에서 특히 임시직 노동자들의 수가 줄어들고 있지 않음을 알 수 있다(지은구, 2006).

〈표 3-10〉 불완전고용조건

	1997	1998	1999	2000	2001	2002	2003	2004
상용노동자	54.3	53.1	48.4	47.9	49.2	48.4	50.5	51.2
임시노동자	31.6	32.9	33.6	34.5	34.6	34.5	34.8	34.1
일용직노동자	14.1	14.0	18.0	17.6	16.2	17.2	14.8	14.7
임시+일용직노동자	45.7	46.9	51.6	52.1	50.8	51.6	49.5	48.8
임금노동자	100	100	100	100	100	100	100	100

자료: 통계청, 경제활동인구연보, 각 년도

넷째, 경제적 양극화의 심화로 중간계층이 급속도로 빈곤계층으로 이동하고 있다. 빈곤계층으로의 편입은 결국 원하는 것을 소비할 수 있는 경제적 부담능력을 가지고 있지 못한 계층의 확대를 의미한다고 볼 수 있다. 아래의 표는 소득 10분위별 도시근로자가구의 월평균소득을 1980년부터 2004년까지 나타내주고 있는데 표에 따르면 소득최하위 1분위계층의 소득은 2004년 790,907인데 반해 소득 최상위 10분위 계층은 7,357,838원으로 두 계층간 소득격차는 약 10배 정도의 차이를 나타내주고 있으며 1980년에 비해 소득간 격차 또한 크게 벌어지고 있는 것을 알 수 있다. 1980년에는 최하 소득 1분위와 최상소득 10분위와의 소득격차는 8배정도의 차이가 났지만 2000년대 이후 10배의 차이로 벌어지고 있음을 알 수 있다.

〈표 3-11〉 소득 10 분위별 도시근로자가구의 월평균소득(단위: 원)

	1980	1990	2000	2004
1분위	71,399	302,962	683,205	790,907
2분위	111,491	485,508	1,1148,61	1,445,211
3분위	139,626	580,714	1,389,602	1,857,706
4분위	163,877	667,810	1,636,008	2,197,448
5분위	187,676	758,606	1,886,139	2,544,001
6분위	213,016	859,624	2,172,344	2,915,049
7분위	244,555	981,168	2,502,552	3,358,799
8분위	285,819	1,140,338	2,907,269	3,914,909
9분위	354,106	1,400,464	3,5194,98	4,750,238
10분위	568,901	2,254,552	6,053,059	7,357,838

자료: 통계청, 도시가계연보, 각 년도

아래의 그림은 소득 5분위별 월평균소득을 나타낸 것이다. 그림을 보면 극명하게 나타나는 것과 같이 소득 하위 5분위와 상위 1분위와의 소득격차는 계속 벌어지고 있음을 알 수 있다.

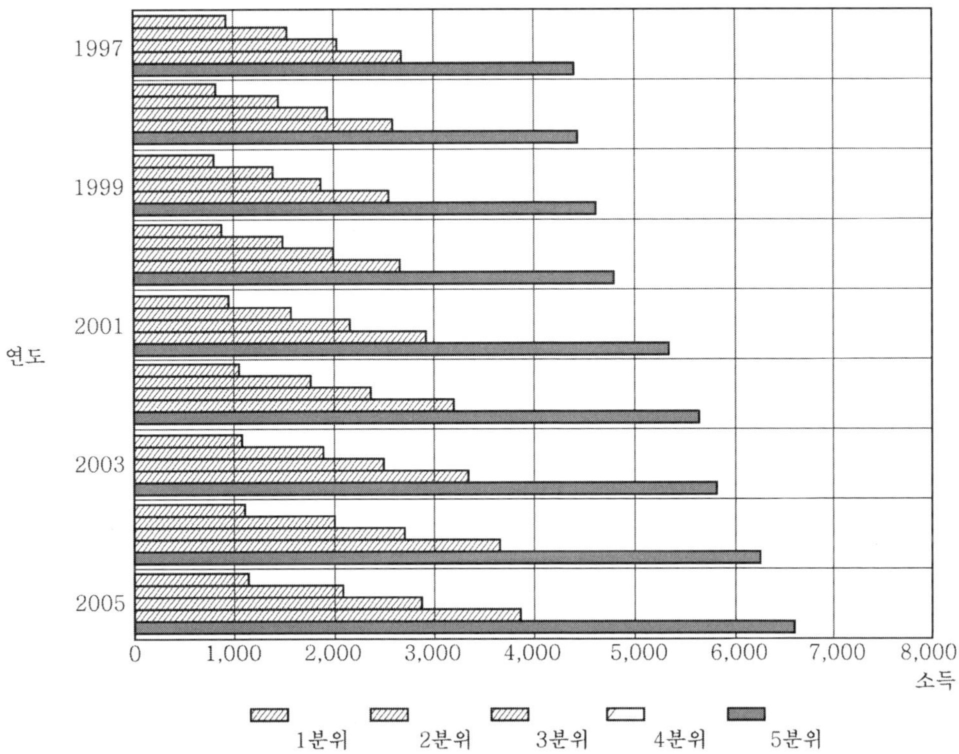

자료: 통계청, 도시근로자가구 가계수지동향에서 재구성

〈그림 3-2〉 도시근로자 소득 5분위별 월평균소득추이: 소득 양극화의 심화

다섯째, 우리나라의 복지재정지출은 OECD 국가 중에서 멕시코와 함께 최하위를 기록하고 있어 경제규모 등 여러 조건을 감안할 때 복지재정지출에 한계가 왔다고 할 수 없다. 아래의 표는 2007년 사회적 지출데이터베이스를 분석한 것으로서 우리나라의 재정지출은 OECD국에서 멕시코와 함께 최하위에 머물러 있다.

〈표 3-12〉 2003년 한국 사회복지재정 분야별 GDP대비 국제비교(단위; %)

사회복지분야	GDP 대비 지출	OECD 30개국 평균
연금(노령연금과 유족연금)	1.3	7.1
근로세대에 대한 현금지원	0.9	4.8
의료서비스	2.9	5.9
사회(복지)서비스	0.4	2.3
총 공공사회복지지출	5.7	20.6

자료: OECD. 2007. 사회적 지출데이터베이스(social expenditure data base, SOCX)에서 재구성

결국, 개인의 선택권확대에 따른 개인에게 적합한 다양한 서비스를 선택할 수 있는 국민들의 선택권확보는 우선적으로 복지욕구가 가장 강한 저소득층의 노동조건개선과 실질소득증가 그리고 국가의 재정지출확대가 우선되어야 정책적 목적을 성취할 수 있으며 서비스의 효과가 증대된다고 할 수 있다.

7. 복지민영화에 따른 복지서비스의 관리와 책임성의 문제

국가가 주도하여 복지서비스를 제공하는 경우 국가는 복지서비스 제공과 재정 그리고 규제를 전적으로 책임지게 된다. 하지만 민영화를 추진하여 복지서비스에 대한 책임이 민간영역으로 전이되면 국가는 복지서비스의 **품질**과 **가격** 그리고 **서비스의 양**을 규제하게 된다(Le Grand and Robinson, 1984). 결국 정부는 민영화의 재정지원방식인 제공자보조금방식을 선택하게 되면 직접 서비스를 제공하기 위하여 공립복지기관을 설치 운영하고 인력을 충원하는 등의 복잡한 과정을 생략한 채 복지서비스책임의 대부분을 민간영역(제공자)으로 이전할 수 있게 된다. 따라서 복지서비스제공과 운영 그리고 규제는 민간조직이 담당하게 되어 민간조직은 국가로부터 재정을 지원받아 복지서비스를 생산 공급하는 전 과정에 대한 일차적 책임을 갖게 되고 국가는 서비스의 종착지인 이용자가 아닌 제공기관을 관리 통제하는 간접적 관리방식을 강화한다. 그리고 국가가 재정을 민간조직에게 제공하지 않고 국민들에게 직접 제공하는 경우 즉, 이용자보조금방식을 선택하게 되는 경우는 복지

서비스의 생산과 공급의 일차적 책임자는 민간조직에게서 서비스선택과 결정권을 갖게 되는 국민들에게 이전하게 된다. 즉, 국민이 원하는 복지서비스는 생산되고 공급되며 원하지 않는 서비스는 사라지게 된다. 따라서 생산과 공급의 주체가 국가에서 민간조직에게로 그리고 민간조직에게서 다시 국민들에게로 전이되는 현상이 나타나게 되고 국가는 생산과 공급 전 과정에 대한 책임으로부터 벗어나 단순히 서비스의 양과 질 그리고 가격만 규제하면 되는 과정이 바로 민영화의 정도에 따라서 나타나게 된다. 아래의 그림은 민영화의 정도에 따라 변화되는 관리와 통제의 책임성을 구분한 것이다.

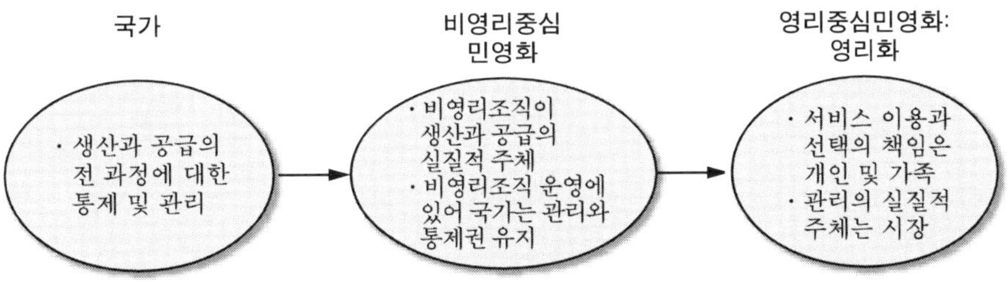

〈그림 3-3〉 관리와 책임성의 변화

위의 그림에서 민영화와 영리화의 차이점은 시장이 복지서비스의 생산과 공급을 규제하는가 아니면 국가가 복지서비스의 생산과 공급에 일정 정도 개입(특히 재정 및 성과관리)을 하는가에 있으며 현실적으로 국가개입이 없는 완전자유경쟁시장은 존재하지 않는다는 점을 볼 때 민영화와 영리화의 차이점은 국가 규제의 정도차이를 나타낸다고 할 수 있다. 국가가 복지서비스제공에 대한 사회적 목적의식을 분명히 하며 적극적으로 질과 가격 그리고 양 등 관리전반에 대해 규제를 하는 경우 즉 기관간의 경쟁이 서비스 질의 개선을 유도하고 서비스가 소외계층을 포함하여 모든 국민들을 대상으로 적절하게 제공되며 서비스의 가격을 차등 적용하여 부담능력에 따라 지불할 수 있도록 하는 경우 국민들은 서비스 선택의 확대를 통해 영리화는 매우 긍정적으로 작동할 수도 있다. 하지만 이는 시장이 가격을 결정하고 모든 정보가 공개되어 있어야 하며 지불능력이나 정보로부터 소외되어 있으며 자기결정권이 취약한 계층에 대해서는 국가가 사회복지서비스를 책임지는 등의 전제조건을 필요로 하다.

국가가 재정을 책임지는 국가재정 하에 복지서비스의 생산과 공급을 책임지는 제공자 중심의 민영화방식에서 국가의 역할은 매우 제한적이다. 즉 국가가 민간조직에게 계약을 통해 복지서비스 제공의 권한을 넘겨주게 되면 실질적으로 국가의 민간조직 복지서비스전달과정에 대한 통제는 제공기간에 대한 성과관리평가이외에는 별다른 방법이 존재하지 않게 된다. 즉 일단 지원받은 예산 사용의 전권은 민간조직에게 있으며 예산에 대한 감사나 지원한 프로그램에 대한 성과를 검토하는 선까지가 국가의 역할이라고 할 수 있으며 서비스의 질이나 가격 그리고 양을 규제하는 것은 전적으로 민간조직의 기획에 달려 있다고 할 수 있기 때문이다. 이 경우 국가는 민간조직을 협력파트너로 인정하는 민관파트너십의 운영을 통하여 복지서비스의 질이나 양 그리고 가격을 규제할 수 있게 되며 나아가 서비스생산과 공급을 포함하는 전달체계 전 과정에 대한 관리가 가능하게 된다. 이러한 협력체제 구축은 공유된 인식이나 비전 그리고 신뢰 구축을 위한 사회적 자본이 전제되어야 하기 때문에 단기간에 협력체계를 구축한다는 것은 현실적으로 무리가 따르게 된다. 따라서 국민들의 복지 체감도를 단기간에 향상시키는 것을 원하는 경우나 복지서비스 제공의 성과만을 강조하게 되는 경우 협력체제구축을 통한 사회복지서비스의 제공은 대안이 되지 못한다. 이 경우 국가는 민간조직에게 일차적으로 복지서비스의 생산과 공급을 전가하고 관리 통제의 기능을 강화하는 실천적인 방안을 추구하기보다 시장의 기능을 강화하여 시장에서 서비스의 생산과 공급이 결정되는 나아가 시장에서 서비스의 질과 가격이 규제되는 더욱 손쉬운 방법을 고려하게 된다. 이 경우 국가는 제공자에게 보조금을 제공하지 않고 시장이 가격과 질을 통제할 수 있도록 이용자에게 직접 보조금을 지불하는 방식을 선호하게 되어 국가의 사회서비스에 대한 관리와 통제는 최소수준을 유지하게 된다. 경쟁과 선택을 강조하는 영리화는 결국 민간영리조직의 시장으로의 개입을 유도하게 되고 영리조직은 복지서비스의 생산과 공급을 통해 조직설립의 최우선 목적인 이윤을 창출하기 위해 노력하게 되어 복지영리화가 실현되고 결국 복지시장은 양극화와 사회적 차별을 가져다주는 기제로 작동하게 된다.

우리나라의 경우 복지공급이 민간비영리조직 주도로 진행되고 있다. 정부는 1990년대 신자유주의 국가에서 유행하였던 신공공관리라는 관리기법을 강조하여 조직 관리에 결과(outcomes)만을 측정하고 평가하는 성과평가(performance evaluation)를 강조하고 있으며 여기서 한발 더 나아가 재정적 책임성을 강조하여 효율성을 강화함으로써 재정적 통제권을 행사하려고 하고 있는데 이러한 정책적 시도가 복지영리화로 강화된다고 할 수 있다. 복지영리화는 한편으로 민간조직에 대한 재정적 측면을 보다 엄격하게 관리하고 통제하는 기법이라고 해석할 수 있는데 이는 민간비영리중심의 민영화에 비해 영리화는 정부의 보조금이 기관에게 직접 제공되지 않아 기관은 운영에 있어 재정적 어려움을 겪게 되기 때문이다.

복지영리화는 재정적 책임 즉 책임성(accountability)이 비영리조직에게서 국민들로 이전됨을 의미한다. 우리나라는 복지재정이 매우 취약하고 직접적 서비스를 제공하기에 기술적 측면에서 공적조직이 민간조직에게 뒤떨어져 있어 주어진 예산으로 서비스의 효과성을 증대시키기 위한 가장 손쉬운 방안으로 민영화를 선택하였다고 할 수 있다. 하지만 사회적 위협의 확대에 따른 계속적인 복지예산의 증대와 예산의 지출에 대한 재정적 통제권밖에 있는 민간조직들에게 책임과 권한을 강조하기 위하여 성과관리기법을 사용하고 다양한 평가를 통해 서비스공급을 통제하는 것이 민영화시대의 민간조직에 대한 국가의 유일한 관리기법이라고 할 수 있지만 복지재화의 특수성으로 인하여 즉각적인 성과를 측정하는 것이 어렵고 또한 일단 재정지원한 후에는 특별히 기관의 재정을 통제하는 것 역시 어려워 성장제일의 신자유주의적 사고에 길들여져 있는 관리들에게는 평가기법의 기술적 측면의 발전이나 민간기관과 국가조직 사이의 협력과 조정을 통하여 복지서비스를 제공한다는 것이 현실적으로 받아들일 수 없는 어려운 정책이었을 가능성이 있다. 따라서 민간비영리중심의 민영화를 기초로 협력과 조정을 통한 복지서비스의 제공과 질 향상을 추구하는 어려운 방식을 고집하기보다는 재정을 국민들에게 직접 제공하는 방식으로 영리화를 추진하여 재정을 국가가 집적 관리 통제하여 기관을 압박할 수 있는 복지영리화전략이 보다 효과적이라고 생각할 수 있다.

복지영리화는 사회적 가치나 사회적 목적의 실현 즉, 형평성은 중요하지 않으며 오직 경제적 효율성이 강조되는 전략이라고 할 수 있다. 복지시장을 통하여 이용자를 한명이라도 더 확보하는 것이 기관의 운명을 결정짓는 중요한 가치가 되며 여기서 국가는 표준화된 서비스만 관리하는 매우 편리한 관리통제가 이루어진다. 이용자에게 직접 재정이 투입되기 때문에 국가는 특별히 민간조직을 관리 통제할 이유가 없으며 단지 기관에서 제공하는 서비스가 이용료의 수준에 맞는 것인지 즉 돈의 가치에 걸맞는 적절한 서비스인지만 확인하면 국가의 역할은 다하였다고 할 수 있다. 따라서 복지영리화에서 국가는 복지시장에 개입하여 제공되는 서비스의 질이 돈의 가치에 맞는 내용을 담보하고 있는지만 확인하면 그것으로 역할을 다했다고 할 수 있으며 국가가 직접 서비스를 생산하고 공급하는 또는 민과 관 그리고 관과 관 사이의 협치(governance)나 협력과 조정을 통하여 복지서비스를 제공하고 서비스의 질을 향상시킨다는 어려운 과제는 더 이상 필요 없게 된다.

하지만 복지영리화 과정에서 국가는 복지재화에 대한 서비스 질 또는 서비스품질기준을 설정하여 일정정도 표준화된 서비스를 제공하는 것을 추구할 것이고 이는 국가의 시장에 대한 개입을 의미하는 것이므로 복지영리화하에서도 완전한 자유경쟁시장은 성립될 수 없게 된다. 결국 복지재화와 서비스의 특성 상 그리고 현실적으로 완전자유경쟁시장을 통한 복지서비스의 생산과 공급은 현실적으로 불가능하며 국가가 시장에 최소수준으로 개입하여 시장을 통하여 제공되는 서비스의 질과, 양 그리고 가격을 통제하는 방식으로 영리화는 전개된다. 이런 경우 나타날 수 있는 현상은 다음과 같다.

첫째, 민간조직이 표준화된 서비스의 제공이외의 서비스 질에 대한 투자와 개발을 등한시할 수밖에 없게 되고 이는 장기적으로 서비스의 질 저하를 의미한다.

둘째, 가격을 통제하면 주어진 가격에서 표준 질을 담보하여야 하기 때문에 이윤을 추구하려는 영리조직의 특성상 이윤추구를 위한 관리조정은 필수적이며 이 경우 관리운영의 인력구조 조정이나 선택서비스 제공을 통하여 이윤을 추구하려는 시도가 일어나게 된다. 즉 조직운영의 효율성을 담보하기 위한 각종 변칙적 수법이 등장하게 되어 국가는 민간조직의 비정상적인 관리운영에 기초를 제공하게 된다.

셋째, 선택권이 이용자들에게 전이되어 욕구해결의 일차적 당사자인 개인이 서비스의 효과에 대한 책임을 전적으로 갖게 되어 국가는 더 이상 복지서비스성과에 대한 평가나 측정에 대한 책임을 지지 않게 된다.

넷째, 표준화된 복지서비스 이외의 복지서비스에 대한 생산과 공급이 시장으로 넘어가게 되어 시장에서 선택의 능력이 있는 이용자를 제외하고 선택할 수 있는 능력을 가지지 못한 이용자들은 의도적 배제를 당하게 된다. 즉 표준화된 서비스 이외의 개별적 욕구나 특성을 고려한 서비스제공은 모두 개인의 경제적 부담을 유발시킨다. 이 경우 복지서비스의 사회적 형평성을 추구하는 가치가 사라지게 되고 개인적 가치가 중심에 자리잡게 된다.

8. 사회복지영리화의 부정적 파급효과

사회복지조직의 영리화를 유도하는 사회복지영리화로 인하여 사회복지영역에 나타날 수 있는 부정적 효과를 지적하면 다음과 같다.

첫째, 영리화는 민관협력구조의 퇴조를 가져다 줄 수 있다. 지식 기술적 측면에서 사회복지의 민영화는 국가개입의 제한을 극복하기 위하여 민간조직이 가지고 있는 정보와 지식 그리고 기술을 활용하는 것으로서 공적조직은 사회문제에 대처하기 위하여 민비영리조직과의 협력과 조정을 위한 네트워크 그리고 협치 등의 새로운 시스템을 정착시켰다. 민간

비영리조직은 전통적으로 국가영역에서 이루어지고 있던 공적복지의 재화와 서비스를 지식 기술적 측면에서 더욱 발전시켰으며 보다 효과적인 문제해결구조를 제공하였다. 또한 재정적 측면에서 같은 재원으로 매우 효과적인 결과들을 생산하였으며 국가는 재정증대에 대한 부담을 줄이면서 사회적 책임과 사회적 가치를 공유하는 민간비영리조직을 활용하여 공동의 목적을 추구하기 위한 토대를 제공하였다. 즉 국가의 재정과 민간비영리조직의 정보 지식 그리고 기술이 결합하여 보다 효율적이고 효과적인 사회적 위험에 대한 대처가 가능하게 하였다. 하지만 영리화는 민간비영리조직들에 대한 국가의 재정적 책임을 거두어 들였다. 즉 제공자중심모델(supply driven model)에서 이용자(또는 수요자)중심모델로 전환함으로써 국가는 더 이상 민간기관에 재정을 제공하는 것이 아니라 이용자들에게 직접 서비스이용을 위한 재원을 지원한다. 이는 더 이상 국가가 민간비영리조직들과 서비스제공과 관리를 위하여 협력을 하여야 할 필요성이 없어졌음을 의미하는 것이다. 국가는 사회서비스시장을 형성하여 시장을 통하여 민간조직 스스로 운영관리를 통제하고 재화와 서비스를 창출 제공하며 이용자들은 자신들의 선호에 따라 조직이 제공하는 서비스를 선택하도록 하는 방안을 강조한다.

사회복지실천의 영역에서 하나의 조직이 완벽하게 사회서비스를 제공하는 경우는 존재하지 않는다. 많은 조직들은 조직 상호간의 협력과 조정을 통하여 새로운 위기대처방안을 창출해 내며 이용자들에 대한 정보를 공유하여 사회적 위험에 대한 보다 효과적인 대처방안을 찾기 위하여 노력한다. 사회복지영역에서 로빈슨크루소는 존재하지 않으며 상호신뢰와 상호협력 그리고 상호행동은 인간행동과 나아가 조직, 지역사회를 이해하는데 있어 매우 기본적인 가치이다.

둘째, 사회복지영리화는 사회적 자본을 급속하게 파괴할 수 있다. 신뢰와 상호이해, 믿음, 공유된 비전으로 대표되는 사회적 자본은 건강한 지역사회의 건설을 위해 반드시 필요한 토대라고 할 수 있으며 증대되고 복잡화하는 사회문제에 효과적으로 대응할 수 있는 대응기제로서 역할을 한다. 세계은행은 사회적 자본을 통한 사회적 응집력이 경제성장을 위해 매우 필요한 요소임을 강조하였으며(World Bank, 2000), Kneck과 Keefer(1997)은 사회적 자본으로서 신뢰가 구축된 사회에서는 기술축적과 자본축적에 대한 동기가 크고, 사회적 자본은 시민들의 기회주의적 행위를 효과적으로 차단하며, 사회적 자본은 시민들의 정치참여수준을 제고시켜 경제정책의 성과를 개선할 수 있음을 강조하였으며 실증연구를 통하여 사회적 자본이 지니계수로 측정한 소득불평등과 밀접한 연관이 있음을 밝혔다. 즉 신뢰와 시민적 협력이 낮은 나라일수록 소득분배가 불평등하다는 것이다. 하지만 경쟁과 개인적 선택이라는 시장의 기제는 신뢰보다는 불신, 상호이해보다는 상호비방 등을 낳고 이는 결국 협력과 신뢰를 기본으로 하는 사회발전에 큰 장애요소로 작동하게 된다.

셋째, 영리화는 민간비영리기관의 상대적 유연성과 개혁적 능력을 사라지게 할 수 있다. 서비스품질기준설정 즉, 표준서비스기준은 비영리사회복지기관이 가지고 있는 문제해결에 대한 상대적 유연성과 창조적인 실험정신을 제한한다. 사회복지서비스를 제공하는 사회복지사들의 기술은 같은 휴먼서비스 영역에서 일하는 의사나 교사와 같이 상황에 따라 다양한 기술을 적용하여야 하는 상대적으로 매우 높은 노동의 자율성 또는 직무의 자율성과 통제력을 필요로 하는 분야이다. 이는 사회복지실천에서 사례관리의 중요성과 직결되는 문제이기도 하다. 사회복지사는 단순하게 하나의 서비스만을 제공하고 서비스를 제공했으니까 아무런 사후관리를 하지 않는 것이 아니라 서비스를 제공하고 나서 계속적인 관찰과 지도를 행하게 된다. 일반 시장에서 필요한 신발을 하나 구매하고 판매하는 행위와는 질적으로 다르다고 할 수 있다. 소비자들은 원하는 신발을 구매하고 판매자는 신발을 하나 판매하는 단순한 시장교환의 관계가 사회서비스를 제공하는 제공자와 이용자 사이에서는 형성되는 것 자체가 어렵다. 공식화된 표준서비스를 결정하고 표준서비스를 제공하는 것이 다가 아니라 사회복지서비스를 제공하는 제공자(사회복지사)들은 이용자들의 수준에 맞는 서비스를 개별적 특성에 따라 제조하여야 하며 서비스를 제공하고 또 다른 서비스의 필요성이나 제공된 서비스가 제대로 이용되는지 등 사전 사후적인 사례관리가 반드시 실행되어야 한다. 따라서 정확한 서비스 시간을 설정하고 서비스의 내용과 질을 아무리 표준화하여도 사회복지서비스를 중심으로 형성되어 있는 사회복지서비스 제공자와 이용자 사이의 관계형성에 따른 즉각적 대응과 사후적인 대응 그리고 추가적인 대응 등에 대한 준비 등에 대한 문제는 해결될 수 없어 사회복지제공자들이 서비스제공에 있어 상대적 유연성은 사라지게 된다. 이러한 문제는 결국 제공자와 이용자 사이의 관계를 판매자와 소비자의 서비스를 주고받는 단순한 관계로 전락시켜 인간적 사회적 관계에 기초한 인간적인 가치는 사라지게 되고 승리자와 패배자가 존재하는 시장의 가치만이 자리잡게 된다.

넷째, 영리화는 사회문제해결에 있어 사회적 기획의 중요성을 등한시하는 결과를 초래할 수 있다. 영리화는 국가와 비영리조직의 사회적 책임을 등한시하고 조직 관리적 측면에서 비용과 결과만을 중요시하여 결과적으로 공공을 위한 사회적 기획보다는 조직운영을 위한 재정적 기획만을 강조하는 결과를 초래하게 된다. 시장영역에서 보다 적은 돈으로 더욱 많은 이익을 창출하는 조직은 살아남을 것이며 사회적 가치를 실현시키고 공공선을 창출하기 위해 노력하는 조직은 쇠퇴하게 된다. 사회적 목적을 가진 민간비영리조직들은 사회적 위험에 대한 대책을 더욱 공공화하기 위하여 사회적 기획을 강조하는 것이 일반적이다. 조직 혼자 잘 먹고 잘살기 위한 기획을 설계하는 것이 아니라 지역전체가 같이 공동체적인 삶의 번영을 추구하도록 하기 위한 사회적 기획의 중요성은 개인주의와 물신만능주의 그리고 권위주의가 차지하고 있는 시장화의 폐해를 극복하려는 우리 사회가 견지하여야 하는 중요한 사회적 가치이다.

다섯째, 영리화는 사회적 위험 극복을 위한 국가적 책임성을 민간조직의 책임성이나 개인적 책임성으로 전가시키는 토대를 제공할 수 있다. 영리화를 통하여 제공된 서비스나 재화의 선택을 이용자(소비자)가 스스로 판단하여 결정하게 되면 결정에 대한 책임은 결정을 한 당사자에게 돌아간다. 시장에서 선택의 책임은 전적으로 이용자 또는 소비자에게 있으며 판매자에게는 이에 대한 책임을 지지 않는 것이 일반적이다. 또한 제공된 재화나 서비스에 문제가 있는 경우 제공된 재화와 서비스에 대한 책임은 시장에서 교환이 이루어진 경우 국가에 있지 않으며 재화와 서비스를 제공한 판매당사자인 민간조직에게 돌아가게 되어 결국 국가는 아무런 사회서비스에 대해 책임을 지지 않게 된다. 따라서 사회적 위험에 대한 대책으로서 사회적 재화 질과 내용 그리고 제공은 민간조직이 지게 되고 서비스의 사용에 따른 결과는 개인에게 돌아가게 되어 국가는 사회복지서비스의 생산과 공급을 관리 책임지는 책임자가 아닌 일반국민들의 삶의 질을 개선하려는 사회복지영역에서 국민들에게 필요 없는 부차적인 존재로 전락하게 된다. 헌법에 인간적인 삶의 보장을 책임져야 하는 국가의 책임에 대한 조항은 영리화에서 시장과 민간조직과 개인에게 돌아가야 하는 상황이 된다.

여섯째, 영리화는 민간비영리기관의 정체성에 심각한 문제를 제기할 수 있다. 비영리사회복지조직의 목적은 지역사회주민의 삶의 질을 개선 향상시키고 지역사회가 보다 잘 기능하도록 하는 것에 있다. 이러한 목적을 실현하기 위하여 비영리조직들은 지역주민 조직화를 통한 다양한 지역주민들을 참여시킬 수 있는 프로그램을 개발하여 왔다. 하지만 경쟁을 강조하는 시장원리는 한 명이라도 더 많은 이용자를 확보하여야 기관운영에 이익이 된다는 측면에서 이익이 되는 사업은 참여의 수준을 증대시키겠지만 이익이 되지 않는 기본적 비영리조직의 목적사업은 등한시하는 결과를 초래하게 된다. 이러한 비영리조직이 가지고 있는 기본적인 목적성취에 대한 사명감의 상실은 결국 자원봉사와 후원자나 기여금확보와 회원확보 등 시민의 참여와 자체조직건설을 위한 사업에 조직들이 힘을 쏟지 않도록 하는 비영리기관의 목적불일치현상을 가속화시키게 된다.

제3절 사회복지 준시장화(quasi market)

1. 사회복지 준시장화

앞에서 준시장에 대해 잠시 언급하였지만 일반적으로 준시장화는 공공부분의 형평성을 잃지 않으면서 자유경쟁시장의 효율성을 얻기 위한 공공부분의 제도적 구조라고 할 수 있다(http://en.wikipedia.org/wiki/Quasi_market). 전통적으로 효율과 형평은 상이한 경제적 또는 사회적 가치를 의미하며 효율성은 시장을 통해서 그리고 형평성은 국가의 개입을 통해서 이루어지는 것으로 알려져 왔다. 이러한 전통적인 견해는 시장이 형평성을 파괴하기 때문에 국가가 개입하여 형평성을 유지한다는 복지국가의 이념적 틀이라고 할 수 있다. 사회복지의 준시장화라는 정책적 고려에 의해서 부분적으로 수정되었으며 수정의 가장 큰 부분은 바로 **형평성이라는 사회적 가치 또는 목적을 유지**하면서 경제적 효율성을 담보하는 것이 가능하며 이러한 가능성의 토대는 바로 내부시장 또는 준시장이라는 영역을 통해서 가능하다는 점의 강조였다. 1990년에 도입된 영국 NHS의 내부시장이 가장 대표적인 준시장화의 예라고 할 수 있다. 영국에서 준시장화는 국민건강서비스(NHS)에 들어가는 국가의 재정부담이 계속 증대하여 국가에 부담이 되고 있다는 현실에 기초한다. 영국의 학자인 Le Grand와 Bartlett(1993)은 건강보호(health care)의 제공(provision)과 구매(purchasing)를 분리하는 이분화를 강조하였으며 이러한 이분화는 바로 준시장화를 의미하는 것이었다. 영국 건강보호영역에서의 준시장화는 병원들로 하여금 더 많은 환자를 확보하고 정부재정보조금을 더 많이 확보하기 위하여 더 낮은 비용의 서비스를 구매자에게 제공함으로 경제적 효율성이 증대되었다고 하는 경험적 근거를 제공하였다.

영국건강보호의 재정은 국민의 세금이 원천이었으며 국민들은 무료로 서비스를 제공받는다는 점은 준시장이 도입되기 이전과 이후가 같으며 차이점은 준시장을 통해서 병원들은 더 많은 이용자를 확보하여야 국가의 재정보조금을 더 많이 지원받을 수 있다는 점이었다. 즉 국민들의 건강에 대한 형평성은 유지되면서 병원들은 보조금을 위해 경쟁을 하는 시장의 기제인 경쟁이 도입되었다. 1997년 노동당은 건강보호영역의 준시장화를 더욱 확대하였는데 이는 건강보호영역에서 준시장화가 의료에 대한 국민들의 형평성은 유지하면서 효율성을 확보하는데 어느 정도 긍정적인 영향력을 가져다주었다는 평가에 기인한다. 하지만 영국의 준시장화는 이용자선별의 문제를 가져다 주었는데 이는 더 좋은 서비스를 제공하는 병원 등의 기관에 더 많은 이용자들이 몰리게 되고 이 경우 병원들은 이용자들 선별하여 서비스를 제공하게 된다는 것을 의미한다. 영국의 준시장화는 이용자선별이라는 문제 외에도 서비스를 제공하는 기관이 다양하지 않은 경우 경쟁이 나타나지 않아 경제적 효율성의 효과는 없다는 점 그리고 행정 및 관리 운영비의 증가를 가져다주어 이 역시 경제적 효율성에 반하는 효과를 가져다주었다는 점 등의 문제점이 나타났다(http://en.wikipedia.org/wiki/Quasi__market).

1980년대 민영화 이후 영국에서 준시장화가 일어난 영역은 의료, 교육, 지역돌봄(community care), 사회주택 등의 분야이며 준시장은 아니지만 **시장유형기제**(market type mechanism)의 도입에 따른 공공부분의 민영화는 대부분의 다른 유럽 지역에 많은 영향을 미쳤다고 할 수 있다. Glennerster와 Le Grand(1995)는 국가의 역할이 서비스제공자에서 서비스구매자로 전환하는데 결정적인 영향을 미친 민영화의 영향을 받은 준시장화가 전면적으로 도입될 수밖에 없었던 이유를 제시해 주었다. 그들이 제시한 근거를 분석하여 보면 다음과 같다.

첫째, 국가재정지출을 축소 내지는 감소하여야 한다는 측면. 1970년 후반과 1980년대 불어 닥친 경제적 위기는 증가하는 복지요구에 대한 해결을 찾는데 있어 어려움을 가져다주었다. 즉 꾸준히 증가하는 복지수요에 적절히 대응할 수 있을 정도의 경제적 성장이 유지되지 못한 점이 준시장 도입의 중요한 원인이 되었다. 따라서 국가는 재정지출을 줄이기 위한 하나의 방책으로 준시장을 도입하게 되었다.

둘째, 정부의 규모를 줄여야 한다는 측면. 1980년대 대처나 레이건정부는 철저한 시장주의로 복지국가가 개인과 가족의 책임을 줄어들게 만드는 결정적 요인임을 강조하였다. 미국 학자인 Murray(1984)는 복지국가로 대표되는 큰 정부가 비효율적인 체제임을 주장하였으며 Savas(1982)같은 학자는 공공부분의 민영화를 강조하는 이론적 근거를 제시하였다. 이러한 주장은 대부분 보수주의 경제학자인 Friedman의 영향을 받은 것으로 정부의 행동이 커지면 커질수록 더 많은 사람들이 정부에 고용되고 이러한 큰 정부는 결국 정치적 자유에 위협이 된다는 점을 강조하여 영국에서는 대처 그리고 미국에서는 레이건이 정권을 잡는데 큰 영향력을 행사하게 된다. 이들 정권은 경쟁이 질과 경제 그리고 효율성과 정부 프로그램을 향상시킬 것이라는 점을 강조하였으며 이는 결국 공공부분의 축소와 준시장화나 시장기제가 등장하는 배경이 되었다.

셋째, 작은 정부를 추진하여도 정부의 관료적 힘은 줄어들지 않을 것이라는 측면.

Kramer(1990)에 따르면 준시장화로 인하여 자발적 조직(비영리조직)들은 정부의 재정에 더욱 의존하게 되었으며 이는 결국 국가의 확장을 의미하는 것이라는 점을 강조하였다. 이는 결국 국가의 힘이 줄어들지 않고 더욱 확대되는 결과를 초래하며 관료들이 준시장화나 민영화에 큰 반대를 하지 않는 요인으로 작동하였다.

넷째, 준시장의 도입으로 복지국가가 축소되지 않는 다는 측면. 준시장화나 시장기제의 공공부분으로의 도입은 국가개입의 확대를 강조하는 좌파학자들에게 복지국가를 약화시킨다는 이유로 거부당하였다. 즉 준시장화의 도입이 복지국가의 약화를 초래한다는 것이 준시장화를 반대하는 학자들의 대표적인 주장이었다. 하지만 영국을 포함하여 준시장과 같은 시장기제를 도입한 유럽 국가들에 있어 복지영역에서의 재정축소는 일어나지 않았으며 오히려 지출은 계속 증대하는 결과를 초래하였고 특히 영국의 경우 의료분야에서 환자들의 대기시간이 줄어들고, 소비자의 선택이 증대되었으며, 소비자의 욕구에 대해 즉각적인 응답이 이루어지는 효과적인 측면이 있음이 강조되었다. 이러한 증거는 결국 준시장이 복지국가를 축소시키지 않는다는 것을 강조하는 학자들의 이론적 근거가 되었다.

다섯째, 공공부분도 후기포디즘사회의 경제적 현상에 영향을 받을 수밖에 없다는 측면. 후기산업사회 또는 후기포디즘사회에 있어 경제적 배열은 공공서비스에도 영향을 미쳤다. 기업들은 자신들이 공장을 갖기보다는 하청이나 아웃소싱을 통하여 이윤을 추구하고 있으며 생산과정을 통제하고 관리하는 다양한 신기술이나 정보기술은 공공부분도 이러한 추세에 따를 것을 유도하였다. 공공부분에 도입된 신공공관리기법이 대표적인 예라고 할 수 있다. 결국 신공공관리나 성과관리체계 등의 도입은 결국 준시장화의 도입을 설명하는 한 근거가 된다. 이러한 후기포디즘사회의 경제적 제 현상들은 복지영역의 민영화의 한 도구인 계약(Contract out)을 통한 공급이 등장하고 민간을 규제하기 위한 성과관리가 강조되는 토대를 제공하였다.

여섯째, 소비자들의 더 많은 요구에 응답하여야 한다는 측면. 준시장화의 도입은 소비자들의 증대하는 욕구에 대한 해결책으로 제시되었다는 것을 의미한다. 이는 서회서비스분야에서 국민들에 대한 응답성을 높이고 선택을 강화하는데 있어 경쟁을 도입하는 것이 효과적이라는 점에 기초한다.

일곱째, 준시장화가 도입되는데 결정적인 이유를 제공한 것이 정치적으로 정부가 사회서비스대상을 소외계층으로만 보지 않고 평균소득이상을 가진 중산층이상으로 확대하였다는 측면. 전통적 복지국가는 보편주의라는 가치를 실현시키는데 있어 정책의 초점을 주로 사회소외계층에 집중하였다. 하지만 준시장은 더 이상 소외계층만을 주된 서비스 대상으로 삼지 않았는데 이는 중산층들이 복지국가의 확대에 있어 혜택을 받은 것이 별로 없으며 세금만 증액되고 있다는 불만이 정치적 행동으로 표출되어 이러한 불만을 잠재우기 위하여 사회서비스의 대상을 중간계급이나 소득중상위계급으로 이동하였다는 것을 의미한다. 중산층들은 대부분 선택을 할 수 있는 시간과 노력 그리고 자금이 허락되어 사회서비스의 준시장화에 부담을 가진 집단은 아니라고 할 수 있다. 결국 소외계층에 대한 보편적 사회서비스의 확대만을 강조하는 경우 중산층으로부터 정치적인 지지를 잃게 될 수 있다는 점은 정부에게 있어 매우 큰 부담이며 이러한 부담은 결국 많은 재정지출을 하지 않고도 중산층에게 서비스를 제공할 수 있는 준시장이나 시장기제를 도입하는데 영향을 미쳤다. 더 이상 확대할 수 없는 제한된 재정범위안에서 중산층에까지 사회서비스를 제공하기 위해서는 결국 소외계층을 버리고 중산층을 끌어안는 것이 신자유주의 정부의 선택이 된다.

위와 같은 준시장의 도입근거들을 살펴보면 준시장과 같은 시장기제의 도입은 복지국가 발전에 있어 반드시 필요한 측면이 있다고 생각할 수도 있다. 하지만 준시장과 같은 시장기제의 도입은 첫째, 영국이나 유렵국가를 포함하는 복지선진국들과 같이 형평성에 대한 사회적 합의가 구축되어 있고 둘째, 이미 국가주도형복지공급체계가 수십 년에 걸쳐 운영되고 있으면서 사회복지의 거의 전 분야에서 국가주도형 공급체계가 형성되어 있고 셋째, 사회소외계층에 대한 보편적 서비스와 사회보험 등의 사회복지체제가 이미 구축되어 있으면서 넷째, 사회서비스의 대상을 확대하여 전 국민을 대상으로 하는 데 있어 국가의 재정적 책임은 유지되며 재정지출은 계속 확대되는 경우로 한정된다.

준시장이 가장 활성화되어 있는 국가는 전 세계적으로 영국이라고 할 수 있다. 미국이나 다른 유렵국가들은 준시장보다는 영리를 추구하는 기업의 사회서비스영역으로의 참여를 인정하는 시장중심민영화라고 볼 수 있다. 시장중심민영화인 영리화는 사회적 가치가 중요하지 않으며 시장의 가치인 이윤추구가 중요하다. 반면 준시장화는 시장기제인 경쟁과 선택을 강조하지만 이러한 시장기제의 도입이 형평성이라는 사회적 가치를 실현한다는 측면에서 엄밀히 구분된다고 할 수 있다. 또한 준시장의 도입은 도입을 위한 전제조건 성립여부와 밀접한 연관이 있다. Le Grand과 Bartlett(1993)은 준시장화가 성공적으로 운용되기 위한 조건으로 다음과 같은 점들을 강조하였다.

첫째, 기관들이 경쟁을 할 수 있을 정도의 수와 질이 담보되어야 하며 정부가 적절하게 생산과 재정을 규제하고 소비자기 시장에 참여할 수 있는 시장구조가 필요하다.

둘째, 정보의 비대칭성이 없어야 한다.
셋째, 거래비용이 기존의 정부공급비용보다 낮아야 한다.
넷째, 소비자들에 대한 선별이 일어나지 않아야 한다.

이들이 지적한 조건을 포함하여 준시장화가 복지국가의 사회복지영역에서 성공하기 위해서는 반드시 다음과 같은 전제조건이 필수적이라고 할 수 있다.

첫째, 준시장화의 목적이 사회적 목적의 실현에 부합하는가?
둘째, 서비스혜택에 있어 형평성은 유지되는가?
셋째, 경쟁을 할 수 있을 정도의 기관과 가양한 서비스들이 존재하는가?
넷째, 서비스의 생산과 공급의 전 과정에서 대한 국가의 통제와 관리가 가능한가?
다섯째, 이용자들에게 정보비대칭문제가 발생하는가?
여섯째, 이용자에 대한 선별이 일어나는가?
일곱째, 준시장화가 복지재정을 축소시키는 것은 아닌가?

위의 전제들을 보다 구체적으로 살펴보면 다음과 같다.

(1) 준시장화의 목적이 사회적 목적의 실현에 부합하는가?

사회적 기업이 주주들에게 이익을 배당하지 않고 모든 이익을 사회적 목적을 위해 사용하는 것과 같이 준시장을 통해서 확보된 경제적 효율성이 사회적 목적을 실현하는데 활용될 수 있다. 하지만 준시장에 활동하는 기업은 비영리기관 만 있는 것이 아니고 영리기관도 포함되어 있으며 영리를 추구하는 기업들의 기업운영목적이 비영리기업과 같은 사회적 기업과 달리 이윤추구에 있기 때문에 준시장이 영리기관을 포함하게 되는 경우 준시장의 사회적 목적 즉, 지역사회의 번영이나 지역주민들의 삶의 질 개선 등과 같은 사회적 목적 실현은 어렵게 된다.

(2) 서비스혜택에 있어 형평성은 유지되는가?

형평성은 중요한 사회적 가치이다. 국가가 직접 복지서비스를 제공하는 가장 결정적인 이유는 바로 모든 국민이 서비스를 제공받는데 있어 차별이 없이 형평하게 받을 수 있도록 운영과 관리 그리고 재정 등을 총괄 통제할 수 있기 때문이다.

(3) 경쟁을 할 수 있을 정도의 기관과 다양한 서비스들이 존재하는가?

시장화든 준시장화이든 경쟁을 할 수 있는 조직이 충분히 존재하여야 한다는 것은 내부 시장이 기능하기 위한 필수조건이라고 할 수 있다. 정부독점이 비효율성의 중요한 요인라고 한다면 독점적 생산과 공급을 지양하기 위한 조건은 다양한 경쟁조직들이 선행조건이다. 여기서 다양한 경쟁조직은 공적기관과 민간기관을 모두 포함하며 공적기관과 비영리 그리고 영리기관들이 제공하는 다양한 서비스에 대해 국민이 선택할 수 있는 조건이 준시장화의 선결요건이 된다.

(4) 서비스의 생산과 공급의 전 과정에서 대한 국가의 관리와 통제가 가능한가?

정부의 입장에서 보면 추가적 행정비용지출의 증대를 야기하지 않는, 효율성이 강조되지만 질이 저하하지 않는, 서비스의 질이 시장을 통해서 자체적으로 유지될 수 있는 영역에서의 준시장화를 바란다고 할 수 있지만 현실적으로 질에 대한 관리 통제는 국가가 관리한다고 해서 보장된다고 할 수 없다. 질은 상품가격과 밀접한 연관이 있기 때문에 상품을 생산하는데 들어가는 원가가 비싸면 질도 좋고 가격도 높은 것이 당연하다고 할 수 있기 때문이다. 따라서 준시장화에 있어 복지서비스를 생산하고 공급하는 전 과정에 대한 국가의 책임이 매우 중요하다고 볼 수 있으며 국가의 책임과 관리 통제 하에서 복지서비스는 국민들이 원하는 질을 담보한 서비스가 공급되고 이것이 사회적 형평성을 보다 강조하는 준시장화의 원리가 된다.

(5) 이용자가 선택할 수 있는 서비스가 다양한가?

이용자들은 국가가 직접 제공하는 서비스, 민간비영리조직이 제공하는 서비스 그리고 영리조직이 제공하는 서비스를 모두 선택할 수 있는 선택권이 보장되어 있어야 시장화는 성공할 수 있다. 민간영리조직만 서비스를 제공한다든지 민간비영리조직만 서비스를 제공하는 것은 소비자선택권을 제한하는 것으로서 국민의 선택권이 보장 또는 확대되는 것이라고 말할 수 없다. 국민의 선택권이 확대된다는 것은 원하는 서비스에 대해서 국민들이 그들의 기준에 따라 서비스를 선택할 수 있다는 것을 의미하고 어떤 계층에 있는 국민들이라도 그들의 조건에 상관없이 서비스를 선택할 수 잇도록 국가와 민간조직이 제공하는 서비스가 다양하게 존재해 있어야 한다.

(6) 이용자들에게 정보비대칭문제가 발생하는가?

정보비대칭문제는 서비스이용의 형평성을 제한하는 강력한 적이라고 할 수 있다. 모든 이용자들에게 정보는 공개되고 모든 이용자들은 정보의 획득에 있어 차별이 존재하면 안 된다고 할 수 있다. 시간적 여유가 많고 경제적 여유가 높아 다른 사람에 비해 서비스에 관한 정보를 더 많이 가지고 있다고 해서 그 정보가 서비스이용에 영향을 미치게 되면 정보이용에 한계가 있을 수밖에 없는 소외계층에게 서비스의 이용은 매우 제한적이 되고 이는 결국 정보소외계층에 대한 의도덕인 사회적 배제로 비추어질 수 있게 된다.

(7) 이용자에 대한 선별이 일어나는가?

준시장화는 국가의 재정적 책임과 통제감독 등이 실현되는 범위에서 이루어진다. 즉 기관의 운영이 이윤을 추구하는 것이라고 한다면 이는 준시장화의 영역이라고 할 수 없고 시장화의 영역이라고 할 수 있다. 즉 국가의 재정적 책임을 민간에 떠넘기는 것은 준시장화의 가치에 어긋난다고 할 수 있다. 결국 국가의 사회적 지출은 계속 증대되지만 보다 효율적으로 비용을 관리한다는 측면에서 준시장화는 일정부분 효과가 있는 것으로 나타났다. 준시장은 결국 형평과 효율이라는 두 가치를 모두 실현하기 위한 노력의 일환으로 고려되었다고 볼 수 있다. 준시장화는 사회복지혜택의 형평성이 보장되는 한에서 경쟁과 선택이 이루어진다. 즉 기관들의 우선적 가치는 형평성이고 형평성이 보장되는 한도 내에서 영리를 추구하지 않고 기관들이 사회적 가치나 목적을 실현하는 범위에서 경쟁을 하고 이용자들은 선택을 하게 된다. 국민들의 사회복지혜택에 대한 형평성이 보장되는 범위 안에서 그리고 정부가 재정적 책임을 확고히 하는 범위 안에서 효율성을 증대한다는 정책적 대안을 찾기 위한 여러 시도들은 우리의 가장 큰 딜레마라고 할 수 있다.

(8) 준시장화가 복지재정을 축소시키는 것은 아닌가?

복지혼합을 추구하는 가장 결정적인 이유는 국민들의 다양한 욕구를 해결하는 것이 정부조직만으로는 어렵기 때문이며 또한 비용효율적인 측면에서 복지재정의 폭발적 증대에 따라 보다 효율적인 방식의 서비스제공방안을 찾는 것에 있었다고 할 수 있다. 복지혼합을 가장 강력하게 추진하였던 영국도 1980년대 대처정권이후 복지재정은 계속 증대하였으며 어떤 복지국가도 복지혼합을 추구한다고 해서 복지재정이 축소된 국가는 없었다(Ascili and Ranci, 2002). 이는 폭증하는 새로운 사회적 위협에 대해 국민들이 더욱 증대된 국가의 대응을 원하고 있고 이는 국가재정의 증대없이는 불가능한 것이기 때문이라고 할 수 있다.

2. 한국 사회복지영역에서의 준시장화 적용검토

1) 준시장화 전제조건

사회복지공급에 있어 준시장화를 검토하는데 있어 반드시 고려되어야 하는 것은 준시장이 사회복지의 형평성이라는 사회적 가치를 침해하지 않아야 한다는 점이라고 할 수 있다. 보다 구체적으로 준시장화적용의 전제조건으로 고려되어야 하는 사항들을 정리하면 다음과 같다.

첫째, 국가의 재정적 책임에 대한 사회적 합의가 전제되어야 한다는 점이다. 준시장화를 추진하는 경우 기관들은 비용을 줄이기 위해 노력하게 되며 국가는 증대하는 재정지출의 효율성을 확보할 수 있게 된다는 장점을 유지할 수 있다. 따라서 국가는 재정지출의 효율성을 담보하기 위하여 준시장화를 시행하게 되는 것이지 국가의 사회복지욕구증대에 대한 예산축소나 삭감을 전제하는 것이 아니라는 사회적 합의가 반드시 선행되어야 한다.

둘째, 형평성의 원칙이 견지되어야 한다는 점이다. 준시장화는 재정축소를 전제하지 않으며 협력과 조정을 통한 사회적 가치의 실현을 추구한다. 따라서 모든 국민들은 서비스의 이용과 신청에 있어 공평하게 대접을 받아야 한다는 점, 특히 사회소외계층에게는 보편성과 긍정적 차별 등의 사회포함적 원칙이 반드시 고려되어야 함이 준시장화의 중요한 원칙이 된다.

셋째, 다양한 공급주체가 있어야 한다. 다양한 공급주체에 의해서 다양한 서비스가 제공되어야 한다는 것은 준시장화를 강조하는 국가의 강조점이다. 다양한 공급주체를 통한 다양한 서비스로 국민들이 선택권은 확대된다. 다양한 공급주체에 대한 서구복지국가들의 경험을 살펴보면 국가주도의 공급과 민간비영리주도의 공급이 우선되며 여기에 영리를 추구하는 영리주도공급이 보완적 성격을 띠고 있다.

넷째, 정보비대칭문제가 발생하지 말아야 한다. 준시장화의 전제조건으로 많은 학자들이 제시하는 원칙으로 시장화이든 준시장화이든 정보비대칭문제는 시급히 해결하여야 하는 중요한 문제라고 할 수 있다.

2) 준시장이 가능한 영역구분을 위한 조건

준시장이 가능한 영역을 준시장화 전제조건을 기초로 분류하면 다음과 같다.

(1) 서비스제공기관들은 사회적 목적의식이 있어야 한다. 준시장의 일차적 전제조건은 사회서비스혜택에 있어 형평성이 보장되어야 한다는 점이다. 이윤을 추구하는 기관과 이윤을 추구하지 않는 기관의 기관운영의 목적은 이윤추구냐 아니면 사회적 목적의 실현이냐를 구분하는 매우 중요한 분기점이라고 할 수 있다. 이윤을 추구하는 기관에게 이용자들의 서비스혜택의 형평성을 보장하라는 논리는 이윤을 포기하라는 의미와 동일하기 때문에 영리를 추구하지만 사회적 목적을 실현하는 사회적 기업이나 영리를 추구하지 않으면서 사회적 목적 실현을 위해 노력하는 기관들은 모두 같은 사회적 가치를 공유할 수 있다고 볼 수 있지만 이윤을 추구하는 기관인 경우는 사회적 목적의식을 갖는 것이 불가능하기 때문에 준시장화의 전제조적으로 제시된 사회적 목적의식이 준시장이 가능한 영역을 구분하는 중요한 잣대가 될 수 있다.

(2) 정보비대칭성을 방지하여야 한다. 정보의 독점이나 정보의 부족으로 서비스혜택의 제한이 있는 경우 사회소외계층은 정보부족으로 질 나쁜 서비스를 제공받을 수 있어 서비스혜택의 형평성에 문제가 발생하게 된다.

(3) 제공기관이 다양하여야 한다. 서비스를 이용하는 이용자들의 입장에서 선택할 수 있는 기관이 다양하여야 한다. 기관선택의 다양성은 시장의 전제조건이라고 할 수 있다.

(4) 서비스의 다양성이 확보되어 있어야 한다. 서비스의 다양성은 제공기관의 다양성과 일맥상통하는 부분이다. 즉, 선택할 수 있는 서비스가 다양하여야만이 이용자들은 선택의 의미를 살릴 수 있게 된다.

(5) 사회소외계층에 대한 국가직접주도의 공급체계가 우선적으로 확보되어 있어야 한다. 사회소외계층을 위한 복지서비스의 제공의 일차적 책임은 국가에게 있다는 것이 모든 복지국가의 사회적 대응을 위한 기본토대라고 할 수 있다. 국가가 직접 서비스를 제공하는 국가직접공급의 경우 노르웨이의 경우는 약 70%를 복지민영화가 가장 발달된 영국의 경우라도 국가직접주도의 공급이 전체 사회서비스의 30%를 넘고 있다. 또한 국가재정지원에 있어 비영리기관에 대한 재정은 대부분 국가가 책임지고 있다.

(6) 다양한 서비스를 이용하는데 있어 접근성이 보장되어 있어야 한다. 이용자들이 서비스를 이용하기 위해 들어가는 시간노력에 비해 제공되는 서비스가 제한적일 경우 경쟁은

일어나지 않는다. 또한 이용자들의 접근성이 보장되어 있지 않으면 경쟁은 일어나지 않는다. 국민들이 이용할 수 있는 서비스가 다양하고 이용한 가능한 서비스에 접근하는 것이 보장되어야 만이 경쟁은 가능하다고 보았을 때 국민들이 서비스에 대한 접근성이 보장되어 있다는 것은 서비스의 형평성과 준시장의 중요한 전제조건이 될 수 있다.

제4절 소 결

공공의 이익을 우선시하는 국가조직과 사회적 가치나 협력을 강조하는 비영리조직 그리고 이윤을 추구하는 영리조직이 동일한 이용자를 확보하기 위해 경쟁하는 시장화는 복지생산과 공급을 위한 다양한 전제조건이 충족되는 한에서 가능하다. 사회복지영역의 재정과 공급체계 전반에 걸쳐 토대가 매우 취약한 상황에서 복지재정의 효율성만을 강조하는 복지시장화는 사회적 양극화와 불평등을 심화시킬 수 있다.

사회복지영역에서의 복지시장화는 복지재정의 축소를 가져다주는 시책이 될 수 없다는 것은 이미 외국의 사례를 통하여 입증되었다. 복지시장화는 복지서비스공급체계의 물적 토대가 이루어진 조건하에서 증가하는 복지재정을 보다 문제해결적으로, 즉 사회적 대응에 보다 효율적으로 사용하기 위한 시도로 이해할 수 있다. 우리의 경우 형평과 사회적 연대 그리고 집합적 가치가 중요시되는 의료서비스는 공공재적 성격이 강하여 건강형평성을 위해 국가재정확대를 통해 보장성약화를 해결하는 것이 적절하며 시장화가 대안이 될 수 없고 국민연금도 국가재정확대와 적정부담 적정혜택으로 선회가 중요하지 시장화가 대안이 될 수 없다.

또한 사회서비스분야는 대부분 서비스제공조직이 비영리조직이며 국가가 서비스를 직접 제공하는 국가운영조직은 전무하여 국가공급체계를 확대하여야 하는 것이 선결과제이며 또한 비영리조직도 그 수에 있어 매우 부족하여 국가주도의 비영리조직과의 서비스협력과 조정이 매우 필요한 영역으로 시장화가 대안이 될 수 없다고 할 수 있다. 노인요양의 경우 2008년 7월 노인장기요양제도 시행이후 영리요양 및 재가시설의 등장으로(특히 영리요양원) 비영리조직과 영리조직이 이용자확보를 위해 경쟁을 하게 될 가능성이 있어 경쟁이라는 전제조건은 충족되지만 노인들이 구매력이 있다고 볼 수 없어 시장화 전제조건이 충족되지 않는다. 즉 노인들이 요양원이나 재가시설을 이용할 때 필요한 경제적 능력을 가지고 있어야 하지만 현 제도의 적용 이후 본인부담금을 산정하여 보았을 때 본인부담금이 너무 높아 구매능력이 있는 노인은 경제적 부담능력이 있는 중산층 이상의 극히 일부일 가능성이 있어 경쟁조직과 서비스는 있으나 구매력 있는 이용자는 없어 시장전제조건이 충족되지 않는다.

또한 보육분야의 경우 국가주도(국공립유치원)와 비영리(사회복지법인어린이집) 그리고 영리시설(사설유치원 및 어린이집)이 혼합되어 있는 분야로서 시장전제조건으로 제시된 경쟁 가능한 조직이 존재하고 일부 이용자들도 구매력을 가지고 있어 시장화가 시행되면 이용자확보를 위한 경쟁시장출현가능성 있다고 볼 수 있지만 국민들의 선택권 강화라는 측면과 구매력이 없는 소외계층을 위해 국가주도의 국공립보육시설을 더욱 확충하고 중산층을 위해 비영리보육시설에 대한 보조금을 확대하여 경쟁력을 갖추도록 하는 것이 더욱 중요하다. 특히 보육분야의 경우 시장화가 진행되면 표준화된 서비스를 제공하는 기관이 많아 질것이며 이런 경우 영리조직들은 이용자를 확보하기 위하여 표준화된 서비스 이외의 선택서비스를 많이 만들어 제공할 것이고 이는 이용자들의 추가부담을 의미하여 접근성과 형평성문제가 발생하게 된다. 즉, 표준화된 서비스만을 제공하는 기관과 다양한 선택서비스를 제공하는 기관의 차이가 이용자들의 구매력차이를 가져와 극심한 양극화현상이 일어날 것이며 이는 보육서비스의 양과 질의 차이를 가져올 것이다.

사회복지서비스나 재화는 첫째, 모든 국민들이 보편적 삶을 영위하는데 있어 반드시 필요한 상품으로서 공공재적 성격을 강하게 내포하고 있으며 또한 둘째, 사회복지서비스나 재화는 시장에서 이루어진 불균형배분을 시정하기 위하여 제공되기 때문에 시장불균형을 치료하는 재화라는 성격을 내포하고 있어 내용면에서 시장에서 제공되는 재화와 동일한 재화가 제공된다고 해도 그 목적은 시장치료적인 공공적 성격을 강하게 내포하고 있어 큰 차이가 있다. 예를 들어 시장에서 구입하는 쌀과 사회복지서비스의 일환으로 저소득층에게 제공되는 쌀이 모두 동일한 쌀이지만 그 목적과 의미는 매우 다르다고 할 수 있는 것이다. 따라서 시장을 통해서 복지서비스가 제공된다고 해도 복지재화의 기본 성격은 변할 수 없으며 복지재화의 성격이 변하면 복지재화는 더 이상 공공재로서의 기능을 상실하게 되고 완전 민간사유재로서의 성격을 갖게 되어 선호에 따른 경제적 부담능력만이 복지재화의 소유를 결정짓게 되는 중요 잣대가 된다. 경제적 부담능력이 선택의 유일한 기준이 되는 복지시장화는 복지의 공공재적 성격을 부인하는 것을 의미할 수 있으며 우리나라의 경우는 시장화를 전제로 한 재정효율성이 중요한 것이 아니라 복지혼합을 가능하게 하도록 하는 복지 물적 토대 구축이 보다 중요한 선결과제라고 할 수 있겠다.

제 4 장

제공자 재정지원 방식

제1절 개 관

최근 사회서비스의 영역이 확장되고 다양화됨에 따라 서비스 수요가 급증하고 있다. 기존의 서비스 이외의 사회서비스의 필요성과 복지서비스 수혜자들의 욕구가 다양함에 따라 서비스 이용자의 선택기회를 확대할 필요성이 제기되고 사회복지서비스 수요는 지속적으로 증폭되는 경향이 나타난다. 또한 공공기관의 관료주의로 인한 비효율성을 극복하고 사회서비스에 대해 다양해진 수요에 부응하기 위해 사회서비스의 효율적 공급에 관한 정책적 관심은 고조되고 사회서비스체제는 개편을 요구하는 압력에 놓이게 되었다.

사회서비스의 욕구 증대는 정부지원의 증대와 재정압박을 가져왔으며 이에 따라 사회서비스의 효율성과 책임성의 문제가 점차 중요하게 다루어지고 있다. 이에 대한 반응으로 민간참여의 확대와 정부규제의 완화를 추진하는 공공서비스의 민영화와 민간위탁으로의 전환이 광범위하게 이루어지고 있다. 1980년대 이후 스웨덴은 물론 대부분의 선진국들은 사회서비스 영역에서 계약제도를 도입하고 있으며 점차 정부의 역할은 기존에 직접 제공하던 서비스를 구매하고 규제 조정하는 역할로 대체되어 하는 경향이 나타난다. 공공과 민간의 역할분담에 대한 관심은 지방화와 분권화로의 진행으로 인해 가속화되고 있는데, 사회서비스를 제공하는 정부의 공급자로서의 역할이 축소되면서 사회서비스 공급에서 정부의 새로운 역할을 정립하고 효율성을 높이는 방식으로 정책의 방향을 제시해야 할 필요성이 또한 높아지고 있다. 한국의 사회복지공급체계도 변화하는 시대에 맞추어 효율성과 소비자의 선택권이 충족되는 방식으로 제도를 정착시켜 나가려 노력하는 중이며, 사회서비스 제공의 설계상 정부와 민간의 역할 분담과 사회서비스 공급의 재정적인 지원을 면밀히 탐색할 것이 요구되고 있다.

공공서비스의 제공자 지원방식은 국가가 재정적 책임을 유지하면서 사회서비스 제공을 민간에 이전하는 것이다. 정부의 재정지원형태는 사회서비스 조정자, 서비스 비용의 지불자, 서비스 제공자 등 다양한 양식들이 얽혀지면서 교부금, 보조금, 계약, 그리고 비영리기관의 세금 감면이나 보조금 지급 등 다양한 형태를 보여준다.[1)] 정부가 공공서비스 제공자로서 비용을 부담하고 공공서비스의 생산과 제공기능을 민간기관에게 위탁하는 제공자지원방식을 민간위탁(Delegation)이라 한다. 민간위탁의 제공자지원방식에는 민간기관에서 서비스나 재화를 담당하고 때로는 관리까지 담당하는 계약(contracting out), 이양이나 대여에 의한 인허가권인 프랜차이즈(Franchise), 그리고 소비되는 재화나 서비스 비용을 직접 정부가 공급자에게 지원하는 보조금(Grant)이 포함된다. 프랜차이즈는 정부가 조정자이며 민간기관이 서비스 공급자라는 면에서 구매계약과 동일하지만 정부는 계약에 관한 비용을 지불하고 소비자가 서비스 이용에 따른 비용을 지불한다는 면에서 차이가 있다. 정부가 계약을 통해 공공 또는 민간 공급자들로부터 사회서비스를 구매하는 구매계약(purchase of service contracts)은 민간위탁의 대표적인 형태이다(Savas, 2000).

구매계약은 정부가 공공서비스의 공급자이지만 민간조직이 생산자가 되어 정부를 대신하여 공공서비스를 공급하고 이에 대한 비용은 정부가 민간조직에게 지불하는 형태이고, 프랜차이즈는 정부가 공공서비스를 공급하기 위해 민간조직에게 독점적 특권을 부여하는 것으로 이러한 경우 제공자가 하나 또는 다수에게 특권을 부여할 수 있으며, 제공자가 하나인 경우는 배타적 프랜차이즈, 다수인 경우에는 비배타적 프랜차이즈로 불리는데 이 경우에는 가격규제가 수반된다. 보조금은 정부가 사회적 서비스 확대를 위해 생산자를 재정적으로 지원하는 방식이다(Savas, 2000).

구매계약은 프랜차이즈와 유사한 형태를 지니고 있지만 정부가 기관내적 필요나 대외적으로 일반시민에게 제공하기 위해 필요한 서비스를 계약을 통해 외부로부터 구매하여 공급하는 것으로 해당 서비스(기능)에 대한 관할권은 정부가 지니고 있다. 그러나 프랜차이즈는 시내버스나 택시 등 대중교통사업자, 가스 사업자, 전화사업자 또는 유선방송사업

---

1) 교부금 방식은 정부간 협정으로 중앙정부가 지방정부에게 서비스 제공권한을 주고 비용을 지불하며 지방정부가 지역소비자에게 제공하는 방식이다. 보조금은 공급자에게 정부가 일정한 재정지원을 주고 소비자가 최종 소비 이용단계에서 이용료를 내는 방식이다. 계약은 정부가 민간기관을 서비스 제공자로 선정하고 비용을 지불하면 공급자가 소비자에게 서비스를 제공하는 방식이다.

자 지정 등과 같이 정부가 특정 민간기업들에게 독점적으로 영업권을 부여하는 것으로 일반 상업적 기능을 수행한다는 점에서 계약과 차이가 있다. 아울러 프랜차이즈는 민간기업에서 제공되는 서비스를 일반 소비자가 직접 구매하며 아울러 서비스 이용에 대한 비용을 소비자가 직접 지불하는 형태를 지니고 있다(Savas, 2000).

Savas는 서비스 공급의 다양한 제공자 지원방식을 〈표 4-1〉과 같이 정리하였다. 이 표는 집합재적 성격의 사회서비스를 제공하는데 적합한 공급자 지원방식의 대표적인 유형인 정부간교부금, 민간보조금, 계약, 프랜차이즈의 특성을 비교한 것이다. 이 표를 보면 정부간 교부금은 부정의 여지가 적고 소득재분배의 기능이 강하지만 소비자에 대한 반응이나 효율성/효과성이 부족하며 민간보조금은 규모의 경제 실현과 비용 편익성, 소득 재분배 및 작은 정부를 지향하게 하는 특성이 강하며, 계약방식은 다수의 생산자가 있는 경우 효율성이 높아지고, 비용절감이 가능하며, 프랜차이즈의 경우는 규모의 경제를 실현하고 소비자의 반응에 민감하다는 것을 알 수 있다.

〈표 4-1〉 서비스 공급 대안별 특성

특　　성	정부간 교부금	민간 보조금	계약	프랜차이즈
다수의 생산자 필요			++	
효율성과 효과성 제고	+	+	++	+
규모의 경제 실현	+	++	++	++
비용과 편익의 연계	+	++	++	+
소비자에 대한 반응성		+		++
부정의 소지가 적음	++			
소득재분배 촉진	++	++	+	
정부지시에 대한 반응성				+
정부 직원 수의 제한(작은 정부)		++	+	++

주 : +는 대안이 강한 특성을 가지고 있는 것을 의미한다.
자료: Savas(2000) p. 103에서 일부 선택

이처럼 공공 서비스를 민간에 위탁하여 얻는 효과는 다양하지만 효율성/효과성 향상과 서비스 공급비용 감소가 관심의 핵심 대상이라 할 수 있다. 물론 이를 위해서는 서비스 공급을 위한 경쟁이 존재하고 효과적인 감독과 평가를 통해 책임성을 담보하는 공공부문의 관리 능력이 요구된다.

본 장에서는 중앙정부와 지방정부간의 교부금이나 기관의 세금감면과 같은 정부의 재정지원방식은 배제하고 사회서비스의 계약을 통한 민간위탁 방식으로 공급자를 지원하는 다양한 형태를 소개하고 그 특징을 탐색하여 사회서비스 공급자 재정지원방식에 대해 조망

하고자 한다. 이를 위해 민간위탁의 개념 및 서비스 구매계약의 계약방식과 성공요인, 민간위탁의 새로운 유형, 그리고 최근의 민관협력 방식을 소개하는 하는 방식으로 논의를 전개하고 우리사회에 주는 시사점을 탐색하려 한다.

제2절 민간위탁의 유형과 현황

1. 공공서비스 공급과 민간위탁

민간위탁은 민영화의 다양한 수단 중의 하나로서 정부가 최종적인 비용부담 및 관리의 책임을 지면서, 서비스의 생산과 전달기능을 민간부문에 위탁하는 것이다. 전통적으로 사회서비스는 공공재가 갖는 특성으로 인해 정부가 직접 생산하여 소지자에게 공급하는 것이 바람직하게 인식되었으나 공공부문의 지나친 확장과 재정부담이 문제로 대두되면서 서비스 공급체제의 변화를 요구하게 되었다. 민간위탁으로 향한 사회서비스체제의 개편을 요구하는 요인은 첫째, 복지 국가의 재정위기와 재정 자율성의 감소, 둘째, 공공서비스에 대한 대중적 신뢰와 지위의 저하, 그리고 새로운 사회적 위험[2)]의 등장에 따른 사회서비스 수요의 폭발적 증대라는 세 가지 요인으로 요약할 수 있다(김영순·최현수·이윤경·방효정, 2007). 뿐만 아니라 현실적인 측면에서 사회서비스 분야는 전통적으로 민간부문이 중요한 역할을 담당했으므로 사회서비스 공급에 필요한 민간자원의 확보가 쉽다는 점도 민간위탁이 활발해지는 배경으로 지적될 수 있다.

민간위탁은 초기에는 정부가 일반국민을 대상으로 직접 생산하여 제공하던 공공서비스를 민간기업과의 계약을 통해 민간기관이 정부를 대신하여 제공하도록 하는 서비스 제공방식으로 이해하는 좁은 의미로 사용되었으나 1990년대 이후 민간에 대한 위탁 대상과 기능이 확산됨과 더불어 확대되었다. 광의의 민간위탁은 민간부문에서 널리 사용되는 개념인 "아웃소싱"과 유사한 의미를 지니고 있다. 확장된 의미의 민간위탁은 구매기능 또는 서비스 내용과 성격을 막론하고 정부가 행정기관을 통해 직접 수행하던 업무를 해당사무나 서비스 관할 책임은 공공기관에서 유지한 채 민간기업 등 특정한 외부기관을 선정하여 대신

2) 새로운 사회적 위험에는 출산율저하와 사망률 감소로 인한 인구고령화, 제조업의 쇠퇴와 서비스 경제로의 이행 기술 변화와 지식기반 경제의 등장, 국제경쟁의 심화 속에서 노동시장의 변화, 그리고 가족의 변화로 인한 보살핌의 위기 등이 지적될 수 있다(김영순 외, 2007).

수행하도록 하고 그 비용을 지불하는 방식을 의미한다(박중훈, 2003; 황혜신, 2006).

민간 비영리기관이 운영하고 공공부문으로부터 보조금을 지원받는 방식이 지배적이었던 우리나라 사회복지서비스의 공급은 1980년 후반 공공이 설립한 사회복지시설의 운영을 민간에 위탁하는 규정이 마련되고 1997년 사회복지사업법 개정시 위탁운영을 규정함으로써 경쟁이 도입되고 새로운 역할 분담의 가능성이 열리게 되었다(이봉주 외, 2008). 우리나라의 경우 2005년부터 사회복지사업의 일부 영역에서 국고지원이 지방자치단체로 이양되고, 사회서비스 신청권과 이용권이 신설되고, 지역사회복지계획을 수립하도록 함으로 인해 사회서비스의 환경이 변화하고 전달체계의 질적 재편을 예고하고 있다. 지금까지 사회복지서비스를 제공하던 기관의 입장에서 보면 가장 안정적인 재원은 정부보조금이었다. 그러나 위에 언급한 환경변화는 정부 보조금의 절대적인 크기가 줄어들지는 않았지만 지금과 같이 경쟁이 없이 일괄적으로 제공되던 정부보조금을 받기는 어렵게 되었으며, 이러한 과정에서 가능한 정부의 업무를 민영화하고 시장지향적인 개혁을 통해 관료제의 비효율성이라는 위험을 줄이는 서비스계약이 추진되었고, 투입보다는 산출과 결과에 초점을 두는 성과결과를 중시하는 성과기반 계약이 모색되고 있다(조연숙, 2004; 노시평, 2007).

민간위탁의 초기에는 정부가 대상자에게 직접 생산하여 제공하던 공공서비스를 민간이 정부를 대신하여 제공하도록 계약하는 것으로 쓰레기 수거 등의 단순한 업무가 대부분이었으나 오늘날은 점차 계약의 범위가 확대되고 구체화, 다양화되고 있으며 점차 혁신적인 민관협력체제를 도입하여 서비스의 권한과 제공에서의 민간기관의 역할이 점차 확장되고 있다(박중훈, 2003). 이러한 공공서비스 제공에서의 민간위탁은 관료제의 위험인 비효율성이 상당히 줄어들게 하고 제공되는 서비스의 효과성을 높이는 결과를 가져왔다고 평가되고 있다. 그러나 Ascoli and Ranci(2002)가 지적한 것처럼, 경쟁에 입각한 구매계약은 계약된 서비스의 효율적인 관리에 치중하는 문제를 발생시킴으로써 서비스 욕구를 탐색하고 욕구에 맞는 새로운 서비스를 창출하기보다는 기존의 서비스를 얼마나 효율적으로 공급하는가에 관심을 두게 만드는 경향이 있으며, 동시에 지나친 경쟁을 토대로 하는 효과성·효율성의 강조는 사회서비스의 공공성을 저해할 수도 있다는 지적을 받기도 하였다.

사회복지서비스의 영역에서는 이윤을 추구하는 영리조직보다는 공익을 추구하는 비영리조직에 의한 사회서비스 공급계약이 책임성 확보라는 측면에서 보다 적합할 수 있다는 견해가 일반화되어 있다(김승현, 1998). 비영리조직들은 이윤추구가 일차적 목적이 아니므로 제공되는 지원금을 더 많이 서비스에 투입하는 조직이며, 지역사회에 대한 인식을 토대로 서비스를 제공하기 때문에 서비스의 전문성과 효율성이 높고 공동체를 지향하는 성향은 도움이 필요한 개인에게 더욱 효율적이며 신뢰할만한 서비스를 제공하기 때문이다. 그러나 국가가 서비스를 제공하는 민간기관에게 재정지원을 할 때 경쟁 방식을 도입하여 효율성을 우선시하면서 일반적인 제공기관은 비영리기관에서 점차 이윤을 추구하는 영리기관까지 포함하는 방향으로 전개되고 있다.

2. 서비스 구매계약

서비스계약방식은 공공서비스 공급의 책임은 정부에 있으나 일부 제한된 영역에서 서비스를 제공하는 민간에 부여되는 형태로 민간위탁의 대표적인 방식이다. 협의의 민간위탁과 동일한 의미로 사용되는데 중앙정부와 지방지체제와 같이 다른 수준의 계약이나 같은 수준의 지방정부사이의 계약도 포함하고 있어 민간부문과의 계약만을 의미하는 것은 아니다(노시평, 2007). 또한 민간부문가운데서도 영리조직, 비영리조직이 모두 포함된다.

서비스 구매계약은 대개 공공기관이 구체적인 내용에 대해 명시하고 그에 따른 적절한 비용을 제시하는 민간 사회복지기관들과 계약을 하는 것이다. 민간기관들은 이러한 방식으로 조직활동을 위한 재원을 확보하고 공공기관은 이들 서비스 기관들을 통해 의도된 서비스를 클라이언트에게 제공할 수 있다. 미국의 서비스 구매계약제도는 1960년 대 후반 빈곤아동과 가족을 대상으로 하는 서비스를 전달하는 중요한 전략으로 처음 수행된 이래 미국 사회복지서비스 전달체계에서 보편화되어 왔다.[3)]

구매계약은 정부와 민간이 서로 계약을 체결하고 민간이 전통적인 공공서비스를 정부조직 또는 국민에게 직접 제공하는 제도로 정의하는데, 초기 구매계약은 건물청소, 시설관리 등 단순 기능업무를 중심으로 이루어졌지만 점차 정보기술, 법률, 인사 등 정부의 고유 업무 영역까지 다양화되고 있는 추세이며 사회서비스에서의 구매계약도 빠르게 추진되고 있다(OECD, 2004). 최근에 구매계약방식은 행정서비스의 효율성을 높이고 비용을 절감하려는 목적으로 도입되어 점차 증가되고 있으며 영국 미국은 구매계약을 체결하는 비중이 매

3) 미국의 경우 민간위탁이 나타나게 된 법적 배경은 1960년대 개정된 공공부조법, 1970년대 경제활동기회법 및 포괄고용훈련법, 1994년 정부운영개혁법(정부기관의 예산절감과 성과제고를 위한 규모의 축소와 아우소싱), 1986년 연방아동양육비집행법(소재파악이 어려운 부모를 찾아내어 양육비 지급을 추적하는 시스템 운영)과 1996년 개인책임 및 직업기회조정법(Personal Responsibility and Work Opportunity Reconciliation Act, PRWORA-사회복지수급권자의 인테이크와 적격성 판정도 민간영리기업이 수행)으로 볼 수 있다(이봉주 외 2008). 특히 PRWORA의 통과는 연방정부의 사회복지 재정운영계획 및 지원방법, 주정부나 지방정부로의 권한 이양, 서비스 구매계약제도의 확대 강화와 영리조직의 서비스구매계약제도 참여 등이 포함되어 있어 복지개혁은 주도하고 사회서비스 전달체계에 많은 변화를 초래하였다(조정아 · 이혜은, 2005).

우 높은 반면, 프랑스나 이태리는 구매계약체결 방식에 소극적인 것으로 나타난다(OECD, 2004).

1) 서비스 구매계약(purchase of service contract, contracts-out)

서비스 구매계약(POSC)은 과거에 민간기관들을 재정 지원하는 방식인 보조금이나 교부금과는 상당히 다른 방식이다. 보조금은 기본적으로 민간기관의 운영을 지원하기 위하여 특별한 서비스 영역이나 목적을 설정하지 않은 상태에서 지원되는 재원이다. 교부금은 어떤 서비스가 제공되어야 하는지 그리고 어떻게 재원이 사용되어야 하는지에 대한 제한이 별로 없지만 서비스의 영역과 해결하고자 하는 사회문제에 대한 재정지원 방식을 지칭한다. 그에 비하여 서비스 계약방식은 구체적으로 어떤 서비스가 제공되어야 하는지와 재원의 사용처에 대한 구체적인 조건을 명시하는 방식이라 할 수 있다(이봉주 외, 2008).

구매계약은 정부 또는 공공기관이 민간부분으로부터 물품이나 서비스 구매행위를 하는 것으로 정부기능을 수행하는데 필요한 물품이나 서비스를 적절한 시기에 적절한 가격과 수량으로 적절한 장소까지 공급하는데 목적이 있다. 미국의 경우 구매계약은 정부가 서비스 영역과 목표, 과업과 비용 등을 명시하여 기관의 입찰을 유도하는 제안서를 요구하는 경우와 정부가 서비스 모델을 제시하는 기관이 필요한 비용을 요청하는 견적을 요청하는 경우로 나누어진다. 또한 사회복지서비스를 위한 정부예산의 절반은 서비스 구매방식에 의해 사용되고 있으며 서비스 구매계약제는 지속적으로 확산되고 있다. 계약제와 보조금제에 의한 사회서비스가 1971년 25%에서 1979년 55%로 증가, 공공사회복지서비스 비용의 절반 이상이 서비스구매로 사용된다고 한다(Gibleman and Demone, 1989). 특히 미국 주정부 수준에서 보면 구매계약이 78.1%로, 가장 선호되는 민영화 수단은 구매계약으로 나타난다(노시평, 2007).

미국의 계약제는 위탁계약과 구매계약을 모두 포괄하는 개념이며 가격협상을 전제하는 구매계약에 더 가깝다고 할 수 있다(최재성, 2005). 반면 우리나라의 경우는 일반적으로 계약제라 하면 정부가 설립한 공공기관을 민간이 대행하여 운영하는 계약을 의미하는 위탁계약을 의미한다. 한국의 서비스 계약공급방식에는 위탁경영의 방식과 법인설립인가와 시설설치허가(Franchise)에 의한 보조금지급방식이 포함되는데 위탁경영의 경우는 구매계약과 상당히 유사하다고 할 수 있다.

경쟁적 계약은 효율성과 책임성 확보의 측면에서 중요한 의미를 갖는다. 서비스 구매계약은 경쟁을 전제로 하는 계약과정과 계약이 이루어진 이후 재정운용과 서비스 전달에 대한 평가와 지도감독, 그리고 재계약 또는 보조금 지급의 세 단계를 거치게 되는데(김승현, 1998), 다수의 공급자가 존재하고 이들이 제공하는 서비스의 질을 지도·감독할 수 있는 제도적인 장치가 성공적인 서비스 구매계약의 관건이 된다.

Knapp et al.(2001)은 서비스 구매자로서 지방자치단체가 활용하는 사회서비스의 계약 방식을 3가지로 정리하고 있다. 1) 포괄계약(block contracts)은 일정규모의 서비스를 일괄 계약하는 것으로 상대적으로 낮은 가격으로 서비스를 구매하는 장점이 있지만 서비스 량의 변동에 따른 위험을 구매자가 안게 되는 문제점이 있으며 영국의 경우 재가서비스에서만 일부 활용되는 것으로 보고되고 있다. 2) 개별계약(spot and call-off contract)으로 서비스가 필요할 때마다 계약을 맺는 방식은 서비스 량의 변동에 다른 위험은 공급자가 부담하지만 일반적으로 계약가격은 높게 책정이 되며 비용증가에 대한 부담은 구매자가 지게 된다. 1996년경에 가장 많이 활용되던 방식으로 집중화된 구매담당자가 일정범위의 서비스를 일정 가격범위로 서비스 공급에 대해 교섭해 주면 사례담당자가 그 한도 안에서 필요할 때 계약을 맺게 된다. 3) 포괄계약과 개별계약을 결합한 것으로 일정규모까지의 서비스는 일괄적으로 계약하고 그 이상의 서비스에 대해서는 추가로 계약하는 방식이다. 영국의 경우 서비스 계약은 개별계약이 가장 많고 점차 포괄계약이 확산되는 경향이 있지만(강혜규 외, 2007), 우리나라는 단일 서비스에 대한 구매계약보다는 공공이 설립한 사회복지시설의 관리 운영까지 민간에 위탁하는 방식이 많다(이봉주 외, 2008).

전문성 향상을 통한 서비스의 질의 제고를 위해서는 민관위탁의 과정에도 초점을 두어야 한다. 정부가 효과적인 민간위탁을 위해 준비하고 수행해야 하는 절차와 내용들은 Savas(2000: 175)는 계약 아이디어를 생각, 서비스를 선택, 적용가능성 탐색, 경쟁을 육성, 관심을 표현하게 하고 자격을 요구, 고용 이전 계획, 입찰구체화, 대중홍보 캠페인, 관리경쟁에 입문, 공평한 입찰과정, 입찰평가와 계약 체결, 계약수행력의 점검, 평가, 수행의 12단계로 나누어 탐색하고 있다.

반면에 김순양·고수정(2004)은 경쟁유치과정, 수탁자선정 및 계약서 작성, 서비스에 대한 지도 감독의 과정, 성과평가 과정, 그리고 재계약과정으로 보고 있으며 아래와 같이 그림으로 표시하였다(p.101).

김순양·고수정(2004)에 의하면 서비스의 질적 향상을 위해서 민간위탁 과정은 첫째, 경쟁유치 과정은 폭넓게 개방하여 경쟁을 극대화하고 최적의 서비스 생산자를 발굴할 것, 2) 선정과정을 투명하고 객관화하며 구체적이며 호혜성을 토대로 계약서를 작성할 것, 3) 목적과 기준을 구체화하고 일의 절차보다는 일의 내용을 중심으로 지도감독을 할 것, 4) 실질적인 평가가 이루어져야 하며 서비스의 종류에 따라 다양한 기준을 제시할 것, 그리고 5) 재계약과정이 성과평가와 적절히 연계되어야 한다는 점을 지적하고 있다.

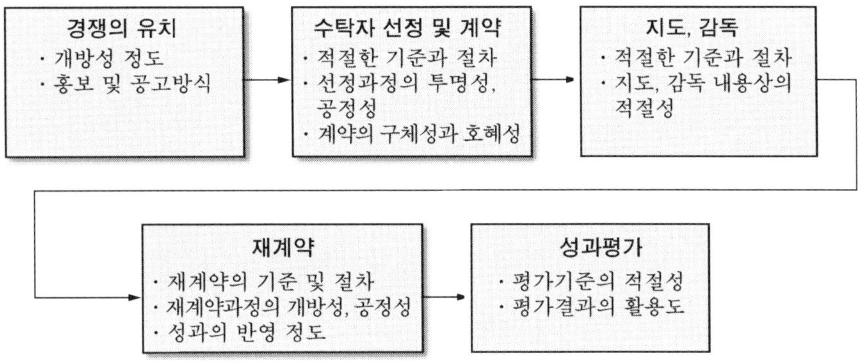

자료: 김순양 · 고수정(2004: 101).

〈그림 4-1〉 공공 서비스 민간위탁 과정 분석을 위한 틀

2) 성과기반 계약

정부를 비롯한 공공분야에 있어서의 성과(performance)란 일반적으로 조직 및 그 구성원이 서비스의 생산 및 제공을 위해 수행한 업무, 정책 및 활동 등의 현황 또는 정도를 의미하는 것으로 일반적으로 널리 통용되고 있다. 일반적으로 업무수행과정 및 그 결과는 "투입-활동/과정-산출물-효과/영향"으로 요약될 수 있다(박중훈, 2003). 즉 업무수행과정은 업무활동에 소요되는 생산요소의 투입물이 투입되고, 이들 투입물이 상호작용하여 업무활동이 이루어지며, 이러한 업무활동은 직접적인 결과물인 산출물을 생산하고, 산출물은 그것이 의도한 목적과의 관계에서 결과로 이어지게 된다. 성과는 업무수행과정을 구성하는 요소 자체로 제시되기도 하지만 업무수행과정에 기초한 상관관계를 통해 이해될 수 있다(〈그림 4-2〉 참조). 산출물은 투입물에 대비시킴으로써 표준화시키는 것으로 양적인 측면을 반영하는 "효율성(Efficiency)"과, 결과/영향은 문제의 규모나 산출물 규모 등에 기초하여 표준화 시키는 것으로 질적인 측면을 반영하는 효과성(Effectiveness)"이라고 하는데 성과는 효율성과 효과성을 포괄하는 개념으로 규정될 수 있다.

사회복지 서비스의 구매계약이 증가하면서 민간위탁은 정부 재정에 대한 책임성을 강조하게 되었다. 즉 공공재정이 계약대로 지출이 되었는가를 점검하던 과거에는 서비스 제공기관은 큰 문제가 발생하지 않는 한 재정지원을 보장받을 수 있었지만 성과기반 계약에서는 성과평가와 재정지원이 연계되어 있어 계약상의 제시된 성과목표에 달성하지 못하면

지불을 받지 못하게 된다. 기존의 민간위탁이 활동에 대한 비용지불방식이라면 성과에 기초한 민간위탁은 결과에 대한 비용지불 방식으로 규정될 수 있다(Donahue, 1989). 전통적인 민간위탁의 과정에서는 위탁업무의 수행과 관련하여 요구되는 인력자원 등 활동요소 및 활동방식 등을 규명하고 이들 요건이 준수되었는지를 점검하는 것이 핵심이었으며 규제를 충족시켜야 하지만 1980년대 이후 선진각국에서 이루어진 개혁을 반영하는 성과계약에 기초한 민간위탁은 위탁업무수행에 따른 의도한 결과상태의 확보 또는 정책목적의 실현에 초점을 두고 있다.

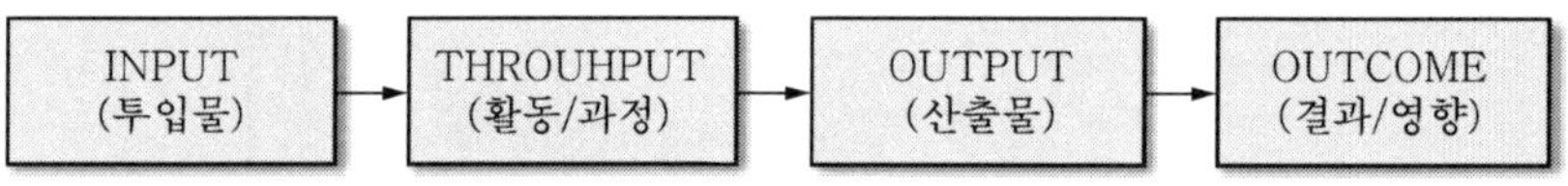

자료: 박중훈(2003: 7)

〈그림 4-2〉 업무수행과정과 성과

이처럼 시간이 지남에 따라 민간위탁 과정에서 계약기관이 달성해야 하는 성과기준을 제시함으로써 복지서비스의 질적 향상을 도모하고 정부에서는 효율성과 효과성의 결과를 토대로 민간기관에 대한 경쟁적인 압력이 가해지고 있다. 결과적으로 성과목표를 달성해야만 비용을 지급받게 된 민간 서비스 제공기관은 재정의 불확실성으로 고통을 받게 되었지만 서비스 제공기관이 제공하는 서비스에 대한 책임성은 강화되는 접근으로 평가되고 있다. 성과중심의 관리는 전통적인 행정방식인 과정중심의 관리에 대비되는 것으로 업무수행의 결과 내지는 효과로서의 성과를 중심으로 관리하는 것이다.

이러한 성과관리의 핵심요소를 박종훈(2003)은 첫째, 전략적 계획에 입각하여 상위에서 하위차원으로 목표설정을 구체화함, 둘째, 목표의 운영자/관리자에게 목표의 성취를 위해 수반되는 관리상의 자율성을 부여함, 셋째, 보다 합리적인 성과지표의 평가방식을 통해 주기적이고 체계적으로 성과수준을 평가함, 그리고 마지막으로 관리상 성과측정결과에 대한 정보를 광범위하게 활용함으로 요약하고 있다.

성과관리수단의 하나로서의 성과계약은 일정한 수준의 성과달성과 그에 대한 지급을 연계하여 관리함으로써 통제에서 벗어나 자율적인 업무수행방식 및 과정을 유지하는 가운데 운영상의 성과와 책임을 효과적으로 확보하려는데 목적이 있다. 1996년 실시된 복지개혁 이후 미국정부는 TANF 제도상 규정을 충족시키기 위해 기존의 서비스 구매계약을 성과중심의 서비스 구매계약으로 강화하였다. 그 결과 기존의 정부와 비영리조직에 의해 전달되었던 사회복지서비스 영역에 영리조직이 공식적으로 진입하였고, 서비스 전달에 있어서 제공자로서의 정부 역할이 대폭 감소되었으며, 정부가 성과를 중심으로 계약 또는 재계약을 체결하여 사회복지서비스 영역에서 경쟁적인 시장 환경이 조성되었다. 미국의 1998 연방정부기능재편법(Federal Activities and Inventory Reform Act, 이후 FAIR법)과 영국의 시장성 테스트(Market Testing)제도를 통해 성과기반 계약의 법적 근거를 볼 수 있다.4)

성과에 대해 보상하고 불확실성을 다루는 다양한 지불방식에는 비용환급계약방식(cost reimbursement)과 단위비용지급계약방식(unit cost), 정액지급계약방식(fixed fee) 그리고 인센티브계약방식(incentive)이 있다(Kettner & Martin, 1987, 최재성, 2005 재인용). 비용환급계약방식은 서비스제공과정에서 발생한 비용을 서비스 종료 후 정산하여 지급하는 방식으로 실제 지출과 예산액은 차이가 있을 수 있다. 한국의 의료서비스공급자에게 건강보험관리공단에서 비용을 추후 정산하여 지급하는 것과 유사한 방식이다. 단위비용계약은 계약내용에 제시된 서비스(시간 혹은 사례)당 비용을 일정한 기간마다 정산하여 지급하는 방식으로 비용환급방식과의 차이는 실제 소용된 전 비용을 지급하는 것이 아니라 약속한 단위 서비스당 금액만을 지불하는 방식이다. 정액지급계약 방식은 서비스 제공의 시작과 종료가 명확하고 종결과 동시에 비용을 지급하는 방식으로 계약내용에 시간계획 및 세부 요구사항이 제시되는 것으로 연구용역이나 사업평가와 유사한 유형이다. 인센티브방식은 위의 계약방식을 기본으로 인센티브 조건을 포함시키는 방식에 해당한다.

비용환급계약방식은 기관이 잔여 청구자가 되므로 기관은 투자한 것에 대한 지불감소 노력에 대해 보상을 받게 되는 생산 효율성을 위한 강력한 인센티브이다. 그러나 정액지급계약방식은 계약되지 않은 질이나 다른 임무사이의 분담을 해야 하는 경우에 서비스의 질을 저하시킴으로써 이윤을 추구하게 되므로 약한 인센티브가 되기도 한다. 고정비용원가보상 계약(cost-plus-fixed-fee contracts)은 도덕적 해이에 쉽게 빠지는 유형으로 생산성의 효율성으로 보면 취약하지만, 질 저하의 문제는 거의 없다. 기관은 최상의 서비스를 제공하려는 모든 노력에 대해 추후 정산을 하게 되므로 서비스의 질이 중요하거나 임무가 매

4) 미국 연방정부는 민간위탁을 보다 광범위하고 체계적으로 실현하기 위해 1998년 10월 FAIR법 통과시켰는데 이 법은 민간위탁을 실시하고 관리하는데 있어 가장 기본적인 원칙과 내용을 규정하고 있으며, 시행령은 특히 목록에 제시되고 있는 행정기관들의 상업적 활동을 민간에 위탁하는 경우 위탁과정을 지도하고, 아울러 위탁과정에서 핵심을 구성하고 있는 비용비교가 현실적이고 공정하게 이루어지도록 구체적인 접근방안과 요건들을 규정하고 있다(박중훈, 2003). FAIR법에 입각하여 미국정부는 첫째, 경제성을 성취하고 생산성을 향상시키고, 둘째, 본질적인 정부기능은 기관내부 수행 유지할 것, 셋째, 정부는 재화나 서비스 조달이 상업적으로 획득 가능한 공급자에게 의존할 것을 정책방향으로 취하고 있다. 영국의 시장성 테스트는 정부부처나 기관들로 하여금 고객이나 납세자에게 "재정을 가장 가치있게 쓸 수 있도록(Money for Value)" 공정하고 공개적인 경쟁을 향상하는데 목적이 있다. 시장성테스트의 본질은 정부가 수행하는 사업 및 활동을 어떻게 효과적이고 적절하게 수행하는가에 대한 기준과 절차에 따라 분석하고 결정하는 것이다.

우 복잡한 경우에 사용되며 계약 재협상의 가능성이 높다. 인센티브 계약에서는 정액지급뿐아니라 미리 결정되지 못한 기관이 부담한 모든 비용이 지불되므로 결과적으로 다른 일련의 계약을 하게 된다.

3. 서비스 계약의 성공조건

민영화 전략으로 시장의 장점을 공공서비스에 접목하려는 시장지향적인 개혁이 사회복지서비스 계약제를 적극 활용하게 만들었으며 영리기업의 사회복지서비스 시장 진입은 비영리기관에게는 새로운 도전과 위협이 됨과 동시에 사회복지의 공공성과 정체성 측면에서 논쟁이 되고 있다. 사회복지서비스 계약제의 성과에 대한 논의는 양면적이다.

서비스구매계약의 모든 단계가 원활하게 이루어지면 경비절감, 행정적 효율성, 신속한 프로그램 시작과 종결, 프로그램의 유연성, 서비스의 질 향상, 전문성 확보, 인력 활용의 유연성, 혁신과 경쟁의 증진, 규모와 역할 축소 다양한 장점을 얻을 수 있다. 그러나 계약 후 사후감독을 위한 행정 비용이 크고 계약할만한 민간조직이 많지 않거나 계약과정에서 부패의 여지가 있을 경우는 오히려 비용의 상승이 우려되며, 객관적인 기준을 정하고 통제를 하는 책임성을 확보하기가 어렵고, 비용절감이나 이윤추구를 위해 서비스의 질을 낮추고 서비스가 필요한 저소득층에게 서비스를 제공하지 않을 수 있으며 사후지도 감독이 실질적으로 어렵다는 점, 지나친 경쟁 또는 담합이나 부정부패, 서비스 질 관리의 어려움, 정부의 공공성과 책임성의 저하 등이 지적되며, 비록 비용이 절감되더라도 절감된 부분은 이용자에게 전가되므로 사회적 총 비용은 오히려 증가된다고 주장하기도 한다(Savas, 2002; 황혜신, 2006; 김승현, 1998).

구매계약이 성공하려면, 단일한 서비스 기준, 사업의 지속성을 담보하는 장기계약 등의 명확한 성과 지표 및 수행과정 점검체계가 확립되어야 하며 계약수행 실패를 대비하여 위험부담을 구체화한다(강혜규 외, 2007; 166). 그러나 구매계약으로 이루어지는 서비스가 쓰레기수거와 같이 단순한 서비스일 때보다 복잡한 서비스가 민간기관에 이전되면서 성공의 기준을 제시하기가 더욱 어렵게 되었다(Jensen and Stonecash, 2004).

학자에 따라서는 효과적인 민간 위탁을 위한 조건으로 경쟁, 합리적 의사결정, 그리고 효과적인 점검 등을 제시하기도 하지만(DeHoog, 1982), 이러한 조건을 포함하여 민간위탁 과정에서 충족될 것이 전제되는 조건들은 다음과 같다: 첫째, 위탁대상 기관은 경쟁에 입각하여 선정되어야 한다. 둘째, 위탁대상 업무의 수행을 통해 정부가 성취하고자 의도하고 있는 목적 내지는 결과측면에서의 성과가 무엇인가를 구체적으로 규명하고 지표를 제시한다. 셋째, 이들 결과상태의 확보를 토대로 하여 위탁계약을 체결한다. 넷째, 위탁기관인 정부와 수탁기관인 민간업체와의 사이에 계약내용의 이행을 둘러싼 모니터링 또는 평가가 이루어져야 하며 이러한 모니터링 또는 평가결과에 기초하여 재계약 여부를 결정해야 한다는 것이다(박중훈, 1999).

서비스 구매계약이 전제로 하는 효율성을 달성하기 위해서 제공되어야 하는 서비스의 종류와 형태, 각 서비스별로 제공되어야 하는 수량, 서비스 제공을 담당하는 인력의 자격요건, 그리고 클라이언트 수급자격 등의 기본 요건을 명확하게 제시하여야 한다. 구매계약방식은 서비스의 내용을 쉽게 구체화할 수 있고 경쟁이 가능한 분야에서는 비용절감 효과가 크게 나타나지만 어느 조건이라도 충족이 되지 못하면 거래비용의 발생 및 부가적인 욕구출현으로 효과는 기대만큼 크지 않을 수 있다. 예를 들어 Van Slyke(2003)는 구매계약을 통한 경쟁체제는 공급자의 부족이나 지나친 대규모화 등의 제도여건의 문제가 있거나 공급기관의 참여가 저조하거나, 정부가 관리할 역량이 부족하면 실패하기 쉽다고 지적하고 있다. 사실상 그의 연구에서는 미국의 뉴욕주 소속 5개 카운티의 관리자, 비영리기관 직원을 대상으로 실시한 면담조사에서 대형 카운티 1곳을 제외한 4개 카운티는 실질적인 경쟁이 부재한 것으로 나타나 민간위탁이 경쟁과 효율성을 보장하지는 못했던 것으로 나타났다.

1990년대 중반이후 민간 위탁된 3개의 지방의료원의 위탁성과를 비교한 우리나라의 연구에서도 민간위탁은 기대되는 비용절감은 나타나지 않고 정부가 부담하는 비용과 소비자가 부담하는 입원비용이 상승하여 비용절감은 미미하거나 비용전가가 나타나고 있었다(황혜신, 2005). 또한 민간위탁으로 대체적으로 수익성은 증대하였으나 공공성은 오히려 저해되는 결과가 나타났으며, 공공성과 수익성이 항상 역으로 진행되는 것은 아님을 보여준다.

〈표 4-2〉는 서비스계약방식의 장단점과 실현조건을 학자들의 견해를 종합하여 정리한 것이다. 모든 학자들은 민간위탁의 핵심은 경쟁성을 어떻게 보장하는가에 달려 있다는데 동의하고 있다. 이러한 경쟁성을 관리하기 위해 송광태(2005)는 계약과정과 계약이후과정 두 단계로 구분하여 평가요소와 분석자료를 제시하고 있다. 계약과정에서의 경쟁력 제고를 위해서는 공개입찰과 입찰의 홍보, 객관적이고 공평한 평가기준의 마련, 전문성을 바탕으로 한 객관성을 유지할 수 있는 평가위원회를 구성하는 것이 중요하며 계약이후 성과에 따른 인센티브, 재계약, 해약, 지불유예의 조건을 명시하고 제시하는 것이 핵심이 된다. 입

찰과정에서의 경쟁성의 도입을 강화하고 계약 후 계약수준의 공급을 초과한 경우 인센티브를 제공하는 것이 경쟁을 관리에 중요한 평가요소가 되며 구체적인 분석자료는 〈표 4-3〉에 제시되어 있다.

〈표 4-2〉 계약방식의 장단점과 실현조건

장・단점	실현조건
장점(옹호론) -경쟁이 이루어지고 편익비용이 관리자에게 귀속되어 능률적이다. -정부가 직접 소유하지 않는 전문기술의 활용이 가능하여 다양한 서비스를 제공할 수 있다. -사업계획의 규모를 수요 및 자금변화에 맞추어 탄력적으로 조절할 수 있다. -수요에 민감하게 반응하는 서비스내용의 신축성이 있다. -새로운 사업계획의 실험이 용이하다. -서비스의 비용이 계약가격에 드러나므로 관리가 쉽다. -단일공급자에 대한 의존성을 줄일 수 있다. -정부의 직원의 수를 줄여 작은 정부를 가능하게 한다. -민간부문의 연구를 자극한다.	-행해지는 업무와 기관의 미션이 명확하게 구체화되어야 함. -다수의 잠재적 생산자와 경쟁적 분위기가 존재해야 함. -정부가 계약의 업적을 점검할 수 있어야 하며 단일화된 서비스 기준이 필요함. -적합한 조건이 계약문건에 명시되고 시행여부가 감독되어야 함. -성과향상을 유도하기 위해 인센티브 제공하고 서비스 실패에 대한 위험부담 요건이 구체적으로 명시되어야 함.
단점(반대론) -계약과정에서 부패관행이 발생할 수 있다. -자격있는 공급자가 부족하면 의미있는 경쟁이 결여된다. -계약관리와 업적 점검에 비용이 든다. -공공부분의 서비스 역량을 약화시킨다. -계약 당사자인 서비스 제공자의 빈번한 교체는 서비스 지속성의 문제를 유발한다. -개별화된 서비스보다는 단일한 서비스 전략을 유보하기 쉽다. -민간기관에서 쉬운 대상자를 공략하는 이용자선별이 발생할 가능성이 높다. -규모의 경제를 실현하는 기회가 제한된다. -정부지출을 위한 로비가 발생할 일이 있다.	

출처: 강혜규 외(2007)와 이봉주 외(2008)를 재구성함

계약과정의 경쟁성을 확보하기 위한 종종 도입되는 공개입찰방식(tendering)은 통합된 네트워크를 보호함과 동시에 경쟁을 통한 규모와 범위의 경제성을 가져오는 방식이다. OECD(2008)가 최근 공공서비스 제공에서의 시장기제에 관해 정리한 보고서에 의하면 대중교통이나 쓰레기 수거와 같이 기술적 서비스(technical service)에서는 공개입찰이나 경쟁 등이 잘 발달되어 있는 반면에 교육, 건강, 그리고 보육 서비스 영역에서는 소비자의 선택이나 민간의 서비스제공, 또는 성과기반 재정지원이 아직 활용이 덜 되고 있으며, 성과의 효율성은 지방정부의 조화되지 못한 규제와 협력 부재로 종종 감소되는 경향이 있다는 것을 보여준다.

〈표 4-3〉 민간위탁의 경쟁성 관리에 대한 평가요소와 분석자료

	과정구분	평가요소	분석자료
민간위탁에서의 경쟁성 도입의 평가요소	계약 과정	공개입찰과 사업계획서 제출	법규, 관련조례, 계약서, 협약서
		광고와 홍보	법규, 관련조례, 계약서, 내부자료
		평가기준의 마련과 내용	관련조례, 계약서, 내부자료
		평가위원회의 구성과 분포	관련조례 및 계약서, 내부자료
	계약이후 과정	보너스의 존치여부	법규, 관련조례 및 계약서 분석
		재계약 조건과 방법	관련조례 및 계약서, 내부자료, 담당자면담
		해약조건 명시	관련조례 및 계약서, 협약서
		지불유예 명시	관련조례 및 계약서, 협약서

출처: 송광태(2005; 53).

공개입찰이 가장 널리 수행되고 있는 공공서비스 분야는 기술적 서비스 분야로 대중교통비용과 쓰레기 수거비용 등에서는 20%정도 절감하는 것으로 나타났으며 도시지역보다는 규모가 적은 읍·면 등의 지자체와 지역에서 공개입찰이 좀더 흔하게 활용되는 것으로 나타났다. 공개입찰은 지방정부의 공공서비스 제공에 경쟁을 도입하면서 통합된 네트워크를 구축하는 방식으로 네트워크 통합이나 네트워크 제공자들 간의 경쟁을 육성할 수 있어 효율성을 높이는 방식이다. 계약방식은 핵심서비스는 공공기관에 남아 있다는 점에서 공개입찰과 다르다(OECD, 2008). 계약을 좀더 공개적인 방식으로 입찰을 하게 되면 공공서비스 전달에서 더 낮은 가격으로 제공을 할 수 있다. 효율성을 침해하는 분절화된 시장을 피하기 위해 입찰 규칙은 법적 조례등과 조화를 이루어야 하면 계약을 전담하는 기구를 마련할 필요가 있다.

민간위탁을 하는 이유는 공공서비스 생산과정에서 경쟁을 유도함으로써 수혜자들의 서비스 선택권을 주고 그 결과 수혜자들의 서비스 만족도가 높아질 수 있으며 생산 비용을 절감하고, 보다 전문적인 서비스를 제공하여 효율적이기 때문이다.[5)] 민간위탁 결정이후 성공적인 집행에 영향을 미치는 요인으로는 정부의 관리능력이 무엇보다 중요하다. 민간위탁의 성과요소는 정부의 관리능력(계약의 설계와 구체화 능력, 계약관리 및 감독능력, 그리고 계약의 성과 및 평가능력 등을 포함), 경쟁적 시장여건, 그리고 네트워크 관리 능력이

5) 민간위탁이 적절한 서비스 분야는 공공성이 낮고 집행적 성격이 강한 기능, 성과를 측정하기 용이한 분야, 그리고 민간위탁을 통한 효율성이 큰 사업이라고 한다면 사회복지 서비스는 공공성과 집행성은 강하지만 성과측정이 어렵기 때문에 민간위탁의 여건에 반드시 적합하지는 않다. 그럼에도 불구하고 현실적으로 사회복지서비스분야에는 민간의 참여가 활발했다는 점, 다양해진 수요자의 요구 부응하는 전문적인 서비스 인력이 준비되어 있다는 점 등의 현실적인 여건이 사회복지 서비스분야의 민간위탁은 지속적으로 증가시키고 있다(조연숙, 2004).

포함된다(조연숙, 2004). 물론 이러한 성과요소들은 민간위탁의 결정 여건으로 정치적 지지와 리더십, 민간위탁의 반대세력 존재 및 저항성, 재정여건, 정부형태 등에 따라 달라지게 되며, 위탁계약 이후에는 계약 당사자간의 협력관계 형성은 효율성을 높일 수 있는 대안으로 정부와 계약자 간의 발전적 모형을 제시할 수도 있다.

그러나 민간위탁은 지나치게 효율성만을 강조하게 되면 공공 서비스 제공의 형평성을 저해하고, 새로운 서비스를 창출하고 경험하는 기회를 박탈할 수 있다. 또한 수탁자 선정과정에서 경쟁방식이 개방적이고 적절한 기준과 절차가 공정하지 못하는 경우에는 오히려 서비스의 질을 저하시키고 위탁과정에서 부정부패를 발생시킬 수도 있다. 뿐만 아니라 민간위탁된 서비스의 생산과정에 대해서도 수탁자들이 계약 내용을 준수하도록 지속적인 감독이 필요하며 성과에 기반한 차별적인 보상이 주어져야만 민간위탁을 통한 서비스의 효과성은 높일 수 있다. 사실상 서비스 구매계약이 성공하기 위하여 가장 중요한 요소는 모니터링과 평가라 할 수 있다(박중훈, 2003; 강혜규 외, 2007).

시장기제를 이용한 서비스 계약방식만으로는 서비스의 질 관리를 담보할 수 없다는 문제가 지속적으로 대두됨에 따라 서비스의 책임성(accountability)문제가 근래에는 미국 사회복지서비스 공급체계에서 중요한 논란거리로 대두되었다. 박중훈(2003)은 영국 국세청의 정보기술 서비스 민간위탁과 미국 인디아나폴리스 국제공항의 민간위탁사례를 성공적인 성과기반의 민간위탁 사례로 제시하고 있으며 자세한 분석을 제시하고 있다. 이런 맥락에서 성과지표(performance measures)가 서비스 계약에서 명시되어야 하며 그러한 지표들을 통하여 서비스의 효과성이 평가될 필요가 있다.

사회서비스의 구매계약방식이 증가하면서 정부의 관리 중요성이 제기되고 계약관리의 개념이 등장했다. 계약이후 프로그램의 효율성 및 효과성을 담보하고, 정부 예산집행의 책무성을 확보하며, 사업수행 과정을 감독할 수 있어야 한다. 구매계약은 계약수행에 필요한 시간과 비용이 크고 거래비용이 발생할 뿐 아니라 기초자치단체와 같은 좁은 행정구역 안에서는 경쟁가능한 공급자들이 존재하기 힘들다. 따라서 중앙정부나 광역시 수준에서 적합할 것으로 보고 있다.

4. 서비스 구매계약의 개선된 계약방식

구매계약이 가장 활발한 미국에서 전통적인 서비스 구매계약 방식의 문제점을 해결하고자 새로운 형식의 서비스 계약방식이 사회복지서비스 부문에서 제한적으로 시도되고 있는데 기존의 구매계약이 서비스 자체의 총 이용량의 증가를 가져왔다면 새로운 계약방식에서는 전달체계 개선으로 인한 서비스의 성과를 높이려는 시도로 보여진다(이봉주 외, 2008). 대표적인 예로는 서비스당 지불방식(fee for service)에서 클라이언트 1인당 지불방식(Capitation)으로 바뀐 메네지드 케어와 품질확보에 초점을 둔 네트워크계약 방식이 있다. 메네지드 케어의 경우 통합적인 서비스 공급으로 비용절감의 효과가 크고 사례관리의 필요성이 강조된다. 반면에 메네지드 케어는 민간기관 네트워크와 우선 계약을 하고 다시 지역 내 기관과 2차 계약을 하는 네트워크 계약 방식으로 네트워크 내에서 역할 분담과 서비스 정정이 우선적인 목표가 된다.

1) 매네지드케어(Managed Care: MC)

관리되는 경쟁모델의 계약방식은 미국 의료부문에서 발달되기 시작한 매네지드케어(MC)가 대표적이다(http://en.wikipedia.org/wiki/Managed_care 참조).

1990년대 이후에 등장한 매네지드케어는 사회복지서비스 공급체계의 개혁의 한 방법으로, 서비스 당 지불방식이 아닌 서비스 단위를 클라이언트 1인당 지불방식으로 서비스 계약을 하는 방식이다. 이러한 방식은 서비스의 투입보다는 궁극적인 서비스 성과에 서비스 제공 기관의 관심을 두도록 유도하려는 방안이다. 서비스 공급은 상호 긴밀히 연계가 되고 공급자간의 경쟁이 계획되어 소비자의 거래비용이나 위험을 최소화한다는 가정 하에 실험적으로 도입되었으며, 통합적인 서비스와 서비스의 체계적인 관리를 위하여 사례관리기능이 필연적으로 강화되어야 한다. 따라서 매네지드케어에서 소비자들은 낮은 수준의 정보비용을 지불하고 정부나 대규모 민간 서비스 공급자들은 계약비용의 일부로 서비스 정보비용을 부담한다. 민간공급자의 경우 높은 거래비용과 서비스 공급운영의 위험을 감수하는 반면 정부는 효율적인 재정집행을 계획할 수 있게 된다.

미국의 의료시스템은 이분화된 시스템으로 한국 등 기타 여러 나라와는 달리 전국민이 건강보험을 가지고 있는 게 아니라 중앙정부의 통제를 받는 공보험과 자유경쟁의 사보험이 철저히 분리되어 각각 독자적으로 운영되고 있다. 대표적인 미국의 공보험은 메디케어(Medicare 65세 이상을 대상으로 하는 연방정부재원 보험)와 메디케이드(저소득층을 위한 각 주의 보험프로그램)이다. 미국의 사보험은 흔히 매네지드케어(Managed Care)라고 일컬어지는 체계에서 운영된다. 즉 의료서비스가 Managed Care Organizations(MCO)이라 불리는 제3자의 통제 하에 관리 및 전달되는 것이다. 통상적으로 건강보험을 판매, 관리하는 사보험 회사들이 MCO의 역할을 하고 있으며 이들이 제공하는 보험은 여러 종류가 있지만 대표적인 것으로 Health Maintenance Organization(HMO)과 Preferred Provider Organization(PPO)을 들 수 있다.[6)]

과거 30년간 매니지드 케어는 HMO(Health Maintenance Organization), 개별진료협회(Independent Practice Association), 우선제공자조직(Preferred Provider Organization) 치료시점(Point of Service), 보장보험으로서의 MC 등 다양한 모습으로 제공되어 왔다. 그동안 미국이 초점을 두었던 의료서비스 매니지드케어는 의료비용의 증가폭을 줄이는 데는 상당히 공헌했지만 비용절감을 위한 효력은 한계에 이른 것으로 판단되며 이를 위한 대안을 개발하여 시행 중에 있다고 한다.

2) 네트워크계약(Network Contracting:NC)

네트워크계약(NC)은 서비스 비용 절감 차원에만 초점을 맞추는 매네지어케어(MC)가 품질관리상의 문제를 제기할 수 있다는 우려에서 도입된 대안으로 공적 기관과 서비스 구매 계약을 하게 되는 관련 민간기관 네트워크를 만들거나 지정하고 그러한 네트워크가 지역 내의 개인이나 수행기관과 다시 계약을 맺는 방식이다(이봉주 외, 2008). 사회복지서비스 전달체계에서 서비스의 연속성과 지속성을 이미 성립된 다양한 기관들 간의 네트워크를 통하여 달성하고, 네트워크가 서비스 계약의 당사자이어서 개별 기관들의 자기이해에 따른 개별적인 접근보다는 네트워크 내에서의 역할 분담과 서비스 조정을 통하여 공통의 목표를 달성하는 것이 우선시될 수 있다는 가정 하에서 이루어졌다.

이러한 네트워크계약(NC)의 대표적인 유형은 공공기관이 영리 혹은 비영리 민간기관이 담당하는 메네지드케어 기구(managed care organization, MCO)와 서비스 계약을 체결하고, 네트워크의 행정적 운영은 MCO가 담당하고, 이러한 MCO와 계약을 맺게 되는 통합적 서비스 제공자 네트워크가 지역사회 내에서 개인 서비스 제공자와 기관을 포함한 네트워크를 구성하여 실제 서비스를 담당하는 방식이다.

네트워크 계약은 플로리다 주에서 제공되는 사례를 통해 좀더 쉽게 이해할 수 있다.

---

6) 1940년대 초 카이저 퍼머넌트(Kaiser Permanente)라는 회사가 직원들을 대상으로 제공한 선 지불 형태의 보험이 지금의 매니지드케어 의료보험의 시초가 되었으며, 이는 1970년대 후반부터 본격적으로 퍼지기 시작해 현재는 미국 내 보험가입자의 약 85%이상이 매니지드케어 보험에 가입하고 있다. 보험 형태별로 보면 상대적으로 보험료가 저렴한 HMO plan에 많은 사람들이 가입해 1999년에는 가입자가 1억명을 돌파했으나, 의료서비스를 이용하는데 상대적으로 많은 제약이 있다는 이유로 그 이후부터 HMO 가입자가 줄어드는 반면, PPO로 가입자들이 이동하는 추세이다. 의료서비스 제공자의 입장에서 보면 MCO들이 의료행위에 대해 지불하는 수가는 Managed care plan에 가입하지 않은 사람들이 지불하는 것(Fee for service: FFS)보다는 낮지만 상대적으로 낮은 수가에도 불구하고 의료기관이나 의료인이 MCO와 계약을 하는 이유는 MCO의 수가가 공보험의 수가보다는 높으며 둘째는 MCO를 통해 많은 환자를 확보할 수 있다는 점 때문이다.

(1) 플로리다의 가족보존 서비스

플로리다의 가족보존서비스 기업(Family Preservation Services of Florida, Inc. 이후 FPS)은 1998년 서비스를 제공하기 시작하였으며 가정과 지역사회에 기반한 다양한 서비스를 제공한다. FPS의 사명은 가정 밖의 배치 감소, 가족의 강화, 청소년들에게 기술개발과 생산적이고 지역사회에 기여할 수 있도록 기회를 제공하는 것이다.

FPS는 인증위원회(COA)에서 메디케이드 제공자로 공인된 아동배치기관이며, 아동복지 서비스를 제공하는 4개 구역에서 사례관리 조직으로 지역 민영화에 참여하게 되었다. 제공되는 프로그램에는 치료적인 위탁보호, 재가 서비스, 선별적 사례관리, 정신장애관련 서비스, 외래환자 치료 등이 포함된다.

가족을 지원하고 보호하는 지역사회 서비스를 제공하려는 FPS of Florida는 7가지 도전(the Seven challenges)이라는 청소년 약물남용 프로그램을 제공하였는데 이것은 효과적이고 혁신적인 프로그램으로 평가되고 있다. 7가지 도전은 과학적 결과에 근거한 프로그램으로 12-17세의 물질남용의 위험에 놓인 청소년, 즉 알코올이나 약물을 시도해 보았을 수 있는 청소년들을 표적 대상집단으로 하여 조기개입을 시도하는 것으로 종종 학교활동이 포함되기도 하지만 가정을 중심으로 진행되는 물질사용을 예방하는 프로그램이다.

(2) 프로비던스 지역사회 교도소(Providence Community Corrections)

PCC는 20년의 경험을 가진 경범예방서비스회사로 전국적으로 4,000개의 관할구역에서 사용되는 법 행정에서 채택된 우수한 기술을 활용하며 시·군공무원들이 쉽고, 직접적이며 즉각적인 자료와 법정기록물에 접근할 수 있도록 도와준다. 대상자의 규칙이행을 증가시키고 긍정적인 결과를 가져올 수 있는 통합적인 접근의 보호감찰기능을 담당하며 지도감독, 사정, 사전구형탐색, 재활프로그램, 특수범죄자를 위한 서비스, 전자 점검, 공판 전 지도감독, 약물검사를 포함하는 서비스를 제공한다. PCC는 시·군법정과 기관을 위해 다양한 범주의 지원서비스와 양질의 지도감독을 제공하고 범죄자의 책임성과 책무성 강화하는 프로그램으로 추가되는 과세 부담 없이 지역사회 안에서 범죄행위와 범죄자의 재범의 감소로 지역사회 안전을 향상시키는 것으로 평가받고 있다.

제3절 민관협력재정방식(Public-Private-Partnership)

1. 민간협력의 개념 및 현황

민간협력체계는 민간자본투자에서 비롯되었다. 민간의 자본과 경험을 활용하고, 정부 예산절감 및 효율성을 향상시키기 위해 도입되었으며 일종의 계약 성격을 갖고 있지만 민간이 비용조달을 담당한다는 점에서 차이가 있다. 사업대상, 기간, 사용료 등 민자유치의 핵심내용은 정부와 사업시행자간 협상을 통해 계약체결이 되는데 사업대상은 초기에는 도로, 철도, 공항 등, 사회간접시설에 국한되었으나 점차 수도, 쓰레기 처리 등 환경관리시설, 학교, 병원 교도소 등 의 생활기반 시설로 그 범위가 확대되는 추세에 있다.

공공과 민간의 파트너십의 영어는 Public-Private Partnership(이후 PPP)으로서 흔히 민관협동사업 또는 민관협력사업이라 의역되는데, 민간부분의 자원이나 서비스를 공공부분으로 이전하거나 촉진하는 광범위한 사업으로서 광범위한 협력프로젝트라고 할 수 있다(National Audit Office, 2002). 정부와 민간의 협력관계는 사회서비스 공급이나 정책차원에서의 진보적 접근이다.

민-관 협력 재정방식을 분류하는 이유는 민-관 협력의 복잡하고, 광범위한 체계를 이해하는데 도움을 주기 때문이다. 민-관 협력 분류기준은 첫째, 계약관계 지속정도나 여부에 따라 분류되기도 하는데 사업 결과로서의 재화나 서비스의 허가가 이루어지는 경우로서 관리계약(Management Contract), 임대(Lease), 순수 양여(Pure concession)로 유형화된다(Kerf, 1998: 16-19). 둘째, 소유와 경영(운영)권이 공공과 민간영역 중 어느 편에 귀속되는가에 따라 구분되기도 하는데 민영화(매각), 민간위탁, 아웃소싱(outsourcing), 프랜차이즈(franchise), 협의의 민간투자(PFI), 규제완화 등으로 유형화된다. 민-관협력(Public-Private Partnership)이 '민간으로부터 재원 조달'이라는 측면이 부각되면 민간투자(Private Finance Initiative 이후 PFI)가 된다.[7] 또한 민간재원 조달에 초점을 맞추게 되면 민-관협력과 민간투자 그리고 BOT, BOO, BTO, BRT, BLT 등이 모두 유사개념으로 간주될 수 있다(유영철, 2008). 그러나 민간과 정부의 공동협력 사업에는 재원 조달뿐 아니라 법

7) 공공서비스의 생산을 위하여 민간으로부터 재원을 마련하는 방편으로 영국에서 먼저 시작된 것이 PFI이며, 이것이 미국에서 다른 명칭 PPP로 전환되었다.

률과 정책에서 귀속정도, 자발적 유인전략 등 강조되는 내용의 차이가 있고 민관협력은 민간투자보다 광의의 개념으로 이해되어야 한다. 협의적 민간투자(PFI)는 1992년 영국정부에서 처음 공식적으로 사용되어졌으며, 이로 인해 공공서비스 생산·소비·관리 양식의 특성과 환경이 변화되었다고 할 수 있다.

민간투자는 민영화, 민간위탁 같은 기존의 정책들처럼 민간영역의 기술과 경영방식이 비용의 절감과 효율성을 가져오는 정치적 합리성에 기반한다. 민간투자는 투자위험을 민간에 분산하고, 투자경쟁을 유치하여 높은 효율성을 가져오게 함으로써 공공재정투자에 비하여 더 높은 재정적 가치(Value For Money: VFM)를 확보하는 것으로 알려져 있다.

2. 다양한 민관협력 사례들

민간투자는 서비스 공급주체가 민간으로 변화할 뿐 아니라 공공분야에 자산공급 및 건설 기능도 담당하게 된다. 과거의 공공사업의 재원조달방법은 1980년대 BOT가 대표적인데, 터키에서 공공부분을 민영화하면서 처음 사용된 민간 자본조달 방식이다. 이는 민간자본 유치로 공공서비스 공급을 위한 시설물 등을 설치하고 민간이 먼저 20-30년간 시설을 운영한 뒤 사업계약을 종료하는 시점에서 정부로 소유권을 귀속시키는 방법이다. BOT 변형으로 BTO, BOO, ROT 등이 적용되고 있다. 그러다 최근에는 1990년 영국에서 고안된 민간에게 보다 많은 책임과 위험을 부과함과 동시에 권한을 부여하고 장기 계약으로 민간의 자본과 기술이 결합되어 시너지 효과를 발생하도록 하는 Design-Build-Fiance-Operate (DBFO) 방식이 나타났다. 이 과정에서 서비스 공급관련의 재정적 가치를 극대화하고 사업의 연속성을 확보하도록 되어 있다.

인프라 구축 서비스 제공방식은 다음과 같이 정부주도에서 완전 민간주도로 이르는 다양한 스펙트럼으로 구성되어 있다(Savas, 2000).

민간투자사업은 참여방식에 따라 다음과 같은 3가지 유형으로 나눌 수 있다(Savas, 2000): 1) 시설이 존재하는 경우, 판매(Sale)나 임대(Lease), 운영과 관리 계약(O & M contracts)을 하는 유형이다, 2) 현존하는 시설이 확장이나 재건축이 필요한 경우로 매입-건설-운영(BBO), 임대-건설-운영(LBO), 시설확충을 도모하는 WAA(Wrap Around Addition)유형으로 민간사업자가 시설을 개량하거나 확장 하여 운영하는 형태이다. 마지막으로 새로운 시설을 건설해야 하는 경우로 건설-이전-운영(BTO), 건설-소유-운영-이전(BOOT, BOT) 건설-소유 운영(BOO) 유형이 속한다. 이는 민간 사업자가 시설을 설계건

설한 후, 일정기간 운영하고 정부에 시설을 이전하거나 임대하는 유형이다.

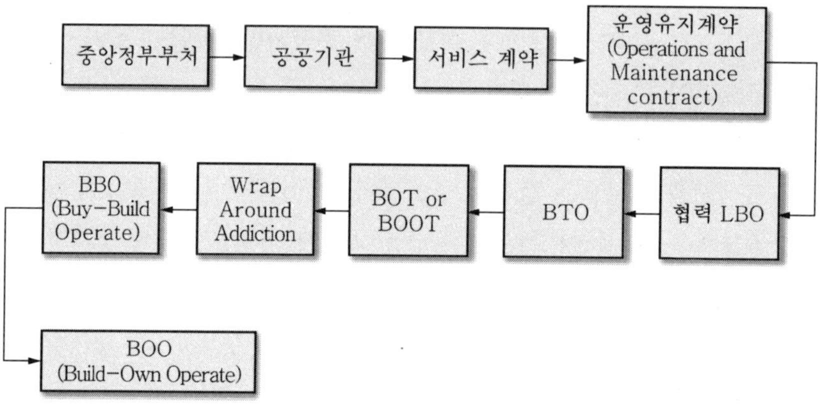

출처: Savas(2000: 241)

〈그림 4-3〉 다양한 스펙트럼

이 중 선진국에서 최근 활발하게 활용되는 유형은 임대형 민간투자유치와 수익형 민간투자사업 협력사업이다. 수익형 민간 투자사업과 임대형 민간투자방식을 유영철(2008)은 다음과 같이 정리하고 있다.

1) 수익형 민간투자사업

수익형 민간투자사업은 민간이 시설을 건설하고 정부에 소유권을 이전한 후 민간이 시설을 운영하면서 시설이용자로부터 사용료를 징수하여 투자비를 회수하는 방식으로 주로 대상은 도로, 항만, 철도 등 대형 기간서비스 계약사업이 해당된다.

(1) 민자건설-정부로 소유권 양도-민간운영(Build-Transfer-Operate, BTO)

건설·양도 후 운영방식이라고 간단하게 표현할 수 있다. 공공성이 강한 사업을 민간인이 자기자본으로 투자하여 소유권을 정부 또는 정부에 기부체납한 후 일정기간동안 사용 또는 관리권을 행사하면서 이용자로부터 비용을 징수하여 투자자금을 회수하는 방법이다. 사회간접자본시설의 준공과 동시에 소유권이 정부에 귀속되며 사업시행자에게 일정기간의 시설관리운영권을 인정한다. 고속철도나 공원에 건설 등으로 민간사업주체가 비용부담을 하고 소유권은 정부가 기부체납한 후 20-30년 동안 무상 사용하면서 이용자로부터 사용료를 징수하는 제도이다. 한국에서 민간사업 가운데 가장 많이 이용되었던 방식이다.

(2) 민간건설-민간소유-민간운영(Build-Own-and-Operate, BOO)

건설·소유·운영방식이라고 하며, 민간자본으로 투자하되 민간이 소유권과 사용권을 가지고 운영함으로써 정부를 대신하여 시민에 대한 행정서비스를 제공하는 것이다. 이 방식은 사회간접자본시설의 준공과 동시에 사업시행자에게 당해시설의 소유권을 인정하는 것으로 민간이 주도하여 소요자금을 조달하여 건설하고, 소유권을 가지고 운영하는 방식이다. BOO는 대규모 민간 자금의 조달이 가능하고 민법이나 상법상의 규정을 준수하기만 하면 되기 때문에 회계처리상의 이점으로 인해 투자위험이 분산된다. 그러나 자원조달절차가 복잡하여 시간 및 비용부담이 증가한다.

(3) 복구-운영-양도(Rehabilitate-Operate-and-Transfer, ROT)

현존하는 인프라시설의 개선·복구·운영 및 관리권한을 일정한 계약기간동안 민간사업자에게 넘기는 방식이다. 계약이 만료되면 시설의 관리운영권은 정부로 귀속된다. ROT방식은 일반적으로 현존시설로부터 얻는 수입을 가지고 해당 시설을 복구·개선·운영하는 방식을 말한다.

(4) 복구-소유-운영(Rehabilitate-Own-and-Operate, ROO)

현존하는 시설물의 소유권이 민간사업자에게 양도된 후 해당 시설에 대한 개선 및 복구가 이루어지고, 시설물 운영도 사업자에 의해 처리되는 방식이다. ROO방식에는 소유권에 대한 시간적 제약이 없으며 시설운영권자는 법률을 위배하지 않는 한 계속해서 운영권을 행사할 수 있다.

2) 임대형 민간투자사업

임대형 민자사업은 민간이 자금을 투입하여 시설을 건설하고 완공시점에 소유권을 정부로 이전하고 대신에 민간이 이 시설을 사용할 수 있는 권리를 정부로부터 부여받아 정부에 임대하는 방식이다. 이 유형은 장기간에 걸쳐 지급하는 임대료를 통해 민간투자자는 투자비용을 회수한다. 임대형 민자사업은 주로 학교, 아동복지시설, 도서관 노인요양시설 보건 의료시설같이 수익 확보가 어려운 생활기반 시설을 대상으로 한다.

(1) 민간건설-정부임대-정부로 양도(Build-Lease-and-Transfer, BLT)

사업시행자는 주무관청의 승인을 받아 인프라시설에 필요한 재원을 조달하여 시설을 건설하고 시설이 완공되면 당해 시설을 소유하면서 정부기관에 일정기간 동안 임대한다. 임대기간이 끝나면 시설에 대한 소유권은 자동적으로 시설의 관할권이 있는 정부 또는 지방정부에 시설과 함께 양도한다.

(2) 민간건설-정부로 양도-정부임대(Build-Transfer-and-Lease, BTL)

사업시행자는 주무관청의 승인을 받아 인프라시설에 필요한 재원을 조달하여 시설을 건설하고 시설이 완공되면 당해 시설의 소유권을 관할권이 있는 정부 또는 지방정부에 양도한다.

3) 전형적인 민간투자 모형으로서의 DBFO

(1) 설계-건설-자금조달-운영(Design-Build-Financing and operate, DBFO)

DBFO의 차별화된 특성은 민간기업이 사용료를 소비자로부터 직접 징수하여 투자자본을 회수하는 것이 아니라 정부가 사용자 요금을 징수하고 민간기업에는 성과에 따라 수익을 지불하는 계약구조 모델이다. DBFO모형의 구조는 공공분야에서 자본을 투자하는 대신 민간부분이 특수목적법인(Special Purpose Company)을 구성하여 자산을 창출하고 공공서비스를 공급하게 하는데 있다.

(2) 기타 민간투자(PFI) 모형에는 재정독립사업과 공동벤처가 있다. 재정독립사업(Financially Free-Standing Projects)은 민간에서 공공서비스 생산을 위해 설계・건설・재정을 담당하고 자산운용에 대한 책임도 진다는 점에서는 DBFO와 같다. 차이점은 수익률 회수에 있는데 정부의 대가로 비용을 충당하지 않고 최종 사용자에게 요금을 부과함으로써 비용을 충당하고 수입을 올린다. 공동벤처(Joint Venture)도 민간이 사업의 전과정에 책임을 가지고 있다는 점에서는 전통적 민간투자 방식과 유사하다. 그러나 비용의 회수 및 수익의 확보 측면에서 차이가 있다. 최종 사용자의 요금지불을 통해 비용이 회수되기도 하지만 정부의 보조금 지급이 가능하도록 허용되어 있다.

영국은 1992년 공공서비스 개혁의 일환으로 PFI를 도입하였는데 PFI는 대부분 DBFO 방식으로 추진되어 사업의 모든 과정을 민간이 책임지고 정부는 시설사용에 대한 대가를 지불하는 것으로 우리나라의 임대형 민간투자사업과 유사하다. 영국의 PFI 대상 사업은 학교, 병원, 교통시설, 환경, 교도소, 법원, 등 다양하다.

우리나라는 1994년 민자유치촉진법을 제정하여 민자유치의 법적 근거를 마련하였으며 1999년 사회기반시설에 대한 민간투자법으로 개정, 2005년 민간투자법을 다시 개정하여 학교시설, 아동보육시설, 보건의료시설 등 생활기반시설 9개를 민간투자대상에 추가하고 임대형 민자사업을 도입하였다.

3. 공공부문-비영리기관-민간영리기관 협력체계(Public-social-private partnership)

민간협력체계는 민영화추세의 일환으로 유럽에서 최근의 어려운 경제적 상황과 공공영역에서의 구조적 위기의 결과로 발생했다. 정부와 민간기업간의 공공의무를 수행하는 방안으로서 민관협력체의 성장으로 볼 수 있는데 공공자금의 부족, 재정지원 대신에 민간 투자자와의 협력하여 정부가 책임져야 하는 의무를 시장지향적으로 전환하는 방식으로 정부의 비효율성 상업분야에서의 전형적인 경영개념은 좀더 비용효과적인 공공서비스를 제공해야 한다는 민영화 추세의 개선된 모습이라 할 수 있다. 여기서 정부의 역할은 "생산자(producer)"에서 "품질관리자(quality assurer)"로 변화되고, 조세 기반 재정지원에서 사용자부담모델로의 전환되는 방식이다. (http://en.wikipedia.org/wiki/Public/social/private_partnership 참조).

공공-비영리-영리민간협력체제(이후 PSPP)는 1990년대 중반에 독일어권 국가에서 통용되던 민관 협력체제(PPP)와는 몇 가지 측면에서 차이가 나타난다. 즉 PPP에서처럼 프로젝트의 소유권이 공유되고 위험과 이익이 공유되지만 직접적인 서비스 제공에서 정부의 역할이 PPP와 비교해 보면 프로젝트 집행에서 더 많이 개입할 뿐 아니라 재정지원보다는 서비스 욕구를 지속적으로 유지시키는 핵심역량에 좀더 초점을 맞추고 있다. 이는 PPP에서 재정기반이 공공재정인 세금이었다면, PSPP에서의 개인사용자의 기여(통행료처럼)분으로 전환하게 되었기 때문이다.

기존의 기간시설 마련과 건강서비스에 집중되어 진행되어 온 PPP를 사회서비스에 적용하기 위한 새로운 기제와 기준을 제시한 것이 PSPP라 할 수 있다. 즉 사회적 목적을 가진 민관협력체를 유지하는 PSPP체제에서는 첫째, 공공의 목적과 의제, 임무의 확인과 집행, 둘째, 중・장기 협력의 의제와 목적 유지, 그리고 셋째, 지속적인 결과에 필요한 조건과 자원의 적절한 적용과 기획이 전제되어야 하며 세 역할의 담당자인 정부, 비영리기관 그리고 영리기관이 필수적으로 참여해야 한다. 정부측에서는 공공의 선이나 복지 제공을 위해 충족되어야 하는 기능의 중장기적 해결하게 되고 협력기관들은 실행의 기회를 얻게 된다. 재정을 포함하는 외부자원과 국가가 해야 하는 일들을 수행하는데 민간기업과 사회적 기업의 도움을 받을 수 있으며, 부가적인 재정과 전문성, 실행력을 가져오게 되어 국가는 좀더 원만하고 전문적이며 지속가능하게 일을 하게 될 것이다. 영리기관 측에서 PSPP는 국가와 사회적 기업과 협력을 통해 새로운 사업의 기회가 제공된다. 비영리기관에게는 국가와 민간영역 사이에서 이상적인 매개자 역할을 수행할 기회를 제공한다. 사회적 기업은 프로젝트의 중장기적 본질에 맞게 기획, 개발과 질 향상을 주도하게 될 것이다.

중장기의 PSPP는 미래의 욕구를 예상하고 혁신적인 해결과 서비스를 개발하는 기회를 부여하게 되며 무엇보다도 취약계층의 표적집단은 그들이 필요한 서비스와 복지국가에서 기대되는 서비스의 지속적인 제공을 보장받게 된다는 것을 의미한다. 다른 말로 하면 취약한 상황에 놓인 사람들을 위한 사회적 목적을 충족시키는데 민관협력모델을 적용하는 것이 민관협력에서 민사관협력으로 자연스럽게 확장된 것이다. 공익을 추구하고 중장기 성공지표는 PSPP 전문성 발휘에 달려 있다고 할 수 있다.

PSPP모델은 국가와 비영리 기구뿐 아니라 영리기업을 포함하는 사회경제 조직간의 협력모델로 크게 두 가지 특징을 이해해야 한다. 하나는 사회적 목적[8])을 수행한다는 것이며 다른 하나는 국가, 비영리 사회적조직과 영리적 기업 3자간의 파트너십으로 수행한다는 것이다. 예를 들어 사회적 목적인 일자리를 찾기를 원하는 표적집단의 수요를 파악한 비영리 사회조직, 시장의 요구에 부합되는 서비스를 제공하고자 하는 영리기업이 함께 공공의 욕구 해결을 원하는 정부와 협력하여 사업을 수행하는 형태가 된다. 이러한 사업을 수행하기 위해서는 취약계층이 사회적 참여에서 배제되지 않도록 그들의 욕구는 장기적으로 중단 없이 창출되고 유지되어야 하는데, 이를 위해서는 또 적절한 사회서비스가 제공되어야 하며, 이는 좀더 장기적인 재정보조가 보장되어야만 유지될 수 있다. 이러한 경우 취약계층을 위한 기회를 개선하고 지원한다는 사회적 약자의 보호라는 목적을 달성하기 위해서 생산과 서비스를 제공하도록 하는 장기적인 재정이 마련되고 자원 창출을 보증하는 명백한 목표를 관리하는 행동들과 연관되어 새로운 파트너십으로의 개방적인 전환이 이루어져야 한다.

무엇보다 중요한 원칙으로는 참여하는 세 당자자간의 목적과 이해관계가 동등하고 상호호혜성의 상승작용을 이루어내야 하며 각 파트너의 정체성이 유지되어야 한다는 것이다. 3자간에는 필수적이지만 서로 다른 세 가지 역할, 즉 프로젝트의 재정담당, 프로젝트 리더십발휘, 사회서비스의 욕구창출의 기능을 수행해야 한다. 최소한 3가지 기능이 존재하며, 최소한 두 부문 당사자 사이에서 시너지가 창출되어야 하며 재정과 실행수준에서 협력이 이루어지는 것이 PSPP체제의 특징이라 할 수 있다. 둘 이상의 담당자가 재정, 리더십, 욕구(주문) 3가지 수준에서의 협력을 하는데 3가지 본질적인 원칙들이 충족되어야만 하고 기타원칙이 지켜져야만 성공적인 실현이 가능하다는 것이 협력체계의 원칙인데, 개방성과

8) 사회적 보호욕구 유지나 열악한 상황에 놓인 인구집단에게 생활환경과 기회를 개선하는 것이 이 협력방식의 목적이 되는데 경험연구들은 사회계층, 성별, 인종이나 국적이 3가지 핵심요소이며, 신체적, 지적능력, 성적지향, 연령, 종교, 교육수준이 영향이 잠재적 취약계층 소속 요인으로 지적하고 있다.

몰입유지, 지도감독과 점검, 전략적 파트너십에 있어서 성공적인 협상과정(동등한 권리가 동등한 역할보다 중요), 다른 역할에서의 동등한 권리가 지켜져야 한다. 적어도 두 파트너가 세 가지 역할(재정, 프로젝트 집행과 욕구조직화)을 담당하며 국가, 사회경제적 조직, 민간사업체 각각이 참여한다. 명백한 임무 역할 기능의 배분, 명백하게 공유된 목적, 상호신뢰, 파트너간의 공감대가 형성되어야 하며, 자원배분으로 시너지효과 창출, 파트너십의 자원과 크기의 적절함, 실행기회의 확대(투입면에서 자원의 혼합과 위험과 기회공유로 실행의 폭 확장), 투입과 산출의 배율이 고려되고, 개별 기관의 이익이 충족되고 구체적 욕구가 충족될 가능성이 있어야 한다.

PSPP 협력과정은 비영리 사회조직에 의한 사회문제의 인식에서 출발하여 문제해결을 위한 사회서비스 아이디어 형성하고, 필요한 재정을 제공할 수 있는 영리적 기업 파트너에게 접근하며 프로젝트 수행에 관심이 있는 지자체로 가져가는 절차를 거치게 된다. 이러한 과정에서 사회서비스 구매에 의한 자금유통을 확인하고 영리기관이 경제적 지원을 하도록 유도한다. **재정지원**은 지자체와 개인 제공자사이의 장기계약이나 지자체의 보증을 통해 경제적 비용을 최적화하게 된다. 그런 후에 비영리 사회적 조직은 프로젝트 집행 계획을 수립하고 필요하면 프로젝트를 위한 제도적 장치를 마련하거나 필요한 인프라를 구축하고 사회서비스를 실행 운영하게 된다. 사회서비스의 실행절차는 다음과 같이 구체적으로 기술될 수 있다.

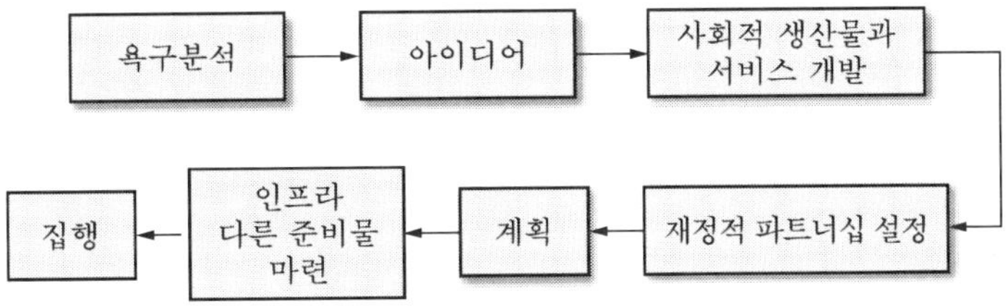

〈그림 4-4〉 사회서비스 실행절차

PSPP모델이 목적 달성을 하기 위해서는 사회적 욕구에 대해 적절히 대응할 수 있는 장기적 집행 기준을 마련하고 품질 표준화를 관리하는 임무를 중앙정부나 지자체가 책임감을 가지고 성실하게 수행해야 하며, 전 과정에서 사회적 목적과 파트너십 과정이 분명하게 작성되어 있고 실제로 유지되어야 한다. 또한 사회적 기업의 자율성을 보장하고, 품질관리를 위한 노력을 하여 중장기의 새로운 활동을 기획하고 구조적 변화 마련할 수 있도록 해야 할 것이다.

제4절 소 결

공급자중심의 민영화모델에 있어 민간과 공공의 협력체계구축을 통한 서비스전달은 매우 중요한 부분이라고 할 수 있다. 공급자 지원방식의 민영화는 구매계약을 중심으로 하는 민간위탁이 있다. 계약은 공급자중심모델을 실현시키기 위한 가장 핵심적인 도구라고 할 수 있으며 비영리기관에 세금혜택과 서비스계약을 위한 (공개경쟁)입찰 그리고 새로운 복지정책과 프로그램을 창출하기 위한 공공과 민간의 협력(예를 들어 공공-민간영리-비영리 조직간의 협력체제, private social public partnership)도 새롭게 등장한 대안이 된다. 이는 시장중심의 경쟁 관리를 통해 서비스의 효과성을 향상시키는데 목적이 있으며 정부가 필요한 공공서비스를 민간경쟁을 이용하여 서비스의 가격과 질의 효과성을 높이기 위한 방안이다. 최근에는 성과중심의 관리와 연계를 요구하는 경향이 나타난다.

민간위탁이 비용절감과 서비스의 질 개선, 그리고 업무의 효율성을 증진시키고 민간부문을 활성화할 것이라는 민간위탁의 옹호주의와 민간위탁은 부패와 부정의 소지를 증대시키고 정부의 공공성과 책임성을 저해한다고 보며, 설사 정부의 예산이 절감되더라도 그 비용은 소비자에게 전가되어 사회적 초비용은 오히려 증가할 수 있다는 민간위탁의 반대론자의 대립은 당분간 지속될 것이며 정치적 입장에 따라 달라질 수 있을 것이다.

민간위탁이 경쟁에 따른 비용절감과 서비스의 질을 향상시켰는가에 대한 검토와 함께 공공부문에 귀속되는 공공서비스의 책임성의 문제를 어떻게 확보할 것인가가 중요하다. 외국의 경우 민간위탁이 효율성과 효과성을 담보하는 것은 아니라는 결과는 이미 축적된 연구결과로서 경쟁상황이 없고 불확실성이 높은 분야인 교육, 사회복지 의료 등 더 복잡한 사회서비스나 휴먼서비스 분야에서의 민간위탁은 효율성과 형평성에 많은 문제가 발생하는 것으로 나타나고 있다(Pack, 1987). 사회복지서비스분야는 공공성이 강하며 집행적 성격은 강하지만 성과측정이 쉬운 서비스라고 보기는 어렵다. 사회서비스는 대상서비스가 주로 인간을 대상으로 하고, 서비스 특성상 단위당 서비스에 대한 정의와 그에 투입되는 비용 및 산출물의 정의가 어렵기 때문에 민간위탁 이후 관리가 어려운 분야로 여겨진다. 서비스 비용에는 거래비용이 포함되는데, 협상 및 거래, 감독비용을 포함함으로써 민간위탁을 통해 비용절감 유인을 갖추고 있더라도 거리비용이 크다면 민간위탁의 이유는 사라지게 된다(조연숙, 2004). 형평성은 중요한 관심사이지만 시장기제는 공공서비스의 동등하고 보편적인 접근성을 방해할 수도 있으므로 제공자의 지원을 위한 최소한의 기준을 마련하는 것이 요구될 수 있다.

미국의 서비스구매계약제도는 서비스 전달체계의 효율성과 혁신을 목표로 도입되고 발전되어온 제도이므로 현실적으로 가능한 수준의 경쟁을 할 수 있는 공급자가 다수 존재하지 못하는 한국의 현실을 놓고 볼 때 서구의 서비스 구매계약 제도의 도입과 성과기반 평가를 시행하는 것은 문제를 유발할 가능성이 존재한다. 또한 동일한 제도라 할지라도 각 사회의 경제사회적 맥락에 따라 다르게 반응하므로 선진국의 경험을 그대로 받아들일 수는 없다. 그러나 1990년대 이후 우리사회복지 조직을 둘러싼 환경변화를 분석해 보고 우리 상황에 적용시키려는 시도는 사회서비스의 발전방안을 제시하는데 많은 도움이 될 수 있을 것이다.

선진국의 경험을 비추어 보면 민간위탁이 효율성을 나타내기 위해서는 실천과정에서 다음과 같은 필요한 요건들을 충족시켜야 한다. 무엇보다도 공개입찰과 같이 경쟁유치 과정을 폭넓게 개방하여 민간 법인이나 업체들 간에 경쟁을 유지하는 방안을 모색하고 최적의 서비스를 제공해 줄 수 있는 생산자를 발굴하고 최고 품질의 서비스를 공급하도록 민간위탁 선정과정이 투명하고 객관화하는 것이 필요하다. 계약과정에서의 호혜성과 서비스 전문성에 대한 지도감독 등을 지속적으로 하여 서비스의 가격경쟁 뿐 아니라 품질 향상도 모색할 수 있도록 성과평가를 적절히 연계하는 방안을 모색해야 할 것이다. 또한 민간위탁이 수의계약에서 벗어나 성과를 명시하는 내용을 명시하고 지속적인 점검과 인센티브를 제시하여야 할 것이다. 특히 서비스 계약의 역사적 경험의 결과로 나타나는 것은 계약 체결이후 지도감독의 중요성이다. 이러한 인식으로 인해 정부의 책임은 재정적 책무를 넘어서 점차 성과를 향상시킬 수 있도록 지도감독을 강조하게 되었다. 사회서비스의 공급체계는 상당부분 제도화되었으나 낮은 경쟁성, 자동적인 재계약 및 보조금 지급과정은 여전히 문제이며 지도감독은 회계감사와 투입부분에 대한 과도한 규제로 오히려 서비스의 통제와 표준화를 가져옴으로써 소비자의 욕구에 제대로 대응하지 못하는 체계가 되고 있다. 이런 맥락에서 지도감독은 매우 중요한 의미를 갖게 되며 성과에 따른 보조금지급과 재계약이 이루어질 수 있는 장치를 마련해야 할 것이다.

서구의 민관협력재정방식은 주로 기간산업에서 이루어지고 있으며 사회서비스영역에서의 활용도는 그리 높지 않다. 그러나 오스트리아의 PSPP협력방식은 우리나라의 사회서비스 제공방식에도 적용 가능성이 높다고 할 수 있다. PSPP에서 보여주는 사회적 목적을 달성하려는 비영리조직의 아이디어와 리더십을 벤치마킹하는 것은 새로운 민관협력방식을 모색하고 사회서비스 영역의 변화를 앞둔 우리 사회에 시사하는 바가 크다 할 수 있다. 기존의 서비스가 제공되지 않은 영역에서 사회적 가치를 실현하는 방식으로 도입이 된다면 사회서비스의 보편적 확대를 위하여 기여하는 바가 클 것으로 예상된다.

우리사회는 사회서비스의 효과성과 효율성을 높이고자 민간위탁의 활성화를 추진하고 있지만, 현재 진행된 바에 의하면 기대만큼 효과를 달성하지 못하고 있다고 평가되고 있다. 민간위탁의 활성화를 위해서는 우리사회에서는 민간위탁을 법령상 지정 위탁에서 벗어나 계약에 입각한 위탁으로 전화시킴과 동시에 계약의 내용은 성과계약에 입각하여 이루어지며 위탁실현과정에서 경쟁과 지도감독이 가능한 환경적 요건을 충족하도록 관리할 필요가 있다. 서구 선진국의 경험에서 얻은 교훈을 보면 한국사회복지서비스의 공급이 민간차원에서 경쟁의 형태를 보이게 될 것이며 비록 현재 많은 서비스 제공기관들은 수의계약을 하고 있지만 변화하는 환경에 적응하기 위해서 조직 고유의 사명과 정체성을 지금 시기에 재정립하여 미래를 준비하고, 기관의 기획 및 관리능력을 함양해야 할 것이다. 이러한 경쟁우위를 유지하고 창출하려는 노력은 바로 서비스의 질을 향상시키는 것과 직접적인 관련이 있다고 보여지기 때문이다.

제5장

서비스 이용자 재정지원방식

제1절 개 관

최근 들어 많은 복지국가들은 사회서비스 이용자의 선택권을 확대시키기 위해 다양한 정책적 시도를 하고 있다. 이용자에 대한 선택권 강화는 서비스 이용자에게 가능한 많은 자율성과 독립성을 제공해 주어야 한다는 정책적 목표 하에서 강조되고 있는데, 이는 대체로 공공부문이 주체가 되어 직접 제공해 오던 사회서비스가 서비스 이용자가 아닌 공급자 중심적이었다는 것에 대한 반성과 관련된다. 이에 많은 복지국가들은 현재 사회서비스 정책에서 "서비스 이용자 중심성(user-centeredness)"을 강화시키기 위해 노력하고 있으며, 사회서비스가 제공되는 전 과정에 이용자의 욕구가 최우선적으로 고려되어야만 한다는 점을 정책적으로 매우 강조하고 있다.

이렇듯 이용자의 욕구에 보다 부응하는 사회서비스를 제공하기 위해서는 여러 가지 정책적 시도들이 가능한데, 사회서비스에 대한 공공재정 지원방식의 변화도 그러한 시도들 중의 하나라고 할 수 있다. 사회서비스에 대한 공공재정 지원을 서비스 공급자에게 해 주던 기존의 방식에서 벗어나 그러한 재정지원을 서비스 이용자에게 직접 해줌으로써, 이용자의 선택권과 자율성을 확대시킬 수 있다고 보는 것이다.

서비스 이용자가 서비스를 이용함에 있어서 가능한 자율성을 갖도록 하기 위한 정책적 접근은 다양하게 나타날 수 있으나, 큰 틀에서 보면 다음의 두 가지로 요약될 수 있다. 첫째, 서비스 공급 주체를 다원화하고 이용자에게 재정적 의사결정권을 부여함으로써 이용자가 서비스를 선택할 수 있는 가능성일 증가시키는 것이고, 둘째, 이용자가 서비스의 전 과정에 적극적으로 참여하고 개입할 수 있는 가능성을 높이는 것이다. 이 중에서 첫 번째 방식은 정책의 방향을 전환함으로써 달성 가능하며, 두 번째는 실천현장의 현실적 관행을 변화시킴으로써 가능한 것이라고 할 수 있다. 그러나 사실상 첫 번째와 두 번째 접근은 상호 밀접히 관련되는 것으로, 이용자에게 선택할 수 있는 능력을 제공해 줌으로써 실제로 서비스 전달의 전 과정에 이용자가 자신의 의사를 반영시킬 수 있는 여지를 증가시킬 수도 있다.

사회서비스 정책에서 서비스 이용자 중심성을 크게 강조하고 있는 영국의 경우, 이용자에 대한 재정지원 방식이 확대되고 있다. 특히 사회서비스의 개별화(personalization) 정책 하에서 최근 영국은 서비스 이용자가 처한 가족적 환경이나 지역사회 환경, 기타 다양한 삶의 상황들 속에서 이들에게 가장 적합한 방식으로 사회서비스를 제공해 주는 방법을 찾아내어 적용하는 것을 사회서비스 정책의 가장 중요한 목표로 설정하였다. 이렇듯 개별 이용자에게 가장 적합한 서비스를 제공하기 위해서는 중앙정부와 지방정부, 사회서비스 영역별 전문가 집단들, 사회서비스의 직접 제공자들과 사회서비스 조정자(regulator)간에 보다 적극적인 협력관계를 확립하는 것이 최우선 과제라고 본다. 이를 위해 기존의 서비스 공급자 지원체계를 서비스 이용자 우선 체계로 바꾸기 위해서 노력하고 있는데, 이는 사회서비스 정책의 전반적인 틀의 개혁을 필요로 한다고 주장하고 있다(UK Department of Health, 2006). 특히 중앙정부 차원에서의 이러한 급진적 변화를 지방정부가 받아들이고 주도하기 위해서는 사회서비스개혁보조금(Social Care Reform Grant)을 이용하여 기존 체계를 재설계하고, 그러한 재설계 비용을 지속적으로 제공해 주어야 한다고 보고 있다.

실제로 영국의 다수 지방정부들은 사회서비스에 대한 재정지원방식을 이용자 중심적으로 변화시키기 위해 노력하고 있으며, 이와 함께 사회서비스에 대한 협소한 개념정의에서 벗어나, 사회서비스를 지역주민의 복지를 위한 가장 핵심적인 전략서비스로 위치 지우려고 한다(UK Department of Health, 2006). 이러한 경향은 재정지원방식의 변화가 지방정부 차원에서 사회서비스의 비용효과성과 효율성을 증진시키면서 서비스 지속가능성을 담보할 수 있는 가장 효과적인 방법이라고 보는 사회적 관점을 반영한다.

그런데 재정지원방식이 변화하고 이를 통해 적절한 수준에서 사회서비스의 개별화가 진행되려면 서비스 전달과정과 실천현장 자체가 변화해야 한다. 이를 위해 영국의 지방정부는 사회서비스 제공에 있어서 핵심적 전략을 실행시키는데 초점을 맞추고 있다. 이것은 지역사회, 서비스 이용자 중심의 조직체들과 파트너십을 형성하고, 서비스 시장을 개발하며 노동인력을 개발하고 다른 핵심서비스(특히 건강과 주거영역) 영역과 강한 연관관계를 맺는 것 등을 의미한다. 이렇듯 사회서비스 제공의 비전(vision)을 바꾸고 성과(outcome)의 청사진을 바꾸는 것은 전체 사회서비스 체계 자체를 바꾸는 것을 요구하므로 도전적 과제라고 보고 있다(UK Department of Health, 2008).

한편, 바우처 방식을 포함하여 사회서비스 이용자에 대한 재정지원방식의 폭을 증대시키고 있는 미국에서도 이러한 방식을 도입하는 가장 주된 근거로 서비스 이용자 중심성 강화를 들고 있다. 바우처 제도의 이점을 주장하는 학자들에 따르면, 이렇듯 이용자에게 선택가능성을 주는 것은 가치의 측면과 실천적 측면 모두에 있어서 이용자의 권익증진과 관련된다고 본다. 즉, 가치의 측면에서서는 서비스 이용자 자신이 그들에 대한 서비스 종류와 내용의 결정에 있어서 일차적 권한(primary authority)을 가진다는 것으로 서비스 이용자가 서비스 욕구에 대해 전문가라는 점을 가정한다(Scala & Mayberry, 1997).

한편, 실천적 측면에서서는 이용자들이 그들이 받게 될 서비스와 공급자, 공급기관에 대한 충분한 정보를 가질 수 있도록 하며, 이러한 정보에 기반 하여 이용자가 원하는 공급자를 선택할 수 있도록 하고, 서비스 계획의 작성과정에 이용자가 적극적으로 개입할 수 있도록 하고, 서비스 제공자와 서비스 자체의 만족도나 성과에 대해 이용자가 적극적인 피드백을 제공할 수 있도록 함을 의미한다. 그러나 바우처 방식을 이용하였을 때, 현실에서 이러한 이용자 중심성이 적절히 발휘되기 위해서는 다양한 서비스 형태, 제공기관, 전달방법이 전제되어야 한다고 보고 있다(Scala & Mayberry, 1997).

이렇듯 가치적으로나 실천적으로나 이용자 중심성을 실현한다는 것은 다양한 차원의 활동을 요구하는 것이며, 이 중에서 서비스 공급기관이 아닌 이용자에게 재정을 지원하는 방식은 사회서비스에서 이용자 중심성을 증대시킬 수 있는 정책적 도구 중 하나라는 점은 짚고 넘어갈 필요가 있다. 즉, 이용자 중심성을 강화하기 위해서는 서비스 재정지원방식의 변화뿐만 아니라, 서비스 선택의 폭 증대, 이를 통한 서비스 품질의 향상, 그리고 서비스 이용을 통한 궁극적 목표인 서비스 이용자의 역량강화가 요구된다는 것이다(Haberkern, 2003).

이용자에 대한 재정지원방식이 이용자 중심성을 실현하는 중요한 도구 중 하나임은 분명하지만 사회서비스 발전과정과 관련 제도적 특성의 차이로 인해 서비스이용자에 대한 재정지원방식은 상당히 다르게 나타나고 있다. 예를 들어, 미국과 캐나다, 호주 등에서 사회서비스 재정지원방식의 변화를 보여주는 가장 대표적인 예는 바우처 제도의 확대이다. 이러한 나라들에서는 북유럽의 국가들이나 영국 등에 비해 현금수당(cash allowance)을 지급하거나 직불금 등을 제공하는 방식으로 이용자에게 재정을 지원하기보다는 특정 서비스에만 활용 가능한 증서를 제공해 주는 방식을 더 많이 활용한다.

반면, 영국의 경우 서비스 이용자가 직접 현금처럼 이용할 수 있는 독립계좌를 제공하고 이를 활용하여 사회서비스 제공자를 고용하여 활용할 수 있게끔 하는 직불제도(direct payment scheme)나, 사회서비스에 활용가능한 총체적인 자원들을 모두 고려하여 이를 적절하게 할당할 수 있게끔 하는 개인총예산제도(individual budget) 등이 실시되고 있다. 또 유럽의 많은 나라들에서는 세금수당(tax allowance), 세금감면(tax credit)이나 간병수당(attendance allowance)을 돌봄서비스 이용과 관련하여 이용자에게 재정을 직접 지불해 주는 방식으로 지금도 활용하고 있다. 이 제도의 활성화정도에 있어서도 국가별 편차가 존재하며 최근에는 이러한 수당제도들이 다른 현금 지원체계들에 통합되어 가는 경향이라고 할 수 있다. 5장에서는 이러한 다양한 형태의 이용자 재정지원방식을 개관하고 주요 특징과 성과 및 과제를 검토하고자 한다.

제2절 직접지불제도

1. 직접지불제도 발전 과정

직접지불제도는 1996년 영국의 Community Care Act(Direct Payment)가 통과되면서 공식적으로 시작되었다. 제도 실시 초기에 직접지불방식은 서비스 제공현장의 강한 저항에 부딪혔었고 극복해야 할 많은 실천적 과제를 안고 있었다. 대표적으로 사회서비스 현장의 전문가들은 그들의 지위를 잃을까 염려해 이 제도에 반감을 가졌고, 재가가 아닌 시설서비스를 제공하는 사회서비스 기관이나 관리자들은 이 제도가 시설서비스를 잠식할 수 있다는 두려움으로 인해 반대했다. 또 잠재적 서비스 이용자들은 이 제도가 특정 이용자 집단에게만 적합할 뿐 대부분의 이용자들에게는 너무 과도한 관리능력을 요구한다고 보았다. 즉 많은 사회서비스 이용자들은 직접지불제도를 스스로 관리할 능력이 없다고 본 것이다. 이러한 실천현장의 장애들은 직접지불제도의 확장을 느리게 했으며, 지역적 측면이나 이용집단 측면 모두에서 이 제도가 큰 편차를 보이며 진행되도록 한 원인이 되었다. 즉 특정지역과 특정인구집단은 다른 지역이나 다른 인구집단들에 비해 직접지불 제도를 이용한 선택권 증진의 효과를 보지 못하거나 느리게 경험하는 결과를 낳았다(Glasby et al., 2006).

하지만 시행된 지 겨우 10년도 지나지 않은 직접지불제도의 성과도 과소평가되어서는 안 된다고 보고 있다. 특히 장애인 대상 사회서비스의 경우 현재는 직접지불제도가 가장 대표적인 제도가 되었다. 이 제도가 비용효과성 측면에서 우수하다는 점이 지속적으로 입증되면서 현재는 이러한 직접지불 재정지원방식이 서비스 이용자에게 제시될 수 있는 선택사항이 아니라 의무사항이 되었다. 즉 사회서비스 관리자는 서비스 이용자에게 직접지불방식의 이용가능성을 반드시 알려주어야만 한다. 2004년 말에는 영국의 보건부 장관이 사회서비스의 핵심적 측면으로 직접지불제도의 확대를 제안했으며 실천현장의 사례관리자들과 사회서비스 제공자들은 이 제도에 집중해야 한다고 주장했다. 이후 개인총예산제(바로 뒷장에서 설명됨)를 강조하면서 개인총예산제도의 중요한 요소로서 직접지불제도가 확대되어야 함을 강조하였다. 즉, 초기에는 이 제도의 확대가 가능할지 의구심이 컸으나 현재는 사회서비스 분야의 가장 개혁적 제도로 여겨질 만큼 크게 진보하였다고 할 수 있다(Glasby et al., 2006).

그럼에도 불구하고 영국 내에서 직접지불제도를 이용하는 지역과 이용자 집단의 편차가 여전히 유지되고 있다는 점은, 실행과정에서의 문제가 여전히 극복되지 못하고 있음을 보여준다. 향후에는 이 제도가 다양한 집단들에 의해 이용될 것이라고 전망되나, 인지능력, 조직화 정도 등에 따른 주요 이용자 집단의 차이는 여전히 직접지불제도에 대한 편차를 만들 것으로 보고 있다. 이러한 문제를 해결하기 위해 다양한 형태의 정책적 지원책들이 제시되고 있는데, 인지능력이 떨어지는 이용자에 대해서는 지원조직(supporting agents)나 서비스 조정자(service regulators)의 역할을 크게 강화하려는 움직임이 그 대표적인 예이다.

2. 직접지불제도 이용방식과 현황

직접지불제도란 사회서비스 이용자에게 서비스를 직접 제공해 주는 대신 그러한 서비스를 구매할 수 있는 현금을 지불해주는 제도를 의미한다. 현금을 받은 서비스 이용자는 고용주가 되어 사회서비스 제공자를 직접 고용하게 된다. 영국에서는 2003년 이후부터 장애인 대상 사회서비스를 일정한 지침 하에서 반드시 직접지불제도로 제공하도록 하였다(이영아, 2006).

영국의 사회서비스 관리기구(Commission for Social Care Inspection: 이하 CSCI)는 18세 이상의 성인 사회서비스 수요자에게 이용가능한 서비스 재정지원방식으로 이러한 직접

지불제도를 포함시키고 있다.[1] 영국의 CSSI에 따르면, 이 제도는 사회서비스 이용대상자들 중에 원하는 사람들에게 이용자로서의 권력을 확대시키고자 고안된 제도라고 한다. 이러한 직접지불체계를 사용하여 이용자가 원하는 서비스 제공자를 고용하게 되면 서비스 제공자는 재정지원주체인 지방정부나 의회가 아니라 서비스 이용자를 위해 일하는 사람으로 규정된다. 지방정부의 사회서비스 담당부서는 이용자에게 이러한 직접지불지원체계를 선택할 기회를 제공하지만, 이용자는 왜 이러한 방식이 본인에게 가장 최선인지를 설명하고 이를 제출해야만 한다.[2]

현재 영국의 사회서비스 지원체계는 다단계로 구성되어 있다.[3] 우선, 사회서비스 원스톱 센터에서 이용자를 대상으로 욕구사정을 하고 서비스 수급자격을 평가한 다음, 필요한 서비스가 있으면 우선 제공한다. 직접지불제도를 이용한 서비스 구매가능성 평가는 일차 욕구사정 이후 추가적으로 이루어지는 방식을 주로 택하고 있다. 즉 1단계로 지원서비스가 해결되는 것이 아니라 지속적이고 단계적인 사회서비스 제공이 이루어진다고 할 수 있다. 추후 실시되는 총체적인 사정을 통해 돌봄이나 건강지원 서비스 수급가능성 점수가 도출되는데, 이러한 사정은 주로 욕구사정 전문가 패널을 통해 이루어진다. 이들이 특정 서비스 이용자에게 지원가능한 사회서비스 종류와 범주도 결정한다. 서비스에 대한 욕구정도에 따라[4] 욕구점수가 부여되면, 이에 상응되는 정도의 사회서비스를 지원받을 수 있는데, 이때 서비스 이용자는 직접 서비스를 제공해 주는 공급 기관(많은 경우 주정부)을 통해 이용할 수도 있고 직접지불체계를 이용하여 서비스 제공자를 고용할 수도 있다. 이때 국가로부터의 받게 되는 재정지원은 소득수준에 따라 서비스 이용의 자기부담률이 결정되는 소득연동방식(income sliding scale)이다. 따라서 사회서비스 이용자들은 원하면 누구나 직접지불체계의 지원체계망을 모두 이용할 수 있지만, 비용은 소득수준에 따라 차등적으로 부담해야만 한다.

서비스 이용자가 고용할 수 있는 서비스 제공자의 범주에는 가족을 포함한 친인척이 모

---

1) 성인대상 사회서비스 목록으로는 (1) 요양(돌봄)시설 서비스, (2) 재가 돌봄서비스, (3) 직접지불지원체계 (4) 간호기관, (5) 주간 혹은 단기보호 서비스, (6) 전문적 서비스를 제시하고 있다(www.csci.org.uk).

2) CSSI는 이러한 과정을 숙제(homework)를 하는 것이라고 표현하고 있다. 이러한 직접지불체계의 사용이 도움이 되지 못하거나 적절히 활용되지 못할 집단(예를 들어, 인지능력에 손상이 있거나, 정보해독력이 낮은 경우 등)은 직접지불체계가 본인에게 최선임을 증명하기 어렵기 때문에, 이 과정은 적절한 이용자 스크리닝 과정으로 사용되는 것으로 판단된다.

3) 이 부분은 영국의 한 지방정부(Brighton-Hove) 사회복지직 공무원과의 면담내용을 정리한 것이다.

4) 대체로 사회서비스에 대한 욕구정도는 독립성을 유지하기 어려운 정도에 따라 심각함(critical), 상당함(substantial), 어느 정도임(moderate), 낮음(low)으로 구분된다. 이에 대한 자세한 설명은 이봉주 외(2007) pp. 151-152를 참조하라.

두 포함되는데, 최근까지도 함께 사는 가족이나 친인척에 대해서는 적용에 제한을 두었었다. 그러나 2003년 법 개정 이후에는 함께 사는 가족이나 친척에 의한 보호만이 만족할 만한 서비스 제공방식이라고 판단되는 경우 이를 인정하도록 하였다. 일반적으로 직접지불체계로 이용할 수 있는 서비스에는, 대다수의 독립생활지원서비스, 각종 사회활동 지원서비스, 학업이나 구직활동 지원서비스, 주거지원서비스 등이 포함되며, 의료서비스나 요양원 등의 시설거주 서비스는 포함되지 않는다(이영아, 2006).

직접지불제도를 이용하기 위해서는 이것이 필요하다는 것을 증명해야만 하며 그 전 과정에 대해 서비스 이용자가 주체적으로 관여해야만 한다. 특히 이용자가 돌봄서비스 제공자를 고용할 때 공고를 내고, 인터뷰를 하며, 비용지불관련 법적 책임을 지고, 공공기관에 제출해야만 하는 서류를 작성하는 등 다양한 작업을 수행해야만 한다. 따라서 이러한 과정에 대한 적절한 지원체계나 적극적 컨설팅 체계가 확보되어 있지 않으면 이 제도를 활용하기 어렵다. 현실적으로 이러한 어려움으로 인해 서비스 이용자의 사례관리자는 직접지불제도 자체를 이용자에게 제안하지 않는 경우도 많이 발생한다. 따라서 이 제도에 대한 보다 적극적인 지원체계망을 확보하는 것이 제도의 성패를 가르는 중요한 요인이라고 본다.

〈표 5-1〉 이용자 특성별 직접지불제도 이용 비율

영국 직접지불제도 이용자	2001.9.30	2002.9.30	2003.9.30
총 수급자	5,423	7,882	12,585
65세이상 노인	537	1,032	1,899
학습장애인	353	736	1,377
신체장애인	4,274	5,459	6,944
감각장애인	100	159	207
청장년 돌봄제공자	3	3	12
정신보건 문제를 가진 사람	61	132	229
장애아동을 둔 돌봄제공자	66	228	875
장애아동	8	38	125
돌봄제공자	21	95	957

자료: CSCI(2005) · Evers(2006)에서 재인용

직접지불제도의 이용자 현황(표 5-1)을 보면, 초기 이 제도를 탄생시킨 주역인 장애인 집단의 이용률이 현저히 높다. 2003년 현재 전체 이용자의 55.1%가 신체적 장애를 가진 사람이며, 65세 이상 노인의 비율이 15.6%, 학습장애인의 비율이 10.9%이다. 그러나 이러한 집단별 이용비율을 2001년과 비교하면 현저한 차이가 드러난다. 2001년에는 직접지불제도의 총 수급자 중에 신체장애인이 차지하는 비율이 78.8%나 되었던 반면, 노인이나 학습장애인의 비율은 각각 9.9%, 6.5%에 지나지 않았다. 따라서 노인이나 학습장애인, 정신지

체 장애인 등의 직접지불제도 이용률이 높아져 가고 있는 추세라는 것을 알 수 있다(〈표 5-1〉 참조).

한편, 사회서비스 분야별 예산규모의 추이를 통해 전반적으로 직접지불제도가 확대되고 있는 현황을 살펴본 결과가 〈표 5-2〉에 나타나 있다. 여전히 시설보호 예산이 가장 큰 비중을 차지하며 뒤를 이어 재가보호, 간호보호, 주간보호 순이다. 직접지불제도에 대한 예산은 그 규모 면에서는 총 예산의 약 1.37%(2005)에 지나지 않으나 전년도 대비 성장률은 약 50%에 이른다.

〈표 5-2〉 영국 성인사회서비스 예산 분야별 추이(2003/04년, 2004/05년)(단위: 백만 파운드)

서비스 분야	2003/04년	2004/05년	전년도 대비 실 성장률(%)
재가보호	2,091	2,328	7.5
시설보호	5,030	5,317	1.9
간호보호	1,685	1,779	1.8
주간보호	1,215	1,269	0.6
직접지불제	128	196	48.6
사정 및 사례관리	1,456	1,676	11.3
보장구 및 설치	181	211	13.2
식사제공	106	102	-7.1
보호주거	323	377	12.8
기타	804	807	-3.4
총액	13,020	14,064	4.2

자료: CSCI(2006) · 강혜규 외(2007)에서 재인용

3. 직접지불제도 성과와 과제

이러한 직접지불제도가 잘 운용된다면, 서비스 이용자들은 서비스를 제공해 주는 사람들이 이미 만들어 놓은 범주에 맞추어 그들의 욕구를 조정할 필요가 없다. 이것은 사회서비스 영역에서 매우 개혁적인 사고의 전환이라고 할 수 있다(Glendinning, 2006). 즉, 서비스 이용자는 서비스 공급자가 정의한 방식으로 움직이는 수동적인 대상이 아니라 그들이 원하는 적절한 지원을 적극적으로 활용할 권리를 가진 시민이 된다는 의미이다. 직접지불제도 하에서는 실천현장의 사회복지사들도 사례관리자가 아니라 사회서비스 사례기획자(navigator)가 되어야 한다고 본다.

그러나 Glendinning(2006)에 따르면 이용자들이 직접지불제도를 통해 이용자 맞춤적으

로 개별화된 서비스를 이용한다고 해서, 그들이 공급자 중심적인 사회서비스를 이용하지 않는다는 것을 의미하지는 않는다고 한다. 규모의 경제를 활용해서 공공부문이 제공하는 사회서비스를 공동으로 구매할 수도 있다. 또한 기능상의 손상(impairment)이 장애(disability)가 되지 않도록 하기 위해 필요한 서비스는 모두 사회서비스의 범주로 포괄될 수 있다고 보아서, 이용자 중심적 서비스에 대한 강조를 사회서비스의 확대로 연결할 필요가 있다고 본다. 즉 생활상의 장애를 줄이기 위해서는 넓은 범주의 사회서비스 욕구자들이 성, 인종, 연령, 성적 지향 등과 관련 없이 모두 그들이 원하는 방식으로 서비스 지원을 받을 수 있도록 해야 한다는 것이다. 이러한 의미에서는 직접지불제도의 확대가 서비스 이용자의 사회권 확대에 크게 기여한다고도 할 수 있다.

하지만 직접지불제도가 원래 계획했던 성과를 달성하기 위해서는 극복해야만 하는 많은 과제들도 안고 있다. 우선 이 제도의 활용을 위한 기술적 지원(technical assistance)의 문제가 남아 있다. 앞서 설명한 바와 같이 이 제도가 적절히 운영되기 위해서는 서비스 이용자에게 다양한 형태의 행정적, 교육적 지원 서비스가 제공되어져야만 한다. 즉 서비스 제공자를 공식적으로 고용하고 이들에 대한 급료를 지급하며, 세금을 계산하는 등 여러 가지의 서류작업이나 실질적 업무를 대행해 주거나 도와주는 서비스 관리자의 역할이 일정정도 요구된다는 것이다. 따라서 이러한 지원서비스를 제공할 충분한 수의 사회서비스 사례기획자(care service navigators)를 제공해 주는 것이 필요하다.

또 다른 주요한 과제는 직접지불제도를 통한 사회서비스의 최소품질확보와 관련된다. 이 제도에 대한 모니터링은 재정에 대한 모니터링과 서비스 품질에 대한 모니터링으로 나누어질 수 있다. 현재는 이 중에서 재정사용 관련 모니터링에 집중하고 있으며 품질관련 모니터링은 중앙정부 차원에서 이루어지지 않고 있다. 다만 이 제도에 대한 지원체계의 효과성에 대해서만 품질평가를 하고 있다.

영국정부는 사회서비스에 대한 총괄관리기구로 CSCI를 두고, 시설서비스와 재가서비스 모두에 대해 최소품질을 보증하고 품질수준별로 등급을 부여하며 지속적 품질향상을 위한 체계적 노력을 기울이고 있다. 직접지불체계에 의해 제공되는 사회서비스의 경우, 본질적으로는 재가돌봄서비스에 대한 품질보증 접근과 유사한 방식으로 품질관리가 이루어져야 하지만 현 상태에서는 직접지불체계에서 제공되는 서비스의 품질관리가 독립적으로 이루어지지 있지 않고 있는 것이다. 서비스 제공기관으로부터 제공받는 재가돌봄서비스와 직접지불체계를 통한 재가돌봄서비스는 유사점이 있는 반면 차이점도 있으므로, 직접지불체계의 사회서비스 품질에 대한 추가적 관리노력이 요구된다고 하겠다.

직접지불제도의 확대와 관련, 또 다른 주요 쟁점의 하나는 이 체계를 통해 사회서비스를 제공하는 돌봄노동 제공자들의 노동자로서의 지위와 관련된 것이다. 이 제도 하에서의 돌봄노동제공자들도 일반 돌봄노동자들과 마찬가지로 사회보장제도를 통한 노동보호를 받을 수 있어야 함에도 불구하고 현재의 체계에서는 이들에 대한 법적 보장부분이 명확하지 않다. 특히 고용안정성이나 노동의 지속성이라는 측면에서 본다면 서비스 제공기관에 고용된 돌봄서비스 제공자들에 비해 직불체계내의 서비스 제공자들은 열악한 상태에 있다고 할 수 있다. 돌봄서비스 제공자들에 대한 체계적 인력관리와 교육의 중요성이 점점 커져 가고 있다는 점을 감안할 때, 직불체계 하에서의 돌봄서비스 제공자들에 대한 관리 부분은 정책적 관심이 요구된다고 할 수 있다.

이 제도의 실행이 지역적으로 큰 편차를 보이며 진행되고 있다는 점도 간과되어서는 안된다. 장애인을 대상으로 하는 직접지불체계의 활용은 지역 편차없이 고루 이루어지고 있는데 비해 노인이나 다른 인구집단에게 적용되는 직접지불체계의 경우, 이용률의 지역적 편차가 큰 편이다. 이는 이 제도에 대한 지원체계의 구축정도, 제도적 활성화에 대한 지방정부의 태도, 지역사회 내 민간지원시스템의 활성화 정도 등에 따라 직접지불체계에 대한 접근가능성 자체에 큰 차이가 나타날 수 있기 때문인 것으로 보인다. 특히 지방정부의 돌봄서비스 총 예산 내에서 기존의 직접서비스 비용, 직접지불제도비용, 나아가 개인예산제도 비용 모두 지불되어야만 하는 구조를 유지하고 있다는 점도 지역적 편차를 부추기는 요인이다. 즉 전통적 서비스 비용과 직접지불제도나 개인예산제도 관련 서비스 비용 모두가 추가적 예산지원 없이 이루어지면서 이 제도에 대한 지방정부의 선호도에 따라 제도활용도에 큰 차이가 발생할 수밖에 없는 것이다(Glasby et al., 2006). 실질적으로 우편번호 로또(postcode lottery)라는 용어가 생겨날 정도로 지역별로 이용자들이 이 제도를 누릴 수 있는 정도에 차이가 있다.

〈참고 자료〉 직접지불제도 실질적 실행과정

- 현재 영국의 대부분의 주는 사회서비스에 대한 욕구사정을 통해 사회서비스가 필요하다고 판정을 받은 누구라도 직불제도를 신청할 수 있다. 서비스 이용자의 사례관리자가 이 제도의 필요성 여부를 최종 결정하게 된다. 최종결정을 내림에 있어서 사례관리자는 직불제도가 이용자의 욕구충족에 최선인지를 고려해야만 하며, 이용가능한 충분한 자원이 있는지도 고려해야만 한다. 직불제도가 제공될 수 없을 때에는 그 이유가 명백히 설명되어야만 한다.
- **직접지불금을 제공하기로 결정하면,** 지방정부는 직불금으로 어떤 서비스를 이용할 수 있고, 또 어떤 서비스는 이용할 수 없는지를 서비스 이용자에게 알려준다. 서비스 이용자들은 직불제도를 통해 구매하려는 서비스가 충분한 지원이 된다는 사실을 보여주어야 한다.
- **직불제도를 이용할 수 있는 사람들**에는 신체장애가 있는 사람, 노인, 학습장애가 있는 사람, 정신보건상 문제가 있는 사람, 장애아동과 돌봄제공자가 포함된다.
- 직불제도를 이용하는 **서비스 이용자의 책임과 통제력**(권한)은 다음과 같다. (1) 돌보미를 모집하고 채용하는 일, (2) 일상의 돌봄환경을 조직하고 관리하는 일, (3) 돌보미에게 비용을 지불하는 일, (4) 세금과 사회보험에 대해 관리하는 일, (5) 직불제도 이용에 관한 기록을 유지하는 일
- 이상의 모든 과정에 대해 직불제도 담당자(direct payment worker)가 직불제도로 전환하여 그 이후 이를 관리하는 모든 과정에서 도움을 주게 된다. 또한 지속적으로 직불제도를 이용하는 이용자들 간 정보와 지지를 서로 교환할 수 있다.
- **직불현금은 BACs[5])로부터 서비스 이용자가 선택하는 은행의 독립계좌로 입금**된다. 매월 서비스 이용료가 선급된다. 지방정부별로 약간의 차이는 있지만, 대략적으로 첫 번째 직불금이 지급된 이후 6주 만에 검토를 받게 되고 그 이후 6개월마다 한번씩 검토를 받게 된다. 그러나 만약 상황이 바뀐다면 언제든 서비스 이용자는 검토를 요청할 수 있다. 4주 앞서서 서면으로 요청하면 직불제도 이용을 종료할 수 있다. 유사한 서비스를 계속 원하는 경우, 지방정부가 정해주는 서비스로 교체할 수 있는 것이다.
- 이용자는 직접지불금을 어떻게 사용할 것인지를 문서로 기록해서 제시해 주어야만 한다. 많은 서비스 이용자들은 이것을 도와주는 기록원(부기계원-book keeper)을 가진다. 이용자는 지방정부의 직불제도 팀에게 전화, 연락하여 이 제도에 관해 모든 정보를 얻을 수 있다. 혹은 지방정부의 사회서비스담당 부서 누구와도 접촉하여 이를 요청할 수 있다. 또한 사회복지사나 케이스매니저 혹은 상담자가 당신을 대신하여 직불제도 팀과 만나기를 요청할 수도 있다.

4. 직접지불제도와 개인총예산제도

2005년 영국 보건부는 직접지불제도를 포함하여 개인총예산제도의 활성화를 크게 강조하는 중요한 정책보고서들을 발표했다. 이 보고서들은 직접지불제도의 확대 발전에 큰 기반을 제공했는데, 보고서의 주요 내용은 장애인들의 서비스 선택권, 통제력, 독립성 확대를 위한 방안들이지만, 일반 성인에 대한 사회서비스의 재정지원방식의 변화에도 큰 영향을

5) BACs는 비영리의 회의중심적 기구로서 영국과 유럽의 주요 은행 15개 이상이 소유주로 참여하고 있다. BACs 자동지불(automated payments), 직불, 이체 등, 금융관련 서비스를 40년 이상 주도해 오고 있으며, 다양한 인프라를 이용하여 현금의 지불 및 이체 등의 자동화, 통합화를 선도하고 있다. BACs가 제공하는 이러한 서비스들은 상당히 많은 수의 영국 소비자들을 포괄해가고 있으며 EU 소속국의 소비자들에 대한 서비스도 확대하려고 하고 있다. 영국성인의 약 3/4이 직불제도에 대해 긍정적 성향을 가지고 있다고 보고되며, 2007년 말 현재, 이들은 적어도 하나 이상의 이러한 직불계좌를 가지고 있다고 한다(http://www.bacs.co.uk/bacs/corporate/).

주고 있다.

개인총예산제도란 여러 가지 다른 재정적 원천(예를 들어 지방정부 사회서비스 재정, 주거지원비, 독립생활지원 재정, 그리고 그 밖의 다른 재정원천들)로부터 개인이 이용할 수 있는 모든 재정원천들을 합쳐서 서비스 이용자의 통제 하에 두는 제도이다. 개인총예산제도란 사실상 특정한 재정지원을 부가하는 것이 아니라, 기존의 재정자원을 관리, 통제하는 방식을 전환시키는 것을 의미한다. 잠재적으로 이용가능한 자원들까지 고려하게 함으로써, 이전에는 고려하지 못했던 자원들을 적극적으로 발굴할 수 있게 하고 그러한 자원들을 융통적이고 개별화된 방식으로 사회서비스에 사용할 수 있도록 하는 것이다. 2005년도에 전국적인 시범사업인 In Control 프로그램이 실시되었고, 이 프로그램에서 자기지향적 서비스(self directed services)라는 개념을 강조하면서 개인총예산제도의 실행을 강조하고 있다.

이상과 같은 접근은 사실상 기존에는 장애인들을 대상으로 주로 이루어져 왔다. 그러나 2005년 녹색보고서 "Independence, well-being and choice"가 발간되면서 이러한 접근을 노인, 정신건강문제를 가진 성인 등으로 확대시켰고 건강과 사회적 서비스 영역 전반에 적용시켰다(UK Department of Health, 2005). 덧붙여 독자적으로 자신의 개인총예산을 관리할 능력이 없는 사람들에 대해서는 이를 담당할 적극적 관리주체가 마련되어져야만 함을 강조하였다. 이러한 개인총예산방식은 기존의 직접지불제도가 서비스 이용자로 하여금 사회서비스 제공자의 고용주로서 법적 책임을 져야 함을 강조하여 서비스 이용자들을 불편하게 한 것에 비해, 이러한 부담이 없이도 서비스에 대한 선택과 통제가 가능한 방법을 제시해 준 것이다. 즉 직접지불제도에서는 선택할 수 없었던, 지방정부가 직접 제공하는 서비스 등에 대한 구매도 개인총예산제도 하에서는 가능해진다.

개인총예산제도는 궁극적으로는 서비스 이용자들이 구매력을 갖게 만들어서 사회서비스 시장이 이들의 욕구에 더욱 민감해지도록 만드는 것을 목표로 한다. 초기에 소수의 장애인들만을 그 대상으로 했던 직접지불제도가 약 10년 미만의 짧은 기간 동안 많은 수의 사회서비스 이용자로 적용 대상을 확대했고, 최근에는 개인총예산제도 하에서 제도적 확대가능성이 증가하고 있다고 할 수 있다(Glasby et al., 2006). 이렇듯 최근 들어 직접지불제도는 개인총예산제도의 틀 내에서 제도적 방향성 정립이 논의되고 있다. 다음 절에서는 이러한 개인총예산제도에 대해 간략히 살펴보고자 한다.

제3절 개인총예산제도[6)]

1. 개인총예산제도 관련 개념 정리

영국의 개인 총예산제도는 최근 강조되고 있는 사회서비스 개별화정책의 큰 틀 안에서 실행되고 있다. 사회서비스 개별화 정책이란 성인을 대상으로 하는 포괄적인 사회서비스가 서비스 이용자의 개별적 욕구에 더욱 민감하도록 재구조화하는 것을 의미한다. 이러한 개별화 정책에서는 서비스 이용자 개인이 서비스 종류 및 내용에 대해 선택할 수 있는 가능성을 높이고, 서비스 이용 전 과정에 대한 이용자의 통제력을 강화하며, 문제발생을 예방하고 가능한 조기개입하도록 하는 것을 가장 강조한다. 이러한 사회서비스 개별화 정책의 실행도구로서 앞서 설명한 직접지불제도와 보다 포괄적인 재정관리 방식인 개인총예산제도가 적극적으로 제안되고 있다.

이렇듯 사회서비스 개별화 정책을 강화하고자 하는 기저에는 사회서비스의 지속가능성(sustainability)을 확보하려는 현실적 필요가 자리하고 있다. 국가로부터 사회서비스 보조금을 지급받는 이용자나 자신의 예산으로 사회서비스를 이용하는 이용자 모두에게 그들의 욕구에 보다 부응하는 사회서비스를 효율적으로 이용할 수 있는 환경을 마련해 주는 것이, 국가가 개입하여 사회서비스를 지속적으로 관리하는 것에 대한 정당성을 제공해 준다고 본다.

이러한 개별화 정책에서 최근 가장 중요하게 거론되는 것은, 사회서비스 이용자들이 원하는 성과를 얻기 위해 자신의 총자원(자신의 재정자원을 모두 포함해서)을 어떻게 할당할 것인지를 보다 융통적으로 의사결정할 수 있도록 하는 것이다. 더불어, 서비스 이용자에게 정보와 옹호 서비스를 적극 제공하여 가능한 그들이 사회서비스의 품질과 종류 등에 있어서 선택과 통제력을 가질 수 있도록 하는 것도 강조된다. 영국정부는 기존의 몇몇 시범적 프로그램들-예를 들어, "Care Services Improvement Partnership," "Care Services Efficiency Delivery"등-을 통해 실시해 왔던 직접지불제도, 예방 및 조기개입서비스, 사례관리 및 사정, 개인총예산제도 등과 같은 여러 접근법들을 모두 포괄하며 사회서비스 개별

6) 이 부분은 UK Department of Health(2008). *An Introduction to the Personalisation Toolkit* (www.toolkit.personalisation.org.uk)을 참조하였다.

화 정책을 시행하고 있다. 특히 사회서비스 개별화 정책에서는 서비스 이용자 스스로가 자신에게 적합한 서비스를 직접 선택하여 이용하는 자기지향적 지원(self-directed support)을 강조한다. 보다 큰 틀에서 자기지향적 지원은 사회서비스 개별화 정책의 비전과 목표를 가능케 하는 서비스 제공 과정 혹은 전략으로서, 이에 대한 강조는 성인 사회서비스 체계를 서비스 이용자 선택권과 통제력 강화라는 관점에서 재설계해야 할 정책적 과제를 안겨주고 있다.

개인총예산제도는 공공, 민간, 자원영역에서 제공가능한 모든 잠재적 자원들을 발굴하여, 이를 다양한 형태의 사회서비스 이용가능성과 결합시키려는 접근방식을 의미한다. 한편, 일반 개인예산(personal budget)은 개인총예산제도와 마찬가지로 재원을 통합적으로 보고 관리하려는 관점을 일컫는데, 개인총예산이 잠재적 자원 전체를 강조한다면, 개인예산은 사회서비스 재원만으로 구성되는 예산을 의미한다. 재가돌봄서비스를 이용하고자 하는 노인들은 그들이 사회서비스에 이용할 수 있는 개인예산과 이 밖의 지역사회자원, 사회서비스 재원 외 다른 영역으로부터의 재원, 기타 다른 자원들을 모두 포함하는 개인총예산을 사용함에 있어서, 직불제도를 활용하여 돌봄서비스를 제공해 줄 돌보미를 고용하고 그 급여를 제공해 줄 수 있다.

2. 개인총예산제도와 자기지향적 지원

사실상 개인총예산제도는 자기지향적 지원의 핵심적 단계들을 거치면서 실행되게 된다. 기존에는 사회서비스 관리가 서비스를 이용하고자 하는 대상의 욕구를 사정하는 것으로부터 시작하여 그러한 욕구에 부응되는 서비스가 무엇인지를 규명해 주고, 공적 지원에 대한 수급자격을 판정하는 것으로 종료되었다. 그러나 개인총예산제도에서는 이러한 전문가 문지기 방식(professional gate-keeping)이 이용자의 개별화된 욕구를 충족시키는데 한계가 있다고 본다. 이 제도 하에서는 이용자가 갖는 욕구의 정도를 몇 가지 기준에 따라 사정하고, 그러한 욕구의 심각성이 어느 정도 수준에 있는지를 판정한 후, 개인이 이용할 수 있는 총 가용 재원이 무엇인지를 보다 심도 깊고 포괄적으로 규명한다.[7)]

이상의 과정에 따라 서비스 이용자는 자신이 이용가능한 총 자원이 어떻게 사용될 수 있을지 선택할 수 있는데, 지방정부나 기타 국가보조를 받는 서비스 제공기관으로부터의

7) 이는 현금소득보장체계인 사회보장체계와 서비스를 주로 제공하는 사회서비스 지원체계가 형식상 유사해져 가고 있다는 것을 의미한다. 즉, 개인이 지원받을 수 있는 기본적 소득보장금액을 산정하는 방식과 사회복지서비스에 대한 지원가능 금액의 산정과정이 유사해지고 있다는 것이다.

서비스를 이용하는 것, 자원봉사서비스를 이용하거나 시장재화나 서비스를 구매하는 것, 직접지불제도를 이용하는 것, 혹은 이상과 같은 방법들을 조합하는 것 등이 모두 선택 가능하다. 이러한 과정은 모두 사례관리자나 사례조정자(계획자)의 적절한 기술적 지원을 받으면서 이루어질 수 있어야 한다고 본다(Glasby et al, 2006).

개인총예산제도를 실행하는 자기지향적 지원의 구체적 단계를 살펴보면 다음과 같다. 첫 번째 단계는 "예산 설정"이다. 이 단계에서는 총체적 사정을 통해 개인의 사회서비스 욕구에 대한 점수를 도출, 이것을 필요금액으로 전환하여 개인예산으로 규명한다. 이 과정을 자원할당체계라고 부른다.

두 번째 단계는 "지원계획설정" 단계이다. 욕구충족을 위해 사용할 수 있는 자원의 양이 결정되면, 국가지원을 받을 수 있는 대상이든 그렇지 않은 대상이든 그 대상에 적합한 지원계획을 만든다. 이때 그들이 생활상 변화시키고자 하는 부분과 유지하고자 하는 부분을 결정하고 이를 위해 그들의 개인총예산을 어떻게 사용할 것인지를 정하게 된다. 이 과정에서 그들의 삶속에 이미 존재하고 있는 자연적인 능력, 지역사회 자원, 친구와 가족의 역할, 그리고 부가적으로 구매해야 하는 것들 등을 규명하고 부가적 사회서비스 구매를 위해 가능한 자원들도 모두 규명한다.

세 번째는 "계획안에 동의하기" 단계이다. 이 단계에서 사회서비스 계획안을 공식적으로 허가받고 개인총예산을 지불받게 된다. 만약 어떤 쟁점이 등장하여 부가적으로 논의가 필요해지면 다른 다학제적 위원회가 이를 맡아 처리하고 필요한 경우 다시금 지원계획설정이 이루어진다.

네 번째 단계는 개인총예산을 관리하고 지원을 조직하는 단계이다. 개인예산이 배치될 수 있는 방식은 매우 많아서, 직접지불, 개인서비스 펀드, 계약, 간접 지불 등이 모두 가능하다. 다음 단계는 실제로 사회서비스를 이용하는 단계(5번째 단계)이며 추후 전체적인 검토와 학습 단계(6번째 단계)가 이루어진다.

3. 개인총예산제도 현황과 특징

개인총예산제도는 현재는 시범프로그램으로 영국의 법정부 부처가 이 시범 프로그램에 참여하고 있는데, 중앙정부의 보건부, 노동부, 지역사회와 지방정부, 장애관련 부서 등이 모두 관련된다. 개인총예산제도는 사회서비스 이용자들을 지원해 줄 수 있는 가용자원의 원천이 무엇인지 또 규모는 얼마나 되는지를 이용자들이 보다 포괄적이고 체계적으로 이해할 수 있도록 하는 것을 목표로 한다. 이 제도에서 서비스 이용자는 서비스 공급기관, 친구나 친척, 자원봉사자들로부터의 모든 가능한 자원들을 어떻게 조직하여 본인의 사회서비스 욕구를 충족시킬 것인지를 계획하고 이를 실행하는데 주체가 된다.

이러한 개인총예산 프로그램에서는 서비스 이용자가 서비스 이용계획수립의 중심에 서게 되고 그들이 스스로 욕구와 그것의 충족방법에 대해 가장 잘 알고 있는 주체이다. 이 프로그램하에서는 현재 존재하는 사회서비스를 그대로 사용하는 것에서부터 직접지불제도를 이용하거나 그 밖의 다른 방법들을 이용하여 원하는 서비스 지원을 받을 수 있도록 하는 것까지 모두를 가능한 선택대안으로 고려할 수 있다.

영국정부는 현재 개인총예산 제도에서 국가가 지원하는 다음의 6가지 주요 재원들을 모두 합쳐서 사용할 수 있도록 하고 있다: 지방정부의 성인대상 사회서비스자금, Supporting People 자금, Independent Living 자금, Disabled Facilities 보조금, Integrated Community Equipment Services와 Access to Work. 기금 2006년 현재 13개 지방정부가 개인총예산제도 활성화를 위한 시범사업에 참여하였으며, 여러 가지 다른 방식, 다른 집단, 다른 재원들을 이용하여 개인총예산제도를 실행하였다. 대상 집단만 보더라도 노인들만을 대상으로 개인총예산 제도를 실행한 지방정부가 있는가 하면, 학습장애, 신체장애, 정신보건상 문제가 있는 사람들만을 대상으로 제도를 실행한 지방정부도 있고 또 처음에는 노인들만을 포함하다가 전체 성인으로 대상을 확대한 지방정부도 있다(UK Department of Health, 2006).

개인총예산제도는 지방정부로부터 지원받을 수 있는 사회서비스 외에도, 지역사회 내 자원봉사 영역도 적극 활용할 필요가 있음을 뚜렷이 보여준다. 즉 개인이 활용할 수 있는 자원을 보다 넓은 관점에서 사정하고 활용할 수 있도록 한다는 것이다. 또한 개인총예산제도는 더 많은 대중들을 사회서비스 대상자로 포괄하며 사회서비스 이용에 있어서 이들의 의존성을 최소화하고 서비스에 대한 선택과 통제가능성을 최대화하는 것을 목표로 한다. 이 제도에서 강조하는 서비스 이용자 중심적 접근의 핵심 요소는, 서비스 보편성 강화, 독립성 증진(가능한 많은 정보를 제공하고 그들 스스로 선택할 수 있도록 함), 조기 개입강화이다.

4. 개인총예산제도 관련 주요 쟁점

개인총예산제도가 사회서비스 개별화의 일환으로 강하게 추진되고는 있지만 제도시행과 관련해서 아래와 같은 주요한 쟁점이 드러나고 있다(UK Department of Health, 2006).

- 개인총예산제도가 서비스 이용자들에게 더 나은 제도로 인식되고 있으며, 더 좋은 성과를 낸다고 평가되는가?
- 제도 실행 비용은 어떠한가? 추가적인 비용이 더 많이 드는 것은 아닌가? 비용효율성은 어떠한가?
- 서비스 제공기관을 포함하여 전체로서의 사회서비스 체계를 활용한다는 것이 이 제도에서 크게 강조되는데, 이것의 진정한 의미는 무엇인가?
- 개인총예산을 가지고 주로 사람들은 어떤 서비스를 어떠한 방식으로 구매하는가? 이러한 과정이 어떻게 이루어지며 이용가능한 서비스와 사용가능한 가용자원들이 어떻게 조직화되며 누가 이것을 관리하는가?
- 재정관리의 측면 그리고 법적, 전문직종 권리의 측면에서 이 제도는 사회서비스 제공인력에게 어떠한 의미를 제공하는가?

이상에서 제시된 바와 같이, 개인총예산 제도의 실행과 더불어 전문가 집단, 정책 자문 집단, 사회서비스 실천현장 관계자, 그리고 서비스 이용자들 사이에서 이 제도와 관련된 몇 가지 쟁점들이 드러나고 있다. 여러 가지 정책적 쟁점들 중에서, 개인총예산제도가 실제로 더 나은 성과를 내고 있는지(혹은 실제로 그러한 나은 성과를 산출할 수 있는 잠재력을 가지고 있는지), 서비스에 대한 성과와 대비해서 볼 때 추가적으로 드는 비용이 의미가 있는지가 가장 핵심적인 쟁점이다. 사실상 이 제도가 긍정적인 평가를 받기 위해서는, 서비스 이용자들에게는 더욱 좋은 제도로 인식되면서 동시에 국가의 사회서비스 관리측면에서는 비용효율성이 있어야 한다. 이 두 가지 조건은 사회서비스의 지속가능성을 확보하는데 있어서 가장 중요한 것이라고 할 수 있다.

제도실행의 실제적 과정과 관련하여서는 이 제도를 이용하는 이용자가 보다 효과적으로 이 제도를 이용할 수 있는 방안이 마련되어야 한다는 것, 그리고 사례관리자들이나 기획자들이 이 제도를 조직, 관리하는 방식에 대한 표준화된 지침 등이 개발될 필요가 있다는 점도 지적되고 있다. 제도의 이념적 지향성이 바람직하다고 하더라도 실천현장에서 이를 관리할 조직과 인력이 제도를 적절히 이해하고 이를 쉽게 적용할 수 있는 능력을 갖는 것이 제도의 성공적 안착을 위해 무엇보다도 중요하기 때문이다.

덧붙여 이 제도 하에서 돌봄서비스 제공자들은 기존의 돌봄서비스 제공자들과 비교해서 어떠한 이점이나 불리한 점을 갖게 되는지, 서비스 품질의 향상을 위해 어떻게 이들에 대한 지속적인 교육과 훈련을 제공하고, 노동자로서의 부가급여체계를 개발할 것인지도 중요한 쟁점이다. 더불어, 최근까지도 개인총예산제도와 직접지불제가 어떻게 다른지, 추가적인 재원투자 없이 개인총예산제만을 실행하는 것이 돌봄체계를 향상시킬 수 있는지에 대해서도 정책적 논란이 있다(UK Department of Health, 2006).

제4절 바우처 제도(Vouchers)

1. 바우처 제도 발전과정

전통적인 가부장적 복지국가는 이용자에게 선택권을 제공하는 바우처 제도에 대해 기본적으로 반감을 가져왔다. 서비스를 공급하는 측에 대한 재정지원방식과 비교해서 서비스 이용자에게 선택권을 주는 방식은 약점과 강점을 모두 가질 수 있는데, 집합적이고 가부장적인 방식으로 복지서비스를 제공하기를 시도했던 복지국가와 이에 대한 지지자들은, 이용자에게 선택권을 주는 방식이 비용효율성만을 강조한다고 보았기 때문에 대체로 반대하는 입장이었다고 할 수 있다. 그러나 최근에는 이용자 중심성이 강조되고 이용자 개인의 통제력 강화, 선택권 증가가 복지의 본질로 강조되면서 이용자의 선택권을 강조하는 바우처 제도에 대해 다소 새로운 조명이 이루어지고 있다.[8)]

바우처 제도는 제도가 실행되면서부터 현재까지 정치적인 논쟁과 함께 해왔으며, 개인주의적 정치이념과 집합주의적 정치이념 간의 차이만큼이나 이 제도에 대한 찬반의견의 차이가 컸다고 할 수 있다. 흥미로운 것은 기존의 서비스 공급자 재정지원방식을 이용자 재정지원방식의 바우처로 바꾸는 경우와, 새로운 서비스를 제공할 때 바우처 방식으로 시도하는 경우에 대해 정치적 이념에 따른 태도가 달리 나타났다는 것이다. 기존 서비스를 바우처 형태로 바꾸는 경우 효율성을 강조하는 개인주의자들(자유주의자들)은 이를 지지하는 반면 집합주의자들은 반대 태도를 취하였다. 그러나 새로운 서비스를 형성하며 이를 바우처로 제공하는 것에 대해서는 집합주의자들의 반대가 적은 반면, 오히려 개인주의자들은 국가 예산이 확대된다고 비판하며 바우처가 아닌 완전시장화를 주장하는 경향이 크다(Daniels & Trebilcock, 2005). 이렇듯 정치적 이념의 차이는 다른 관련 요인들과 맞물리며 사회서비스의 바우처 방식 전환에 대해 차별적인 태도를 취해 왔다고 할 수 있다.

Friedman의 경우 바우처는 공공재나 공공서비스를 전달하는 우수한 형태일 수도 있으나, 이해관계자들의 집단적인 반발로 인해 확대는 어려울 것이라고 보았다. 특히 공공서비

8) 그럼에도 불구하고 대부분의 국가에서 바우처 제도를 사용하는 비율은 그다지 높지 않은 편이며, 경쟁의 이점이 충분히 큰 프로그램으로만 그 사용을 제한하고 있는 실정이다(Daniels & Trebilcock, 2005).

스 영역의 서비스 공급자들은 독점적 서비스 제공위치를 잃고 경쟁적 구도에서 겪게 될 재정적 어려움을 예상하여 상당한 반대를 하게 될 것으로 보았다. 해당 서비스공급자들은 집단적 관심과 조직력이 있는 반면, 잠재적 경쟁공급자들과 소비자들은 흩어져 있기 때문에 정책입안자들에게는 해당 서비스공급자들의 반대가 중요한 위협요인이 되어 왔던 것이다(Daniels & Trebilcock, 2005).

그러나 전반적으로 이용자들의 선택권이 정책적으로 강조되는 경향이 증가하면서, 많은 복지국가들에서 바우처 제도를 활용해 왔다. 미국의 경우 초등학교와 중등학교 교육서비스 지원, 그리고 식료품 지원을 위한 바우처가 대표적인 예이며, 호주와 영국의 경우 대학교육 지원서비스 바우처를 최근 사용하였다. 또 다른 대표적인 예로, 미국의 주거서비스인 section 8이 바우처로 지원되었고, 영국의 노동당정부가 피난민들에 대한 지원을 바우처로 하였다.

공공정책의 목표가 점차 수혜자들 개인의 욕구충족과 개별성 확보에 주어지는 이상 바우처 제도의 전망은 그다지 어둡지 않다고 할 수 있다. 오히려 바우처 제도가 제공하는 효율성과 형평성의 조화는 바우처 프로그램 내에서 발생하는 중심적 설계이슈에 달려 있다고 보는 관점이 현재는 더욱 우세하다. 그러나 이러한 설계이슈는 기술적으로 매우 복잡하고 정치적, 규범적으로 매우 논쟁적이기 때문에 바우처 사용을 쉽게 결정하지 못하게 한다. 사실상 바우처는 효율성과 형평성 간 긴장을 완전히 없앨 수는 없으며 다만 그 둘 간의 교환관계의 본질만을 변화시킨다고 본다(Daniels & Trebilcock, 2005).

최근 바우처 방식을 통한 사회서비스의 제공은 사회서비스 민영화의 주요 흐름 중 하나이다. 이러한 사회서비스 민영화의 주요 흐름으로, 민간 기관과의 계약을 통한 서비스 제공과, 이용자 재정지원의 대표적 예로서 바우처 프로그램 제공, 그리고 그 밖에 이용자에게 재정을 지원하는 방식을 들 수 있다. 특히 서비스의 질을 높이고 효과성과 효율성을 제고하는 것과 관련해서는 민영화냐 공공부문 서비스 제공이냐가 아니라 서비스 제공의 기관이 독점적이냐 경쟁적이냐가 결정적으로 중요하다고 보면, 동일한 민영화 방식이라고 하더라도 서비스 공급자에게 서비스를 위탁계약하는 방식 등과 바우처 방식은 큰 차이가 있다고 할 수 있다(Nightingale & Pindus, 1997, 김은정 · 최은영 · 정소연, 2008).

2. 바우처 개념정의

Steuerle과 동료들(2000)에 따르면, 바우처는 "제한된 종류의 재화나 서비스를 개인이 선택할 수 있도록 추가적 구매력을 제공해 주는 보조금"을 의미한다. 정부는 ① 바우처를 통해 개인의 구매력을 직접 혹은 간접으로 증가시키며, ② 현금지출의 형태나 세금보조의 방식으로 제공할 수 있으며, ③ 대개 이용자에게 지출상한선을 부과하고, ④ 사용용도를 제한하거나 특정 목적에만 사용하도록 하며, ⑤ 어떠한 형태로든 규제정책을 부과하여 실행한다.

한편 Daniels와 Trebilcock(2005)은 보다 포괄적인 의미에서 바우처를, "사회적 재화와 서비스를 제공함에 있어서 순순하게 공공이 제공하는 것에 대한 대안적 방법으로, 경쟁적 시장을 통해 사회서비스를 구매할 수 있도록 공공재정이 수요자에게 재정을 지원하기 위해 사용되는 것"이라고 정의하기도 하였다. 즉 수요자에 대한 보조금(제한이 있으며, 현금화가 불가능)으로 서비스 공급자가 아닌 서비스 이용자들에게 공공재원이 제공되어지는 방식을 모두 바우처라고 할 수 있다는 것이다. 이렇게 정의하게 되면 바우처는 하나의 제도라기보다는 정책적 아이디어라고 할 수도 있다.

이렇듯 바우처에 대한 명확한 개념정의는 매우 어려운데, 포괄적으로 개념을 정의하면 앞서 살펴본 직접지불제도, 개인총예산제도도 바우처 제도의 일종으로 간주하는 것이 가능하다. 즉 공급자의 독점적 위치를 거부하고 소비자 선택가능성을 주는 제도는 큰 의미에서 바우처 제도로 간주할 수 있다는 것이다. 이런 의미에서 Daniels와 Trebilcock(2005)은 "바우처다움(voucherness)"에 대한 표준을 어떻게 설정하는가에 따라 바우처 제도가 매우 넓게도 또 좁게도 정의될 수 있다고 보았다(p. 14).

바우처에 대한 일반적인 정의에서 바우처를 좁게 정의하는 경우 명시적(explicit) 바우처만을 바우처로 포함시키는 경향이 있다. 반면 바우처 제도를 광의로 해석하게 되면 묵시적(implicit) 바우처도 모두 바우처로 포함시키게 된다. 명시적 바우처란 서비스 이용자에게 바우처 형태의 증서(종이, 전자카드, 기타 쿠폰 모두 포함)를 제공하여 이용자의 선호에 따라 공급자를 선택하게끔 하는 바우처이다. 이용자는 자신이 가진 바우처를 서비스 제공기관이나 제공자에게 주고 그 바우처를 받은 서비스 제공기관이나 제공자가 바우처의 재원을 담당하는 기관으로부터 서비스 비용을 지급받는 형태이다. 일반적으로 이용자에게 선택권을 제공하는 대표적 제도로 바우처를 논의할 때에는 이러한 명시적 바우처를 대상으로 하는 것이 적절하다.

반면 묵시적 바우처란 이용자에게 바우처를 직접 제공해 주는 것이 아니라 이용자의 서비스 수요량(=서비스 이용량)에 대응하여 서비스 공급기관에 그 비용을 직접 보전해 주는 방식의 제도를 의미한다. 사실상 서비스 이용자들이 서비스 공급기관이나 공급자를 선택할 수 있다는 점에서 바우처 제도의 본질적 특성이 살아 있다고 할 수 있으나, 재정지원의 흐름은 재정부담자에서 이용자를 거치지 않고 서비스 공급자에게로 직접 이어진다는 특성이 있다. 앞서 논의한 바대로 "바우처다움"의 기준을 어디에 두는가에 따라 이러한 묵시적 바우처도 바우처 제도로 포함될 수 있으나, 재정지원의 흐름에서 이용자에게 재정을 지원하는 대표적 예로서 바우처 제도를 논의할 때에는 묵시적 바우처가 아닌 명시적 형태의 바우처만을 포함시키는 것이 바람직하다고 볼 수 있다.

〈참고〉

한편 Blaug(1984)는 바우처 개념을 바우처 나무(voucher tree)로 유형화하며 바우처를 정의하였다(Daniels & Trebilcock, 2005). 즉 바우처 제도의 구체적인 특성은 (1) 바우처로 구매할 수 있는 서비스 범주의 제한성 여부, (2) 바우처에 포함된 지원액이 총 서비스 비용에서 차지하는 비중, (3) 바우처 지원방식의 단일성 여부, (4) 바우처 지원자격 결정시 소득자산조사 여부, (5) 바우처 지원금 이외 서비스 추가 구매가능성 등에 따라 달라질 수 있다는 것이다. 이상의 주요 기준에 따라 바우처는 다음의 5가지 유형으로 구분 가능하다고 본다.

첫 번째는 사용가능한 서비스 범주가 제한적이며, 서비스 전체 비용을 지급하고, 총 서비스 비용이 단일한 요금으로 제시되는 바우처 유형이다. 두 번째는 사용가능한 서비스 범주에 제한이 없으며, 전체 비용에 대해 보조적인 비용만을 지급해 주고, 총 서비스 비용이 단일한 요금인 바우처 유형이다. 세 번째는 사용가능한 서비스 범주에는 제한이 없으며, 전체 비용에 대해 여전히 보조적인 비용만을 지급해 주지만, 총 서비스 비용에 따른 요금에 차이가 있는 바우처 방식이다. 네 번째 유형은 사용가능한 서비스 범주에 제한이 없으며, 여전히 총비용 대비 보조적 비용만을 지급해 주고, 총 서비스 비용에 따른 요금에 차이가 있지만, 이것이 소득자산을 고려하여 지급되고, 바우처 외에 추가구매를 원할 때 이에 대해 제한을 하는 방식의 바우처이다. 마지막 유형은 네 번째 유형과 모두 동일하나 바우처 외에 추가구매를 원할 때 제한을 두지 않는 방식의 바우처이다.

3. 바우처 제도 활성화 기반

바우처 방식이 사회서비스 급여형태로 많이 활용되는 국가가 미국인데, 미국의 경우 바우처 방식의 도입 근거로 정부재정의 효율적 사용, 서비스 품질의 향상, 그리고 서비스 사용자에 대한 역량강화를 들고 있다(Haberkern, 2003). 그러나 서비스 자체의 특성, 서비스에 대한 수요의 크기, 민간 부문의 서비스 제공 능력 등에 따라 바우처 방식의 효율성과 효과성(형평성)이 달라지기 때문에, 특정 사회서비스를 바우처 방식으로 제공할지의 여부는 이러한 주요 특성들을 고려하여 이루어져야 한다. 즉 바우처 방식이 효율성과 형평성 간 조화를 다소나마 증진시킬 수 있는 영역과 그렇지 않은(방식 자체가 적합하지 않은 영역) 영역을 구분하는 것은 필요하며, 바우처 방식으로 프로그램을 제공할 때 갖는 핵심적인 설계이슈들을 잘 이해하고 제도를 실행시키는 것이 결정적으로 중요하다는 것이다. 정해진 조건이 충족되는 경우 바우처를 이용하는 방식이 다른 어떤 방식의 재정지원보다도 더 효율적이고 효과적인 방식이 될 수 있으나, 그러한 정해진 조건을 충족시키는 것이 대인돌봄서비스를 주로 하는 사회서비스 영역에서는 현실적으로는 매우 어렵다(Daniels & Trebilcock, 2005).

한편 바우처 방식의 서비스 제공에서는 서비스 공급자들이 프로그램의 규칙과 성과표준, 품질표준을 충족시키면서도 여전히 바우처 프로그램의 제공자들로 진입할 수 있는 유인을 제공해 주는 것이 중요하다고 본다. 따라서 정부기관은 서비스 제공자들에게 서비스 제공 역량과 관련하여 명확한 지침과 표준을 제공해 주어야만 하며, 서비스 결과의 공표와 프로그램 감독 시스템의 운용에 대해서도 정확히 알려주어야만 한다.

미국에서는 대개 보육서비스, 자활지원서비스, 식품권, 고용훈련 서비스, 저소득층 주거비지원, 저소득층 학생들에 대한 추가적 교육서비스 등에 바우처 제도를 활용하고 있다. 이렇듯 주로 복지서비스의 제공에 집중하여 바우처 프로그램을 실행함에 있어서, 미국의 주정부와 지방정부는 다음의 5가지를 바우처 프로그램 효과성 제고를 위한 주요 인프라로 간주한다(Haberkern, 2003). - ① 서비스 제공기관 인증제도, ② 서비스 이용자들에 대한 바우처 지급 체계, ③ 서비스 이용자들의 선택권에 대한 정보제공 체계, ④ 서비스 제공자들에 대한 비용지불 체계, ⑤ 프로그램 성과에 대한 정보제공 체계.

특히 이상의 주요 사회서비스에 대한 기존 제공자는 대개 민간 비영리 기관들인데, 이러한 기관들은 과거 정해진 수의 서비스 이용자들에게 서비스를 제공해 주던 관행에서 벗어나야 함을 강조한다. 바우처 방식을 통해 소비자선택 모델을 사용하는 경우, 주어진 기간 동안 얼마나 많은 수의 바우처 이용자들에게 서비스를 제공하게 될지 알 수 없으므로, 장기적 관점에서 비용과 수익에 대한 관심과 이에 대한 관리가 요구된다(김은정 외, 2008).

아래의 〈표 5-3〉은 바우처 제도를 도입할 때 현실적으로 고려해야 할 중요한 사항들이 제시되어 있다. 우선 바우처 제도는 시장여건과 서비스 특성상 경쟁을 유발할 수 있어야 효과적으로 운용될 수 있다. 바우처에 대한 충분한 공급과 수요가 있고, 가격 · 품질경쟁 유발이 가능하며, 지역별로 시장이 분리되지 않아야 바우처 제도의 활성화가 용이하며, 서비스 제공에서 규모의 경제가 없고 소비행위가 지역적으로 제한되지 않아야 바우처 제도가 효과적으로 작동될 가능성이 커진다.

〈표 5-3〉 바우처 제도 도입 시 고려사항

주요 기준		고려사항
경쟁유발	시장여건	- 다수의 공급자들이 존재하는가? - 바우처를 통한 수요가 충분한가? - 유효한 가격·품질경쟁이 유발되는가? - 시장이 지역적으로 분리되어 있는가?
	서비스 특성	- 생산비용특성이 경쟁에 부합한가?(규모의 불경제) - 소비행위가 지역적으로 제한되어 있는가?
선택권 행사	시장여건	- 서비스에 대한 정보가 원활하게 유통되는가? - 다양한 종류의 서비스가 제공되는가?
	서비스 특성	- 반복적으로 소비되는가? - 공급자 전환이 용이한가? - 소비 이전에 효용을 예측할 수 있는가?
정책적 필요성		- 가치재적 성격이 강한가?(수요통제) - 소외계층이 존재하는가?(복리증진) - 관련산업 육성에 도움이 되는가?(산업파급효과) - 행정편의가 제고되는가?(행정효율제고) - 해당사업이 경상이전 성격을 띠는가?(바우처 활용성)

자료: 유한욱(2006)

또한 이용자의 선택권 행사가능성이라는 측면도 바우처 제도가 효과적으로 운용되기 위해 반드시 고려해야만 하는 부분이다. 시장에서 해당 서비스에 대한 정보가 원활하게 유통되고, 다양한 종류의 서비스가 제공될 수 있는 경우, 그리고 서비스 자체가 반복적으로 소비될 가능성이 크고, 서비스 공급자의 전환이 용이하며, 소비하기 이전에 효용을 어느 정도는 예측가능할 때 바우처 제도를 통해 서비스 이용자의 선택권이 적절히 행사될 수 있다.

정책적 필요성이라는 기준에 근거해 보면, 필수재적 특성보다는 가치재적 성격이 강한지, 소외계층에 대한 보다 적극적인 복리증진이 필요한지, 경쟁을 유도하여 공급자를 증가시킴으로써 관련사업 육성에 도움이 되는지, 이용자에게 재정지원을 해줌으로써 행정적 효율성이 제고될 수 있는지, 해당사업이 경상이전 성격을 띠는지 등이 바우처 제도의 효과성을 가늠해 볼 수 있는 기준이 된다.

사실상 바우처 제도가 실패하는 중요한 이유는 이 제도에 수반되는 설계관련 도전들에 주의하지 않기 때문이다. 이상에서의 다양한 논의를 종합하여 볼 때 이러한 핵심적 설계관련 이슈는 다음의 7가지로 요약할 수 있다.

〈표 5-4〉 바우처 제도 설계관련 주요 쟁점

중심 이슈	내 용
자산조사 또는 보편 프로그램 여부	-누가 바우처 수급자격을 가져야 하는가? (자산조사에 근거할 것인가? 보편적 수급권을 부여할 것인가?)
서비스 공급자 자격	- 누가 서비스를 공급하도록 해 줄 것인가?
바우처 수급권 가치	- 바우처 수급권의 가치는 얼마이어야 하는가? (비용전체를 제공해주는 것이 바람직한가? 비용전체를 제공해 주는 것과 일부를 보전해 주는 것이 이용자 소득계층별로 주는 영향력은 어떠한가?)
추가 비용지불 가능성	- 이용자들이 추가로 비용을 지불하여 이용하게끔 하는 것을 허용할 것인가?
소비자 선별 가능성	- 서비스 제공기관이 서비스 이용자를 선택하려는 시도를 허용할 것인가?
정보 실패 문제	- 이용자의 선택을 위한 충분한 정보를 어떠한 방식으로 제공할 것인가?
독점 재생산 가능성	- 이 제도의 실행시 공급자들의 반응이 긍정적일 것인가? - 특정한 조건하에서 바우처 제도가 존재하는 독점을 확대할 가능성은 없는가? 혹은 새로운 독점을 만들어낼 가능성은 없는가?

자료: Daniels & Trebilcock(2005)의 내용을 재구성

이상의 〈표 5-4〉에서 나타난 바와 같이, 특정한 사회서비스에 대해 바우처 방식으로 재정을 지원하는 경우 바우처 수급대상 선정기준, 바우처 서비스 제공기관 선정 기준, 바우처의 액면 가치(전체 서비스 비용에서 차지하는 비중), 바우처 이외 추가적 서비스 구매가능성, 공급자가 소비자를 선별하는 것, 정보제공 방식, 시장 내 공급기관의 독점 가능성 등에 대해 면밀한 검토가 필요하다.

바우처는 제대로 제도화된다면 대안적 방법들에 비해 이용자들에게 이익이 되는 잠재력을 가지고 있다. 그럼에도 불구하고 이 제도는 제도 실행시 현장의 다양한 도전들에 직면할 수밖에 없으며, 결과적으로 그다지 성공적이지 못했던 경험을 가지고 있는데, 이러한 현실적 제약들이 과소평가되어서는 안된다. 즉, 사회서비스를 바우처 프로그램으로 제공하고자 할 때 이러한 변화를 정당화하기 위해서는 바우처 제도의 설계, 실행, 모니터링 책임을 강화할 필요가 있다. 그렇지 못하면 정치적으로나 규범적으로나 결코 사소하지 않은 다양한 논쟁을 불러일으킬 수 있다.

제5절 수당제도(Allowances)

1. 수당방식 개념

순수하게 시장에서 제공되는 서비스를 제외하고, 국가가 직, 간접으로 개입하여 제공하거나 관리하는 사회서비스는 이용자에게 여러 가지 경로를 통해 제공될 수 있다. 첫 번째는 순수하게 공공부분이 이용자에게 직접 서비스를 제공하는 것이다. 두 번째는 서비스를 직접 제공해 주는 민간 기관에 공공 재정을 지원하여 이용자가 서비스를 이용할 수 있도록 하는 방식이다. 세 번째는 서비스 이용자에게 재정을 지원하여 경쟁하고 있는 서비스 공급자들로부터 서비스를 구매할 수 있도록 하는 것이다. 그런데 이러한 세 번째 방식은 특정한 범주의 서비스의 구매만을 가능하도록 서비스의 종류나 유형을 제한하는(ear-marked) 방식과, 그러한 제한 없이 재정을 지원해주는 방식으로 구분될 수 있다.

특정한 범주의 서비스 구매만이 가능하도록 제한하는 방식에 바우처 제도, 직접지불제도 등이 포함된다면, 그러한 제한을 두지 않고 이용자에게 재정을 지원해 주는 방식이 주로 수당방식에 해당된다.[9] 일반적으로 성인대상 사회서비스와 관련해서는 간병수당, 세금수당이 제도적으로 실행되어져 왔다[10](Pijl, 1994). 이 중에서 특히 간병수당의 경우 돌봄을 필요로 하는 성인들이 추가적으로 재화구매 비용이나 서비스 구매비용에 대해 국가가 제공해 주는 현금수당으로서, 상대적으로 긴 역사를 가지고 있다.

그런데 사실상 이러한 수당방식도 개념정의가 용이하지 않다. 앞서 특정한 범주의 서비스 구매만 가능하도록 제한하지 않는 방식을 수당이라고 정의하였으나, 수당에 대한 포괄적 정의에서는 이용가능한 서비스 범주에 일정정도의 제한성을 두는 것도 수당의 한 형식으로 고려될 수 있다고 보기도 한다(Evers, 1994). 포괄적으로 수당방식을 정의하면, 크게 직접지원방식과 간접지원방식으로 나눌 수 있다. 직접지원방식에는 (1) 서비스 이용자에게

9) 하지만 이러한 구분이 언제나 명확한 것은 아니다. 현금수당방식으로 서비스 구매에 제한을 두지 않던 것이 서비스의 종류 등에 제한을 두는 방식으로 변화해도 여전히 수당(allowance)이라는 명칭으로 실행되기 때문이다. 수당방식을 포괄적으로 정의하는 경우, 바우처 방식 등도 모두 수당의 한 형태로 포함시키기도 한다.

10) 아동에 대한 돌봄서비스(사회서비스)의 경우, 대부분의 나라에서 보육수당 혹은 아동수당의 명목으로 증서 혹은 수당방식으로 지원되어져 왔다(이선주 외, 2006).

정해진 현금을 수당으로 제공하는 방식, (2) 특정한 예산을 제공해 주고 정해진 규칙에 따라 그 예산을 쓰도록 하며 남는 돈은 다시 귀속되도록 하는 방식, (3) 특정 지출에 대해 보상(refund)해 주는 방식, (4) 특정한 서비스에 해당되는 바우처를 제공해 주는 방식, (5) 전자 신용카드를 발급하여 정해진 양만큼을 지불할 수 있게끔 하는 방식이 모두 포함된다. 반면 간접지원방식에는 세금을 감면해 주거나 환급해 주는 방식, 특정 재화나 서비스 구매 비용 지불을 면제해 주거나 비용을 줄여주는 것 등이 포함된다.

2. 수당제도 발전과정[11)]

영국, 프랑스 등에서는 사회서비스 이용자에게 직접 간병수당을 지급하는 수당제도가 도입될 당시, 이 제도가 여성과 가족구성원들의 가족돌봄에 대한 윤리를 훼손시킬 가능성이 있다는 점 때문에 보수주의자들의 반대가 컸다. 가족들 간에 돌봄서비스를 제공하는 것은 자연적인 의무인데, 이에 대해 현금수당을 제공하면 오히려 이러한 자연적 의무가 약해질 수 있다고 본 것이다. 하지만 스웨덴을 포함한 북유럽 국가들의 경우 보수진영이 오히려 이러한 직접수당방식을 지지했는데, 이는 부분적으로 서비스 공급에 있어서 국가의 역할확대를 꺼렸기 때문이었다. 독일의 경우 보험체계 내에서 현금과 서비스를 선택할 수 있도록 하였으나, 사실상 서비스가 우선이고 현금은 보조적이어서 서비스의 시장가치가 현금보다 훨씬 높도록 하였다. 이는 만약 서비스 이용자가 현금을 선택한다면 그들은 비용이 싼 비공식적 가족돌봄 서비스를 이용할 것인라는 가정을 내포하고 있는 것이다.

또한 이 시기에 진보주의자들은 국가가 직접 제공하는 전문적 서비스가 대중의 사회서비스 욕구 충족에 가장 적합하다고 보았기 때문에 현금지원을 확대시키지 않았고, 이러한 수당방식의 현금지원은 비상상황에만 가능토록 하거나 차선책으로만 간주되었다. 예를 들면, 공공서비스를 이용할 수 없을 경우에만 현금지원을 받을 수 있도록 한 것이다. 이러한 이유로 인해 많은 유럽 국가들이 현금지급방식의 수당 사용에 대해서 상당한 주의를 해왔다고 할 수 있다.

그러나 시간이 흐름에 따라, 보수주의자들은 점차 공공재정의 잘못된 사용과 비효율을 줄이는 방안에 더 많은 관심을 가지게 되었고, 가족윤리 문제에 대한 관심은 줄어들었다. 즉 가족 간의 돌봄노동에 대해 재정적 가치를 인정하는 것이 가족윤리를 무너뜨리는 것이 아니라고 보기 시작한 것이다. 이에 따라 현금수당의 형태와 조건, 양에 대한 논의가 보수

11) 이 부분은 Evers(1994)의 논의를 주로 참고하였다.

적 정치인들 사이에 더 많은 비중을 차지하게 되었다. 진보주의자들에게도 직접 현금을 지불해주는 수당제도에 대한 관점에 변화가 일어났다. 기존에는 복지서비스 이용자들에게 평등하고 표준화된 서비스를 보장해 주는 것을 강조하는 다분히 보호적 관점이 우세했던 반면, 점차 서비스 이용자들이 그들의 삶의 나름의 시각으로 주체적이고 개성적으로 서비스를 이용할 수 있도록 통제력과 자율권을 주는 것을 더 강조하게 된 것이다.

일반적으로 소비자주의적 관점은 시장주의 혹은 자유주의적 관점에 입각해 있는 것이지만, 이러한 경제적 시각이 아닌 서비스 이용자를 주체적 개인으로 보는 정치적 시각이 더욱 더 큰 영향을 미치기 시작했다고 할 수 있다. 즉, "개인의 선택권 향상을 통한 민주주의"(democracy by individual choice)를 주장하게 된 것이다. 전통적으로 진보적 정치이념이 우세한 스웨덴의 경우에도 이러한 관점이 매우 강조되면서 1990년대 중반부터 8개의 지방정부가 이러한 이용자 재정지원 방식을 확대시켜 가고 있다.

뿐만 아니라 서비스 이용자들의 상향식 생활변화운동도 현금지원 방식의 수당제도 활성화에 기여하였다. 주로 장애인들을 중심으로, 사회서비스 이용자들 스스로가 "독립생활운동"(Independent Living Movement)을 주도하였으며, 현금지원의 중요성을 주장했다. 초기에는 이러한 주장을 한 집단이 주로 자신의 권리를 잘 아는 젊은 사람들이어서 이들이 중심이 되어 주장한 서비스 선택권 강화가 법안에 반영되었다. 스웨덴의 경우 1990년대 중반에는 이미 장애인들에 대한 돌봄서비스 지원은 간병수당 지급이 주된 원칙이 되었다.

일반적인 생활상의 변화도 수당제도의 활성화에 영향을 미쳤다. 기존의 복지국가는 유사한 사회적 목적을 향해 단일한 성향으로 생활하고 일하는 사람들을 상정하고 보편적이고 표준화된 공공서비스를 제공함을 가정하였다. 그러나 최근의 다문화적, 다원적 사회에서는 그러한 가정 자체가 맞지 않는다. 따라서 공공서비스와 사회적 요구간의 간극이 커지면서 국가 주도적인 표준화된 서비스의 비효과성과 비효율성이 두드러지게 드러나게 된 것이다. 다원화된 사회 속에서 개인들의 다양성과 분절성이 증가되는 것을 피할 수 없다면 오히려 이들에게 현금을 지원함으로써 그러한 새로운 상황 속에서 원하는 바를 성취할 수 있게끔 하는 것이 평등한 사회권을 보장해 주는 길이라고 보는 것이다. 따라서 수당제도와 같은 현금지원방식을 경제적 측면에서의 순수한 소비자주의와만 연결시키는 것은 적절치 않다고 할 수 있다.

3. 수당제도 현황과 특징

현재 네덜란드와 남유럽의 몇몇 국가들을 제외하면 간병수당은 그다지 많이 활용되지 않는다. 영국도 사회서비스에 대해 이용자에게 현금을 제공해 주는 간병수당보다는 돌봄서비스 제공자에게 주어지는 돌봄수당(Care Allowance) 방식을 더 많이 사용하였다. 그런데 영국의 경우는 돌봄서비스 제공자에게 대한 수당의 경우도 서비스 이용자가 간병수당을 신청하는 경우에만 가능하도록 하였다. 이는 선택권과 관련, 이용자의 선호나 의사결정력을 상당히 강조해 왔다는 것을 보여준다. 1990년대 영국에서는 65세 이상의 노인들 중 특별한 돌봄을 필요로 하는 이용자는 간병수당을 지급받을 수 있었으며 이것은 그들이 원하는 그 누구를 고용하여 지불해도 되는 수당이다. 장애인들의 경우에는 장애생활수당(Disability Living Allowances)을 받을 수 있었는데, 자산조사가 없으며 이동성 조건과 돌봄조건 두 가지에 근거해서 수당액수가 결정되었다(Leat & Ungerson, 1994). 뿐만 아니라 영국의 독립생활기금(Independent Living Fund)을 통한 지원은 장애정도가 심한 서비스 이용자에게 직접 지불되는 수당형식을 띤다. 이들은 사실상 시설에 거주해야만 하는 정도의 중증장애인인데, 이 기금을 통해 독립생활을 유지할 수 있도록 하는 것이다. 이 기금을 통한 서비스 비용지급은 이 서비스를 제공하는 제공자의 완전고용을 전제로 한다는 점에서 여타의 수당과는 다른 특징을 갖는다. 이렇듯 전통적으로 영국에서 서비스 이용자의 서비스 통제권에 대한 강조가 강했던 것이, 현재 서비스 이용자에게 서비스 비용을 직접 지불해 주는 직접지불제도 등을 활성화시킨 기반이라고 할 수 있다.

한편 스웨덴을 포함한 북유럽 선진복지국가의 경우 국가의 직접적 서비스 공급이 높은 수준으로 이루어지면서 그 틈새를 돌봄수당이나 간병수당이 메워왔다. 노인대상 사회서비스에 대해서는 서비스 제공자에게 주어지는 돌봄수당 방식을 활용하였으며, 장애인대상 사회서비스는 주로 서비스 이용자에게 직접 제공하는 간병수당 방식을 적용하였다. 간병수당의 경우, 서비스 이용자가 이를 관리할 기술과 책임성을 가져야 하기 때문에 주로 장애를 가진 상대적으로 젊은 연령대의 성인에게 적합한 것으로 알려져 있다(Johansson & Sundstrom, 1994; Evers, 1994).

캐나다와 미국의 경우, 사회서비스에 대한 공적 지원에 관한 한 지방정부의 재량권이 매우 커서 지역별로 편차가 크다. 미국의 약 2/3 주에서 돌봄서비스에 대해 일정정도의 돌봄수당을 제공하는 것으로 알려져 있으나, 서비스 이용자에게 지급하는 간병수당은 성인장애인을 제외하면 거의 전무하였다. 캐나다의 경우 이러한 방식의 비용지불이 전통적인 복지국가의 역할과 모델을 위협하는 것으로 보기 때문에 상대적으로 많이 활용하지 않았다. 독일의 경우 보험제도내에서 전문 서비스 제공, 직접 현금수당지급, 혹은 서비스 제공과 현금수당의 조합 중 선택가능 하도록 하였다.

미국의 경우, 돌봄서비스에 대해 직접 국가가 그 비용을 지불해 주는 것은 1990년대 중반까지만 해도 다음의 세 가지 범주에 지나지 않았다. (1) 장애인에 대해 돌봄서비스 비용을 직접 제공해주는 것, (2) 돌봄서비스를 제공한 사람들에게 일정정도의 현금지원을 제공한 것, (3) 돌봄서비스 제공자들이 돌봄욕구로 인해 추가적으로 사용한 재화나 서비스 구매 비용에 대해 국가가 상환해 주는 것. 첫 번째 범주에 속하는 연방정부 차원의 급여는 퇴역군인(Veterans)에 대한 수당과 저소득장애인에 대한 수당만이 속한다. 지방정부차원에서는 바우처 프로그램이 소수 있으며, 저소득 노인과 장애인(SSI수급대상)을 대상으로 한 보충수당이 있다. 기타 고용관계에 근거한 몇몇 보험혜택이나 민간시장에서의 프로그램들은 존재한다(Keigher & Stone, 1994).

형식적으로 보면 미국에서도 이처럼 돌봄서비스에 대해 바우처를 제공해 주거나 돌봄욕구로 인해 추가적으로 구매한 재화나 서비스 비용을 상환해주거나 현금수당을 주는 방식 등을 활용하는 것으로 나타나지만, 이러한 방식으로 혜택을 받는 사람의 수는 상당히 적은 편이다. 오히려 간접적으로 비용을 보조받는 경우가 많은데, 대표적인 예가 고용시장 안에서 보험을 통해 혜택을 받거나 특히 세금감면이나 세액공제 등을 받는 방식이다. 특히 세금제도를 활용한 세금감면이나 세액공제 등의 방식이 발달되어 있다. 숨겨진 복지국가(Hidden Welfare State) 논란이 불거질 만큼 미국의 경우 조세지출 방식으로 사회서비스를 포함한 다양한 형태의 복지관련 공공재정을 지급해 왔다.

주거관련 세금 감면, 근로소득관련 세금 감면, 아동과 피부양 가족원에 대한 돌봄관련 세금 감면 등이 대표적인데, 이 중에서 특히 아동과 피부양 가족원에 대한 돌봄서비스 세금 감면(Child and Dependent Care Tax Credit)이 사회서비스에 대한 간접수당의 대표적인 방식이라고 할 수 있다. 이러한 방식은 비용환급 방식이라고 할 수 있으며, 서비스 이용자가 우선적으로 비용을 지불하여 서비스를 구매하고 그 이후 공공기관이 그 비용 중 일부 혹은 전부를 세액공제 형태로 환급해 주는 것이다. 이러한 방식은 크게 바우처의 한 형태로 다루어지기도 한다.[12)]

보다 구체적으로 살펴보면 이 제도는 신청자가 근로를 위해 혹은 구직을 위해 13세 미

12) 유한욱(2006)의 논의 참조할 것

만의 자녀, 법적 자격을 가진 배우자, 혹은 그 밖의 다른 피부양 가족원에게 돌봄서비스를 제공해 주는 사람을 고용하여 비용을 지불했을 때, 이 세액공제를 신청함으로써 지불해야만 하는 세액을 줄일 수 있도록 한 제도이다. 이 때 돌봄서비스를 제공받은 13세 미만의 자녀, 배우자, 기타 피부양 가족원은 신체적 혹은 정신적으로 스스로 돌봄이 불가능한 상태이어야만 한다. 세액공제의 액수는 돌봄서비스 제공자에게 지불해야만 하는 비용의 총량 중 일정 비율로 결정된다. 2007년 현재 한 명의 가족원에 대해서는 총 비용 중 3,000$에 대해, 그리고 두 명 이상의 가족원에 대해서는 6,000$에 대해 세액공제를 요청할 수 있다[13] (US IRS, 2008).

4. 수당방식 장점과 단점

수당방식은 사회서비스 이용자들의 독립성을 강화시킬 수 있다는 점을 가장 큰 장점으로 갖는다. 이용자들은 거의 제한이 없는 선택권을 가지게 되며 그들에게 가장 적합한 서비스를 선택할 수 있다. 따라서 사회서비스가 이용자에게 맞춤형으로 제공될 수 있는 가능성이 가장 증진될 수 있다. 그런데 이러한 가능성은 적극적으로 자신의 욕구에 부응하는 서비스를 탐색하고 선택할 수 있는 능력과 맞물린다.

따라서 이 제도가 갖는 단점도 명백하다. 우선 이용자가 필요로 하는 사회서비스들이 이미 존재하지 않으면 서비스를 이용할 수 없다. 또 존재하는 사회서비스가 양질이면서 적정 가격이어야 이용자들의 서비스 만족도가 증가할 수 있다. 만약 서비스를 일반 시장에서 구매할 수밖에 없다면 이 수당으로 필요한 서비스를 충분히 구매할 수 있을지는 알 수가 없다. 또한 주어지는 서비스의 품질에 대해 보장할 수 없다. 대인서비스로서의 사회서비스는 정보비대칭의 문제로 이용자가 품질을 판단하기에 어려움이 크기 때문에, 시장에서 구매되는 다양한 사회서비스의 품질을 관리할 수 있는 시스템의 확립이 중요한 정책적 과제가 된다.

또한 서비스 이용자들에게 현금수당이 주어졌을 때 서비스 이용자가 그들에게 가장 필

---

13) 하지만 이러한 최대제한액은 총 소득 중 고용주가 제공하는 피부양가족원 돌봄 혜택(care benefits)의 양만큼 감소된다. 그리고 이러한 세액공제혜택을 받기 위해서는 몇 가지 조건이 충족되어야만 한다. 우선, 근로소득이 있거나 자영업을 통한 순소득이 있어야만 한다. 만약 배우자가 전업학생이거나 신체적 정신적으로 스스로를 돌볼 수 없다면 다른 한 배우자는 근로소득이 있는 것으로 간주된다. 또한 돌봄서비스에 대한 비용지불이 가족원 중 일부에게 지급되거나 혹은 (피부양자가 아니더라도) 19세 미만의 자녀에게 지급되어서는 안 된다. 뿐만 아니라, 돌봄서비스를 받는 가족원은 일 년 중 적어도 6개월 이상의 기간을 세액공제신청자와 동거해야만 한다(US IRS, 2008).

요한 서비스를 잘 배치, 관리하지 못할 수도 있다는 문제가 있다. 만약 사례관리자나 사례조정자가 이러한 일을 맡는다면 추가 비용이 들게 되며, 서비스 이용자의 독립성도 훼손될 가능성이 커진다. 마지막으로 현금수당은 비공식적 부문을 통한 서비스 구매로 사용되기 쉽다. 이러한 서비스 구매는 단기적으로 서비스 이용자와 제공자 모두에게 이익일 수 있으나 장기적으로는 서비스 제공자의 사회보장혜택 문제 등 다양한 법적 문제와 맞물릴 수 있다. 또한 이렇게 되면 정부가 비공식 부문 경제에 재정지원을 해주는 것이 되는데 이 부분도 정책적으로 고려해 보아야만 할 문제이다(Evers, 1994).

참고: 돌봄수당에 관한 논의[14)]

돌봄수당(care allowance/carer's allowance)은 돌봄서비스 제공자에게 지급되는 수당으로 서비스 이용자에게 재정을 지원하는 방식은 아니다. 즉, 서비스 이용자가 국가로부터 수당을 받아서 직접 서비스 제공자를 선택하는 것이 아니라, 특정한 형태의 돌봄서비스를 제공하는 당사자에게 국가가 직접 그 비용을 지불해주는 방식이다. 이 수당은 주로 유아나 아동의 돌봄을 담당하는 부모에 대해, 그리고 간병이나 간호를 필요로 하는 가족원(주로 노인)에게 이러한 돌봄서비스를 제공하는 다른 가족원에게 주어진다.

사실상 돌봄서비스를 필요로 하는 사람이 가족인 경우 돌봄서비스 제공자는 돌봄관련 추가 비용을 많이 지불하게 된다. 예를 들어, 돌봄을 필요로 하는 사람이 있는 경우 집의 구조를 바꾸어 한다든가, 난방비가 증가한다든가, 특별한 음식을 만들어야 한다든가 등과 관련하여 비용이 증가할 수 있다. 이러한 비용은 상당히 클 수도 있으며 몇몇 나라에서는 이에 대한 비용 중 일부를 돌봄서비스 제공자에게 제공해 주기도 한다. 사실상 돌봄수당은 이들이 하는 일(즉, 돌봄)에 대한 비용지불이지만, 이 밖에도 돌봄으로 인해 발생하는 관련 비용도 포함되며, 따라서 이러한 형태의 지원금은 상당히 다양한 형태가 있으며 다양한 원칙들에 기반하여 제공된다. 돌봄에 대한 지불과 기타 돌봄관련 비용에 대한 지불이 하나의 수당에 동시에 포함되기도 하는데, 예를 들어 스웨덴의 아동돌봄수당의 경우가 그러하다.

이러한 돌봄수당의 긍정적 측면은, 첫째, 돌봄서비스 제공자의 노동을 인정해 준다는 것이다. 하지만 여성주의자들 사이에선 이러한 관점에 대해 반대되는 의견도 많다. 무급의 돌봄노동에 대한 화폐가치 부여가 그러한 노동에 대한 가치인정이라고 긍정적으로 평가될 수도 있지만, 교환가치를 발생시키지 않는 노동에 대해 여성들이 더 많이 참여하게끔 하는 결과를 만들어냄으로써 여성의 취약성을 더욱 증가시킬 수도 있기 때문이다. 둘째, 서비스 이용자 입장에서는 그들이 보다 지속적이고 일관된 돌봄서비스를 받을 수 있을 가능성이 증진될 수 있다. 캐나다의 한 보고서에 따르면, 특히 소수인종, 노동, 고립 지역 서비스 이용자, 그리고 고강도의 돌봄서비스를 받아야 하는 이용자들의 경우 그들을 돌보는 사람에 대해 돌봄수당을 제공해 줌으로써 지속적이고 일관된 서비스를 받을 가능성이 크게 증가하였다. 셋째, 돌봄서비스 제공자가 고용노동을 줄이거나 포기해야만 하는 경우 혹은 실업이 막 시작되려고 하는 경우와 같이 재정적으로 어려운 시기에는, 돌봄서비스를 필요로 하는 가족에 대한 공적 지원으로 이러한 돌봄수당이 기능할 수 있다는 것이다.

그러나 돌봄수당의 부정적 측면은, 첫째, 엄밀한 의미에서 볼 때 돌봄수당은 돌봄서비스에 대한 임금이 아니라는 것이다. 따라서 수당의 금액이 대체로 낮으며, 다른 부가 급여나 혜택이 거의 없다. 따라서 이는 돌봄이라는 서비스가 정규적인 임금노동은 아니라는 사실을 인정하는 결과를 낳는다. 둘째, 정부는 이러한 돌봄수당을 제공함으로써 국가가 제공해 주어야만 공적 사회서비스를 줄이려는 시도를 할 수 있다. 셋째, 돌봄서비스 제공자가 믿을 만하다거나 최소품질이 지켜진다는 보장을 할 수 없다. 넷째, 이러한 수당액에 부과된 조건들은 사생활에 대한 부당한 공적 간섭을 만들어낼 수도 있다.

한편, 이러한 돌봄수당의 수급 자격조건(eligibility)의 경우에는 국가별 편차가 크다. 영국의 경우 서비스 이용자가 간병수당을 수혜하는 경우에만 돌봄서비스 제공자는 비타당돌봄수당(invalid care allowance)을

14) 이하는 주로 Pijl(1994)의 논의를 참고로 하였다.

받을 자격을 가진다. 만약 서비스 이용자가 간병수당 신청을 원하지 않는 경우에는 돌봄서비스 제공자는 그들의 권리를 포기해야만 한다. 덴마크나 핀란드, 미국의 경우에는 서비스 이용자가 돌봄서비스 제공자를 통해 서비스를 받기로 약속한 시점이나 수당을 받는 시점에서 인증을 해주어야만 돌봄수당이 수령될 수 있도록 함으로써 서비스 이용자의 권리를 인정하고 있다. 돌봄수당 수급 자격과 관련해서는 유사한 상황에서의 돌봄서비스 임에도 불구하고 특정 국가는 친척이어야만 한다고 규정하는 반면 특정 국가는 친인척이어서는 안 된다고 규정하기도 한다.

돌봄수당의 형태는 직접적, 간접적 형태가 모두 존재한다. 간접지불방식의 경우(직접현금수당제공과 결합되어 이루어지기도 함), (1) 세금환급이나 세금감면, 근로소득세 공제등의 재정적 이익부여 형태, (2) 연금권을 제공하는 형태, (3) 사회보험제도에 소속시켜 주는 것 등이 있으며, (4) 자조집단을 형성을 지원하고, 돌봄서비스 제공자들의 조직에 보조금을 주며, 서비스 제공자들을 위한 무료강좌를 제공하는 것 등과 같은 특정한 편의서비스 등도 여기에 포함된다. 한편, (5) 고용주가 유급 휴가를 제공하거나 부분적인 무급휴가를 제공해 주는 것, 무급휴가를 제공하되 재고용을 보장해 주는 것 등도 일종의 돌봄에 대한 비용지불이라고 할 수 있다.

직접적으로 혜택을 제공하는 경우에는 다양한 형태의 원칙에 근거해서 지불이 이루어지고 있다. 직접지불은 주로 수당, 보험, 취업 등의 형태를 띠게 된다. 우선, 수당의 성격에 대한 논의는 다음과 같다. 예를 들어, 1990년대 초반 덴마크의 장애아동(장기질병아동) 돌봄수당의 경우, 포기된 임금노동의 급여만큼을 보상해 주었다. 비공식적 돌봄이 재정적 측면에서 공식부문의 정규임금과 동일하게 취급되는 유일한 경우인데, 돌봄서비스 제공자는 재정적 손실을 전혀 보지 않으며 연금권이나 사회보험권 등 피고용자 혜택을 전혀 잃지 않는다. 한편 또 다른 예로 비슷한 시기에 슬로베니아의 경우, 23개월 이하의 유아가 장애가 있는 경우 임금전액을 보전받으며 돌봄서비스를 제공할 수 있고, 7세 이전까지는 80%를 보전받을 수 있었다. 핀란드의 가정돌봄수당(Home Care Allowance)은 노인을 돌보거나 장애가 있거나 질병이 있는 환자를 돌보는 경우 제공되는 수당인데, 그 양은 돌봄을 필요로 하는 환자의 상태에 따라 달라진다. 서비스 이용자가 돌봄서비스 제공자를 하루 종일 필요로 하는 경우, 최대의 금액이 지급된다.

한편 보험의 성격도 있는데, 노르웨이의 경우, 만약 사회보험에 가입된 두 사람 중 한 사람이 아프거나 장애가 있어서 다른 사람이 그것을 돌보아야 하는 경우, 돌봄서비스 제공자에게 사회보험관련 혜택을 모두 부여한다.

돌봄서비스 제공의 취업관련 성격은 돌봄서비스 제공자기 행해진 서비스에 대해 고용노동자와 유사하게 보상을 받는다는 것이다. 즉, 돌봄서비스 제공자의 노동이 홈헬퍼(home helper)의 노동과 동일하게 간주되어 이에 상응하는 임금을 수당형식으로 받게 된다. 따라서 서비스 제공자가 제공한 돌봄서비스 시간에 대해 홈헬퍼의 시간당 임금으로 계산하여 비용이 지불된다. 스웨덴과 노르웨이의 경우 돌봄서비스 제공자가 홈헬프 조직에 피고용인인 경우 이러한 규칙에 근거하여 수당을 제공하였다. 정규 홈헬퍼와 동일한 권리와 혜택을 받는 것이다. 여기에는 세 가지 요인이 중요한데, 첫째, 돌봄서비스 제공자가 받는 금액이 전직에서의 임금에 근거하는 경우가 돌봄서비스 제공자에게 가장 유리하다. 만약 홈헬퍼의 임금을 받는다면 이는 가장 저임금이 될 가능성이 크다. 둘째, 돌봄서비스 제공자가 피고용인의 권리와 혜택을 모두 누릴 수 있는가의 측면에서 상당한 편차가 있을 수 있다. 셋째, 만약 수당금액이 자산조사에 근거한다면 자격조건이 매우 제한될 것이다. 이 경우 상당히 가난한 돌봄서비스 제공자의 경우만 이러한 수당을 수급할 수 있다.

제6절 소 결

이상에서 국가가 사회서비스를 이용하는 당사자에게 서비스 비용의 일부 혹은 전부를 지원해 주는 방식을 살펴보았다. 사회서비스를 제공하는 기관이나 제공자에게 공공재정을 지원하는 방식에 비해 서비스 이용자에게 재정을 지원해 주는 방식은, 이용자에게 서비스 구매에 관한 의사결정권을 부여함으로써 사회서비스 현장에서 이용자의 지위를 향상시키고 궁극적으로 그들이 원하는 방식으로 사회서비스를 이용할 수 있게끔 할 가능성을 증가시킨다. 그러나 사회서비스가 갖는 공공성, 대인서비스로서의 정보비대칭 문제, 서비스 이용자들의 전반적인 취약성 등을 감안할 때, 이러한 이용자 재정지원방식이 그러한 정책 목표를 달성하기 위해서는 다양한 형태의 제도적 기반이 확충되어야만 한다.

사실상 1990년대 중반까지만 하더라도 돌봄서비스에 대한 지불방식 자체는 사회정책의 틀에서 그다지 중요한 고려요인이 아니었으며, 기존에 있던 정책적 틀 안에서 필요한 돌봄서비스 지원이 조금씩 보태어지면서 그 틀을 형성했다(Pijl, 1994). 따라서 특정국가의 사회정책적 방향과 틀 안에서 그 나름의 비용지불방식이 형성되어 왔다고 할 수 있다. 또한 지불방식 자체는 하나의 정책영역과만 관련되는 것이 아니라 의료서비스, 돌봄서비스, 그리고 가족에 대한 지원, 고용이나 임금정책 등과 밀접히 관련된다.

따라서 이상에서 살펴본 이용자 재정지원방식들은 배타적인 특성을 갖는 차별적인 제도로 개념화되어서는 안 된다. 사실상 여러 이용자 재정지원방식들은 각국의 여타 제도적 환경과 어우러져 형성된 것으로 내용이나 특성면에서 서로 상당한 유사성을 갖기도 하며 나름의 차별성을 내포하기도 한다. 그러므로 제도의 명칭차이보다는 그 내용의 특성에 주목할 필요가 있다. 예를 들어, 영국에서 발달되고 있는 직접지불제도나 개인총예산제도는 사회서비스 종류와 제공자를 선택함에 있어서 서비스 이용자의 의사결정권을 넓혀 주는 것을 강조하며, 넓은 의미의 바우처 제도로 이해될 수도 있다.

프랑스나 독일, 네덜란드 등에서 발달한 수당제도의 경우도, 현금으로 제공되는 수당을 이용자가 원하는 방식으로 사용할 수 있도록 하는데 초점을 맞추었다기보다는 이용자가 구매하려는 서비스에 대해 그 비용을 이용자에게 제공하려는 경향이 크기 때문에 이것은 특정 서비스 범주로 그 이용가능성을 제한하는 특성을 보이기도 하며, 바우처를 넓게 해석하면 그 안에 포괄된다고 볼 수도 있다. 수당제도의 또 다른 형태인 세금감면이나 지불보상의 경우도, 특정 서비스나 재화 구매 시 그것에 한해 세금을 감면해 주거나 특정 영역에 대한 지불을 후에 상환해 주는 방식이 대부분이기 때문에 바우처의 범주에서 크게 벗어나지 않는다.

그러나 제도적 특성을 보다 구체적으로 살펴보면 각 제도별 차이점이 확연하게 드러난다. 영국의 직접직불제도나 개인총예산제도의 경우 서비스 이용자가 시장에서 존재하는 다양한 사회서비스 중 선택할 수 있도록 하는 것을 제도의 주요 목표로 하고 있지는 않다. 이 제도는 서비스 이용자가 그들에게 가장 적합한 민간, 지역사회 자원을 발굴하고 그것을 활용할 수 있는 가능성을 고민한다는 점을 더욱 강조한다. 또 가족이나 친지, 이웃 등에서 자신에게 가장 적합한 서비스를 제공해 줄 수 있는 서비스 제공자를 선택하는 경우, 기존의 무급 돌봄서비스에 대한 비용지불을 가능케 한다는 점에서 서비스 이용자의 심리적 위안이 도모될 수 있다는 점도 간과되어서는 안 된다. 따라서 시장에서 제공되는 다양한 형태의 재화나 서비스에 대해 선택권을 준다는 것을 강조하는 바우처와는 실제 제도 운영상 차이가 명확히 나타날 수 있는 것이다.

수당제도도 포괄적 의미의 바우처와 구분되기 어려운 경우도 있고 그와는 달리 직접 현금지급 방식으로 이루어져 바우처와는 차이가 뚜렷한 경우도 있다. 특정 돌봄서비스를 지정하고 이를 제공하는 서비스 제공자에게 서비스 이용자가 그 비용을 지급할 수 있도록 하는 간병수당의 경우, 서비스 이용자로 하여금 서비스 제공자(기관)를 선택가능하도록 한다는 취지보다는 서비스 제공자의 노동에 대한 일종의 보상적 관점에서 제공되는 측면이 강하다는 점에서 바우처 제도와는 다르다. 또한 세금감면 등과 같은 형태의 간접적 수당의 경우에는 특정 서비스를 이용하고 그 비용의 일부를 국가로부터 보전 받는 것이라는 점에서, 이용자의 선택권 강화보다는 특정 사회서비스 비용에 대한 국가 책임부담 측면이 강조된다는 것도 차별적이다.

요약하면, 사회서비스에 대해 이용자에게 재정을 지원해 주는 방식은 (1) 이미 존재하는 시장 재화나 서비스에 대해 바우처와 같은 도구를 주어서 이용자의 선택가능성을 증가시키는 방식이 있는가 하면, (2) 잠재적 자원의 발굴을 통해 복지서비스 공급체계의 틀을 보다 확대하려는 방식이나, (3) 비공식 부문을 포함하여 자원부문을 적극적으로 활용하고 이용자 중심적인 서비스 제공가능성의 확대를 꾀하려는 방식도 있으며, (4) 특정 영역(보육, 노인돌봄 등)에 대해 국가의 재정적 보조를 공식적으로 제도화하는 방식 등도 있어서, 다양한 형태가 존재한다고 할 수 있다. 이상과 같은 제도적 특성을 면밀히 고려하여 사회서비스 범주별, 이용자 특성별로 보다 효과적인 재정지원방식을 설계하는 것이 필요할 것이다.

제6장

사회복지서비스 유형별 재정지원방식

제1절 개 관

인구구조 및 시장환경의 변화, 여성의 경제활동참여의 증대 등과 같은 사회구조적 변화는 일반적 형태의 사회적 위험인 노령, 질병, 실업, 재해 등을 넘어서 새로운 형태의 사회적인 위험들을 증가시키고 있으며, 특히 돌봄서비스를 포함하는 사회적 서비스에 대한 욕구를 크게 증가시키고 있다. 이렇듯 증대되는 사회서비스 욕구에 부응하는 적절한 국가적 대응은 현재 복지국가의 주요 정책적 과제가 되고 있으며, 이 과정에서 사회서비스에 대한 다양한 쟁점들이 도출되고 있다.

특히 사회서비스 욕구를 증대시키는 새로운 형태의 사회적 위험은 기존의 사회적 위험과 마찬가지로 전 인구에 걸쳐 광범위하게 발생하기 때문에, 대상인구를 보편화하면서 이들에 욕구에 부응해야만 하는 과제를 안고 있다. 보편적으로 발생하는 노령이나 질병, 실업 등과 같은 기존의 사회적 위험들에 대해서는 주로 사회보험을 이용하여 소득을 보장하는 방식으로 대응해 왔다면, 새로운 사회적 위험에 대한 대응은 어떠한 방식으로 이루어져야만 할 것인가? 이에 대해 많은 국가들은 사회서비스 제공주체를 다원화하거나 사회서비스의 제공과 이용에 있어서 시장적 원리를 도입하여 가능한 비용효율성이 높은 방향으로 정책설계를 유도하고 있다.

이렇듯 사회서비스를 효과적, 효율적으로 확대하려는 정책적 노력은 크게 두 가지의 방향으로 진행되고 있다고 판단된다. 첫번째는 공공재원을 지원받아 사회서비스를 제공하는 기관에 대해 성과관리를 강화함으로써 보다 효율적으로 공공재원을 관리하려고 하는 것이다. 또 다른 방향은 서비스 이용자에게 직접 재정을 지원해 줌으로써 이용자들이 서비스에 대한 선택권과 자율성을 갖도록 하고 이를 통해 보다 양질의 서비스를 이용할 수 있도록 해 주는 것이다.

다시 말해 사회서비스 제공기관에 대한 재정지원은 성과를 중시하는 방식으로, 이용자에게 재정을 지원하는 방식을 통해서는 이들의 선택권과 자율권을 최대한 끌어낼 수 있는 방식으로 관리하고자 한다는 것이다. 따라서 서비스 공급기관(공급자)에 대한 국가 재정지원 방식에서는 서비스의 품질 및 성과관리가 가장 중요한 정책적 쟁점이 되는 반면, 서비스 이용자에게 재정을 지원방식에서는 이용자의 선택권과 통제력을 실질적으로 확대시켜 줄 수 있도록 정책설계를 하는 것이 가장 중요해진다.

국가가 어떤 방식으로 재정을 지원할 것인가는 어떤 방식이 가장 효과적이고 효율적으로 사회서비스를 제공할 수 있도록 하는가에 의해 결정되어야 한다. 우선, 어떤 방식으로 재정을 지원하는 것이 가장 효과적일 것인가는 서비스 자체의 특성과 밀접히 관련된다. 예를 들어, 서비스가 갖는 본질적인 특성상 서비스 제공기관의 전문성이 일정이상 담보되어야 하고 그러한 전문성에 대해 이용자가 평가하기 어려운 경우에는 서비스 제공기관에 재정을 지원하고 그 성과를 철저히 관리하는 것이 이용자의 복지증진에 더욱 기여할 것으로 볼 수 있다.

반면 일상적 돌봄서비스와 같이 서비스 이용자에게 최대한 선택자유를 줄 경우 이것이 서비스 품질향상으로 이어질 가능성이 큰 서비스에 대해서는 이용자에게 선택권을 제공하는 것이 적절할 수 있다. 또한 반복구매가 이루어지는 서비스의 경우에는 서비스 이용자가 구매이전에 서비스 품질과 효용을 가늠할 수 있는 가능성이 크므로 이용자 재정지원방식의 장점이 더 많이 발휘될 수 있다. 하지만 이러한 서비스 자체의 특성뿐만 아니라 이용자의 특성도 재정지원방식의 선택시 고려해야만 하는 요인이다. 이용자의 인지능력이나 가족관계적 특성 등은 서비스에 대한 융통적 접근이 이용자의 복지증진에 얼마나 중요한 요인인지를 결정하는데 영향을 줄 수도 있기 때문이다.

아래의 〈표 6-1〉은 기본적으로 국가가 재정을 부담(일부, 혹은 전부)하는 사회서비스 정책에 있어서 관련된 정책적 쟁점을 정리한 것이다. 특히 국가의 재정이 지원되는 영역에서 서비스의 질적 향상은 국가 관리의 정당성을 부여해 주는 중요한 측면이기 때문에 최근 들어 국가적 관심이 더욱 증가하고 있다. 국가가 재정을 지원해 주되 그 대상을 공급기관으로 할 것인가 이용자로 할 것인가를 결정할 때 무엇을 가장 중요하게 고려해야만 하는

가를 체계적으로 파악하는 것은 매우 중요하다.

〈표 6-1〉 사회서비스 재정지원방식과 주요 정책적 쟁점

재정지원방식	주요목표	주요 쟁점
공급자 재정지원	서비스 공급자에 대한 성과관리 확대	- 성과측정 지표 설정 문제 - 성과관리의 구체적 방식
이용자 재정지원	서비스 이용자의 선택권, 자율권 확대	- 서비스 유형별, 이용자 특성별 적합성 평가 - 공급자 인증체계 확보 및 최소품질관리체계 확립 - 이용자 정보 제공, 교육 컨설팅 지원체계 확보

사실상 공급자 재정지원방식과 이용자 재정지원방식은 정책적 측면에서 볼 때, 넓은 의미에서 현물급여와 현금급여가 갖는 장단점과 유사한 장단점을 가진다고 할 수 있으며, 이러한 장단점은 서비스의 특성, 이용자의 특성과 맞물리면서 그 효과가 다르게 나타난다고 할 수 있다. 아래에서는 사회서비스의 유형과 적합한 재정지원방식에 대한 논의를 진행하고자 한다.

제2절 사회복지서비스 유형분류

사회서비스에 대한 명확한 개념정의는 용이하지 않다. 다만 대부분의 사회서비스는 공공적 특성을 가진 대인서비스라는 점에서 공통점을 갖는다고 할 수 있다. 일반적으로 사회서비스는 사회연대성 원칙에 기반하여 제공되는 서비스라는 점을 강조하는데(EC, 2007b; Enjolras, 2007), 이것은 공공적 사회서비스의 가장 핵심적 측면이며, 사회서비스가 포괄하는 위험은 개인적인 것이 아니라 구조적인 것이라고 간주하는 것이다. 따라서 사회서비스는 광범위한 보호를 제공해야만 하며, 공공부문이 믿을만한 사회서비스를 제공해 주고 적절히 규제할 책임이 있다고 본다.

Gaster와 Squires(2003)는 일반적인 공공서비스를 7가지 유형으로 분류하였다. 대부분의 공공서비스는 하나 혹은 그 이상의 범주 중 하나에 속하며, 공공부문이 직접 제공하든 민간 위탁기관이 제공하든 본질은 동일하다고 본다.

〈표 6-2〉 공공서비스의 유형

서비스 유형	구체적 예
완전 보편서비스 (Universal Services)	불특정의 모든 사람들을 대상으로 제공되는 서비스 예) 거리청소, 유적청소, 환경유지나 개선서비스 등
욕구에 따른 서비스 (Demand-led Services)	특정 욕구가 있는 사람들에게 제공되는 서비스 예) 주거수리 서비스, 상담서비스, 정보제공, 의료서비스 지원 등
규칙에 기반한 서비스 (Rule-based Services)	수급자격이 있는 사람들이 이용할 수 있는 서비스 예) 복지서비스, 노숙자를 위한 쉼터제공, 연령별 건강검진 서비스 등
자산조사나 욕구평가에 기반하여 배분되는 서비스 (Rationed Services)	주로 욕구나 자산 조사를 통해 제공되는 서비스 예) 보육지원서비스, 가사간병서비스, 대부분의 건강 및 사회적 돌봄 서비스 등
강제적 서비스 (Compulsory Services)	개인이나 사회 혹은 둘 다를 보호하거나 이롭게 하기 위해 제공되는 서비스 예) 공립교육서비스, 일부 사회서비스, 식품기준설정 서비스, 건강과 안전서비스, 경찰치안서비스, 정신보건법에 의거 분리서비스 등
예방적 서비스 (Preventive Services)	사회문제의 예방을 위해 제공되는 서비스 예) 지역개발, 청소년지원 서비스, 지역사회안전서비스, 환경서비스, 공중보건 서비스 등
선택에 의해 이용 가능한 서비스 (Services Available by Choice)	원하는 사람들에게 제공되는 서비스로, 종종 비용부담이 있음. 예) 여가서비스, 도서관서비스, 대중교통서비스 등

자료: Gaster와 Squires(2003) · 김은정 외(2008)에서 재인용

Gaster와 Squires(2003)에 따르면, 이상의 서비스 범주는 완전히 배타적이지 않으며 특정한 공공서비스는 이상의 서비스 범주 중 2개 이상에 공통으로 속할 수 있다. 이상의 서비스 범주 중 어떤 범주에 속하는 서비스를 이용하는 사람인가에 따라 이들의 정체성도 또 이들이 서비스 제공자를 대하는 방식도 차이가 있다. 그러나 대체로 어떤 영역의 서비스 이용자이든, 공공서비스 영역에서 소비자로서의 주권을 행사하는 일이 보편적이지 않다고 보고 있다(김은정 외, 2008).

이상에서 제시된 공공서비스 유형들 중에서 주로 대인돌봄서비스의 특성을 갖는 사회서비스의 경우 다음과 같은 특성을 갖는다(EC, 2007b; Enjolras, 2007; 김은정 외, 2008에서 재인용). 우선 앞서 살펴본 바대로 사회서비스는 사회연대성 원칙에 기반하여 제공되는 공공적 대인서비스라는 것이다. 따라서 사회서비스는 광범위한 보호를 제공해야만 하며, 공공부문이 믿을만한 사회서비스를 제공해 주고 적절히 규제할 책임이 있다. 후기 산업사회로 들어오면서 새롭게 등장하는 다양한 사회적 위험들은 대인돌봄서비스에 대한 수요를 지속적으로 증가하고 있기 때문에 서비스의 보편적 제공이 원칙적이지만, 자산조사에 따른 지원과 같은 복지원칙도 함께 고려될 수 있다.

결국 사회서비스는 새로운 사회적 위험에 대비하여 보편적 시민의 기본권을 보장할 뿐만 아니라 동시에 가장 취약한 계층을 보호하기 때문에, 포괄적 서비스와 개별적 서비스 모두를 제공해야만 한다고 할 수 있다. 즉 생애에 걸친 돌봄서비스 욕구에 대해 보편적으로 접근하여 모든 사람들이 적절한 사회서비스를 받을 수 있는 기본적 권리를 보장해 주어야만 하며, 동시에 특정한 집단의 취약성에 대해서는 더욱 집중적인 서비스가 제공되어야만 한다는 것이다.

그런데 사회서비스에는 서비스 제공자와 이용자 간 정보비대칭이 본질적으로 내재하고 있다. 이러한 서비스 제공자와 이용자 간 정보비대칭은 시장에 대한 공급규제나 서비스 전달규제만으로는 사회서비스를 효과적으로 제공할 수 없도록 만들기 때문에 제도적 차원에서의 규제가 요구된다. 국가가 직접 서비스를 제공하든 민간을 통해 서비스를 제공하게 하든, 또 국가가 서비스 제공자에게 자원을 제공하든 이용자에게 재원을 제공하든 공공재원이 사용되는 이상 사회서비스에 대한 공적 규제는 일정정도 요구된다.

민간의 서비스 제공기관과 구매계약을 하거나 위탁계약을 하는 등 준 시장 기제를 활용하여 규제하는 것은 정부와 서비스 공급자간 계약에 주로 기반하므로 엄밀한 의미에서는 경쟁을 기반으로 하는 시장화는 아니다. 시장 메커니즘을 보다 폭넓게 받아들이는 경쟁적 규제는 정부와 공급자 간에 계약관계가 없이, 품질통제나 가격왜곡(보조금지급, 세금감면 등)을 통해 규제가 이루어지는 것을 의미한다. 이는 이용자에게 재정을 지원해 주는 방식으로 통해 가장 잘 실현될 수 있는 방식이다. 즉 공급자 재정지원방식에서의 규제와 이용자 재정지원방식에서의 규제는 궁극적으로 이용자에게 양질의 사회서비스를 제공한다는 정책목표를 공유하지만 경쟁을 통한 시장화방식의 수용여부, 규제의 특성 면에서 차이를 보인다고 하겠다.

어떠한 방식으로 공공재원을 지원하고 또 이를 통해 어떻게 규제를 할 것인가는 우선적으로 사회서비스의 특성에 따라 달라질 수 있다. 따라서 이상에서 살펴본 일반 공공서비스의 유형화에 기반 하여 공공적 대인돌봄서비스로서의 사회서비스에 대한 유형을 살펴볼 필요가 있다. 유럽위원회(EC)는 사회서비스를 다음의 7가지 범주로 유형화하였다(EC, 2007a): ① 기본적 사회보호서비스, ② 보충적 사회보호서비스, ③ 건강관련 서비스 및 장기요양 서비스, ④ 사회적 돌봄 서비스, ⑤ 고용지원서비스, ⑥ 교육 서비스, ⑦ 사회적 주거지원 서비스.[1)]

---

1) 기본적 사회보호서비스의 경우 대체로 비영리적 원칙에 근거하여 제공되며, 경쟁의 원칙이 공공사회보장체계의 관리를 맡은 기관에 적용되어서는 안 된다고 본다. 이에 비해 보충적 사회보호서비스는 경쟁원칙과 시장원칙을 적용하여 서비스를 제공하는 것이 확대되고 있으며 다양한 준시장적 기제가 활용된

한편, 사회서비스에 대한 유형화에 있어서, 영국의 "사회서비스 인력기관에 관한 핵심자료 모음집(2006)"에 따르면, 사회서비스는 서비스의 주된 내용과 서비스 이용대상자에 따라 아래의 범주로 유형화된다. 우선 서비스 내용별로는 지역사회의 다양한 이용시설에서 제공하는 사회서비스와 장기거주시설에서 제공하는 서비스, 재가서비스로 서비스 이용자의 가정으로 방문하여 가사노동을 제공해 주는 서비스, 성인대상 주간보호서비스 및 보육이나 유아교육 서비스와 같은 주간보호서비스, 출소자들을 대상으로 하는 서비스, 치료나 상담을 포함하는 의료지원 서비스, 교육관련 서비스, 주거지원서비스, 재가 돌봄서비스, 그리고 행정적 지원서비스로 구분될 수 있다. 서비스 이용자의 유형별로는 특정한 이용자 대상 집단이 없고 일반인 모두를 대상으로 하는 사회서비스, 65세 이상 노인을 대상으로 하는 서비스, 성인대상 서비스, 아동청소년 대상서비스, 가족이나 친척들에 대해 돌봄 서비스를 제공해 주는 수발자 대상 서비스, 기타 특수한 사회서비스를 이용하는 대상자들로 구분이 가능하다.

이상의 유형화를 고려하고, 그 밖에 서비스의 주요 특성에 기반하여 사회서비스의 유형을 아래와 같이 다양하게 분류해볼 수 있다. 사회서비스 유형화의 기준으로는 서비스 이용자의 인구학적 특성, 서회서비스를 통해 해결하려고 하는 문제의 성격, 사회서비스가 전달되는 방식과 기능, 서비스 이용자에 대한 제공자의 봉사성과 지배성의 정도, 서비스 이용자에 대한 제공자의 태도, 서비스 분야, 제공되는 서비스의 개별성 여부 등이 포함될 수 있다. 이러한 기준에 따라 사회서비스의 종류를 유형화하고 그러한 서비스의 구체적인 예를 제시하면 아래와 같다.

이상은 주로 사회서비스 자체의 특성에 따라 서비스를 분류해 본 것이다. 그러나 공공재정의 지원을 서비스 공급자에게 할 것인지 서비스 이용자에게 할 것인지를 결정함에 있어서는 이용자의 특성을 보다 세분화하여 그 기준을 설정하는 것이 추가적으로 필요하다. 지금까지는 서비스에 대한 분류에서 이용자의 인구학적 특성만을 고려하여 장애인대상사회서비스, 노인대상사회서비스, 아동대상사회서비스 등의 분류만을 하였으나, 이용자의 인지적 능력을 포함한 건강상의 특성, 공공 혹은 민간의 서비스 제공기관으로부터 서비스의 이용가능성(접근성) 등에 대한 면밀한 체계화를 통해 이용자에 대한 재정적 지원의 근거를

다. 건강관련 서비스 및 장기요양서비스의 경우도 이를 제공하는 민간 기관이 지속적으로 증가하고 있다. 그러나 대개 이러한 서비스를 지원하고 조직하는 기관의 활동은 공공부문이다. 돌봄 서비스의 경우 제공기관 특성의 국가별 편차가 무척 큰데, 노인요양시설의 경우에도 국가별로 기본적 사회보호서비스로 간주되기도 하며 완전 시장서비스로 민간영리부문이 제공의 주도적 역할을 하기도 한다. 그 밖에 취업지원서비스나 교육지원서비스 그리고 주거서비스 등도 제공 주체와 특성에 있어서 국가별 편차가 크다(EC, 2007a; 김은정 외(2008)에서 재인용).

마련할 필요가 있다.

〈표 6-3〉 사회서비스 유형화

유형화의 기준	유 형	구체적 예
서비스 이용자 인구학적 특성	노인대상 사회서비스	가사간병서비스/치매노인재활서비스
	아동대상 사회서비스	보육서비스/아동보호서비스
	청소년대상 사회서비스	상담서비스/비행청소년쉼터서비스
	장애인대상 사회서비스	활동보조서비스/재활보조서비스
서비스의 전문성 정도	일반적 사회서비스	가사지원서비스, 보육서비스
	전문적 사회서비스	장애인 활동보조서비스, 위기가정개입서비스, 학습장애 치료서비스
서비스 제공 장소와 기능	특수기능시설사회서비스	요양병원내 간병서비스
	지역사회 거주기반형 사회서비스	주간보호, 단기보호 서비스
	재가사회서비스	가정봉사원파견서비스, 노인돌보미서비스
	이동 서비스	청소년문화체험서비스, 나들이지원서비스
서비스 이용자에 대한 봉사성 VS 지배성 정도	단순 봉사 서비스	청소소독서비스, 목욕서비스, 세탁서비스
	전문적 지식사용 서비스	간병서비스, 보육서비스
	다소 사회적 압력 행사서비스	약물중독치료서비스, 위기가정개입서비스
이용자에 대한 태도	이용자를 위한 봉사 서비스 (service for)	보육서비스, 가사간병서비스, 활동보조서비스
	이용자에게 부과하는 서비스 (service to)	약물중독치료 서비스, 재활서비스, 아동학대예방서비스
서비스 분야	사회복지서비스	가사지원서비스, 노인돌보미서비스
	보건의료서비스	간병서비스, 왕진서비스
	교육서비스	보육, 교육서비스, 학습장애치료서비스
	문화예술서비스	박물관 견학서비스, 공연관람지원서비스
	일반 공공서비스	거리청소서비스, 대중교통서비스
서비스의 개별성	개별 서비스	노인돌보미 서비스, 간병서비스
	집단 서비스	청소년 문화캠프, 아동영어교육서비스

자료: 김은정 외(2008) 재인용

사실상 이용자에 대한 재정지원은 서비스를 필요로 하는 사람이 지역, 연령, 혹은 다른 인구학적 특성에 관계없이 이용할 수 있는 가능성을 크게 증가시킬 수 있기 때문에 서비스 특성 자체만으로 재정지원방식을 결정하는 것은 바람직하지 않다. 또한 서비스 이용의 편의성과 이용자의 특성에 서비스가 적합하도록 제공되어져야만 한다는 적합성 등을 크게 증가시킬 수도 있다.[2)]

2) 서비스 이용의 접근성에 대한 개념과 영역을 다루는 구체적인 논의는 이봉주 외(2007), pp. 255-268을 참조하라.

그러나 이용자에게 재정만을 지원해 준다고 해서 서비스에 대한 이용자의 선택권과 통제력이 모두 강화되는 것은 아니다. 사회서비스의 이용가능성, 형평성, 편의성, 적합성 모두가 증진되려면 다양한 형태의 제도적 기반과 노력이 요구된다. 예를 들면, 이용자들에게 서비스에 관한 다양한 형태의 정보를 제공하고 이용관련 교육과 지원 컨설팅을 제공하며 물리적으로 원스톱 센터 등을 확보해 주는 것이 중요할 수 있다. 이러한 기반 위에 서비스에 대한 선택권까지 제공해 주어야지만 이용자들이 자신이 원하는 서비스에 대해 쉽게 접근할 가능성이 증가할 것이다.

제 3 절 사회복지서비스 유형과 재정지원방식

재정지원방식을 결정함에 있어서 고려해야 하는 중요한 기준 중의 하나는 서비스 자체의 특성이지만, 이용자의 특성과 제도실행의 환경도 중요한 기준 중의 하나이다. 제도적 발전과정을 살펴보면 바우처 제도의 경우 정보수집력이나 활용력의 측면에서 일정 교육수준 이상의 사람들에게 유리하다고 알려져 있으며 직불제도의 경우 상대적으로 젊고 독자적인 삶의 계획이 용이한 성인 장애인들에게 선호되는 것으로 알려져 있다. 만약 교육수준이나 연령 등에서 취약성이 높은 경우 이러한 취약성을 줄여줄 수 있는 체계적 지원환경이 마련되어져야만 이용자 재정지원방식의 효과가 나타날 수 있다.

사실상 사회서비스 영역에서 공급자간 경쟁을 유도하고 서비스 이용의 효율성과 형평성을 증진시키며 서비스 품질을 향상시키기 위한 서비스 전달형태는 매우 다양하다. 직접지불이나 바우처, 수당 등은 이러한 목표를 달성시키기 위한 다양한 대안들 중의 몇몇으로, 서비스 이용자에게 재정을 지원하는 대표적인 방식이다. 그런데 이렇게 이용자들에게 재정을 지원하여 이들이 직접 서비스를 선택할 수 있게끔 하는 방식은 소득계층, 교육수준, 인지능력의 차이 등에 따라 서비스를 분절화할 가능성이 있기 때문에, 공공성이 크게 요구되는 영역에는 적합하지 않다는 비판이 많다. 아래에서는 이러한 논의들을 종합하여 사회서비스 유형별 재정지원방식에 관한 간략한 검토가 이루어질 것이다.

1. 서비스 자체의 특징과 재정지원방식

앞장에서 살펴본 바와 같이 개별화된 대인서비스를 특성으로 하는 사회서비스는 서비스

자체의 특성별로 이용자 선택권 실현가능성에 차이가 있을 수 있다.[3] 특정 사회서비스는 다소 강제적으로라도 공공부문에서 직접 제공하거나 수급자격이 있는 사람들 모두에게 접근성이 보장되도록 서비스를 제공해야만 하거나, 적어도 이러한 접근성의 확보가 가장 일차적인 정책목표가 되어야 한다. 반면 특정 사회서비스에 대해서는 이용자들에게 선택권을 주는 것이 더욱 바람직할 수 있다.

그렇다면 이용자 접근성 보장이 우선되는 사회서비스의 특성은 무엇이며 어떻게 유형화될 수 있는가? 이에 대한 논의가 적절히 이루어지기 위해서는 보다 큰 틀에서 사회서비스에 대한 다각적 유형화가 필요할 것이다. 최근 영국에서 이루어진 논의(Munday, 2007)에 따르면, 아래의 사회서비스 영역들은 이용자의 선택권을 강화시키기보다는 공공부문이 직접 제공해 줌으로써 서비스를 필요로 하는 이용자의 접근권을 보장해 주는 것이 더 중요하다고 본다.

첫째, 법적 의무로 정부가 직접 제공해야만 하는 사회서비스이다. 수적으로 많지는 않지만, 주로 아동과 장애인 대상 일부 서비스가 포함된다. 둘째, 시장이 만족스러운 품질이나 가격으로 제공할 수 없거나 제공하기를 꺼리는 사회서비스로서, 약물중독이나 알코올 중독 치료 서비스, 문제행동 치료 서비스 등이 여기에 포함된다. 셋째, 민간 서비스 제공자들이 갑자기 서비스 공급을 중단하거나 카르텔을 형성할 가능성이 높은 경우로서, 영국의 재가서비스처럼 시장은 아직 개발되지 않은 상태에서 몇몇 거대 공급기관만이 있는 경우가 여기에 해당된다. 넷째, 국민적으로 지속적인 정부 개입이 기대되는 사회서비스로서, 적어도 사회연대의식의 강화와 공공성 확보에 있어서 핵심적이라고 판단되는 사회서비스 영역이 여기에 포함된다. 예를 들어, 장애아동을 대상으로 하는 시설보호서비스의 경우 국가가 제공해야만 한다는 의견이 다수일 수 있다. 그리고 마지막으로, 공공부문이 아닌 민간영역에서 서비스를 제공해줄 기관의 수가 충분하지 않은 상황에서는 그러한 기관들의 충분한 수가 확보될 때까지 공공부문이 지속적으로 서비스 제공자의 역할을 해야만 한다고 본다.

이상과 같은 논의에서 지적하는 바와 같이, 서비스의 특성과 유형에 따라 다수의 공급자를 확보하여 이용자에게 선택권을 제공해 주는 것보다 서비스를 원하는 이용자에게 표준화된 서비스를 적절히 제공해 주는 것이 더욱 중요할 수도 있다. 뿐만 아니라, 서비스 내용의 공공성 확보를 위해 이용자 선택을 다소 제한하는 것이 정책적으로 더욱 중요한 영역도 있을 수 있다. 이는 이용자들의 개인적 선택의 합이 사회적으로 바람직한 선택으로 나타나지 않을 수 있는 상황에서 그러하다. 서비스 제공 시장의 환경이나 주어진 정보가

3) 이하의 논의는 김은정 외(2008)의 내용 중 일부를 수정, 보완한 것이다.

이용자들로 하여금 바람직한 선택을 불가능하게 하는 경우, 이용자들에게 선택권을 주는 것은 오히려 이용자들의 복지에 부정적인 영향을 미치게 될 수도 있다는 것이다.

그러나 사회서비스의 공공성은 시대적, 상황적 특성에 따라 변화하기 때문에 특정 국가에서 특정 시기에 합의된 공공성의 내용과 특성이 다른 상황에도 적용될 수 있다고 보기는 어렵다. 또 동일한 국가 내에서도 시대적으로 서비스의 공공성에 대한 사회적 합의나 기대가 변화하는 경우가 많다. 예를 들어, 미국의 경우 보육서비스의 공공성에 대한 강조가 오히려 최근 들어 증가하는 경향이 있는 반면, 공공서비스로 보육서비스를 체계화시킨 북유럽의 주요 국가들은 보육서비스에 대한 선택가능성의 확보를 정책적인 주요 의제로 삼고 있다. 유럽위원회(2007a)도 특정서비스가 공익을 추구하는 서비스인지, 그것이 어떤 방식으로 제공되어야 하는지는 우선적으로 각국의 개념정의방식과 의사결정에 달려 있다고 본다. 그러나 만약 국가재원을 사용하는 공익추구 사회서비스로 정의되었다면 그것에 적용되는 원칙을 준수해야만 한다는 것이다.

결국 서비스의 확실한 공급이나 적절한 품질의 서비스 공급에 초점을 둘 것인지, 이용자에게 선택권을 제공하여 이용자가 각자 자기가 원하는 방식으로 서비스를 이용할 수 있도록 할 것인지에 대한 결정은 서비스 자체가 갖는 유형별 특성을 고려하여 그 사회에서 합의하는 방식으로 이루어질 수밖에 없을 것이다. 아래의 〈표 6-4〉는 사회서비스의 특성별로 적합한 재정지원방식을 대략적으로 보여준다.

첫째, 서비스 이용자의 선택에 맡겨두기보다는 사회적인 압력을 행사하더라도 서비스를 제공해야만 하는 필요가 높은 경우(예를 들어, 노인학대예방서비스 등), 둘째, 서비스 이용자의 선호를 적극적으로 반영하기보다는 전문가 집단의 처방적 결정이 더 중요하다고 판단되는 경우, 즉 이용자 선호보다는 전문가의 판단이 더 중요하다고 판단되는 경우(예를 들어, 약물중독치료 서비스 등), 셋째, 주어진 서비스를 기반으로 해서 다른 추가적 서비스 수급이 가능해지는 기초적 서비스의 경우(예를 들어 치매가족상담서비스 등), 넷째, 제공되는 서비스의 질을 평가하기 위해서는 상당한 정도의 정보가 요구되거나 정보 분석력이 요구됨에도 불구하고 정보수집이 현실적으로 어려운 경우는 책임있는 서비스의 제공이 이용자의 선택권 강화보다 강조되어야 한다고 본다.

또한 서비스의 수요, 공급과 관련하여 서비스의 수요나 제공되는 서비스의 내용과 수준이 표준화되어 있어서, 서비스 제공의 공급자가 다수 존재할 수 있는 가능성이 희박한 경우, 즉, 공공부문의 직접적 개입이 없으면 서비스의 과소공급이 예상되는 경우(예를 들어, 저소득노인 식사배달, 독거노인 안전관리서비스, 결식노인 무료급식서비스 등)도 책임있는 서비스 제공을 정책목표의 일순위로 할 필요가 있다.

〈표 6-4〉 사회서비스 특성별 정책적 강조점과 재정지원방식

<table>
<tr><th>서비스 성격</th><th>정책적 강조점</th><th>재정지원방식</th></tr>
<tr><td>서비스 이용자의 선택에 맡겨두기보다는 사회적인 압력을 행사하더라도 서비스를 제공해야만 하는 필요가 높은 경우</td><td rowspan="2">서비스 제공 책임성 확보</td><td rowspan="4">서비스 공급자 재정지원 강조</td></tr>
<tr><td>서비스의 수요가 표준화되어 있어서, 서비스 제공의 공급자가 다수 존재할 수 있는 가능성이 희박한 경우(수요에 대한 직접적 관리가 없으면 서비스 과소공급이 예상되는 경우)</td></tr>
<tr><td>주어진 서비스를 기반으로 해서 다른 추가적 서비스 수급이 가능해지는 기초적 서비스의 경우</td><td>서비스 접근 확실한 보장</td></tr>
<tr><td>이용자 선호보다는 공공성 유지를 위해 일정한 프로그램 제공이 더 우선시되어야 하는 경우</td><td>서비스 내용 표준성 확보</td></tr>
<tr><td>서비스 내용이 표준화되어 있어서 이용자가 그 품질을 평가하기 용이한 경우</td><td rowspan="3">서비스 선택 가능성 증진</td><td rowspan="3">서비스 이용자 재정지원 강조</td></tr>
<tr><td>서비스 제공관련 사기나 남용이 발생할 가능성이 적은 경우</td></tr>
<tr><td>서비스 구매빈도가 잦으며, 서비스 교체로 인한 부대비용(경제적, 정서적 부담 포함)이 낮은 경우</td></tr>
</table>

자료: 김은정 외(2008) 수정하여 재구성

〈표 6-4〉에서 제시되고 있는 바와 같이 사회서비스 중에서 서비스 수요가 표준화되어 공급기관이 다수 존재할 가능성이 희박한 경우나 이용자가 원하지 않아도 사회적 필요성에 의해 제공되어야만 하는 서비스는 서비스 공급이 책임성 있게 이루어지는 것이 이용자 선택권 확보보다 더 중요하다. 또, 주어진 서비스를 기반으로 추가서비스의 이용이 가능해지는 기초서비스의 경우 선택권 확보보다는 접근성에 대한 보장이 정책적으로 더 우선적으로 고려되어야 한다.

한편, 서비스의 내용이 표준화되기 쉽고 품질평가가 용이한 서비스의 경우는 다양한 서비스 제공기관이 경쟁적으로 서비스를 제공할 때 이용자가 선택을 통해 양질의 서비스를 향유할 수 있는 가능성이 크다. 그러나 이용자들이 질을 평가하기 어려운 전문적 영역이나 잘못된 선택이 장기적으로 큰 문제를 야기할 수 있는 영역의 경우는 이용자들에게 재정지원을 하여 선택권을 주는 것이 오히려 이들의 최종복지를 감소시킬 수도 있을 것이다.

이상과 같은 서비스 자체의 특성 외에, 고려해야 하는 매우 중요한 측면은 민간 부문의 서비스 제공 능력과 이용자가 바람직한 선택을 할 수 있는 능력과 이를 증진시켜 줄 수 있는 시스템의 확보여부 등이다(Dougherty & Eggers, 1996). 서비스 내용상 표준화가 용이하고 사기나 남용발생 가능성이 적다고 하더라도, 이러한 서비스를 제공할 수 있는 다수 민간부문의 역량이 존재해야만 하고, 서비스 이용자와 가족들이 "좋은" 선택을 할 수 있을

만큼의 역량을 갖추거나 이것이 가능한 시스템(특히 정보의 제공과 일정수준이상의 품질 확보체계 마련)이 확보되어야만 서비스 선택권의 확보가 실질적인 의미를 갖는다.

요약하면, 사회서비스에 대한 정책적 틀 설정시 재정지원의 방식을 어떻게 할 것인가를 결정하기 위해서는 (1) 서비스의 성격(특성)에 대한 면밀한 고려가 가장 우선되어야 한다. 사회서비스의 성격상 이용자들에게 선택권을 강화시키는 것이 서비스 품질향상을 위해 가장 효과적인 방법이라고 판단된다면, (2) 서비스의 공급시장 구조를 다원화하고 민간부문(영리부문 포함)을 참여를 유도하며 이용자에 대한 정보제공 체계 확보를 적극적으로 구현해야만 한다. 기존 공급자 재정지원 방식 서비스를 이용자 재정지원 방식으로 전환하고자 한다면, 이러한 공급 시장 자체의 구조적 변화는 상당한 시간을 가지고 점차적으로 이루어져야만 하며 기반의 점진적 변화과정에서 서비스 이용자들이 이용에 불편함을 경험하지 않도록 하는 것이 중요하다. 그런데 이상에서의 논의와 더불어, 반드시 고려해 보아야 하는 측면이 이용자의 특성이다. 이에 대해 아래에서 간략히 논의한다.

2. 서비스 이용자의 특성과 재정지원방식

서비스 이용자의 특성과 재정지원방식을 관련시켜 정책적으로 체계적인 고려를 시도한 연구는 찾아보기 어렵다. 다만 대인돌봄서비스 영역에서 서비스 이용자의 특성에 따라 재정지원방식이 변화해 온 역사적 맥락을 고려할 때, 이용자의 특성을 공공 재정의 흐름과 관련시켜 논의해 볼 수 있는 여지는 있다고 판단된다. 예를 들어, 서비스 공급자가 아닌 서비스 이용자에 대한 직접적 비용지불 방식과 연결되는 대표적인 이용자 집단의 특성은 "장애여부"이다. 영국, 미국, 그리고 다수의 서구 복지국가들은 전통적으로 장애인의 활동보조나 기타 돌봄서비스에 대한 비용지불 방식으로 이용자에 대한 직불제도나 수당제도를 선호해 왔다. 이는 장애인 집단의 최우선 복지욕구가 독립생활이며, 이것이 서비스 구매와 선택에 있어서 독자적 의사결정 방식에 대한 존중과 밀접히 관련되기 때문으로 이해할 수 있다. 이러한 서비스 이용자 중심주의는 장애인 집단에서 오랜 세월에 걸쳐 주장해 왔던 것으로, 장애인 스스로와 이들을 지원하는 가족원이 총 복지를 최대화할 수 있는 방식으로 국가의 지원을 활용할 수 있도록 해야 한다는 철학적 이념이 바탕이 되어 있으며, 이것이 장애인 사회권의 확보라는 측면에서 정당성을 갖기 때문이기도 하다.

장애인 집단의 이러한 이용자 중심주의는 일반 아동, 노인 집단의 서비스 의사결정방식에도 영향을 주었다고 할 수 있다. 아동개인이나 노인개인을 포함하여 이들을 둘러싼 가족원들은 주어진 자원을 가장 적합하게 할당할 수 있는 주체라고 정책적으로 인지되고 있는 것이다. 영국의 경우, 아직은 그 비중이 높지 않지만 노인과 일반 성인에 대한 직불제도가 확대되고 있다는 것이 이러한 경향을 보여준다.

그런데 이렇게 이용자의 특성을 재정지원방식과 관련시킴에 있어서, 단순히 이들의 인구학적 특성만을 고려하기보다는 서비스 선택권에 대한 적절한 활용능력의 지표로서 인지능력 등도 함께 고려할 필요가 있다. 사실상 서비스에 대한 선택권이 이용자의 복지향상으로 이어질 수 있기 위해서는 그러한 선택권이 실질적으로 의미를 가져야 한다. 즉 이용자 스스로가 자신이 원하는 서비스 특성에 대해 인지하고 있으며 이에 근거하여 자신의 욕구를 더 잘 충족시켜 주는 서비스가 무엇인지를 알고 또 비교, 선택할 수 있어야 한다는 것이다. 그렇지 않다면 오히려 그들에게 주어진 선택권이 그들의 복지를 감소시킬 수도 있다. 영국에서는 서비스 이용자들 중 직불제도를 활용하여 스스로 서비스를 선택하려고 하는 경우, 왜 그러한 방식이 그들에게 더 유리한지를 설명하게끔 한다(UK Department of Health, 2007). 이러한 방식의 인지능력 스크리닝 제도 등이 확보될 필요가 있다.

그런데 이용자 선택권이 실질적으로 의미를 갖도록 함에 있어서는 이용자 개인의 인지능력 뿐만 아니라, 대안적 서비스를 비교할 수 있는 양질의 정보 유무(혹은 정도)도 매우 중요한 역할을 한다. 따라서 이용자가 처한 상황에서 대안적 서비스에 대한 정보접근성이 상당히 낮은 경우에는 이용자에게 재정을 지원하여 선택권을 확보하는 것이 정책적으로 긍정적 효과를 산출하기 어렵다. 혹은 정보가 주어지는 경우에도 그 정보를 해독하거나 이해하는데 상당한 어려움이 따르는 경우라면 이용자에게 재정을 지원하는 것이 의미가 없을 수도 있다. 즉 서비스 특성 중 하나로 전문성의 정도와, 이용자가 처한 상황적 특성으로 정보에 대한 접근성은, 재정지원방식을 결정함에 있어서 동시에 고려될 필요가 있다.

서비스에 대한 재정지원방식을 검토함에 있어서 서비스 이용자가 자신에 대한 돌봄서비스가 동일한 서비스 제공자로부터 얼마나 지속적으로 또 일관적으로 주어지기를 원하는지, 이용자의 특성상 그러한 서비스 제공의 일관성이 얼마나 중요한지도 중요한 고려요인이다. 초기에 돌봄서비스에 대해 비용을 지불하는 방식으로 많이 선호되었던 수당제도의 경우, 특히 인종적 소수집단, 복합적 장애를 가지고 있는 집단, 중단 없이 서비스를 받아야만 하는 초고령노인집단 등에서 가족이나 친척, 혹은 자원봉사자들 중 지속적으로 서비스를 제공해 줄 수 있는 돌보미를 원한다는 것이 제도 확충과 확대시 많이 고려되었다. 저임금의 돌봄노동시장의 특성을 고려할 때, 서비스 제공자들이 꺼릴 가능성이 높은 이용자들에 대해서는 보다 일관적인 서비스 제공이 가능할 수 있는 방향으로 서비스 재정지원방식을 구조화할 필요가 있다. 물론 이상과 같은 이용자 특성의 고려는 공급자에 대한 재정지원과 이용자 재정지원방식의 차별적 접근을 위해서도 필요하지만, 특정 영역에서 이용자 재정지원방식으로 서비스가 제공되는 경우 그 효과성을 증진시키기 위해서도 반드시 고려해야만 하는 측면이라고 할 수 있다. 아래의 〈표 6-5〉는 이상의 논의를 간략히 정리한 것이다.

〈표 6-5〉 이용자 특성별 재정지원방식 관련 강조점

이용자 성격	정책적 강조점	재정지원방식
서비스 이용자의 독립성과 자기결정권 확대의 중요성 정도 : 이용자 스스로가 서비스에 대한 자기결정권을 중요하게 간주하는 집단	이용자 독립성 확보, 자기결정권 확대	이용자 재정지원
인지능력여부(보호자 능력도 고려) : 서비스 선택권을 실질적으로 활용할 수 있는 능력이 있는 이용자 집단	이용자 선택권 확대	
정보에 대한 접근성 정도 : 서비스 선택에 기반이 되는 정보접근성 있는 이용자 집단	정보제공	
서비스제공자의 일관성(지속성)에 대한 요구정도 : 서비스 제공자와 지속적 관계를 요구하는 이용자 집단	이용자 선호 최우선고려	

제4절 소 결

사회서비스 이용자들에게 서비스 선택권을 제공함으로써 서비스 공급자들 간 경쟁을 유도할 수 있는 현실적 조건을 마련해 나가는 것은 정치적으로 보수주의자들이나 진보주의자 모두를 일정정도 설득할 수 있는 측면을 갖고 있다. 국가의 직접서비스 제공이 확대되는 것이 아니라 민간영역이 활성화되는 것이기 때문에 국가의 역할 축소를 지향하고 공공서비스의 민영화를 강조하는 보수주의자들에게 긍정적으로 평가될 수 있다. 또한 사회서비스를 이용자들의 욕구에 더욱 부응하게 함으로써 사회서비스 정책에 대한 지지를 확보하게 되면, 사회서비스 영역에서 국가의 재정적 책임을 유지하거나 나아가 확대하는 것이 가능하기 때문에 사회서비스의 보편적 확대를 주장하는 진보주의자들에게도 일정정도 지지를 받을 수 있다.

그러나 기본적으로 공공재적 특성을 갖는 사회서비스에 대해 민간서비스 제공자의 참여를 강조하고 경쟁을 통한 시장화 방식을 강조하는 경우, 현실적으로 다양한 문제점이 발생할 소지가 있다. 따라서 정치적인 이념을 떠나서 현실적으로는 이러한 문제에 대해 얼마나 효과적으로 잘 대응하는가에 따라 이용자 재정지원방식의 성패가 결정될 것이다. 사실상 이용자에게 재정을 지원하는 방식을 통한 준시장적 기제의 도입은 서비스 품질에 대한 관리의 필요성, 시장 폐해에 대한 규제의 필요성을 증진시키게 될 것인데, 이러한 필요에 대해 사회서비스 정책이 얼마나 효과적으로 대응하는가가 관건이라고 할 수 있다.

이용자에게 사회서비스를 구매할 수 있는 재정을 지원해 주는 것은 이들의 서비스 선택권을 확실히 보장해 줌으로써 적어도 표면적으로는 이들의 의사가 서비스 이용과정에 더 반영될 수 있는 가능성을 증진시킨다는 것은 재론의 여지가 없다. 그러나 이러한 선택권이 이용자의 복지증진으로 이어지기 위해서는 이러한 선택권을 적절히 활용할 수 있는 이용자의 능력이나 이들을 지원해 주는 체계가 확보되어야만 가능하다는 것이 중요하다.

이 책에서는 이러한 이용자의 특성으로 인지능력이나 정보에 대한 접근성, 독립성에 대한 요구나 서비스 일관성에 대한 요구정도를 재정지원방식 결정시 고려해야 한다고 보았다. 그리고 무엇보다도 서비스 자체의 특성이 사회서비스 재정지원방식의 선택시 고려되어야 한다는 점을 강조하였다. 예를 들어, 서비스의 내용이 표준화되어 품질평가가 용이하거나, 서비스 제공관련 사기나 남용의 발생가능성이 낮고, 서비스 구매빈도가 높고 서비스 교체비용이 낮은 경우가 이용자 재정지원방식과 적합성이 높다고 보았다. 이렇듯 사회서비스 이용자의 특성이나 사회서비스 자체의 특성을 면밀히 검토하여, 사회서비스 이용자의 복지를 가장 증진시킬 수 있는 방식으로 재정지원이 이루어져야만 할 것이다.

제7장

사회복지서비스 재정지원방식과 성과관리

제1절 개 관

사회복지서비스의 민영화에 따른 재정지원방식의 변화와 함께 국민들로부터 국가재정지출에 대한 책임성강화 요구는 국가의 사회서비스에 대한 관리의 중요성을 부각시켰다. 1970년대까지 국가가 사회서비스를 전적으로 총괄기획하고 생산 공급하는 국가중심적 사회서비스제공에 있어 국가의 서비스생산과 공급능력에 대한 중요성 이외에 관리의 중요성은 그리 큰 강조점으로 등장하지 않았다. 그러나 1980년대 이후 민영화에 따른 시장기제의 도입으로 국가가 서비스 전 과정을 총괄 책임지고 서비스를 생산 공급하는 관리 조정능력이 일정부분 비영리조직 등으로 이관되었다. 이로 인해 사회서비스 전 과정에 대한 직접적인 국가의 통제와 감독능력보다 사업 전 과정에 대한 기획을 중심으로 하는 기획관리의 중요성이 등장하였고, 비영리조직의 재정적 책임성을 강조하는 간접적 관리가 중요시되었다. 1990년대 이후 사업 전 과정의 성과(performance)를 관리하여 재정적 효율성과 사업의 효과성을 강조하는 성과관리가 비영리중심 민영화 이후 국가의 사회서비스관리의 핵심적 과제로 등장하였다.

사회서비스의 기획단계에서 투입과 행동 그리고 산출과 결과를 포함하는 사회복지서비스의 전 과정(또는 수행력)에 대한 국가의 관리 감독은 사회복지서비스가 국민들의 삶의 질을 개선 향상시켜야 한다는 사회복지서비스제공의 목적에 부합하는 국가의 관리력을 필요로 하며, 이러한 필요성은 국민의 선택과 개별적 다양성이 중심이 되는 수요자 중심모델에서는 더욱 중요하다고 할 수 있다. 결국 민영화이후 사회복지서비스 관리의 핵심은 바로 사업의 전 과정을 관리 감독하는 성과관리(performance management)라고 할 수 있으며 성과관리는 사회문제에 대한 분석과 문제에 영향을 받은 국민들의 욕구파악을 중심으로 하는 사업의 기획에서부터 결과의 도출까지, 전 과정에 대한 사업의 수행력개선과 향상 또는 사업의 성과획득과 개선 내지는 향상을 목표로 한다.

본 장에서는 민영화로 인하여 사회복지서비스의 공급이 다양화하면서 중요성이 보다 강조되고 있는 사회복지서비스사업의 관리적 측면을 다룬다. 국가직접제공방식에서의 관리와 이용자보조금방식에서의 관리적 측면 그리고 제공자보조금방식에서의 관리적 측면의 장단점을 분석하고 사회복지서비스사업의 재정적 효율성과 사업의 효과성을 성취하기 위한 성과관리방안을 재정지원방식과 결부하여 분석한다. 특히 이용자보고금방식의 사회복지서비스제공은 이용자를 중심으로 하여 선택과 경쟁이라는 시장기제가 보다 강조되기 때문에 시장의 실패에 따른 문제점이 사회복지서비스영역에서도 등장할 가능성이 매우 높다. 따라서 국가의 관리 감독이 무엇보다도 중요하다고 할 수 있기 때문에 이에 대한 대처방안으로 사회복지서비스 관리기구인 중앙 통제적 성과관리기구의 설립을 제안하였다.

제 2 절 민영화와 사회복지서비스 재정지원방식

1. 민영화와 복지재정지원방식의 변화

2장에서 언급한 바와 같이 사회복지서비스의 생산과 공급은 일반적으로 국가가 주도하는 경우와 비영리민간조직이 주도하는 경우 그리고 시장이 주도하는 경우로 크게 생산과 공급주체를 삼원화할 수 있다. 최근 복지재정의 급속한 증대와 국가의 재정적 책임의 한계 등으로 대부분의 복지국가에서는 복지재정의 효율성과 효과성을 강조하는 방향으로 공급체계의 여러 새로운 방향모색을 시도하고 있다. 가장 일반화된 경향은 **민영화**를 통하여 서비스의 생산과 공급을 민간비영리조직이 주도하도록 하는 정책적 전환이며 두 번째 경향은 **시장화(또는 영리중심 민영화)**를 추진하여 복지서비스를 일반 영리기업에서 생산하고 공급할 수 있도록 하는 정책적 전환이라고 할 수 있는데 이러한 공급체계의 혼합을 일반적으로 **복지혼합**이라고 부른다.

민영화를 통해서 국가가 사회복지서비스를 공급하고 재정을 지원하는 모델로는 일반적으로 크게 두 방식이 존재하는데 첫 번째 방식은 제공자중심모델이고 두 번째 방식은 수요자중심모델이다. **수요자중심모델**은 국민들에게 직접 현금이나 바우처를 통하여 민간서비스를 구매하도록 유도하며 세금보전을 통해 역시 민간서비스를 구매할 수 있도록 하여 수요를 창출한다. 나아가 사회보험의 영역을 민간보험이 대체할 수 있도록 하는 정책역시 자유경쟁시장을 통해서 더욱 효과적이고 효율적으로 서비스가 제공될 수 있다는 수요자중심모델에 기초한다. **공급자중심모델**은 국가나 민간조직이 서비스를 필요로 하는 사람들에게 직접 서비스를 제공하는 것을 의미하며 도구로는 계약이나 국고보조금 등이 활용된다. 수요자중심모델에서 활용되는 재정지원방식은 일반적으로 **이용자보조금방식**(consumer subsidy type)이라고 불리며 제공자중심모델에서 사용하는 재정지원방식은 **제공자보조금방식**(supplier subsidy type)으로 구분된다. 민영화에 따른 국가재정지원방식의 두 유형을 자세하게 살펴보면 다음과 같다.

2. 이용자보조금방식: 수요중심민영화

민영화 재정지원방식의 첫 번째 모델로서 지적될 수 있는 것이 수요자중심모델에 기초한 이용자보조금방식이다. 이 경우 민영화는 사회서비스를 위한 민간수요를 증대시키는 것이 일차적인 목적이 된다. 이용자보조금방식은 기본적으로 적절한 동기부여와 지원으로 사회서비스를 위한 수요가 민간공급으로 재편될 수 있고 이는 결국 민간서비스영역으로의 시장형성에 기여한다는 것을 강조한다. 즉, 수요가 있으면 민간서비스가 창출되고 민간서비스가 창출되면 이는 곧 민간서비스시장의 창출을 의미한다는 것이다.

이용자보조금방식은 수요를 창출하기 위한 도구로서 바우처나 세금수당, 직접지불이나 개인총예산 등을 사용한다. 즉, 바우처를 통하여 민간서비스를 구매하도록 유도하며 세금보전을 통해 역시 민간서비스를 구매할 수 있도록 하여 수요를 창출한다는 것이다. 나아가 사회보험의 영역을 민간보험이 대체할 수 있도록 하는 정책역시 자유경쟁시장을 통해서 더욱 효과적이고 효율적으로 서비스가 제공될 수 있다는 수요자중심모델에 기초한다.

1) 수요자중심모델의 장점

수요자중심모델을 지지하는 지지자들은 이 모델이 공공부분으로부터 제공되는 공적자금과 민간기관으로부터 제공되는 서비스제공 사이에 기초한 복지혼합의 문제 또는 제한을 뛰어넘을 수 있다고 강조한다. 예를 들어 Le Grand와 Robinson(1984)은 민간수요창출을 목적으로 하는 서비스제공을 위한 열린 **경쟁**이 서비스의 축소(또는 서비스 질이 낮아지는 것 등)로부터 공적복지지출을 유지하도록 할 수 있다고 하였다. 즉 공적지출이 감소하면 서비스의 질이 감소한다든지 공공서비스가 축소될 수 있지만 민간기관들이 서비스제공을 놓고 경쟁함으로써 질이 확보될 수 있음을 의미한다.

2) 수요자중심모델의 문제점

수요자중심모델이 수반하는 문제점들로는 다음과 같은 점들이 지적된다.

첫 번째 문제점으로 새로운 민간서비스시장이 국가가 담당하여야 하는 공적서비스의 성장축소를 상쇄할 수 있을 정도로 충분하지 않다는 점이 지적된다. 사회문제에 영향을 받는 국민들의 욕구는 매우 다양하고 복잡하며 이 다양하고 복잡한 욕구를 충족시키기 위한 일차적인 책임은 국가에게 있으며 공공복지서비스는 다양한 욕구에 대한 신속한 대응을 추구하였지만 새로운 민간서비스시장이 다양한 국민들의 욕구를 모두 충족시킬 수 있을 것인가에 대한 문제를 의미한다. 즉 다양성과 복잡성이 커지면 커질수록 이 문제는 더욱 부각될 가능성이 매우 크다고 할 수 있다. 욕구는 있지만 경쟁을 유발할 정도가 아니라고 한다면 민간기관은 개입을 자제할 것이고 이 경우 욕구는 있지만 전혀 서비스혜택을 제공받지 못하는 국민들도 나타나게 된다. 즉 수요가 창출된다고 해서 그 수요가 모두 해결되는 것은 아니라고 할 수 있다.

이는 Salamon(1993)이 지적한 바와 같이 공적자금에 기초한 민간기관의 서비스제공이 영리기관이든 비영리기관이든 시장경쟁에서 필요한 기본적 자금을 확보할 수 있는 능력에 영향을 받게 되고 이 경우 기본적 자금을 확보할 수 없는 서비스는 당연히 제공하지 않게 되고 결국 서비스를 제공받지 못하는 소외계층을 만들어 내게 된다. 수요자중심민영화를 추구하였던 미국의 경우가 대표적인 경우라고 할 수 있다. Salamon(1993)은 미국의 경우 공적자금에 대한 대안을 찾는 가장 일차적 목적을 갖는 민영화가 대부분의 민간비영리기관들이 지불능력을 가지고 있지 않은 가장 빈곤한 계층이나 가장 소외받는 소외계층에 대한 서비스제공을 포기하고 지불능력을 가지고 있는 클라이언트에게만 서비스를 제공하도록 하였다고 강조하였다.

두 번째 문제점으로 지적되는 것이 수요자중심민영화모델은 공급체제에 심오한 변화를 가져다주었다는 점이다. 특히 서비스제공기관으로 대부분을 차지하고 있는 비영리기관들의 공급체제변화를 가져왔다. 수요자중심민영화정책은 민간영리기관들이 사회서비스시장으로 진입하는데 있어 방어벽인 규제의 철폐와 재정적 제한(constraint)을 필요로 한다. 예를 들어 비영리기관에 대한 정부의 세금혜택은 영리기관들 입장에서는 불공정거래로 인식되었으며 결국 정부는 비영리기관과 같은 세금혜택을 영리기관에게도 주든지 아니면 두 기관 모두에게 공정한 경쟁이 될 수 있도록 세금혜택을 중단할 수 있는데 이렇게 되면 이 두 경우 모두 공급체계에 변화를 가져다주게 된다.

사회서비스시장의 영리화는 또한 사회적으로 소외된 사람들과 작업한다는 비영리기관들의 사명감을 억누르게 되는 것이다. 결국 시장의 영리화로 인하여 사회적으로 소외받는 계층에 대한 기본적 서비스의 전달이라는 공공서비스의 기본 역할은 축소된다.

결국 수요자중심민영화모델은 첫째, 현 복지체계의 조직적 구조에 심오한 변화와 둘째, 현 수준의 국가복지의 축소 그리고 셋째, 수많은 거대한 영리기관들을 사회서비스영역으로 들어오도록 한다고 볼 수 있다. 이러한 변화가 가능하도록 하는 이념적 가정은 선택을 개인적 능력으로 돌림으로써 정당화된다. 즉, 민영기관들이 제공하는 다양한 서비스들을 개개인들이 자유롭게 선택할 수 있다는 점을 전제하여야 가능하다고 볼 수 있다.

3. 제공자보조금방식 : 공급자중심민영화

민영화재정지원방식의 두 번째 모델은 공급자중심민영화모델에 기초한 제공자보조금방식이다. 공급자중심모델은 국가가 복지재정의 책임을 대부분 유지하는 것과 규제도구의 혼합을 수정하는 것을 전제한다. 즉, 제공자중심민영화는 서비스의 공급기능을 심사숙고하며 사회서비스영역에서 민간수요의 성장을 전제하지 않는다. 따라서 제공자중심민영화모델은 대부분 서비스전달기능을 민영화하는 것과 동시에 국가로부터 민간제공자에게 자금을 전달하는 절차에 경쟁메커니즘을 도입하는 것을 목적으로 한다.

자금전달과정에 경쟁체제를 도입하는 것과 서비스전달기능을 민영화하는 제공자중심정책들은 기본적으로 수요자중심모델과 마찬가지로 효율적이고 효과적인 복지정책의 수행을 개선하도록 하는데 있다고 할 수 있다. 제공자중심모델로 효율적이고 효과적인 복지정책의 개선이 이루어지도록 하기 위해서는 첫째, 반드시 공공기관에서 민간기관으로 관리의 일차적 책임을 전이하여야만 하며 둘째, 다양하고 복잡한 개개인들의 서비스욕구를 해결할 수 있도록 공급체계가 다양화하여야 한다는 점이 지적된다. 결국 공적자금을 민간기관에게 제공하여 서비스(수여금제공)가 전달되도록 하는 것과 계약을 통해서 서비스가 민간기관을 통해서 제공되도록 하는 것은 공급자중심민영화모델의 핵심이라고 할 수 있다. 따라서 보조금제공과 계약은 공급자중심모델을 실현시키기 위한 가장 핵심적인 도구라고 할 수 있으며 비영리기관에 세금혜택과 서비스계약을 위한 (공개경쟁)입찰 그리고 새로운 복지정책과 프로그램을 창출하기 위한 공공과 민간의 협력(예를 들어 공공-비영리-영리협력체제, private-social-public-partnership)도 도구가 된다. 공급자중심민영화모델에 있어 민간과 공공의 협력체계구축을 통한 서비스전달은 매우 중요한 부분이라고 할 수 있다. 따라서 공급자중심모델의 혁신은 국가와 민간제공자사이의 독립성을 변형시키기 위한 시도를 통해서 이루어지는데 이는 결국 정부와 민간의 신뢰구축을 통한 상호의존과 국가가 민간제공자가 제공하는 서비스를 구매하는 구매자의 역할을 강조하는 서비스와 자금의 상호교환에 기초한다는 것을 의미한다.

4. 복지혼합에 따른 정부와 민간 참여

다양한 복지공급체계의 등장은 복지민영화의 토대로서 민영화는 국가복지공급체계에 민간공급체계가 개입하여 부차적으로 복지서비스를 제공하는 혼합식 공급을 의미하기 때문에 가장 일차적으로 복지공급주체의 다양화와 복지서비스의 다양화는 일차적으로 국가주도의 공급체계구축과 서비스를 확립에서부터 시작된다고 할 수 있다. 우리나라는 국가가 운영하는 국공립복지조직은 절대적으로 부족하고 민간비영리기관이 운영하는 기관도 그 수에 있어 부족하며 지역적 편차가 심한 것으로 나타나고 있다. 특히 사회소외계층을 위한 사회복지서비스의 제공은 2007년도에 시작한 4대 사회서비스사업이 시작이라고 할 정도로 사회복지서비스의 확충은 이루어져 있지 않다. 뿐만 아니라, 사회보험은 국민의 노후보장이나 건강을 책임질 수 있을 수 정도로 안정적이지 못하며 사회소외계층을 위한 사회복지서비스는 걸음마단계에 머물러 있어 국민들이 복지서비스를 제공하는 기관을 선택한다든지 자신에게 가장 적합한 사회서비스를 선택하는 것은 현실적으로 불가능하다. 제3장의 〈표 3-4〉 사회서비스공급주체별 구성비율에서 살펴본 바와 같이 사회서비스분야에서 유럽의 복지혼합은 국가와 민간비영리 그리고 영리조직의 참여비율에 있어서 국가가 중심이며 비영리조직이 많은 부분을 차지하고 있고 영리조직은 나라마다 정도의 차이는 있지만 특정분야에만 한정되어 서비스를 제공하고 있는 실정이다. 물론 국가재정지출의 한계와 국민욕구의 증대로 말미암아 민영화의 정도가 더욱 증대되고 있는 것은 전 세계적인 현상이지만 복지서비스공급의 일차적 책임과 주체는 역시 국가인 것 또한 사실이라고 할 수 있다.

5. 재정지원방식비교

민영화에 영향을 받은 사회서비스에 대한 국가의 재정지원방식은 위에서 언급한 바와 같이 크게 제공자에게 재정을 지원하여 제공자가 사회서비스를 생산하고 공급하게 하는 제공자보조금방식과 수요자 또는 이용자에게 직접 재정을 지원하는 소비자보조금방식으로 분류할 수 있다. 제공자지원방식은 제공자에게 국가가 재정을 제공하여 제공자가 생산과 공급의 주체로서 역할을 담당하게 되며 일반적으로 민영화의 두 분류인 수요자중심모델과 공급자중심모델 중에서 공급자중심모델이 활용하는 재정지원방식에 속한다. 반면 수요자중심모델 이용자에게 직접 재정을 지원하여 이용자가 직접 서비스를 선택하게 하는 방식으로서 수요자중심모델이 활용하는 재정지원방식이다.

〈표 7-1〉 민영화에 따른 재정지원방식

	이용자보조금방식	제공자보조금방식
도구	바우처, 직접 지불, 세금수당(tax allowance)이나 개인총예산 그리고 각종수당	보조금, 계약, 비영리기관에 세금혜택, 공개입찰, 민과 관의 협력체계
민영화방식	수요자중심모델	공급자중심모델
특징	- 이용자가 직접 원하는 서비스를 선택하고 이용할 수 있다.	- 제공자가 서비스를 기획하고 이용자를 관리, 통제하여 보다 응답적이고 즉각적인 서비스를 제공하는 것이 가능하며 사례관리를 통하여 이용자들의 다양한 욕구가 해결될 수 있다.
장점	- 기관에게 제공되는 관리운영비 등이 지출되지 않아 효율적이다. - 이용자들의 선택권이 강화된다.	- 소명감에 기초한 조직이 서비스를 제공하는 경우 서비스전달의 전 과정에 대한 책임성이 강화될 수 있으며 통합적 사례관리가 가능하다.
단점	- 이용자가 서비스를 선택할 능력을 가지지 못한 경우 서비스차별이 일어난다. - 서비스선택의 결과에 대한 책임은 전적으로 선택의 주체인 개인이나 가족에게 있다. - 개인별로 서비스효과를 평가하는 것이 현실적으로 어렵다. 특히 서비스 전 과정에 대한 수행력을 평가하는 것이 불가능하다.	- 서비스독점으로 인하여 서비스를 제공하는 기관의 도덕적 해이가 일어날 수 있다. - 이용자의 서비스사용에 대한 개인적 결정이나 선택의 유연성이 결여되어 서비스이용에 있어 이용자는 수동적이 되며 서비스이용에 있어 도덕적 해이가 일어날 수 있다.

국가가 사회서비스를 민간에게 이양하는 경우 국가는 민간조직이 서비스를 제공할 수 있도록 재정적 지원을 하게 되며 이러한 국가의 재정적 책임성과 함께 국가는 민간조직의 서비스전달의 전 과정에 대한 관리와 통제를 수행하게 된다. 아래의 표는 수요자보조금방

식과 제공자보조금방식을 비교한 것이다.

1) 이용자보조금방식의 장 · 단점

이용자보조금방식으로 사회서비스의 재정이 직접 국민들에게 지급된다면 재정기원을 받은 국민들은 직접 본인들이 원하는 서비스를 구입할 수 있어 서비스선택권이 강화된다는 점과 서비스를 제공하려는 조직들이 경쟁을 할 수 있어 조직 간 경쟁을 통해 사회서비스의 질이 향상될 수 있고 나아가 다양한 조직들이 시장에 개입함으로써 사회서비스영역에 시장이 형성될 가능성이 높아진다는 점이 장점으로 지적될 수 있다. 특히 민간영리를 추구하는 조직들이 참여하여 사회서비스제공의 길이 열린다는 점에서 복지혼합의 가장 시장친화적인 방식이라고 할 수 있다. 하지만 모든 사회복지서비스가 이용자보조금방식으로 재정이 지원되어야만 하는 것은 아니며 일반적으로 이용자보조금방식은 자기결정권을 가지고 있는 장애인 등과 같은 특정 대상자를 위한 서비스에 국한되어 있고 국가주도형방식이나 민간비영리중심의 제공자보조금방식의 재정적 효율성을 강하한다는 측면에서 보조적 역할을 수행하고 있는 것이 현실이다. 선진복지국가에서는 이용자보조금방식보다는 국가의 직접제공이나 비영리조직 중심의 제공자보조금방식이 주를 이루고 있다.

이용자보조금방식의 문제점으로 지적되는 것은 서비스제공기관들이 이용자들을 선별하는 이용자선별문제가 나타날 수 있다는 점과 사회서비스에 대한 정보의 접근이 용이한 사람이나 집단과 용이하지 못한 집단을 구분하지 않음으로 인해 정보를 가지지 못한 또는 정보의 확보가 늦은 집단은 결국 서비스를 받을 수 없는 또는 충분한 서비스를 제공받지 못하는 차별이 발생할 수 있다는 점 그리고 서비스를 제공하는 기관이 다양하지 않은 경우 이용자들의 선택권이라는 이용자보조금방식의 장점은 사라질 수 있다는 점 등이 문제점으로 지적된다. 즉, 이용자선별과 접근성 그리고 정보활용 등에 있어 문제점이 있다고 할 수 있다. 특히 관리적 측면에서 이용자보조금방식은 국가가 서비스생산과 공급에서 부차적인 역할만을 수행하며 제공기관도 이용자들의 선택에 의해서 서비스의 제공이 결정됨으로 서비스생산과 공급 전 과정에 대한 검토 및 평가를 수행하는 것이 사실상 불가능하게 된다는 점이 문제점으로 지적된다. 사회복지서비스를 이용하는 모든 이용자들의 서비스 혜택에 대한 효과를 개인별로 사정하고 감독한다는 것은 현실적으로 수많은 인력과 시간을 필요로 하기 때문에 국가주도의 사정체계나 감독체계는 결국 이용자중심으로부터 기관과 서비스중심 즉, 서비스내용과 질을 관리 감독하는 간접적인 방식의 감독 및 통제가 이루어지는 것이 일반적이라고 할 수 있다.

결국 이용자보조금방식은 제공되는 서비스가 다양하여 이용자들이 선택권을 행사할 수 있게 되면 경쟁을 통하여 서비스의 질이 향상될 수 있다는 장점과 함께 이용자들이 스스로 자기에게 맞는 서비스를 이용하여 서비스이용의 유연성이 강화될 수 있다는 장점을 가지지만 개인적인 선호에 의해서가 아니고 강제적으로 서비스가 제공되어야 하는 경우나 자기결정능력을 가지지 못한 경우, 서비스독점으로 서비스경쟁이 불가능한 경우, 그리고 사회적 목적의식 하에 서비스가 제공되는 경우 등에는 서비스이용이 제한된다는 특징이 있다.

2) 제공자보조금방식의 장 · 단점

사회복지서비스의 제공자보조금방식은 전통적으로 민간 비영리사회조직들과의 계약을 통한 서비스제공방식을 의미한다. 사회복지서비스제공의 주체로서 국가는 정부의 실패를 극복하는 한 방편으로, 그리고 서비스제공의 효과성을 높이고 재정적 효율성을 향상시킴과 동시에 국민들에게 보다 책임있는 서비스를 제공하는 실천적 방안으로, 사회복지서비스제공의 지식과 기술 그리고 경험 등이 앞서 있으면서 사회적 목적의식과 책임성이 뛰어난 비영리 사회복지조직들과의 서비스계약을 추진하게 된다. 서비스계약은 1970년대 이후 미국과 영국 등의 주로 신보수주의 국가들에게서 추진되었다. 우리나라는 미국의 영향을 받아 1980년대 후반 이후 거의 모든 사회복지시설은 정부와의 계약(위탁계약)을 통해서 서비스를 제공하고 있다. 제공자보조금방식은 제공자인 비영리사회복지조직들이 정부(중앙정부와 지방정부)로부터 일정 액수의 보조금을 지원받고 서비스를 제공하는 방식이다. 즉, 서비스이용자들은 직접적으로 서비스를 제공기관으로부터 제공받고 제공자는 서비스공급을 그리고 정부는 주로 서비스재정을 책임지는 방식이라고 할 수 있다.

제공자보조금방식은 국가와 비영리조직이 함께 역할을 분담하여 사회복지서비스를 제공하는 대표적인 복지혼합의 부산물이라고 할 수 있다. 즉, 국가는 재정을 책임지고 그리고 민간조직은 서비스제공을 책임진다. 제공자보조금방식은 민간의 전문적인 사회조직들이 서비스를 제공함으로 정부조직보다 체계적이고 책임있는 서비스가 제공될 수 있다는 점과 공조직에 비해 조직의 유연성이 뛰어난 민간조직들이 주어진 재정으로 보다 효과적인 성과를 결과한다는 점 등을 장점으로 지적할 수 있다. 하지만 복지시장의 영리화를 강조하는 시장주의자들로부터는 이용자들의 선택권이 제한되고 비영리조직들이 서비스제공을 독점함으로서 조직간 경쟁이 유도되지 않는 서비스집중현상이 일어나 사회서비스영역의 발전이 저해된다는 점 등이 단점으로 지적되었다. 또한 **관리적 측면**에서 정부의 입장에서 민간

비영리조직에게 제공된 재정이 어떻게 흘러가는지를 통제하는 것이 현실적으로 불가능하여 정부는 재정에 대한 감사기능을 강화하고 나아가 기관에게 제공된 서비스재정을 성과와 결합시켜 비용대비 목적성취를 강조하는 성과평가방식을 도입 발전시키는 방향으로 비영리조직의 관리를 강화하는 것이 현재의 추세라고 할 수 있다.

신마르크스주의자들은 제공자보조금방식이 사회적 양극화와 같은 사회문제의 확대재생산에 대한 자본주의사회의 구조적 책임을 국가로부터 민간조직으로 전이하며 민간비영리조직이 가지고 있는 사회서비스영역에서의 고급 지식과 기술을 값싸게 이용함으로 복지국가의 재정적 위기를 돌파하려는 한 방편에 지나지 않는다고 비난하기도 한다. 다시 말해 신마르크스주의자들은 제공자보조금방식이 민간사회서비스영역의 고급지식과 기술을 낮은 임금을 이용하여 활용함으로써 국가의 책임을 민간으로 전이시키려는 술책에 지나지 않는다는 점을 강조한다(지은구, 2006).

결국 제공자보조금방식은 서비스제공에 있어 전문적이고 책임있는 서비스를 제공하기 위하여 주어진 환경에 보다 유연하게 대처할 수 있는 제공기관의 장점을 이용함으로써 보다 효과적인 서비스제공이 가능하다는 점이 장점으로 지적될 수 있지만 서비스제공의 민간비영리기관 독점으로 인하여 서비스 이용에 있어 유연성이 없으며 재정적 측면에서 기관의 도덕적 해이가 발생할 가능성이 있어 재정지원의 책임성을 강화하기 위한 국가의 관리적 측면의 노력을 동반한다고 할 수 있다.

3) 국가 직접제공방식의 장 · 단점

복지국가의 전통적인 사회복지서비스제공방식이 국가직접제공방식이다. 자본주의의 발전은 한편으로 경제성장에 따른 부의 증대를 가져다주었지만 다른 한편으로는 사회로부터 소외 또는 배제된 사회계층과 새로운 사회문제를 확대재생산하였다. 국가는 이러한 결과가 자본주의 사회자체가 갖는 모순에 기인함을 인정하고 이에 적극 개입하여 시장의 실패를 조정하고 사회통합과 보다 나은 사회를 구현하기 위한 사회안정화시도로서 사회복지서비스에 대한 책임을 갖는 것을 인정하였다. 따라서 전후 선진복지국가들은 국가가 서비스의 재정 및 공급을 책임지고 이용자에게 직접 서비스를 제공하는 방식으로 사회복지서비스를 제공하였으며 지금까지도 전체 사회사회서비스제공의 대부분이 국가직접제공방식이라고 할 수 있다. 특히 복지혼합이 상대적으로 등한시되는 스칸디나비아반도의 국가들은 대부분 국가직접제공방식을 주로 한다고 할 수 있다. 국가직접제공방식은 사회서비스의 생산과 소비에 국가가 주도적인 역할을 담당하는 것으로서 가족이나 친지 등과 같은 비공식부분을 제외하고 사회복지서비스이용자들은 국가의 서비스전달체계에 의해서 직접 서비스를 제공받아 민간비영리사회복지조직의 역할은 자발적 보충적 조직으로 역할이 제한된다. 즉 정부의 역할이 닿지 않는 비공식부분이나 자발적 참여를 바탕으로 하는 자원활동 등과 같은 영역으로 서비스영역(domain)이 제한된다고 할 수 있다.

국가직접제공방식의 장점은 모든 사회서비스의 생산과 공급을 국가가 책임지므로 국민들은 필요한 서비스를 국가로부터 직접 제공받게 되어 다른 보조금방식보다 **형평성과 보편성**이 뛰어나다고 할 수 있다. 즉, 공공재적 성격을 강하게 내포하는 사회복지서비스에 대하여 국가가 전적으로 책임지고 서비스를 제공함으로 국민들은 반드시 필요한 서비스를 국가로부터 차별없이 제공받게 된다는 점이 큰 장점이라고 할 수 있다.

국가직접제공방식의 문제점은 정부의 실패 요인들 중 **X-비효율성**으로 설명할 수 있다. 즉 X-비효율성은 정부의 비경쟁적 지위에 의해서 나타나게 되는데 이는 정부가 생산한 재화와 서비스가 독점적 지위 때문에 덜 효율적이 될 수밖에 없다는 점을 의미한다. 또한 X-비효율성은 사회서비스의 국가독점적 지위 때문에 국민들의 욕구에 대한 응답과 반응에 즉각적으로 반영하지 않는다는 점이 단점으로 지적된다. 서비스 수혜대상인 국민들의 욕구에 즉각적으로 반응하지 않는 사회서비스는 국민들로부터 외면받을 수 있으며 국민들로부터 외면받은 서비스에 대한 국가재정지출은 정부실패의 한 요인이 된다. 결국 국가직접제공방식은 복지국가 성립이후 막대한 국가재정의 사회서비스영역으로의 지출확대를 가져왔지만 국가직접제공이 재정적으로 훨씬 적은 예산으로 민간영역에서 제공되는 사회서비스와 비교하여 특별히 효과적이지 않으며 국민욕구에 민감하지 않는 등 유연하지 못하다는 것이 국가직접제공 단점의 핵심이다. 즉 현대와 같이 다양한 욕구를 가진 국민들의 사회서비스에 대한 욕구를 보편적이고 획일적인 사회서비스만을 제공하는 국가중심모델로는 해결하기가 어렵다는 것을 의미한다. 또한 공무원들의 태도도 국가직접제공방식의 비효율성을 강조하는 학자들에 의해서 지적되고 있는 문제점이라고 할 수 있다. 관료사회는 고용의 안전성이 보장되며 주어진 과업이 업무지침의 한계를 벗어나지 않기 때문에 공무원들의 업무에 대한 태도는 비효율적이 될 수 있으며 이것은 일반국민들의 입장에서는 국민의 세금이 비효율적으로 사용된다는 것을 의미한다고도 볼 수 있는 것이다. 물론 모든 공무원들의 태도가 모두 자기 안위적이고 이기적인 태도를 견지하는 것은 아니지만 다른 직종에 비해 훨씬 그 가능성이 큰 것만큼은 사실이라고 할 수 있다.

특히 **관리적 측면에서** 국가직접제공방식은 공공조직의 관료주의적 특성으로 인해 서비스제공에 따른 관리, 감독이 용이하지 않은 점을 포함하여 보수주의 경제학자들로부터 무임

승차에 대한 비판과 복지사기(welfare fraud)[4] 그리고 재정확대에 따른 경제적 부담확대 등의 주로 경제적 비효율성의 이유로 비판받아 왔다.

현대사회에 있어 국가 직접제공방식은 변화의 중심에 있다. 나날이 증대되는 사회문제에 대한 국가의 대응은 급격한 사회복지재정의 증대를 야기하였지만 사회문제는 줄어들고 있지 않고 오히려 인구고령화와 저출산, 여성사회참여 확대는 다양한 다른 문제들을 양산하고 있다. 그리고 가족구조의 변화와 더불어 전통적인 사회문제인 빈곤 및 실업의 확대 등으로 말미암은 사회적 지출의 확대는 제한적인 국가재정에도 불구하고 계속적인 국가지출의 증대를 요구하게 되어 새로운 재정지원방식의 도입 즉, 복지혼합의 출현으로 그 영역이 변화되고 있다고 할 수 있다.

4) 사회복지서비스특성에 따른 재정지원 분류

결국 이용자보조금방식으로 서비스를 제공하는 것이 효과적인가 아니면 제공자나 국가가 직접 서비스를 제공하는 것이 효과적인가를 구분하는 경계는 사회적 목적의식과 서비스의 성격 그리고 그 사회의 환경적 토대와 이용자의 특성에 의해 크게 영향을 받을 수 있음을 알 수 있다. 즉 어떤 서회서비스는 국가가 직접 제공하는 것이 효과적이며 어떤 서비스는 국민이 직접 선택을 할 수 있도록 재정 지원하는 것이 효과적일 수 있고 또 어떤 경우는 비영리기관이 서비스를 제공하는 것이 효과적이다. 이는 서비스의 특성이나 유형에 따라 서비스의 재정지원방식은 크게 영향을 받을 수 있다는 것을 의미한다. 서비스의 성격에 따라 가능한 재정지원방식을 구분하여 보면 다음과 같다.

---

4) 복지사기는 자격요건을 조작하여 비자격자가 복지혜택을 받는 것을 의미한다.

〈표 7-2〉 사회서비스특성에 따른 보조금방식구분

서비스 성격	재정지원방식
서비스 이용자의 선택에 맡겨두기보다는 사회적인 압력을 행사하더라도 서비스를 제공해야만 하는 사회복지서비스	국고보조금(grant) 계약, PPP 또는 PSPP
서비스규모가 작고 수익 창출가능성이 낮아, 서비스 제공의 공급자가 다수 존재할 수 있는 가능성이 희박한 사회복지서비스(수요에 대한 직접적 관리가 없으면 서비스 과소공급이 예상되는 경우)	
주어진 서비스를 기반으로 해야만 다른 추가적 서비스 수급이 가능해지는 기초적 사회복지서비스	
이용자 선호보다는 공공성 유지를 위해 일정한 프로그램 제공이 더 우선시되어야 하는 사회복지서비스	
서비스표준화 가능성이 낮아 다수의 공급자출현 가능성이 낮은 사회복지서비스	
서비스 내용이 표준화되어 있어서 이용자가 그 품질을 평가하기 용이한 사회복지서비스	바우처, 직접지불, 개인총예산 세금면제, 수당
서비스 제공관련 사기나 남용이 발생할 가능성이 적은 사회복지서비스	
서비스 구매빈도가 잦으며, 서비스 교체로 인한 부대비용(경제적, 정서적 부담 포함)이 낮은 사회복지서비스	

* 제6장 〈표 6-4〉에서 재수정

제3절 사회복지서비스 재정지원방식과 성과관리

1. 결과와 성과

1) 결과

우리는 계획된 개입(planned intervention)에 따라서 일어나는 변화로서 **결과**(outcomes)[5]를 이해할 수 있으며 일반적으로 결과는 프로그램평가를 위해 필요한 프로그램의 요소들 중의 하나로서 이해되고 있다. 결과에 대한 사전적 의미는 상당히 애매모호하지만 일반적으로 사업평가에 있어 **결과**(outcome)는 하나의 행동과정에 참여함으로써 나타나는 또는 하나의 행동과정에 의해 이루어진 결과물이나 **변화**를 의미한다. Smith(1996)는 결과를 특

5) outcomes는 성과로도 번역되지만 performance도 일반적으로 성과라고 변역되므로 혼동을 피하기 위하여 outcomes는 결과로 그리고 performance는 성과로 번역하였다. 일반적으로 performance는 사업이나 프로그램 전 과정에 대한 수행력을 의미하며 outcomes는 사업에 참여한 집단이나 개인들의 태도 등의 변화를 의미하기 때문에 performance가 보다 광의의 개념을 나타낸다.

정한 행동에 의해서 나타나는 영향을 결과라고 정의하였다. 일반적으로 결과는 **산출**(output)과는 다른 의미로 이해되고 있다. 산출은 특정 행동에 따른 변화나 영향력을 의미한다기보다 단순히 어떤 행동의 **양**(quantity) 또는 보다 구체적으로 제공된 서비스나 재화의 양을 의미한다. 즉, 산출은 사업이나 프로그램이 실제적으로 행한 것을 의미하며 결과는 결과물이 만들어낸 변화라고 할 수 있다. 모든 산출이 결과를 만들어내는 것은 아니며 사업의 성과(performance)를 검토하기 위해 직접적으로 사업의 결과를 측정하는 것은 매우 중요하다고 할 수 있는데 이는 결과가 사업이 성취하려는 목적의 성취정도를 나타내는 효과성(effectiveness)과 직접적인 연관이 있기 때문이다. 따라서 사업의 성과에 관심이 있는 사회복지사나 복지행정가들은 산출을 뛰어넘어 결과를 반드시 측정하여야 하는데 이는 산출을 통해서는 사업의 직접적 혜택을 확인하기가 어려울 뿐만 아니라 기대하는 결과로 이끄는 변화의 인과관계를 확인하는 것이 어렵기 때문이다. 결국 산출은 사업의 기대된 결과를 위한 필요조건이지 충분조건은 아니라고 할 수 있다. 사업이나 프로그램을 평가하는데 있어 일반적으로 많이 언급되는 평가요소로는 성과와 산출이외에 투입과 행동들이 있는데 이들 용어의 차이점을 설명하면 다음과 같다(지은구, 2006).

- **투입**(inputs): 사업에 의해서 소비되고 제공되는 자원들을 의미한다. 투입은 재정적 자원과 물적 자원을 모두 포함하며 또한 지역과 지역주민(또는 client)들의 욕구를 의미하기도 한다. 예를 들어 직원, 돈, 시간, 자원봉사자, 시설, 장비 등이 모두 투입에 포함된다. 법이나 규정 또는 규칙 그리고 재정지원자의 요구물 등의 사업이나 서비스를 규제하는 것들도 투입에 포함된다.
- **행동(또는 활동**, activities): 사업의 목적을 성취하기 위해서 사업이 행하는 것(또는 프로그램을 위해 기관이 행하는 것)으로 치료나 상담 또는 전문적 기술 등이 포함된다. 예를 들어 직업훈련프로그램에 있는 훈련생들에게 직업기술이나 교육을 제공하는 것들이 모두 행동이라고 할 수 있다. 활동 또는 행동은 형성평가(과정평가라고도 불린다)의 주요 중심주제이다.
- **산출**(outputs): 산출은 행동에 의해서 직접적으로 나타나는 행동의 산물로서 성취된 작업의 양에 의해서 측정된다. 따라서 사람의 숫자, 제공된 상담회수 같은 것들이 산출에 포함된다. 하지만 산출은 모두 성과를 성취하지는 않는다. 예를 들어 알코올중독자치료상담프로그램에 참여한 모든 참가자들이 프로그램의 상담에 참여했다고 해서 모두 알코올중독의 문제에서 벗어나는 것은 아니며 프로그램이 종결된 후 다시 알코올중독자로 돌아가

는 사람들도 존재한다. 산출은 원하는 또는 갈망하는 혜택이나 참가자들의 변화를 인도하기 때문에 매우 중요하다고 할 수 있다.

• **결과**(outcomes): 결과는 사업이나 서비스의 행동에 참가한 이후에 또는 동안에 나타나는 개개인들이나 집단들에 대한 혜택이나 변화를 의미한다. 간략히 말하면 사업이 이루려 했던 또는 갈망했던 결과라고 할 수 있다. 결과는 산출에 의해 영향을 받는다. 결과는 사업에 참석한 참가자들이 성취하려는 또는 바꾸려는 **행동, 지식, 기술, 태도, 조건, 지위** 등과 연관이 있다. 기관은 그들의 client들이나 지역주민(나아가서는 지역)이 특정한 방식으로 변화되는 것을 추구한다. 이러한 변화는 기관의 투입, 행동, 그리고 산출의 마지막 단계에서 갈망하는 결과라고 할 수 있다.

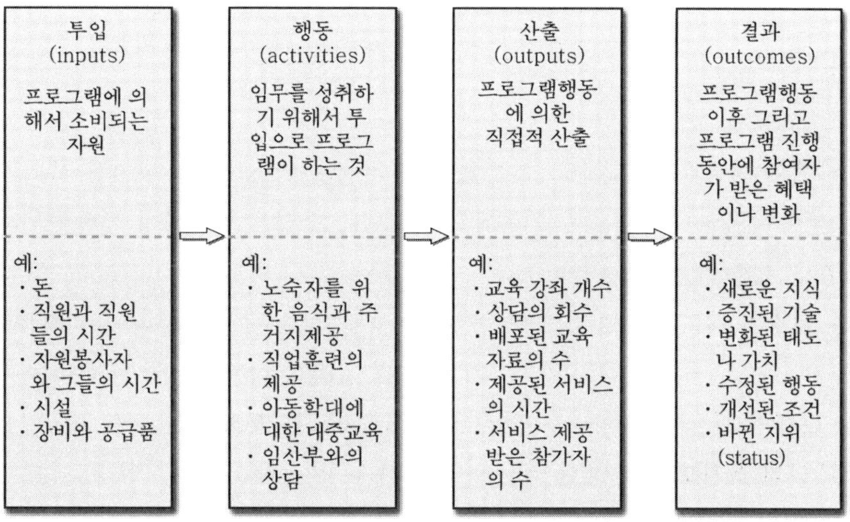

〈그림 7-1〉 투입, 행동, 산출, 결과의 개요

2) 성과(performance)

결과와 달리 성과는 프로그램이나 사업의 전체 과정에 대한 수행능력을 의미하기 때문에 성과는 투입과 결과까지의 프로그램이나 사업의 전 과정을 수행해나가는 능력을 나타낸다. 보다 구체적으로 성과는 자원(투입)을 활동과 산출로 연계하고 나아가 성과와 조직이나 사업의 기대된 목적을 연계시키는 것을 의미한다. 따라서 성과란 기대된 결과대비 실제 성취한 결과와의 비교를 통해서 그 능력이 입증된다고 할 수 있기 때문에 결과보다 사업의 전 과정을 이해하고 사업의 전 과정이 계획된 목적이나 또는 기대하는 성취결과를 얼마만큼 어떻게 성취하였는지를 보여준다고 할 수 있다. 결국 성과란 사업전체의 이야기를 의미한다고 할 수 있다. 따라서 성과에는 결과가 포함된다고 할 수 있으며 결과가 증가하면 할수록 사업의 성과는 개선된다고 할 수 있다.

특히 성과는 개인적 용어와 조직적 용어로 모두 사용할 수 있는데 이는 성과가 그 속성상 인간의 행동과 성취된 결과로 이해될 수 있다는 것을 의미한다(Cardy, 2004). 행동으로서의 성과는 고용인이 직무를 수행하고 다양한 과업에 대한 활동을 하기 때문에 고용인중심으로 이해한다면 어떻게 고용인이 과업을 행하는가(과정)가 성과라고 할 수 있다. 결과로서의 성과는 관리자의 입장에서 목적이 성취되었는가(결과) 또는 무엇이 성취되었는가를 수행력기준으로 활용한다는 것을 의미한다. 따라서 성과는 고용인의 과업에 대한 수행과정과 조직적 입장에서 기대된 결과의 성취로서 성과를 모두 강조하는 개념이라고 할 수 있기 때문에 결국 개인적 수준과 조직적 수준을 포함하는 개념임을 알 수 있다.

2. 성과관리 배경

우리나라에서 성과관리는 영어로 performance management를 의미한다. 기본적으로 성과관리는 신보수주의관리기법으로 인식되고 있으며 효율성이나 효과성 개선중심의 일반기업관리기법을 강조하는 신공공관리(new public management)에서 기원한다. 영국의 경우는 성과와 산출에 대한 측정을 강조한 재정관리주도(Financial Management Initiatives)가 출범한 1980년대 초(정확히 대처정권하의 1982년) 그리고 미국의 경우는 1993년 연방정부수행력과 결과에 관한 법률(the Federal Government Performance and Results Act of 1993, GPRA)의 통과로 인해 더욱 강조되어온 관리기법이라고 할 수 있다. 성과관리는 일반적으로 사회복지지출의 재정적 책임성에 대한 중요성이 등장한 1970년대 후반부터 성과(또는 수행력)에 대한 중요성이 등장하면서 강조되었으며 특히 미국의 경우 빈곤과의 전쟁이후 수많은 국가재정의 복지지출에 대한 재정적 효과를 입증하는 것을 강조해온 정치가들에 의해 특히 강조되어 정치적 영향력에서 완전히 자유롭지 못한 관리기법이라고 할 수 있다. 특히 사회복지분야에서 성과관리는 복지지출에 대한 효율성과 효과성을 강조하게 되는데 이는 복지사기와 낭비(waste) 그리고 민영화 등과 같은 단어들이 복지지출을 효율적으로 줄이도록 하는데 있어 특히 강조되고 있기 때문이다. 따라서 성과관리는 효율적이고 효과적인 관리방법으로서 복지혜택에 대한 자격심사강화를 통한 사기예방, 낭비적 요소의 제거 그리고 국가사업의 민영화를 통한 재정축소 등을 통하여 정부의 총지출을 줄이도록 하여 세금감소와 같은 효과를 가져다준다는 특징을 갖는다. 따라서 보수주의 정치가들에 있어 세금을 축소하는 효과가 있는 성과관리는 매력적인 관리기법이라고 할 수 있다.

3. 성과관리의 개념

성과관리는 계획된 목적을 성취하기 위한 진행사항을 사정하는 과정을 의미하며 성과관리는 미래의 성과를 개선시키기 위하여 노력하는 것이라고 할 수 있다. 조직발전의 측면에서 성과란 기대된 결과대비 실제 성취한 결과를 의미하며 기대된 결과가 성취한 결과보다 높으면 성과에 문제가 있는 것으로 볼 수 있으며 **성과개선**(performance improvement)은 이러한 차이를 줄이는 것이라고 할 수 있다. 미래의 성과개선은 과거와 현재의 성과에 대한 정확한 사정을 필요로 한다고 볼 수 있다(Cardy, 2004). 따라서 성과관리는 과거와 현재의 성과에 대한 정확한 사정을 바탕으로 계획된 목적을 성취할 수 있도록 노력하는 즉, 성과개선을 만들어내는 과정이라고 정의할 수 있다. 또한 **성과관리의 목적**은 조직의 목적과 성과를 성취하는 것에 있으며 이러한 목적을 성취하기 위한 성과관리의 구체적 목표로는 첫째, 자원의 할당, 둘째, 성과 증진, 셋째, 책임성 개선을 들 수 있다(Management Advisory Committee, 2001; Bouckaert and Halligan, 2006). 위와 같은 목적과 목표를 수행가능 하도록 하기 위해 성과관리는 첫째, 결과와 목적, 둘째, 결과와 목적을 성취하기 위해 필요한 통합전략과 같은 수단, 셋째, 성과측정의 활용, 넷째, 책임성에 대한 유지 등이 필요하다(Bouckaert and Halligan, 2006).

Cardy(2004)는 성과관리과정을 7단계로 구분하여 설명하였는데 그에 따르면 성과관리란 현 성과의 확인, 진단, 평가, 환류, 환류처리, 성과개선 그리고 미래의 성과로 이루어진다고 한다. 성과관리를 그림으로 나타내면 다음과 같다.

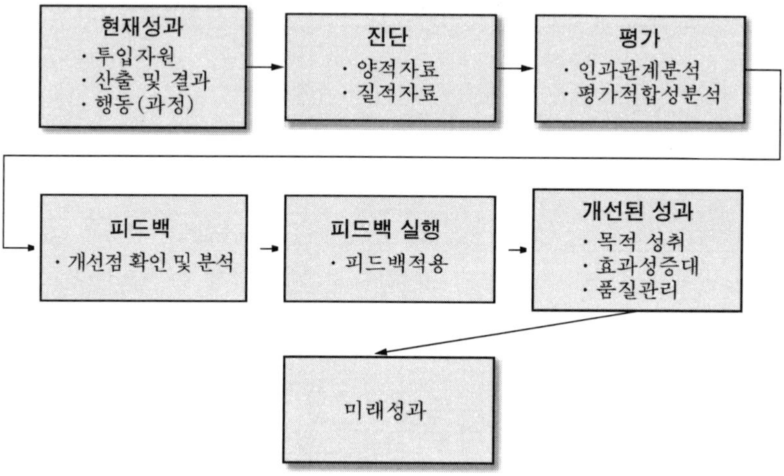

자료: Cardy(2004: 4) 그림 1-1에서 수정

〈그림 7-2〉 성과관리체계 흐름도

보다 구체적으로 로직모델을 적용하여 거시적인 사업이나 정책의 수준에서 성과관리의 예를 그림으로 나타내 보면 다음과 같다.

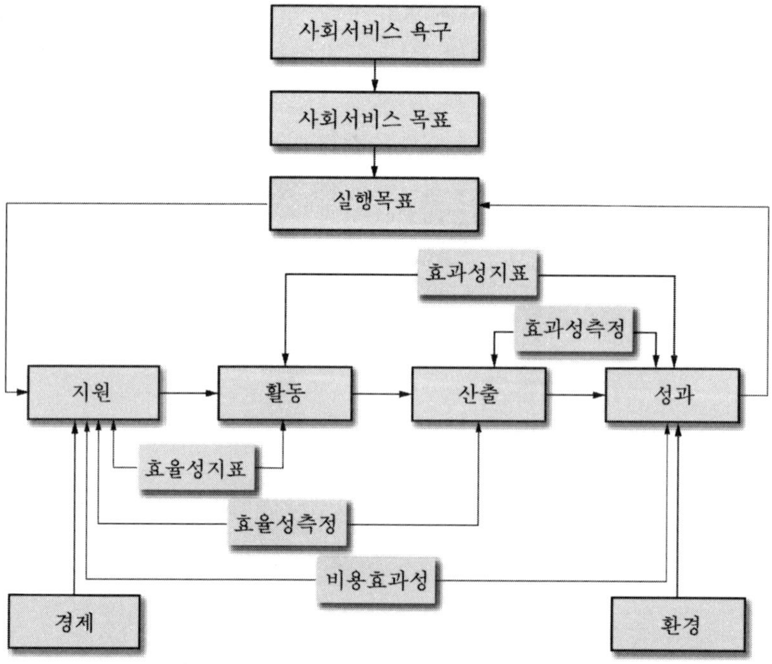

〈그림 7-3〉 로직모델에 기초한 사회서비스 성과측정을 통한 관리과정

위와 같이 체계주의적 관점(로직모델적용)에서 성과관리의 전체과정을 투입(자원)에서 행동(활동)그리고 산출과 결과(효과)로 구분하여 각각의 요소에 대한 분석을 시도하게 되면 결국 프로그램이론의 적용에 따른 로직모델(logic model)의 적용과 논리적으로 유사함을 발견할 수 있다. 하지만 성과관리는 위의 그림에서 보는바와 같이 비용대비 효율성과 효과성을 보다 강조하며 이에 대한 측정이 주된 관리의 목적이라고 한다면 로직모델은 각 요소별 측정이 요소와 요소사이의 인관관계를 보다 강조하며 전체 시스템의 수행능력을 사회문제분석에서부터 시작하여 목적성취를 이루었는가를 강조한다는 것이 차이점이라고 할 수 있다.

4. 성과측정과 성과관리

성과측정이란 프로그램 또는 나아가 제도나 정책에 의해서 제공된 재화와 서비스의 효과성, 효율성, 양, 질 등을 체계적으로 평가하는 것을 의미한다(Ammons, 2003).

Poister(2003)는 성과측정이 산출, 효율성, 생산성, 서비스질, 효과성, 비용효과성 그리고 소비자만족의 지표를 포함하는 것이라고 하였으며 Martin과 Kettner(1996)는 사회복지프로그램에 있어 성과측정은 효율성, 서비스품질, 효과성을 사정하는 것이라고 정의하였다. 따라서 성과측정은 단순히 얼마만큼의 작업이 수행되었으며 얼마나 많은 서비스가 제공되었는지를 나타내는 것이 아니라 얼마나 효율적으로 서비스가 제공되었는지, 서비스를 제공받은 사람에게 서비스의 영향력은 어떠했으며 서비스의 질은 어떠했는지 등을 밝히는 것이라고 할 수 있다. 따라서 성과측정은 사회복지서비스의 전달을 돕고 서비스를 개선시키기 위한 도구로서 역할을 수행한다(Holzer and Kloby, 2005). 아래의 그림은 성과측정의 과정을 그림으로 나타낸 것이다.

성과를 측정하기 위해서는 효과성, 효율성, 생산성(서비스 양), 서비스품질, 이용자만족 그리고 비용효과성과 같은 수행능력의 분야를 측정하여야 하기 때문에 성과측정은 결국 이러한 수행능력분야에서 측정지표를 활용하고 관찰하고 정의하는 과정이라고 할 수 있다(Poister, 2003). 성과를 측정하는 분야는 효과성이나 효율성 그리고 품질과 같이 프로그램의 요소로 보았을 때 투입이나 행동의 측정보다는 투입과 행동에 따라 나타나는 산출과 결과를 측정하기 때문에 투입과 행동에 따라 나타나는 산출과 결과와의 관계 즉, 원인과 효과의 인과 관계의 분석에 초점을 맞춘다. 결국, 사업의 요소를 투입과 행동, 산출 그리고 결과로 분류할 때 사업의 성과를 측정하는 성과측정요소는 산출과 결과에 집중되어 있다고 할 수 있으며 이는 프로그램이론[6]상 제공된 서비스(산출)가 영향을 미쳐 client 또는 이용자가 어떠한 변화(결과)를 가져다주었는가에 대한 강조를 의미하는 것이라고 할 수 있다. 하지만 성과측정이 산출과 결과를 측정한다고 해서 투입과 행동이 완전히 배제된다는 것을 의미하는 것은 아닌데 이는 투입과 행동이 산출과 결과를 낳도록 하는 그리고 사업운영의 기본 토대를 형성하는 요소이기 때문이다.

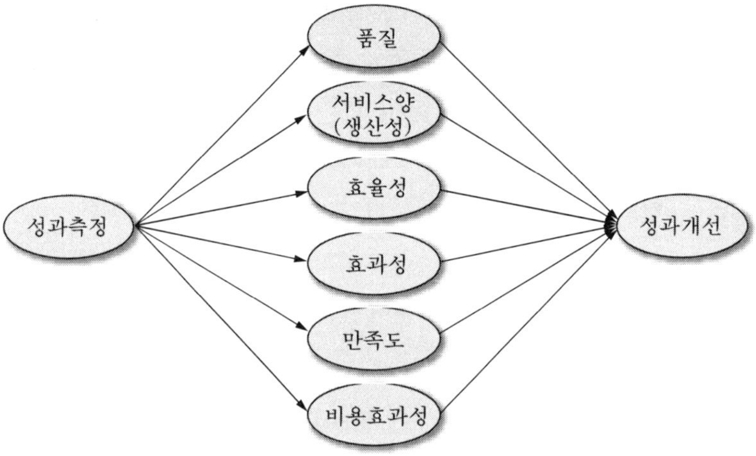

〈그림 7-4〉 성과 측정과정

결과와 성과측정은 매우 밀접한 연관을 맺고 있는데 이는 수행능력이 향상 또는 개선되었는지를 알 수 있기 위해서는 결과를 측정하여야 가능하기 때문이다. 이러한 측면에서 성과측정은 수행능력개선을 위한 하나의 도구로서 작동하게 된다. 따라서 성과를 강조하는 관리적 측면에서 수행력의 개선내지는 향상을 객관적으로 알 수 있는 측정(measurement)의 문제는 곧 성과에 있어 핵심적인 내용이 된다. 이는 하나의 관리모델로서 성과측정이 모든 관리체계의 구성요인이라는 것을 의미하는 것이기도 하다. 이러한 의미에서 성과를 관리하는 유일한 방법은 성과측정이라고 할 수 있다. 일반적으로 성과관리는 조직이나 사업이 설정한 목적을 성취할 수 있도록 돕는 것을 강조한다. 모든 조직은 조직설립의 목적을 가지고 있으며 목적을 가지고 있지 않는 조직이나 사업은 존재하지 않는다고 할 수 있으며 이러한 조직이나 사업이 설정한 목적을 성과로서 성취할 수 있도록 돕는 것은 바로 성과관리의 핵심적 부분이 된다.

6) 프로그램이론은 사업이나 프로그램이 원하는 결과를 성취하기 위해 수행된 일련의 행동들에 대한 대강의 밑그림이라고 할 수 있다. 프로그램이론은 크게 서비스이용계획(service utilization plan), 조직적 계획(organizational plan) 그리고 영향력 이론(impact theory)의 세 가지로 구성되어 있다(보다 제세한 설명은 지은구(2005) 사회복지프로그램개발과 평가를 참조할 것)

효과성과 효율성을 강조하는 재정적 책임성의 시대와 결부하여 등장한 **성과관리**(performance management)는 프로그램이나 사업 그리고 조직관리의 측면에서 효율성과 효과성을 강화하기 위해서 성과를 측정하여야 한다는 점이 강조되는데 이는 미국에서 1993년에 입안된 GPRA(the Federal Government Performance and Results Act of 1993)의 논리이기도 하다. GPRA는 연방기관과 프로그램들이 전략적 기획과 수행력측정시스템을 개발하도록 하는 것을 요구하였다. GPRA의 가장 확실한 의도는 결과와 서비스질 그리고 이용자만족을 증진시켜서 정부관리, 프로그램효과성, 대중에 대한 재정적 책임성, 그리고 대중의 신뢰를 개선시키는 것이라고 할 수 있다(Holzer and Kloby, 2005). 결국, 앞에서도 지적한 바와 같이 신공공관리의 측면에서 성과측정은 기본적으로 정부의 (재정적)책임성을 보장하는 한 방법이며 효과적 관리를 위한 한 도구라고 할 수 있다.

성과측정을 강조하는 논리는 결국 성과를 측정하기 위한 객관적인 기준이나 지표 또는 표준 등에 관한 문제가 성과측정 나아가 성과관리에 있어 매우 결정적이라는 것을 의미하며 객관적인 기준이나 지표 또는 표준 등이 설정되어 있지 않은 경우에 성과측정을 통한 효과성이나 효율성의 개선 등은 매우 논쟁적일 수밖에 없는 한계를 갖게 된다(지은구, 2005). 따라서 성과측정은 정확한 측정도구가 있어야 가능하다. Hatry와 Fisk(1992)는 성과측정도구가 추구하여야 하는 8개의 전략을 제시하였는데 그 전략들은 다음과 같다.

① 목적 설정 및 결과 측정
② 필요한 자원의 추정 및 확인
③ 자원의 재할당
④ 조직개선전략의 개발
⑤ 성과를 증진시키도록 직원들의 동기를 고취시킴
⑥ 실행(운영)과정의 통제
⑦ 과중한 업무부담이나 과소한 업무부담기간의 예측
⑧ 측정을 위한 더욱 정교한 능력의 개발

Holzer와 Yang(2004)는 성과측정도구가 추구하여야 하는 위의 8전략 중 4개의 전략을 수용한 후 새롭게 5개의 전략을 추가하여 다음과 같이 총 9개의 전략을 제시하였다.

① 목적 설정 및 결과 측정

목적을 정확히 하고 이 목적을 성취하기 위하여 계획을 작성하고 설정된 계획이 기대하는 결과를 창출할 수 있도록 하는 것이 중요하다.

② 필요한 자원의 추정 및 확인

과거 지출에 의존한다든지 어림짐작으로 필요한 자원을 측정하기보다 재정기획을 통하여 체계적이며 객관적이고 정확한 자원추정이 필요하다.

③ 자원의 재할당

성과측정이 자원의 효율적 배분을 강조하기 때문에 비용을 줄이는 것을 통하여 다른 부분으로 자원의 할당이 가능하게 된다.

④ 조직개선전략의 개발

성과측정은 프로그램이나 조직에 내재해 있는 문제를 표면으로 부상시키며 문제를 극복하고 해결할 수 있는 전략을 통해 개선된 생산성을 확보할 수 있다.

⑤ 성과측정하기

성과측정도구는 조직이나 프로그램의 효율성, 효과성, 결과, 산출 등을 측정하여야 한다. 성과측정도구는 기관이 효과적으로 필요한 자원을 측정하는 것을 허락한다.

⑥ 품질을 관리하기

질을 관리하는 것은 곧 이용자에 초점을 맞추는 것을 의미한다. 제공되는 서비스에 대한 질의 보증은 매우 중요하다.

⑦ 인적자원의 개발

질을 관리하기 위한 한 방법이 또한 인적자원을 개발하는 것이라고 할 수 있다. 질을 강조하는 관리자는 직원들에게 체계적인 훈련과 원조프로그램을 제공함으로써 직원들이 항상 최선을 다할 수 있도록 노력한다.

⑧ 기술의 수용

생산성을 개선하기 위해서 관리자는 새로운 기술의 수용을 두려워하지 말아야 한다. 비용효과성을 창출하기 위해서 새로운 지식과 기술의 도입은 조직의 목적성취를 앞당길 수 있다. 기술을 잘 활용하면 이용자의 욕구에 응답을 하기 위한 정보와 서비스 그리고 자료 등으로의 접근가능성이 훨씬 증대될 수 있다.

⑨ 파트너십의 건설

성과를 증진시키기 위하여 조직은 지역주민이나 다른 조직 또는 자원활동가 등과 협력을 위한 파트너십을 형성하는 것이 중요한데 이는 협력이 조직의 성과를 개선시키는데 도움을 주기 때문이다.

5. 성과측정과 성과지표

로직모델에 기초하여 성과를 관리하기 위해 성과를 측정하게 되는 경우 성과측정은 크게 투입측정, 활동(처리과정)측정, 산출측정, 결과측정 그리고 목적의 성취정도를 나타내는 효과성측정과 효율성측정 등으로 나누어진다(Julnes, 2003). 또한 성과를 관리하기 위해 성과를 측정할 때 지표가 필요하게 되며 이를 **성과지표**(performance indicator)라고 부른다. 따라서 성과지표는 사회서비스사업이 해결하려고 하는 사회문제의 분석에서부터 목적과 목표에 대한 확인 그리고 성과의 확인을 통해 사업이 달성하려 하였던 목적이 어느 정도 달성되었는지를 판단하기 위한 지표로 사용된다. 즉 성과지표란 이미 지적한 바와 같이 사업의 전체 과정에 대한 수행능력을 판단하기 위해 사용하는 지표를 의미하기 때문에 성과지표는 투입과 결과까지의 전 과정을 수행해 나가는 능력을 나타낸다. 보다 구체적으로 성과는 자원(투입)을 활동과 산출로 연계하고 나아가 결과와 조직이나 사업의 기대된 목적을 연계시키는 것을 필요로 한다. 로직모델을 적용하여 단계별로 구분하면 소비자의 성과지표는 투입지표, 행동지표, 산출지표 그리고 결과지표로 나누어지며 여기에 성과관리의 목적이 효율성과 효과성의 측정을 통한 조직이나 프로그램의 수행능력개선을 지향하기 때문에 효과성측정을 위한 지표와 효율성측정을 위한 지표들이 모두 포함될 수 있다. 로직모델을 적용하여 성과관리의 전 과정을 그림으로 나타내면 다음과 같다.

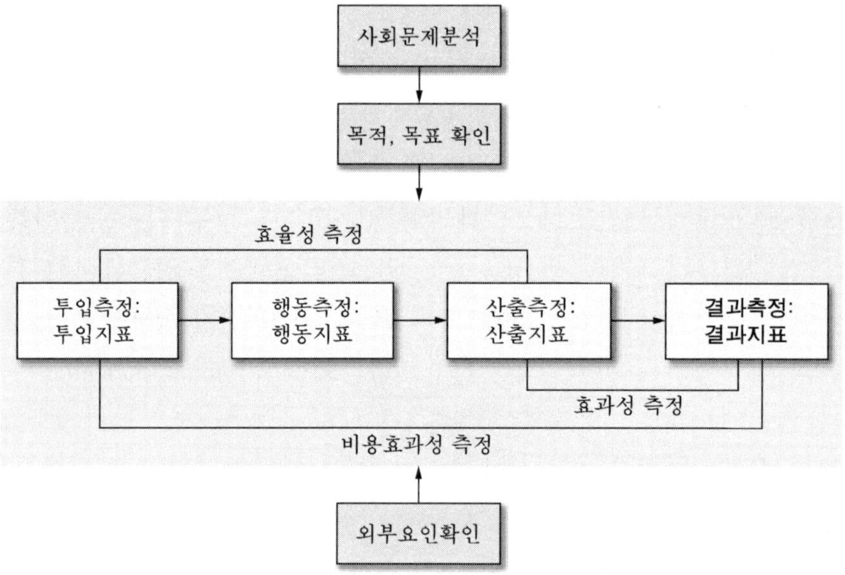

〈그림 7-5〉 로직모델에 기초한 성과측정

성과관리를 위해 측정하여야 하는 위의 요소 외에 성과측정은 서비스의 품질과 이용자의 만족도 등 서비스품질 측정요소에 포함된다. 각각의 성과측정요소들에 대하여 살펴보면 다음과 같다.

1) 투입측정과 투입지표

투입은 목적을 성취하기 위해 소비되고 제공되는 자원을 의미하며 비용, 직원, 시간, 재료(대상자) 등 인적 물적 자원을 모두 포함한다. 인적 물적 자원 등의 투입지표(input indicator)는 서비스를 제공하기 위해 제공되는 노력의 양을 설명해주며 책임성을 평가하는 데 있어 매우 중요한 기초 자료의 역할을 수행한다. 투입지표는 자원지표(resource indicator)와 동일한 의미로 사용된다. 측정 가능한 투입지표의 예는 다음과 같다.

〈표 7-3〉 투입지표의 예

투입지표	- 참여한 직원들의 숫자 - 들어간 비용 - 참여한 대상자의 숫자 - 제공될 총 시간 - 서비스제공을 위해 필요한 장비나 시설

2) 행동측정과 행동지표

행동(또는 활동)은 목적을 성취하기 위해서 사업이 행하는 것을 의미하며 활동을 측정하기 위해 활용할 수 있는 행동지표(activity indicator)는 제공된 서비스, 행해지고 있는 작업이나 행해져야 하는 작업 등이 포함된다. 행동지표는 책임성을 입증하기보다는 사업이나 프로그램의 목적을 성취하기 위한 **관리의 흐름**을 추적하는데 도움을 준다. 결국 투입을 가지고 행동은 산출과 결과를 만들어내는 일련의 과정을 확인하는 것을 의미하기 때문에 투입이나 산출 등과 같이 측정할 수 있는 명확한 지표를 통한 확인보다는 사업이 목적을 성취하기 위해서 진행한 또는 진행하고 있는 운영과정의 확인에 더욱 초점이 맞추어져 있다고 할 수 있다. 측정 가능한 행동지표의 예는 다음과 같다.

〈표 7-4〉 행동지표의 예

행동지표	- 제공되고 있는 서비스(누가 어떤 서비스를 제공하였는가? 또는 제공하고 있는가?) - 제공되고 있는 작업(누가 어떤 작업을 수행하였는가? 또는 수행하고 있는가?) - 제공되어야 하는 서비스 또는 작업(어떠한 작업이나 서비스가 필요한가?) - 계획된 자원 및 서비스가 전달되고 있는가? - 사업의 운영이 계획한대로 진행되고 있는가?

3) 산출측정과 산출지표

산출은 행동에 의해서 직접적으로 나타나는 행동의 산물을 의미하며 궁극적으로 제공된 서비스나 마지막 재화를 나타낸다. 즉 산출측정은 사회서비스프로그램의 직접적 산물(product)을 의미한다. 산출을 측정하는 산출지표(output indicator)에는 성취된 작업의 양, 서비스에 참석한 사람의 숫자, 제공된 상담회수 등과 같은 것들이 포함된다. 예를 들어 직업훈련프로그램에서 제공된 직업훈련의 수나 취업상담건수 등이 산출측정이 가능한 지표라고 할 수 있다. 측정 가능한 산출지표의 예는 다음과 같다.

〈표 7-5〉 산출지표의 예

산출지표	- 제공된 서비스의 양(또는 수) - 참석한 대상자의 수 - 제공된 시간

4) 결과측정과 결과지표

결과는 산출의 결과물로서 사업이나 서비스의 행동에 참가한 이후에 또는 동안에 나타나는 개개인들이나 집단들에 대한 혜택이나 변화를 의미한다. 즉, 성과는 사업이 이루려 했던 또는 갈망했던 결과라고 할 수 있으며 산출에 의해 영향을 받는다. 결과를 측정하는 결과지표는 사업에 참석한 또는 서비스를 제공받은 참가자들의 행동, 지식, 기술, 태도, 조건, 지위 등의 변화를 포함한다. 결과는 로직모델에 기초하면 즉각적 결과(또는 초기결과), 중간결과 그리고 궁극적 결과(또는 장기적 결과)로 구별된다. 하지만 사회서비스영역에서 객관적으로 입증할 수 있는 결과를 측정한다는 것은 매우 제한적이라고 할 수 있다. 측정 가능한 결과지표의 예는 다음과 같다.

〈표 7-6〉 결과지표의 예

결과지표	- 개선된 태도나 행동, 기능, 감정, 인식, 상태 그리고 지위의 변화를 나타내는 각종 지표

5) 효율성 측정과 효율성지표

신공공관리에 기초한 수행력관리의 특징 중하나가 성과를 평가하는데 있어 효율성과 효과성을 강조한다는 점이다. 서비스를 제공하는 입장에서 같은 비용(자원)으로 더 많은 산출을 얻었을 경우 효율성이 증가하였다고 할 수 있기 때문에 효율성측정이란 주어진 노력이나 자원에 비해 얼마의 산출을 얻었는가를 확인한다는 것을 의미한다. 효율성은 투입의 유형과 투입의 양, 산출의 유형과 산출의 양을 수량적으로 측정할 수 있다는 것을 전제하며 수량적으로 측정 가능한 경우 효율성을 측정하는 지표로는 산출대비 투입비율 등이 있을 수 있다. 예를 들어 직업훈련 한 강좌당 들어간 비용이나 제공된 서비스 당 들어간 비용 그리고 1인의 노인이나 장애인에게 하루 동안 돌보미서비스를 위해 들어간 비용 등이 대표적인 효율성측정의 예이다. 측정 가능한 효율성측정지표의 예는 다음과 같다.

〈표 7-7〉 효율성지표의 예

효율성지표	- 산출대비 투입비율

6) 효과성측정과 효과성지표

효과성측정은 사업의 성과측정에 있어 가장 중요한 측정영역이라고 할 수 있는데 이는 효과성측정이 사업이 기대했던 또는 성취하려고 했던 목적과 목표가 어느 정도 이루어졌는지를 살피는 것이기 때문이다. 성과측정을 통해서 사업이 성취하려고 하였던 목적을 측정한다는 것은 로직모델을 적용하게 되면 사업의 단기결과(초기결과), 중간결과 그리고 궁극적 결과와 연관이 있다. 결국 효과성측정은 사업이 성취하려고 하는 기본적인 사업의 목적을 확인하는 것에서부터 출발한다고 할 수 있다.

효과성측정은 사회복지서비스사업의 효과를 양적 기준으로 측정한다는 측면에서 효율성측정과 같은 의미를 가지고 있지만 단순히 사회복지서비스사업을 위해 사용한 투입과 사업이 결과한 산출을 비용으로 환산해서 사업을 평가하는 효율성측정과는 달리 사업이 성취하려고 하는 목표들이 얼마만큼 사업을 통해서 이루어졌는지에 대한 사업의 효과를 측정한다는 측면에서 다르다고 볼 수 있다. 즉, 사업이나 프로그램을 통해서 제공된 산출이 지역주민들이나 이용자들에게 어떠한 영향을 미쳐서 사업이 의도하였던 이용자들의 태도나 지위나 지식 등의 변화가 있었는가를 확인하는 것이라고 할 수 있다. 예를 들어 직업훈련프로그램을 통해서 얼마나 많은 교육생들이 재취업을 하였는가? 또는 알코올중독자 상담프로그램을 통해서 얼마나 많은 상담자들이 알코올중독으로부터 벗어날 수 있었는가 등의 프로그램이 성취한 것들에 대한 측정을 기준으로 평가하는 것을 말한다. 그리고 **비용효과성 측정**은 비용을 기준으로 프로그램이 문제의 해결에 얼마나 효과적이었는지를 비교하는 것이다.

일반적으로 효과성 측정은 양적 측면에서 설정된 사업목표에 대해서만 효과를 측정할 수 있기 때문에 양적으로 측정되지 못하는 사업의 목표 즉, 상대적 욕구와 기대의 상이성에 기초한 개별적 욕구의 차이를 기준으로 하는 목표의 측정이 불가능하다는 결정적 결점을 가지고 있다. 즉 실업자를 위한 직업훈련프로그램에 참여한 실업자들의 목표가 일자리를 갖는 것이기도 하지만 훈련프로그램을 통해서 갖게 되는 개인의 능력에 대한 자신감의 증가, 자존감의 향상, 사회에 대한 책임감 인식의 확대, 가족생활의 안정감 증진 등의 개인적 의식구조의 개선 내지는 변화 등을 나타내는 사업목표 등은 효과성기준으로 측정하기가 매우 제한적이라고 할 수 있다.

결론적으로 효과성측정은 일반적으로 사회복지서비스사업을 설계할 때나 또는 평가할 때 많이 사용하는 기준이라고 말할 수 있다. 다시 말해 사업 설계 시에 사업이 얼마의 효과를 기대하는지를 수치를 이용하여 나타내는 데 많이 사용되고 사업 실행 후에 사업이 제공한 서비스를 통해 얼마나 많은 변화가 있었는지를 숫자로 나타내준다는 특징을 가지고 있다. 하지만 효과성 기준도 이용자들이 가지는 서비스에 대한 만족을 수치로 표현하는 효율성 기준과 마찬가지로 효과에 대한 일면적인 부분만을 나타내고 이용자들이 가지는 사회적 효과 또는 상대적 효과를 반영하지 못하고 이용자들이 가지는 내면적인 생활의 변화나 삶의 질에 대한 내면적인 효과는 측정하기가 어렵다는 점이 지적되어야 하겠다. 측정

가능한 효과성지표의 예는 다음과 같다.

〈표 7-8〉 효과성지표의 예

효과성지표	- 산출대비 결과비율 - 투입대비 성과비율(비용효과성: 예를 들어 무료독감예방접종서비스의 경우 제공된 비용을 감소한 독감발생 건수로 나누는 경우)

비용효과성측정에 대해서 좀더 구체적으로 살펴보면 다음과 같다.

■ **비용-효과성 측정**

산출 당 들어간 비용을 측정하는 효율성측정과는 달리 비용효과성측정은 결과측정(outcome measure)과 밀접한 연관이 있다. 즉 사회서비스사업에 들어간 비용에 대해서 사업이 문제의 해결에 얼마나 효과적이었는지를 비교하는 기준으로 사용하는 분석모델이 비용효과성분석이다. 다시 말해 사업의 비용에 관련해서 사업이 기대하였던 결과를 성취하였는지를 가지고 사업의 성과(수행능력)를 분석하는 방법이라고 할 수 있다. 예를 들어 직업훈련프로그램을 통해 재취업된 1인당 학생에 들어간 비용이 대표적인 비용효과성측정이라고 할 수 있다.

비용효과성분석은 비용혜택분석의 하나의 대안으로 경제학자들에 의해서 주도되었다. 다시 말해 비용혜택분석의 가장 결정적 문제점은 모든 성과를 또는 혜택을 화폐가치로 전환시킬 수가 없다는 것이었으며 이에 대한 대안으로 혜택 또는 성과를 화폐가치로 측정하지 않는 방법이 필요하게 되었던 것이다. 따라서 비용효과성분석은 비용은 화폐가치로 전환될 수 있으나 혜택은 화폐가치로 전환되기 어려운 사회서비스사업들에 대한 상대적 효율성을 측정하기 위해서 사용되는 분석방법이라고 볼 수 있다. 여기서 상대적이란 의미는 비용효과분석의 전제가 두 개 이상의 비슷한 서비스단위를 갖고 있는 사업의 효과를 비용을 가지고 비교하는 분석방법이라는 것을 나타낸다. 예를 들어 알코올중독자들이 알코올중독으로부터 벗어나는 것을 목적으로 설계된 알코올중독프로그램들의 비용효과성을 측정하기 위해서 각각의 알코올중독프로그램의 비용과 프로그램제공 후 12개월 동안 알코올을 억제한 프로그램참가자들의 비율로 측정될 수 있다. 이 경우 비용효과성은 다음과 같이 측정될 수 있다(지은구, 2008).

비용 비율(cost ratio)에 대한 효과성 = 억제한 사람들의 % / 비용

비용효과성분석은 결국 사업의 효과성을 사업이 성취하려고 했던 목적과 비용에 대한

화폐가치를 비교하는 분석방법으로서 비슷한 목적을 가지고 있는 사업들이 평가되고 그리고 비용과 관련해서 분석되는 분석방법이다. 따라서 하나의 사업이 두 개나 세 개 이상의 비슷한 영역의 사업과 비교될 수 있다. 비용효과성분석에 따라 목적성취의 상이한 정도를 획득하는데 소요된 비용과 비교함으로써 사업들의 순위를 결정하는 것이 가능해지고 비교가 가능해진다. 하지만 비용혜택분석과는 달리 혜택이 사업들을 비교하는데 있어 공통비교의 요인이 되지 않기 때문에 화폐가치로 프로그램의 가치나 공적 등을 확인할 수 없으며 또한 서로 다른 분야에서 제공되는 사업들을 비교하는 것도 불가능하다. 단지 비슷한 목적을 성취하는 것을 추구하는 사업들이나 비슷한 성과를 갖게 되는 사업들의 상대적 효율성만을 측정할 수 있게 된다.

비용효과성분석은 특히 성과를 화폐가치로 전환시킬 수 없는 비슷한 성과를 가지고 있는 사업들을 평가하기 위해서 사용하는 것으로는 좋은 방법이 될 수 있다. 하지만 이를 위한 전제조건으로서 서비스단가 또는 프로그램을 제공받는 이용자 1인당 들어가는 비용이 화폐가치로 계산되어야 한다.

7) 서비스품질측정과 품질지표

질이라는 개념은 서비스가 전달되는 과정과 산출에 가장 직접적으로 연관이 있다고 할 수 있다. 일반적으로 산출을 측정하는데 있어 가장 많이 고려하는 것이 제공된 서비스의 양(quantity)이라고 할 수 있지만 사업의 성과를 측정하는데 있어 산출의 질, 즉, 제공된 서비스의 질을 고려하는 것도 매우 중요하다고 할 수 있다. 사회서비스에서 질은 일반적으로 소요시간, 정확도, 철저성, 접근성, 편리성, 안전성 그리고 공손함 등으로 측정될 수 있다. 측정 가능한 품질지표의 예는 다음과 같다.

〈표 7-9〉 측정 가능한 품질지표의 예

품질지표	- 서비스를 제공받기 위해 대기하여야 하는 시간이 있었는가? 서비스제공 받기 위해 기다린 시간은 어느 정도였는가? - 서비스를 제공받는데 소비되는 총 시간은 어느 정도인가? - 제공되는 서비스는 표준적인 서비스인가?(또는 최소수준의 서비스인가?) - 서비스를 제공하는 기관의 직원들은 이용자들을 다루는데 있어 공손하였는가? - 서비스를 위해 작성하는 기록내용은 정확하였는가?(기록내용의 충실성 및 중복여부 등) - 공지된 서비스와 실제 제공된 서비스가 일치하였는가?

8) 서비스만족도측정과 만족지표

서비스만족지표는 제공되는 서비스의 품질을 나타내는 지표와 연관을 가지고 있지만 서비스만족지표는 품질지표와 다르게 서비스효과성을 나타내어 성과를 측정할 수 있도록 한다는데 있어 그 특징을 갖는다. 서비스만족을 나타내는데 활용할 수 있는 지표는 서비스불만건수 또는 보다 직접적으로 사업에 참여하면서 또는 서비스를 제공받으면서 느끼는 경험을 질문하는 설문조사 등이 있을 수 있다. 측정 가능한 만족도지표의 예는 다음과 같다.

〈표 7-10〉 측정 가능한 만족지표의 예

만족지표	- 서비스불만건수 - 서비스가 어떠했는가를 질문하는 만족도 조사 5점 척도 지표

제4절 재정지원방식에 따른 사회복지서비스 성과관리

1. 국가주도형방식과 성과관리

1) 국가주도형방식의 성과관리의 특성

국가가 사회복지서비스의 생산과 공급을 전적으로 책임지는 국가책임 또는 국가주도형의 보편적 사회복지서비스제공방식에 있어 서비스제공에 따른 성과를 관리하는 성과관리의 핵심은 정부의 실패와 함께 등장한 신공공관리(NPM)의 핵심적 요소인 재정적 효율성에 있다고 할 수 있다. 일반적으로 정부의 실패요인으로 지적되어온 x-비효율성이나 이기적 관료 또는 획일화된 서비스의 제공으로 인한 국민들의 다양한 서비스에 대한 욕구를 충족시킬 수 없다는 점 등으로 인하여 보수주의자들로부터 국가주도형 방식은 많은 비판을 받았으며 이러한 문제에 대한 극복을 성과관리체계구축에서 찾으려는 시도가 1980년대 이후 전 세계적인 보편화현상으로 굳어지고 있다. 특히 후기포디즘사회 등장 이후 인구노령화, 저출산, 가족해제의 심화, 양극화의 심화와 근로빈곤층의 확대 등과 같은 신 사회적 위험과 산업사회의 전통적인 사회문제인 빈곤, 건강, 약물중독 등의 결합으로 인한 사회문제의 확대재생산은 국가 사회지출을 재정한계를 위협하는 수준까지 증가시키게 되었는데, 국가는 이에 대한 대처방식으로 재정적 효율성을 강화하는 성과관리체계구축에서 찾으려고 시도하였다고 할 수 있다. 이미 앞에서 지적한 바와 같이 영국의 경우는 성과와 산출에 대한 측정을 강조한 1982년 재정관리주도(Financial Management Initiatives) 그리고 미국의 경우는 1993년 연방정부수행력과 결과에 관한 법률(the Federal Government Performance and Results Act of 1993, GPRA)의 기반 하에 성과관리체계를 구축하는 결과를 낳았다. 우리나라는 사회복지분야의 경우 성과목표와 성과지표를 통한 체계적인 성과관리보다는 각 부처의 평가담당부서와 사업담당부서가 지율평가를 실시하여 평가서를 작성하고 평가결과를 기획재정부에 제출하는 재정사업자율평가를 통해 예산낭비나 문제사업을 찾아내는 관리시스템을 2005년부터 시행하고 있다.

현 국가주도형성과관리의 특성은 성과관리의 목적인 자원의 할당, 성과증진 그리고 책임성개선에서 더욱 나아가 재정적 효율성의 개선에 초점이 맞추어져 있다고 볼 수 있다. 일반적으로 국가주도형방식의 특징은 국가가 서비스를 제공하므로 서비스의 책임성이 뛰어나다는 점과 제공되는 서비스가 공공재적 성격을 내포함으로 내용공공성을 확보할 수 있다는 점 그리고 국민들이 서비스를 이용할 수 있는 접근성이 보장된다는 점 등 주로 서비스의 형평성이 장점으로 지적될 수 있다. 따라서 국가주도형성과관리방식은 사업의 목적성취를 관리하면서 성과를 증진시키고 나아가 재정적 효율성을 개선하는 것에 주안점을 두어야 한다고 볼 수 있다.

국가주도형방식 성과관리의 핵심은 앞에서 지적되었던 성과지표들 중에서 첫째, 산출(제공된 서비스의 양), 둘째, 만족도(서비스이용자들로부터의 서비스이용에 대한 만족도조사), 셋째, 효율성(정부가 제공한 총 비용대비 제공된 서비스의 총량), 넷째 목적대비효과성 그리고 다섯째, 비용효과성 등으로 국한된다. 국가주도형방식의 성과관리에 있어 품질(표준서비스 또는 최소수준서비스제공)은 국가가 독점하여 제공한다는 특성으로 인해 관리할 필요성은 적어진다. 이는 이용자의 입장에서 제공기관이나 서비스를 선택할 수 있는 여지가 없기 때문에 질과 상관없이 정해져 있는 서비스를 제공받을 수밖에 없다는 것을 의미한다.

국가주도형의 경우 목적대비 효과성이나 비용효과성은 국가가 성과관리체계를 구축하는 과정에서 측정을 위한 논리와 지표를 개발하고 적용하기가 용이하다는 측면이 있다. 물론 사회복지서비스의 특성상 결과에 대한 계량화된 측정지표를 개발하는 것이 성과관리적 차원에서 매우 어렵다는 점은 동일한 문제점이라고 할 수 있지만 이용자들에 대한 횡단적 그리고 종단적 개입이 모두 가능하여 개별적 결과를 추적하는 것이 상대적으로 용이하다고 볼 수 있다.

〈표 7-11〉 국가주도형사업 요소별 성과관리분야의 예

	투입	행동	산출	결과
구립 어린이집	-기관의 수 -재정 -입학아동의 수 -교사의 수 -교육의 양	-교육의 내용 -불만처리과정 -제공기관의 태도 -교사의 태도	-제공된 교육의 양 -총 비용 -졸업아동의 수	아동들의 인지능력향상이나 생활이나 태도 또는 상태 등의 변화
관리여부	관리가능	관료조직의 특성으로 인하여 관리제한적	관리가능	관리가능

〈표 7-12〉 국가주도형방식의 성과관리가능영역

	성과측정가능여부	관리 및 측정대상	가능한 지표
품질	제한적	국가기관 및 이용자	표준품질 또는 최소품질의 욕구해결의 적절성 여부
만족도	가능	이용자	만족도조사 불만접수건수
서비스양	가능	국가기관	제공된 양
효율성	가능	국가기관/이용자	투입대비 제공된 양
효과성	가능	이용자	목적 성취정도
비용 효과성	가능	이용자	비용대비 목적성취정도

국가주도형방식의 품질관리는 제공되는 사회복지서비스의 국가 독점적 유형의 공공재적 성격으로 인하여 획일적인 그리고 보편적인 서비스가 제공된다는 특징을 갖고 있어 품질을 관리한다는 품질관리의 기본적 성과관리요소는 매우 제한적으로 이루어진다고 할 수 있다. 특히 국가주도형방식은 정부실패의 한 요인을 제공한 이기적 관료라는 공무원의 특성으로 인하여 서비스 제공과정이나 내용 등은 등한시될 수 있다. 결국 국가주도형방식은 다음과 같은 특성으로 인하여 사업의 **성과를 관리하는 것에 어려움**이 따르게 된다고 할 수 있다.

첫째, 사회복지서비스자체가 목적성취를 측정할 수 있는 직접적 측정지표를 찾는 것에 어려움이 있다는 점

둘째, 보편적이고 획일적인 서비스가 제공됨으로 인하여 서비스의 품질을 관리하여야 하는 필요성이 반감된다는 점

셋째, 공무원들의 관료적 성격으로 인하여 서비스의 양이나 내용 그리고 제공과정에서 나타나는 문제점을 적절히 해결하는 것이 어렵다는 점

넷째, 공적관리의 특성으로 포괄적이고 체계적인 사례관리를 통한 성과관리체계구축은 어렵다는 점

다섯째, 이용자들의 필요 없는 서비스이용을 제한할 수 있는 즉, 이용자들의 도덕적 해이를 관리할 수 있는 관리체계의 구축이 어렵다는 점

이상은 결국 국가주도형 사회복지서비스제공에 따라 나타나는 성과관리의 문제점으로 성과관리체계의 구축은 위와 같은 문제점들을 관리하는 것에 일차적인 목적을 설정하는 것이 중요하다고 할 수 있겠다.

2) 국가주도형방식의 정책적 효과

사회복지서비스를 국가주도방식으로 제공하는 경우 **국가가 기대할 수 있는 정책적 효과**는 다음과 같다.

첫째, 공공서비스의 국가적 책임성을 강화할 수 있다. 즉, 사회복지서비스의 사회적 책임에 대한 의식을 강화할 수 있다.

둘째, 보편적인 서비스가 제공됨으로 서비스의 공공성이 강화되어 특정 계층에 대한 사회적 차별을 극복할 수 있다.

셋째, 국가가 직접 서비스를 생산 공급하므로 서비스전달에 있어 국민들의 접근성이 보장된다.

사회복지서비스를 국가주도방식으로 제공하는 경우 **국민(이용자)이 기대할 수 있는 정책적 효과**는 다음과 같다.

첫째, 국민들은 차별없이 공평한 서비스를 제공받음으로 인해 사회복지서비스에 대한 접근성과 형평성을 보장받을 수 있다.

둘째, 국민들은 사회적 위험에 대한 국가책임성의 강화로 인하여 기본적 삶의 질을 보장받을 수 있는 예측 가능한 사회생활을 영위할 수 있다.

3) 국가주도형방식의 특성분석

국가주도형 사회복지서비스의 특성을 살펴보면 다음과 같다.

〈표 7-13〉 국가주도형방식의 특성비교

	국가주도형사회복지서비스
재정	국가가 직접 재정총괄
선택권	국가가 독점적으로 서비스를 제공하여 선택권은 없음
표적효율성	무임승차나 이용자의 도덕적 해이 등으로 표적효율성은 이용자보조금이나 제공자보조금방식에 비해 낮음
경쟁	경쟁없음
가치	집합적 가치 강조
협력	민간과의 협력은 거의 이루어지지 않음
거래비용	거래비용은 낮음
대상자 자기결정권	결정능력의 여부에 상관없이 모든 국민이 대상자, 하지만 일차적 대상자는 사회소외계층이며 자기 결정권은 제한적임
기관접근성	국가의 통제 하에 접근성은 비교적 높음
이용자들의 유연성	서비스 선택폭 없고 상황에 대한 대처 유연성 적음
도적적 해이	가능성 있음
국가의 제공기관관리	민간제공기관과 연관이 없어 관리여지 없음
이용자관리	이용자들에 대한 관리는 체계적으로 이루어지지 않음
이용자들의 개별성	이용자들의 개별적 특성은 고려되지 않음
사례관리	사례관리 가능성 있지만 (공무원)직원 수의 부족과 전문성의 결여로 사례관리 가능성 적음
성과관리	이용자 개인별 성과관리 및 측정 가능, 국가의 관리능력과 의지에 따라 성과관리가능성 여지 있음

위의 특성에서 나타난 바와 같이 국가주도형 방식은 관료적 특성으로 인하여 통합적 사례관리의 적용이 불가능하다는 점과 국민들의 서비스이용에 있어 도덕적 해이가 발생할 수 있다는 점 그리고 서비스의 선택권없이 제공되는 서비스를 이용하여야 한다는 점 등을 문제로 지적할 수 있다. 그러나 형평성을 강화할 수 있으며 사회연대성을 강화할 수 있고 국가의 정책적 의지에 따라 성과를 관리할 수 있는 여지가 있다는 장점을 갖는다.

4) 국가주도방식의 성과관리에 있어 정부의 역할

사회복지서비스의 생산과 공급을 전적으로 국가가 책임지고 주도하는 경우 국가는 사회복지서비스의 생산과 공급을 포함하는 전체 전달체계에서 다음과 같은 책임을 갖게 된다.

첫째, 사회복지서비스의 생산과 공급에 대한 기획과 정책결정
둘째, 사회복지재정적 측면에서의 효율성제고
셋째, 사회복지서비스 효과성의 증대

넷째, 서비스제공에 따른 국민들의 삶의 질 향상

위와 같은 정부의 책임성을 강화하기 위한 방안으로 성과관리체계를 구축하는데 있어 정부가 주안점을 두어야 하는 부분은 다음과 같다.

첫째, 서비스의 투입과 결과를 관리할 수 있는 성과관리체계의 구축여부
둘째, 서비스의 제공과정(특히, 진행과정이나 행동)을 측정하고 감독할 수 있는 성과관리체계구축여부
셋째, 서비스의 품질개선을 위한 지속적인 품질 개선방안 노력여부
넷째, 다양한 서비스개발과 평가체계구축여부
다섯째, 이용자들의 도덕적 해이 예방 방지책 개발여부
여섯째, 지속적이고 체계적인 사례관리시스템개발 및 운영여부
일곱째, 국가공무원들에게 사회복지서비스에 대한 지속적인 교육과 전문성유지 구축방안 여부

국가가 사회복지서비스를 생산하고 공급하는 경우 정부는 서비스의 다양성과 품질개선 방안 그리고 사례관리체계구축 등과 같은 부분을 강조하는 성과관리체계를 구축하는 것이 중요하다. 특히 사회적 지출에 대한 국가재정의 한계를 극복하기 위한 대안으로서 효율성을 강화하기 위하여 사업의 목적과 결과를 연동하여 각 사업의 투입과 과정 그리고 산출과 결과의 요소들의 인과관계에 기초한 성과관리체계를 구축하는 것이 중요하다. 결국 국가주도형의 경우 효율과 형평사이의 교환이 무엇보다도 중요시될 수 있으며 형평성을 유지하면서 재정적 효율성을 담보하여 사업의 성과를 목적과 연동시키는 것이 중요하다고 할 수 있다.

결국 국가주도형방식을 시행하는 경우 성과관리적 측면에서 국가는 반드시 다음과 같은 **전제조건**을 확보하고 있어야 한다.

첫째, 사회복지서비스의 생산과 공급의 기획과 결정을 위한 전문적 지식과 기술을 확보할 수 있는 전문성 강화방안이 구축되어 있어야 한다.
둘째, 서비스의 양을 질과 연관시켜 양과 품질을 관리할 수 있는 성과관리체계가 구축되

어 있어야 한다.

셋째, 서비스제공과정과 내용에 대한 검토와 관리가 가능하며 사업 전반의 각 요소들의 작동여부를 확인할 수 있는 성과관리체계의 구축이 필요하다.

넷째, 서비스의 다양성과 이용자들의 개별성을 관리할 수 있는 사례관리체계가 구축되어 있어야 한다.

위와 같은 성과관리체계가 구축되어 있지 않은 경우 국가주도형방식은 예산의 적절성에 대한 공격으로부터 자유로울 수 없다. 특히 사업목적을 결과와 연관하여 각 사업 요소별 지표를 활용하고 성과지표를 개발하고 측정하면서 사업의 내용과 과정을 통제하지 못하는 경우 재정적 효율성을 기초로 하는 전체 사업의 효과성증진은 기대할 수 없을 것이다.

2. 제공자보조금방식과 성과관리

1) 제공자보조금방식의 성과관리 특성

제공자보조금방식은 1970년대 등장한 복지혼합의 대표적 부산물로서 사회복지비스의 국가제공에 따른 전문성과 기술력의 한계를 극복하고 재정적 효율성을 일정 부분 개선할 수 있다는 장점을 가진다. 제공자보조금방식은 사회복지서비스의 생산과 공급을 민간자발적 기관의 계획 하에 서비스가 제공될 수 있도록 국가는 제공기관에게 재정을 제공하는 방식이다. 이미 복지국가가 설립되기 전부터 대부분의 국가들에게 있어서 자발적 조직을 통한 사회복지서비스의 제공은 이루어지고 있었다고 할 수 있으며 그 역사는 국가주도형방식보다 앞서 있었고 자발적 조직들의 사회복지서비스제공에 따른 지식과 기술은 비영리조직의 유연성과 개방적 특성에 따라 매우 빠르게 발전하여 왔다고 할 수 있다. 1980년대 복지혼합의 가장 큰 요인으로서 복지수렴[7)]과 복지지출축소경쟁[8)]은 높은 전문성을 가지고 있고 지역 주민들에 대한 많은 정보를 소유하고 있는 자발적 조직에게 국가가 재정을 제공하여 보다 전문성 있는 집단들이 효과적으로 사업을 운영하고 재정적 효율성을 담보할 수 있을 것이라는 기대에 의해서 발전하였다고 볼 수 있다.

사회복지서비스의 재정지원방식 중 제공자보조금방식은 성과를 관리하는 성과관리의 핵

7) 복지국가들이 포괄적인 국가복지와 재분배정책에서 탈규제와 민영화 그리고 잔여적 복지를 강조하는 현상

8) 선진복지국가들이 재정지출 증대요소들이 늘어남에 따라 재정을 축소하는 경향 속에서 특히 복지비에 대한 지출을 줄이는 현상

심적 지표들 중에서 첫째, 산출(제공된 서비스의 양), 둘째, 품질(표준서비스 또는 최소수준의 서비스제공여부 등), 셋째, 만족도(서비스이용자들로부터의 서비스이용에 대한 만족도조사), 넷째, 효율성(정부가 제공한 총 비용대비 제공된 서비스의 총량) 다섯째, 효과성과 여섯째, 비용효과성을 모두 국가가 직접관리하기보다 간접적인 방식으로 서비스 제공기관을 성과평가하는 방식으로 관리가 이루어진다는 특징이 있다. 즉, 국가는 제공기관에 제공된 재정의 책임성을 강화하고 보다 효과적인 사업이 진행되고 있는가를 관리 감독하기 위한 성과관리체계를 구축하여 주기적으로 제공기관의 사업성과(performance)를 관리하고 평가하게 된다. 제공자보조금방식에 있어 재정적 책임성은 일차적으로 국가에게 있지만 재정을 지원하고 난 후 사용할 재정에 대한 계획은 제공기관에게 있기 때문에 국가는 제공기관에 대한 재정적 책임성을 강화하고 제공기관이 제공한 서비스의 효과성과 효율성을 개선시키기 위한 성과관리체계구축에 초점을 맞추게 된다. 결국 국가의 성과관리체계는 서비스를 제공받는 이용자에 초점이 맞추어 있다기보다 서비스전달체계인 제공기관에 맞추어져 있다고 볼 수 있다. 따라서 제공자보조금방식의 성과관리는 혜택의 직접적 당사자인 이용자가 아닌 재정보조를 받는 제공기관에 대한 간접적 성과관리체계를 의미한다. 제공자보조금방식의 사업요소별 성과관리분야는 다음과 같다.

〈표 7-14〉 제공자보조금방식 사업 요소별 성과관리분야

	투입	행동	산출	결과
제공기관	-제공되는 서비스의 양 -재정 -제공기관의 수 -제공인력 등	-서비스의 내용 -불만처리과정 -제공기관의 태도 -직원의 태도 등	-제공된 서비스의 양 -총 비용 등	이용자들의 생활이나 태도 또는 상태나 인식 등의 변화
관리여부	직접적 관리보다는 제공기관을 통한 간접적 관리	직접적 관리보다는 제공기관을 통한 간접적 관리	직접적 관리보다는 제공기관을 통한 간접적 관리	직접적 관리보다는 제공기관을 통한 간접적 관리

제공자보조금방식의 성과관리의 특징은 성과를 구성하는 대부분의 영역에서의 측정이 가능하지만 국가가 직접 성과정보를 이용자들로부터 얻는 것이 아니라 제공기관을 통해서 수합된 정보를 바탕으로 성과를 측정한다는데 있다. 결국 제공자보조금방식의 성과관리는 국가의 성과관리체계구축의 여부와 성과측정에 대한 지식과 기술의 정도 그리고 성과관리에 대한 의지의 정도에 따라 결정될 수밖에 없다. 또한 간접적 방식으로 제공기관이 수합한 정보는 제공기관의 사회복지서비스에 대한 책임성정도와 사회적 목적의지에 따라 그 내용이 달라질 수 있다. 특히 재정적 효율성을 강화한다는 목적으로 이루어지는 성과관리는 제공기관의 재정지출에만 초점을 맞추게 되어 전체 제공기관과 제공기관이 제공하는

사업 그리고 이용자들에 대한 평가요소별 내용들을 왜곡할 가능성이 있어 제공기관에 대한 성과관리는 투입과 행동 그리고 산출과 결과의 성과 전반에 대한 측정을 기반으로 이루어져야 할 것이다.

〈표 7-15〉 제공자보조금방식의 성과관리가능영역

	성과측정가능여부	관리 및 -측정대상	가능한 지표
품질	가능	제공자/이용자	표준품질 또는 최소품질 준수여부
만족도	가능	이용자	만족도조사, 불만접수건수
서비스양	가능	제공자/이용자	제공된 양
효율성	가능	제공자/이용자	투입대비 제공된 양
효과성	가능	제공자/이용자	투입대비 결과(목적대비 성취정도)
비용효과성	가능	제공자/이용자	비용대비 목적성취정도

결국, 제공자보조금방식의 성과관리는 국가의 성과관리체계의 구축에 따른 성과요소별 측정에 기초하여야 하며 관리의 목적은 재정적 효율성과 함께 성취하려는 목적에 대한 총체적 기관활동 전반에 대한 성과를 측정하는 형성 및 합계평가를 통해 이루어질 수 있다. 이를 위해서는 성과측정을 위한 논리를 세우고 그 논리를 바탕으로 성과요소별 측정지표들을 설정하여 성과를 관리하는 것이 가장 바람직한 방향이라고 할 수 있으며 수많은 제공기관의 성과 전 영역의 성과관리를 전담하는 기구를 운영하는 것도 보다 체계적인 성과관리를 위하여 바람직하다고 할 수 있다. 제공자보조금방식의 성과관리가 어려운 이유를 살펴보면 다음과 같다.

첫째, 사회복지서비스영역은 수많은 제공기관들이 수많은 사업을 통해서 서비스를 제공하는 영역으로 모든 제공기관의 수행능력을 포함하는 성과를 관리한다는 것이 현실적으로 어려움이 있다.

둘째, 국가는 제공기간들에 대한 성과관리에 있어 제공기관들로부터 한번 취합된 자료를 중심으로 성과를 관리하여야 하기 때문에 간접적인 정보를 중심으로 성과를 관리함으로 인하여 나타나는 정부정책의 현장적용에 대한 유연성이 떨어진다.

셋째, 투입요소(특히 재정)와 행동요소(제공기관의 활동)에 대한 지속적인 관리가 제공자보조금방식에서는 현실적으로 어려우며 일회적인 지도 관리만이 가능하다. 이를 극복하기 위하여서는 체계적인 성과관리를 위한 체계를 구축하여 적용하여야 하지만 인력과 예산 등의 이유로 체계적인 성과관리체계가 구축되어 있지 못하여 일회적인 성과측정을 통한 관리에 중점을 두고 있다.

이러한 간접적으로 제공기관으로부터의 정보를 토대로 하는 성과 전 영역의 요소들을 측정하여 관리하는 제공자중심의 성과관리의 문제점으로 인하여 정부는 간접적으로 보다 체계적이고 성과지향적인 관리체계를 구축하기 위한 다양한 방법들을 시도하게 된다.

2) 제공자보조금방식의 정책적 효과

사회복지서비스를 제공자보조금방식으로 제공하는 경우 국가가 기대할 수 있는 정책적 효과는 다음과 같다.

첫째, 보다 전문적인 서비스가 민간제공기관을 통해서 제공됨으로 인하여 서비스의 내용 및 질의 향상효과

둘째, 국가주도형서비스제공방식에 비하여 향상된 서비스의 효과성

셋째, 이용자들의 개별적 특성을 고려한 제공기관의 책임있는 사례관리의 가능성 증대

넷째, 사회복지서비스에 대한 전반적 국가 관리기능의 축소에 따른 재정효율성 증대효과

사회복지서비스를 제공자보조금방식으로 제공하는 경우 국민(이용자)이 기대할 수 있는 정책적 효과는 다음과 같다.

첫째, 제공기관을 통한 개별적인 이용자들의 특성이 고려되어 보다 욕구사정 및 욕구중심적 문제해결이 가능하게 된다.

둘째, 국민들의 서비스이용 접근성이 강화된다.

셋째, 국가주도형 서비스보다 전문적이고 체계적인 서비스를 제공받을 수 있어 서비스에 대한 만족도가 향상될 수 있다.

3) 제공자보조금방식의 특성비교

제공자보조금방식의 특성을 살펴보면 다음과 같다.

〈표 7-16〉 제공자보조금방식의 특성

	제공자보조금방식의 사회복지서비스
재정	복지재정에 대한 통제권이 제공기관에 대한 간접적 통제방식으로 전환됨
선택권	제공기관이 서비스를 제공함으로 서비스독점현상이 없어지지 않음
표적효율성	제공기관의 기획 및 욕구사정에 따른 서비스의 제공으로 표적효율성은 높음
경쟁	경쟁보다는 협력과 조정이 강조됨
가치	지역주민공동체주의나 연대와 화합의 지역가치가 강조됨
협력	기관간의 직원들 사이의 주민들 사이의 협력이 강조되어 다양한 조직들이 등장함
거래비용	거래비용은 낮음
대상자 자기결정권	국민들의 자기결정권과 상관없이 모든 국민이 대상자이지만 일차적인 집단은 사회소외계층임. 대상자들의 자기결정권은 제한적임
기관접근성	제공기관의 홍보와 마케팅의 강화로 접근성 높음
이용자들의 유연성	서비스선택폭이 없고 기관이 정해주는 서비스를 제공받아 이용자들이 스스로 서비스를 관리하는 유연성은 낮음
도적적 해이	제공기관의 도덕적 해이가 발생할 수 있음
국가의 제공기관관리	국가의 제공기관관리는 성과관리의 일차적 목적임
이용자관리	이용자관리는 주로 제공기관을 통해서 이루어지며 이에 따른 국가의 복지정책에 대한 국민들의 복지체감도는 낮음
이용자들의 개별성	이용자들의 개별적 특성이 고려됨
사례관리	제공기관들이 국민들의 개별적 상화이나 특성을 고려한 서비스를 제공할 수 있어 지속적이고 안정적인 사례관리가 제공될 가능성 있음
성과관리	국가는 제공기관을 통한 간접적인 방식으로 성과를 관리하여야 한다는 단점이 있음

위에서 살펴본 바와 같이 제공자조보조금방식으로 서비스가 제공되는 경우 국가의 관리는 제공기관을 통한 성과관리가 중심일 것이며 이용자들에 대한 국가의 관리는 간접적 방식으로 전환된다. 따라서 성과관리는 제공기관에게 그리고 사례관리는 제공기관에서 이루어진다는 특징을 갖는다. 국가의 사회복지서비스에 대한 재정책임은 국가주도형방식보다 상대적으로 줄어들지만 제공기관에 대한 성과관리가 철저하게 이루어지지 않는다면 결국 일차적 재정책임은 정부에게 있음으로 인하여 책임을 면할 수 없게 된다. 결국 제공자보조금방식의 특성은 복지서비스에 대한 국가의 재정적 책임이 간접적으로 성과관리를 통한 효율성과 효과성을 강화하는 방향으로 이루어질 수밖에 없지만 이용자들에 대한 서비스는 전문성이 강화되고 개별적 특성이 고려되는 방향으로 전환된다는 점이라고 할 수 있다.

4) 제공자보조금방식의 성과관리에 있어 정부의 역할

제공자보조금방식은 국가 관리적 측면에서 제공기관에 대한 성과평가의 중요성을 증대시켰다. 이는 제공기관에 대한 재정보조에 대한 재정적 책임성을 강화한다는 측면에서 이루어지고 있는 보편적 현상이라고 할 수 있다. 제공자보조금방식은 관리적 측면에서 제공기관의 도덕적 해이발생과 이용자들로부터 직접적인 성과를 수집할 수 없다는 문제점을 갖고 있어 제공자보조금방식의 성과관리적 측면에서 정부가 주안점을 두어야 하는 부분은 다음과 같다.

첫째, 제공기관의 재정지출관리
둘째, 제공기관의 이용자관리
셋째, 제공기관의 서비스 품질 관리
넷째, 제공기관의 도덕적 해이 통제
다섯째, 사회복지서비스전달체계 전반에 대한 국가 기획능력 향상

제공자보조금방식의 가장 큰 문제점은 이용자중심의 사례관리는 이루어지고 이용자들의 서비스접근성은 강화되지만 제공기관의 재정적 책임을 강화할 수 있는 마땅한 대책이 없다는 점이라고 할 수 있다. 이러한 단점을 극복하기 위하여 국가는 제공기관의 재정적 책임을 강화하여 효율성을 향상시키기 위한 다양한 시도들을 하게 된다. 이러한 시도들은 다음과 같다.

첫째, 제공되는 비용, 서비스의 총량을 결과와 연관시킨다.
둘째, 계약에서 기관 간의 경쟁을 강화한다.
셋째, 제공기관에 대한 성과평가를 강화한다.
넷째, 서비스 1인당 계약, 비용환급계약, 서비스구매계약, 서비스단위(unit of service)계약이나 인센티브계약, 결과계약 등 계약의 다양성을 추진한다.

사회복지서비스 확대에 따른 재정적 효율성을 담보하면서 서비스의 효과성을 증대시키기 위한 국가의 노력은 제공자보조금방식의 대표적 유형인 계약방식의 다양성을 확대하면서 제공기관에 대한 통제권을 강화하는 방향으로 추진되며 이를 위한 현실적 방안으로 관리적 측면에서 제공기관의 성과를 관리하는 성과관리체계의 구축의 필요성이 증대하게 된다. 따라서 제공자보조금방식을 시행하는 경우 성과관리적 측면에서 국가는 반드시 다음과 같은 전제조건을 확보하고 있어야 한다.

첫째, 제공기관의 투입, 활동, 산출 및 결과를 관리하는 성과관리체계구축

둘째, 국가주도형 방식과 제공자보조금방식의 특성에 따른 서비스유형구분 및 이에 맞는 서비스전달체계구축

셋째, 정부와 민간기관들 사이의 의견을 조정하고 협의할 수 있는 성과 및 사례관리 민관협의기구의 운용

넷째, 정부기관의 서비스정책개발 및 기획능력의 고양

위와 같은 전제조건이 완비되어 있지 않았을 경우 제공자보조금방식에 따른 사회복지서비스의 전달은 효율성과 효과성의 측면에서 실패할 가능성이 높으며 이로 인하여 재정적 낭비와 정책의 낮은 효과성은 정부의 일차적 책임으로 귀결될 것이다.

3. 이용자보조금방식과 성과관리

1) 이용자보조금방식 성과관리의 특성

사회복지서비스의 재정지원방식을 이용자보조금방식으로 전환하는 경우 국가의 성과관리의 핵심은 앞에서 제시되었던 성과지표들 중에서 첫째, 산출(제공된 서비스의 양), 둘째, 품질(표준서비스 또는 최소수준의 서비스제공여부 등), 셋째, 만족도(서비스이용자들로부터의 서비스이용에 대한 만족도조사), 넷째, 효율성(정부가 제공한 총 비용대비 제공된 서비스의 총량) 등으로 국한된다. 이용자보조금방식의 성과관리에 있어 효과성이나 비용효과성은 사회서비스의 특성 상 결과에 대한 계량화된 측정지표를 개발하는 것이 매우 어렵고 또한 선택권의 강화로 이용자들이 서비스를 한 기관으로부터 지속적으로 제공받는 다는 것이 보장되지 않기 때문에 이용자들의 인식이나 태도나 지식, 지위의 변화나 사업의 목적 성취정도를 나타내는 효과성과 비용효과성을 측정할 수 있는 성과를 이용자들로부터 또는 제공기관이나 서비스제공자(돌보미)들로부터 확보한다는 것은 어렵다고 할 수 있다. 따라서 이용자보조금방식에 따른 사업의 성과관리는 사업의 목적성취나 이용자들로부터 나타나는 성과를 관리하는 성과관리보다는 간접적인 방식으로의 성과관리방식이 주를 이루게 되며 결과를 관리하는 성과관리보다는 투입이나 행동을 관리하는 성과관리방식이 주를 이루게 된다. 이 경우 투입이나 행동을 관리하는 성과관리방식은 위에서 지적한바와 같이 제공된 서비스의 양이나 내용 그리고 서비스의 질을 관리하는 것이 가장 중요하다고 볼 수 있다. 특히 이용자보조금방식에서 이용자들의 개별적 특성을 고려하며 장기간에 걸쳐 결과를 유도하는 사례관리는 전혀 적용될 수 없다.

〈표 7-17〉 이용자보조금방식의 사업 요소별 성과관리분야의 예

	투입	행동	산출	결과
바우처	-제공되는 서비스의 양 -제공기관의 수 -재정 -표준서비스 -최소품질기준	-서비스의 내용 -불만처리과정 -제공기관의 태도 -돌보미의 태도	-제공된 서비스의 양 -총 비용	이용자들의 생활이나 태도 또는 상태 등의 변화
관리여부	관리가능	(기관 간 또는 서비스 간 경쟁으로)관리가능	관리가능	직접적 관리불가능

〈표 7-18〉 이용자보조금방식의 성과관리가능영역

	성과측정가능여부	관리 및 측정대상	가능한 지표
품질	가능	제공자	표준품질 또는 최소품질 준수여부
만족도	가능	이용자	만족도조사 불만접수건수
서비스양	가능	제공자	제공된 양
효율성	가능	제공자/이용자	투입대비 제공된 양
효과성	제한적	제한적	제한적
비용효과성	제한적	제한적	제한적

이용자보조금방식의 목적대비 효과성이나 비용대비효과성은 목적성취를 측정할 수 있는 측정지표의 존재여부에 의해서 그리고 비용대비 목적성취의 정도를 나타내는 측정지표의 존재여부에 의해서 측정여부가 결정될 수 있지만 다음과 같은 이용자보조금방식의 특성으로 인하여 측정지표를 설정하여 이용자들에게 나타나는 **성과를 관리하는 것에 어려움**이 따르게 된다고 할 수 있다.

첫째, 사회복지서비스자체가 목적성취를 측정할 수 있는 직접적 측정지표를 찾는 것에 어려움이 있다는 점

둘째, 이용자보조금방식은 이용자에게 재정을 지원하여 이용자가 스스로 결정하여 서비스를 받는 것으로서 이용자들의 사업진입전과 후에 대한 사전 사후평가를 할 수 있는 제도적 장치를 확보하는 것이 어렵다는 점

셋째, 이용자들이 스스로 서비스의 중단여부를 결정하여 제공기관이나 서비스를 언제든지 중단하고 변경할 수 있으므로 서비스의 연속성과 지속성에 따른 문제점으로 이용자들의 결과를 측정하는 것이 어렵다는 점

넷째, 통합적이고 지속적인 사례관리가 이루어질 수 없어 이용자들의 개인적 특성을 전혀 고려할 수 없으므로 이용자들의 상태와 사업효과와의 연관성을 관리하고 측정하는 것이 어렵다는 점

직접적으로 이용자들로부터 결과를 측정하여 관리하는 이용자중심의 성과관리의 문제점으로 인하여 정부는 직접적 목적성취여부보다는 간접적으로 사업을 관리하는 간접적인 관리방식을 취하게 되며 이 경우 국가는 서비스의 품질과 내용, 양 그리고 만족도 등에 관리의 초점을 맞추게 된다.

2) 이용자보조금방식의 정책적 효과

이용자에게 직접 재정지원을 하였을 경우 국가가 기대할 수 있는 정책효과는 다음과 같다.

첫째, 이용자에게 직접 재정이 지원됨으로 제공기관의 유지관리에 들어가는 국가재정부담을 줄일 수 있다.

둘째, 이용자에게 직접 재정이 지원됨으로 서비스제공에 따른 국민들의 체감도가 높아진다.

셋째, 이용자가 스스로 제공기관인 서비스를 결정할 수 있으므로 서비스의 품질이 경쟁시장을 통해서 스스로 조절될 수 있다.

이용자에게 직접 재정지원을 하였을 경우 국민들이 기대할 수 있는 정책효과는 다음과 같다.

첫째, 서비스이용과 선택에 있어 자기결정권이 강화된다.

둘째, 스스로 서비스를 선택함으로 서비스에 대한 유연성이 강화된다.

3) 이용자보조금방식 및 유형별 특성분석

이용자보조금방식의 가장 대표적인 유형인 바우처와 직접지불방식의 특성을 비교하면 다음과 같다.

〈표 7-19〉 바우처와 직접지불의 특성비교

	바우처	직접지불
재정	-이용자에게 간접적으로 재정보조 -기관관리운영비가 절감	-이용자에게 간접적으로 재정보조 -기관관리운영비가 절감
선택권	이용자들의 선택권 있지만 특정 항목만을 선택하는 제한적인 선태권임	이용자들에게 전적으로 선택권 있음
표적 효율성	높음	높음
경쟁	경쟁 있음	경쟁 있음
가치	개인적 가치강조	개인적 가치강조
협력	협력보다 기관간의 경쟁이 우선	협력보다 기관간의 경쟁이 우선
거래비용	거래비용 높음	거래비용 높음
대상자 자기결정권	개인(또는 가족)적 결정능력이 없는 경우 서비스이용불가능	개인적 결정능력이 없는 경우 서비스이용불가능
기관 접근성	낮음	낮음
이용자들의 유연성	서비스의 선택폭의 많고 적음에 따라 유연성이 결정	개인적 선택권의 강화로 상황에 따른 대처유연성이 높음
도적적 해이	이용자들의 도덕적 해이 발생가능성 있음	이용자들의 도덕적 해이가 일어날 가능성이 매우 높음
국가의 기관관리	국가는 제공기관에 대한 관리통제력을 상실하며 관리는 주로 표준 또는 최소품질기준 준수여부 등 일부분에 국한 따라서 현실적으로 제공기관에 대한 관리 매우 제한적	국가는 제공기관에 대한 관리통제력을 상실하며 관리는 주로 표준 또는 최소품질기준 준수여부 등 일부분에 국한 따라서 현실적으로 제공기관에 대한 관리 매우 제한적
이용자 관리	제공기관의 이용자관리는 전적으로 기관과 서비스의 수 그리고 기관의 이용자들에 대한 인식에 따라 결정	서비스이용자들에 대한 관리는 매우 제한적
이용자들의 개별성	서비스의 제한으로 선택에 있어 이용자들의 개별적 특성이 고려되지 않음	서비스의 선택에 있어 이용자들은 주체적으로 자신들의 개별적 특성을 고려할 수 있음
사례관리	개인이 사례관리의 주체 형식적인 개인 기록을 제외하고 통합적이고 지속적인 사례관리는 불가능	개인이 사례관리의 주체 형식적인 개인 기록을 제외하고 통합적이고 지속적인 사례관리는 불가능
성과관리	이용자 개인별 성과관리측정 및 관리가 어려움	이용자 개인별 성과관리측정 및 관리가 어려움

위의 특성비교에서 나타난 바와 같이 바우처나 직접지불과 같은 이용자보조금방식은 성과관리의 제한성과 통합적 사례관리의 적용이 불가능하다는 점, 그리고 이용자를 관리하는 것이 사실상 어렵다는 점 등으로 국가의 관리가 매우 제한적으로 이루어지지만 재정적 효율성증대라는 장점과 개인의 선택권 강화 그리고 서비스 유연성 강화 등의 특징을 갖는다.

4) 이용자보조금방식의 성과관리에 있어 정부의 역할

이용자보조금방식을 채택하게 되는 경우 국가는 효율성을 강화한다는 정책적 목적을 성취할 수 있지만 형평성이라는 사회적 목적을 등한시할 수 있다. 따라서 이용자보조금방식의 성과관리적 측면에서 나타난 문제점을 극복하고 형평성을 강화하기 위하여 정부가 주안점을 두어야 하는 부분은 다음과 같다.

첫째, 제공기관의 이용자선별여부
둘째, 이용자의 자기결정능력의 여부
셋째, 이용자의 서비스이용여부
넷째, 서비스의 품질(최소기준 또는 표준품질)준수여부
다섯째, 제공되는 서비스의 내용과 규정이나 규칙 준수여부
여섯째, 이용자의 자기관리여부
일곱째, 경쟁기관의 수와 경쟁기관의 적정성여부
여덟째, 서비스와 기관에 대한 정보공개체계의 작동여부
아홉째, 이용자의 도덕적 해이 방지대책

정부가 사회복지서비스의 생산과 공급을 전적으로 제공기관이나 시장에 책임을 전가하는 이용자보조금방식의 경우, 보조금의 유형(바우처나 직접지불 또는 개인총예산 등)에 따라 정도의 차이는 있으나 서비스의 전달체계에 대한 국가의 부담이 사라지고 생산과 공급에 대한 전 과정에서 국가는 재정적 책임만 지는 방향으로 관리의 부담이 가벼워진다고 생각할 수 있으나 오히려 반대로 관리적 부분에서 국가책임의 부분은 더욱 증대한다고 할 수 있다. 이용자에게 재정을 직접지원하고 이용자가 자기결정에 의한 선택권강화를 기초로 하여 제공기관에서 제공되는 다양한 서비스를 이용할 수 있으며 경쟁기관은 이용자의 선택을 받기 위하여 스스로 서비스의 품질을 조절하여 특별한 통제나 감시 없이도 시장의 기능에 의하여 저절로 품질이 향상된다는 조건은 완전한 정보공유에 의한 완전경쟁시장하에서는 가능하겠지만 사회복지서비스의 특성 상 그리고 사회복지서비스를 제공하는 제공기관의 특성상 상당히 어렵다. 따라서 국가는 다양한 경로를 통하여 이용자에게 직접재정이 지원되는 서비스 분야의 관리와 통제를 강화하여 보다 효과적인 서비스전달과 효율적인 비스가 제공될 수 있도록 하여야 하는데 국가가 특히 중점적으로 관리하여야 하는 부분은 경쟁의 조건확립여부와 서비스의 적절성 그리고 이용자의 자기결정능력과 제공기관의 이용자선별여부와 서비스접근성 등으로 요약할 수 있다.

자기결정능력을 가지고 있지 못한 이용자의 경우 이용자에게 직접 제공되는 재정지원을 통한 서비스의 선택은 불가능할 것이다. 나아가 스스로 자기의 상태를 관리할 수 없는 이용자들은 서비스의 효과를 기대할 수 없을 것이며 경쟁조직이 다수 존재하지 않는 경우 시장을 통한 품질조절능력은 상실될 것이다. 이로 인해 경쟁은 일어나지 않아 이용자선택권과 경쟁을 통한 품질조절이라는 중요한 정책적 목적은 사라지게 된다. 또한 완전한 정보가 공개되지 않는 한에서 이용자들의 제공기관이나 서비스선택능력은 극히 제한적일 것이며 기관들이 지불능력이 있는 이용자만을 선별하여 서비스를 제공하는 이용자선별을 통한 의도적 이용자배제현상이 심화될 것이다. 또 국가가 제공되는 서비스나 제공기관에게 서비스에 대한 표준내용과 규정이나 규칙의 준수여부를 확인하지 않는 다면 서비스이용가격에 미달하는 서비스의 제공이 특히 사회적 목적의식을 가지고 있지 않는 영리기관에서 횡행할 것이다. 이용자들이 자신에게 필요한 서비스와 무관한 영역으로 본인에게 제공된 재정(이용금이나 바우처)을 사용할 가능성도 어느 재정지원방식보다 크다고 할 수 있으며 이는 이용자의 도덕적 해이를 가져다주어 서비스의 효율성이나 효과성에 부정적인 결과를 초래하게 된다.

결국 이용자보조금방식을 시행하는 경우 성과관리적 측면에서 국가는 반드시 다음과 같은 전제조건을 확보하고 있어야 한다.

첫째, 다양한 수의 많은 조직이 동일한 서비스를 제공할 수 있도록 서비스의 물적 기반을 확보하여야 한다.

둘째, 스스로 선택하고 스스로 자기관리가 가능한 집단과 그렇지 못한 집단에 대한 분명한 구별과 차별적인 서비스를 제공하여야 한다.

셋째, 완벽한 정보제공과 누구도 차별없이 정보를 확보할 수 있는 정보공개의 원칙과 정보의 접근성에 대한 통로를 확보하고 있어야 한다.

넷째, 제공기관들과 이용자들의 도덕적 해이를 방지할 수 있는 법적 대비책을 확보하고 있어야 한다.

다섯째, 제공되는 서비스에 대한 분명한 품질유지방안과 서비스내용에 대한 기본적인 지침이나 규정을 확보하고 시행하여야 한다.

여섯째, 재정적 책임성을 입증하기 위하여 그리고 개인별로 이루어지는 서비스의 사례관리와 성과를 측정하기 위하여 서비스성과 및 사례관리체계를 구축하여야 한다.

위와 같은 기본 선결조건이 완비되어 있지 않았을 경우 이용자보조금방식은 실패할 가능성이 높으며 이로 인하여 재정적 낭비와 정책의 낮은 효과성은 모두 국민들의 재정부담으로 전환될 것이다. 결국 이용자부담방식이 국가의 관리부분에서 책임을 낮춘다고 보기 어려우며 경우에 따라서는 국가가 직접서비스를 제공하는 직접제공방식과 같은 높은 관리책임을 떠안게 될 수 있다. 특히 이용자보조금방식은 국가가 모든 이용자들에게 제공된 서비스의 성과를 측정하고 관리할 수 있는 체계를 구축하는 것을 통하여 관리할 수 있으므로 지역별로 서비스관리를 책임지는 서비스성과 및 사례관리 전담책임부서나 지역성과 및 사례관리센터의 필요성을 증대시키게 된다.

결국 서비스제공의 효율성은 총지출액과 총이용자의 수 등으로 총합을 기준으로 어느 정도 측정가능지만 개인적 수준에서의 모든 이용자들의 서비스효율성을 측정하기는 매우 어려우며 특히 서비스효과성을 측정 관리하는 것은 전체적 측면에서나 개인적 측면에서 거의 불가능하다고 할 수 있다. 만약 국가가 개인적 수준에서 제공되는 서비스의 효율성과 효과성을 측정 관리하고자 한다면 지역별로 서비스관리전담팀을 따로 설치하고 운영하여야 함으로 이에 따르는 관리비의 상승은 국가재정부담을 증대시켜 이용자재정지원에 따른 거래비용의 절감효과가 사라지게 되는 중요한 요인이 될 수 있다.

4. 사회복지서비스 성과 및 사례관리센터의 필요성

1) 사회복지서비스 성과 및 사례관리센터의 등장배경

(1) 사회복지서비스 성과관리의 어려움

사회복지서비스분야는 노인, 장애인, 여성, 아동 및 청소년 등 그 대상이 전 국민을 포함하는 매우 포괄적인 영역으로서 국가가 직접 서비스를 제공하기도 하고 제공기관을 통하여 서비스를 제공하기도 하면서 최근에는 이용자들이 서비스를 선택하여 서비스를 이용하는 대표적인 복지혼합의 영역이라고 할 수 있다. 특히 우리나라의 경우 사회복지서비스영역은 서비스를 제공하는 제공기관들의 수가 그 영역별로 수백 개에 이르는 등 자발적 조직을 통한 서비스가 가장 활발한 대표적인 영역이다. 이라한 사회복지서비스영역의 특성으로 인하여 국가의 사회복지서비스영역에서의 성과관리는 재정지원방식에 상관없이 그 대상과 영역의 광활함으로 인하여 체계적으로 이루어지고 있지 못하여 이에 대한 대책이 시급하다고 할 수 있다. 사회복지서비스영역에서의 성과관리의 어려움을 지적하면 다음과 같다.

첫째, 보건복지가족부가 다루는 사회복지영역은 서비스 공급기관이 수많은 자발적 조직들로 구성되어 있어 모든 영역의 성과를 복지부 자체적으로 포괄적이고 체계적으로 관리한다는 것이 현실적으로 어렵다고 할 수 있다.

둘째, 사회복지서비스영역은 대표적인 복지혼합의 영역으로서 국가주도방식, 제공자보조금방식, 이용자보조금방식 등 다양한 재정지원방식으로 서비스가 제공되고 있어 복지부만으로 모든 영역의 통합적인 성과관리를 수행한다는 것은 매우 어렵다.

셋째, 수많은 기관과 이용자들을 관리하기 위해서는 성과관리를 위한 높은 지식과 기술 그리고 많은 인력과 예산이 필요하지만 현실적으로 복지부의 인력과 예산으로는 효과적인 사회복지서비스영역의 성과를 관리한다는 것은 불가능하다.

넷째, 사회복지서비스는 일반 상품과는 다르게 사회복지서비스를 소비한 사람들로부터 서비스의 결과를 측정하고 평가하기가 매우 어렵다는 특징을 가진다.

위와 같은 사회복지서비스 자체가 갖는 성과관리의 어려움에 더하여 제정지원방식의 변화는 성과관리체계에 영향을 미치게 된다. 즉, 국가주도형모델이나 제공자중심모델보다는 이용자중심모델로 재정지원방식이 변하는 경우 이용자들이 선택하여 이용자에게 직접 제공되는 사회복지서비스를 모든 이용자를 대상으로 하여 서비스의 투입과 행동 그리고 산출과 결과를 모두 포함하는 사회복지서비스사업의 성과를 관리한다는 것이 현실적으로 어렵다는 것을 의미한다.

(2) 사회복지서비스 사례관리[9]의 어려움

사회복지서비스영역은 국가주도형이든 아니면 제공자중심형이나 이용자중심형이든 사회복지서비스의 특성으로 인하여 서비스제공에 있어 다른 일반 상품이나 서비스와는 다른 특징을 가지고 있는데 그 특징은 다음과 같다.

첫째, 사회복지서비스라는 재화는 일회성으로 제공되기도 하지만 일반 상품과는 다르게

9) 사례관리는 크게 미시적 입장과 거시적 입장으로 구별될 수 있다. 영국에서는 사례관리라는 용어보다는 보호관리(care management)라는 용어를 사용하지만 영국의 보호관리는 사례관리의 거시적 입장과 동일하다할 수 있다. 본 책에서 사례관리는 이용자(수요자)중심의 통합적 서비스전달체계를 위한 구축전략으로서 활용되며 효율적인 서비스제공을 위해 서비스제공자들 간에 협력적 측면을 강조하는 행정적, 관리적 특성과 이용자와의 전문적 관계 속에서 지속적인 보호와 직접적인 상담 및 치료를 강조하는 직접적 개입이 특성을 모두 포함하는 개념으로 사용하였다. 이용자중심모델에서 사례관리의 중요성 및 필요성은 이봉주 외(2008), 사회복지서비스와 공급체계: 쟁점과 대안, 제4장 제1절을 참고하기 바란다.

지속적이고 안정적인 서비스를 제공하는 경우가 많다.

둘째, 사회복지서비스는 다른 상품과는 다르게 인간에게 적용되는 서비스로서 개별적 인간들의 특성에 따라 서비스의 효과가 매우 다르게 나타날 수 있다.

셋째, 사회복지서비스는 매우 다양한 분야에서 매우 다양한 서비스가 제공되며 제공되는 서비스들 간에 연관성이 매우 중요하다.

넷째, 사회복지서비스는 다른 상품과는 다르게 사회복지서비스를 소비한 사람들로부터의 서비스의 결과를 측정하고 평가하기가 매우 어렵기 때문에 변화의 내용이나 과정을 중요시하는 과정중심적인 특징을 가진다.

사회복지서비스의 제공이 이용자중심형으로 전환되는 경우 이용자들이 어떤 서비스가 필요하며 어떻게 서비스에 접근할 것이고 개인적 특성에 맞는 서비스를 어떻게 선택할 것인가 그리고 제공기관들은 어떤 서비스를 제공하며 서비스의 수준은 어떻게 결정되는가 등의 서비스접근성과 제공되는 서비스의 질과 서비스내용은 대부분 개인이 책임져야 할 부분이라고 할 수 있다. 하지만 위에서 지적한 바와 같이 사회복지서비스는 그 특성상 이용자중심형으로 전환되는 경우 자기결정권이나 선택능력이 부족한 사람이나 지속적이고 안정적인 서비스가 필요한 경우 그리고 개별적 특성으로 일반적인 서비스가 아닌 경우 서비스제공에 따른 효과성을 증대시키기 위한 하나의 수단으로 통합적이고 포괄적인 서비스를 제공하기 위한 사례관리가 필수적이라고 할 수 있다.

사실 이용자들에 대한 사례관리는 국가주도형이든 제공자중심형이든 아니면 이용자중심형이든 그 제공방식에 따라 중요성이 결정되는 것이 아니고 사회복지서비스만이 갖는 특성에 의해서 그 중요성이 결정된다. 즉 사회복지서비스를 필요로 하는 대상자들이 모두 개별적인 인간이라는 그 개별적 특성으로 인하여 모든 사람에게 보편적이고 통일적으로 적용되는 서비스가 획일적으로 적용되는 것이 아니라 개별적 특성에 따라 다른 상황에서 다른 서비스가 제공된다는 특징을 가지고 있다. 이러한 특징으로 다양한 속성을 갖는 대상자들에게 지속적이고 안정적이며 포괄적인 서비스가 제공되는 것이 매우 중요하다고 할 수 있다.

결국 사례관리는 재정지원방식의 변화와 상관없이 체계적 수준에서 제공될 자원을 조정하고 대상자가 가장 필요로 하는 서비스를 전달하며 대상자의 상황에 따라 지속적이고 안정적인 지원체계가 구축되도록 하는 사회복지서비스전달에 있어 매우 중요한 실천 및 관리방안이라고 할 수 있다. 특히 이용자중심모델로 전환되는 경우 국가나 제공기관에 의해 개별화된 대상자들에게 제공되는 통합적이고 체계적인 사례관리제공의 가능성은 더욱 줄어들게 되어 이에 대한 정부의 대책이 시급하다고 할 수 있다.

(3) 사회복지서비스의 성과 및 사례관리의 필요성

위와 같은 사회복지서비스영역에서의 성과관리와 사례관리의 문제점을 극복하고 재정적 효율성과 사업의 효과성을 개선하기 위하여서는 성과 및 사례관리를 전담하는 전담기구의 설치가 반드시 필요하다고 할 수 있다. 통합적 성과 및 사례관리기구의 필요성은 또한 국가주도형방식이나 제공자보조금방식 그리고 이용자보조금방식이 모두 장단점을 동시에 내포하고 있어 서비스의 유형과 특성 그리고 이용자의 유형이나 특성에 맞는 적절한 서비스를 제공, 유지, 관리하기 위한 종합적 통합관리체계의 필요성에 의해서도 나타난다. 다음의 표는 국가주도형방식이나 제공자보조금방식 그리고 이용자보조금방식의 특성을 비교분석한 것이다.

〈표 7-20〉 재정지원방식에 따른 성과 및 사례관리비교

	국가주도형방식	제공자보조금방식	이용자보조금방식
품질	○	●	⊙
서비스양	⊙	●	○
효율성	○	●	⊙
효과성	●	⊙	○
비용효과성	●	⊙	○
만족도	○	●	⊙
재정	⊙	○	●
대상자 자기결정권	○	●	⊙
기관접근성	⊙	●	○
이용자들의 유연성	○	●	⊙
도덕적 해이주체	정부	제공기관	이용자
국가의 제공관리	⊙	●	○
이용자관리	○	⊙	●
이용자들의 개별성	○	⊙	○
사례관리	○	⊙	○
성과관리	●	⊙	○
국민복지 체감도	낮음	높음	높음

주) ○: 관리제한적(직접적 관리나 간접적 관리 모두 관리에 한계가 있음을 의미)
●: 보통(관리가 간접적 방식으로 이루어지거나 관리주체의 의식에 따라 관리가 결정됨을 의미)
⊙: 관리가능(주체적으로 관리가 가능함을 의미)

위의 표를 중심으로 살펴보면 국가주도형모델에서 성과관리는 국가의 정책적 지향에 따라 매우 다르게 나타날 수 있는데 현 공공부분에 대한 국가의 성과관리는 우리나라의 경우 신공공행정의 도입으로 재정적 효율성을 강화하고 사업의 중복과 부처나 사업의 목적

성취의 정도를 파악하는 결과 지향적 성과관리체계가 구축되고 있다고 할 수 있다. 특히 우리나라의 성과관리제도는 성과목표관리제도와 재정사업자율평가제도 그리고 재정사업심층평가제도 등으로 구분되어 2005년부터 시행되고 있지만 사회복지 및 보건과련 재정사업의 경우 재정사업자율평가제도를 시행하고 있어 사업의 효과성과 효율성을 종합적으로 평가하는 성과평가에 기반한 성과관리는 아직 시행되지 못하고 있는 실정이다. 성과목표관리제도는 성과목표와 지표를 설정하고 주기적으로 측정하여 목표치와 기대치를 비교하여 산출과 결과에 대해 평가하는 제도로서 투입, 행동과 선출이나 결과와의 인과관계분석은 전혀 이루어지지 못하는 결과지향적 성과관리제도이다. 특히 성과목표관리제도에서 성과와 결과에 대한 명확한 구분이 이루어지지 못하고 있는 것으로 보여 지며 재정사업자율평가제도는 성과주의 예산심의를 위한 표준적 지침의 제공을 주된 목적으로 하여 사업의 계획, 성과계획, 집행, 성과 세 항목에 대해 15개의 공통질문에 대해 평가담당부서와 사업담당부서가 자율평가를 실시하여 평가서를 작성하고 평가결과를 기획예산처에 제출하는 것으로 되어 있으며 재정사업심층평가제도는 예산규모가 크거나 정책적 중요도가 높은 사업에 대해서 심층적인 분석과 평가를 실시하여 사업체계개선 및 지출효율성을 제고하려는 목적으로 시행하는 제도이다(최성은 외, 2007).

제공자중심모델에서 국가의 사회복지서비스영역에서의 성과관리는 제공기관에 대한 성과관리체계를 구축하여 지속적인 성과평가가 가능하도록 간접 관리하는 방향으로 진행되고 있으며 특히 성과관리를 강화하기 위한 방안으로 서비스인센티브계약이나 서비스단위당 계약 또는 결과계약 등의 새로운 계약방식의 도입을 통하여 성과를 관리하는 방안을 모색하고 있어 제공자중심모델에서 국가의 서비스성과관리는 간접적인 방식으로 이루어지고 있다고 할 수 있다.

이용자중심모델에서 국가의 사회복지서비스에 대한 성과관리는 매우 제한적이라고 할 수 있다. 즉, 국가가 이용자재정지원방식으로 사회복지서비스를 제공하는 경우 국가의 성과관리에 대한 책임은 개인에게 이전되고 개인이 스스로 결정하여 서비스를 선택하고 선택한 서비스에 대하여 스스로 책임지게 되어 서비스의 제공에 대한 국민들의 복지체감도는 높을 수 있지만 서비스의 질이나 내용은 시장에 의해서 스스로 결정되도록 유도하게 되어 실질적으로 개인을 대상으로 하는 사업이나 서비스의 성과관리는 매우 어렵게 된다.

한편 **국가주도형모델에서 사례관리**는 사회복지서비스의 생산과 공급을 책임지는 정부의 의지에 따라 결정된다고 할 수 있다. 즉, 사례관리가 가능한 인원의 확충과 지속적인 사례관리가 가능하도록 하는 체계구축 등과 같은 인적 물적 지원이 사례관리 적용의 가능성을 결정짓는다고 할 수 있지만 현실적인 입장에서 국가중심의 개별 이용대상자들에 대한 사례관리적용은 매우 제한적이라고 할 수 있다. 또한 제공자중심모델에서 사회복지사들에 의한 사례관리는 전문적 지식이나 기술적인 면에서 국가공무원보다 앞서 있으면서 사회적 목적의식이 강하여 제공기관들을 중심으로 개별 사례에 대한 관리는 가능하다고 할 수 있다. 그리고 이용자중심모델에서 이용자들에 대한 사례관리는 서비스제공 주체에 따라 다르게 나타날 수 있지만 기본적으로 제공기관들이 이용자에 대한 지속적이고 통합적인 사례관리는 기관에게 이윤을 가지고 오지 않는 한 그리고 언제든지 이용자가 서비스나 제공기관을 선택할 수 있는 한 매우 제한적이며 현실적으로 사례관리의 제공은 사례관리를 전문으로 하는 새로운 기관의 등장 이외에는 가능하지 않다고 할 수 있다.

재정지원방식의 변화는 국가가 주도하는 사회서비스의 생산과 공급체계에 일대 변화를 가져왔다. 복지혼합에 따라 사회서비스의 생산과 공급이 민간조직이 주도하고 나아가 시장이 주도하는 시대가 도래된 것이다. 국가주도형방식에서 제공자보조금방식 나아가 이용자보조금방식으로의 변화에 있어 국가의 역할은 매우 제한적일 수밖에 없으며 이는 제공자중심모델에서는 중심축이 제공기관으로 그리고 이용자중심모델에서 중심축은 국가에서 이용자에게로 전환되었기 때문에 나타나는 당연한 현상이라고 할 수 있다. 위의 국가주도형모델, 제공자중심모델과 이용자중심모델에 따른 재정지원방식의 유형별 분석에서도 나타난 바와 같이 **제공자중심모델에서 국가의 역할**은 제공기관의 서비스제공능력을 관리하고 재정을 통제하여 재정적 효율성을 강화하고 동시에 성과관리를 통한 효과성을 증대할 수 있는 성과관리체계를 구축하는 것이다. 또 **이용자중심모델에서 국가의 역할**은 모든 이용자가 서비스정보에 대한 접근을 강화하도록 하는 정보지원체계를 확보하고 관리하는 것과 기관에서 제공되는 서비스에 대한 꾸준한 감시를 통해 적정수준의 서비스가 제공되고 있는가를 관리하며 이용자들의 개별적 특성에 따라 체계적이고 종합적인 사례관리가 가능하도록 하는 체계를 구축하는 것에 있다고 할 수 있다.

특히 이용자중심모델에서 국가는 기관에 대한 재정적 통제와 책임성을 강화하는 것이 어렵게 됨으로 소비자이용권강화와 선택권확대를 통해 간접적으로 기관을 통제하고 최소수준의 질이 담보될 수 있는 서비스가 제공될 수 있도록 관리하고 누구나 원하는 정보를 얻을 수 있도록 정보관리를 유지하는 관리방식을 선택하여야 한다. 결국 최소품질 또는 가격에 맞는 적정수준의 질이 보장되는 서비스의 제공에 대한 관리와 정보지원 체계 구축 그리고 서비스에 대한 접근성과 통합성, 안정성과 책임성을 강화하기 위한 사례관리 등을 위해 국가가 주도하는 사회복지서비스성과 및 사례관리체제가 이용자중심모델에서는 더욱 필요하게 되었다고 할 수 있다.

국가가 직접 운영하는 사회서비스성과 및 사례관리체제는 재정지원방식에 상관없이 사회복지서비스를 생산하고 공급하는 전 과정의 관리를 수행하기 위하여 반드시 필요한 시스템으로서 국가의 직접관리방식에 포함될 수 있다. 즉 국가는 복지혼합에 따른 사회복지서비스영역의 성과 및 사례관리를 통하여 서비스의 효율성을 개선하며 이용자들의 복합적 욕구를 해결하고 이용자들의 삶의 질을 개선하여 보다 나은 사회로 발전하는 것을 추구하게 된다.

이용자보조금방식 하에서 국가의 사회복지시스관리방안에 포함되어야 하는 주요내용은 다음의 표와 같다.

〈표 7-21〉 이용자중심모델에서 국가의 성과 및 사례관리방식

국가관리영역 및 방식	
관리영역	관리방식
- 제공되는 사회서비스의 품질 및 최소수준 설정 및 준수여부 확인 - 자발적 민간조직의 사회복지서비스영역으로의 개입확대를 통한 경쟁강화를 위한 기관설립 및 운영지원 - 이용자들로부터 제공되는 서비스내용인지 여부 확인, 서비스내용에 대한 가이드라인(또는 매뉴얼) 제시 - 사회복지서비스제공에 대한 정보지원체계구축 - 사회서비스성과측정지표개발 및 논리체계구축 - 다양한 재정지원방식의 도입(직접지불이나 개인계좌 등) - 성과측정 및 성과관리체계구축을 위한 연구지원	성과관리
- 이용자가 서비스를 획득하는데 장애가 되는 장애요소제거 및 필요한 서비스제공을 위한 관리체계구축 - 이용자보호의 안정성 및 연속성 강화방안 구축 - 이용자별 정보전산화 체계구축지원 - 이용자들의 특성에 맞는 통합적 서비스제공체계구축 - 자원공유와 조정을 위한 민관협력네트워크 구축	사례관리
관리 목적	
성과 및 사례관리의 정책적 목적은 사회복지서비스의 효율성 및 효과성향상	

사회복지서비스의 특수성을 감안하여 이용자들의 특성을 고려한 서비스가 제공되고 서비스가 지속적이고 체계적으로 제공되며 서비스제공에 따라 이용자들의 태도나 상태, 인식, 등의 결과가 어떻게 변화하는지를 수시로 점검할 수 있는 이용자들에 대한 정부적 차원에서의 관리는 특히 이용자중심모델에서는 어렵다고 할 수 있다. 즉 이용자들에 대한 국가의 직접적 관리나 통제가 어려운 이용자중심모델에서 이용자들의 상황이나 환경에 맞는 체계적이고 포괄적인 정보를 제공하며 자원을 재조정할 수 있는 사례관리는 반드시 필요한 부분이라고 할 수 있다. 결국 이용자중심모델로 사회복지서비스의 재정을 전환하는 경우 이

용자들에 대한 성과관리 및 사례관리의 운용여부는 이용자중심모델의 성패를 결정짓는 가장 중요한 바로미터가 된다고 할 수 있다. 따라서 사회복지서비스성과 및 사례관리센터의 중요한 영역은 사례관리와 성과관리의 조합이 될 것이다. 아래의 그림은 사회복지서비스성과 및 사례관리센터의 영역을 나타낸다.

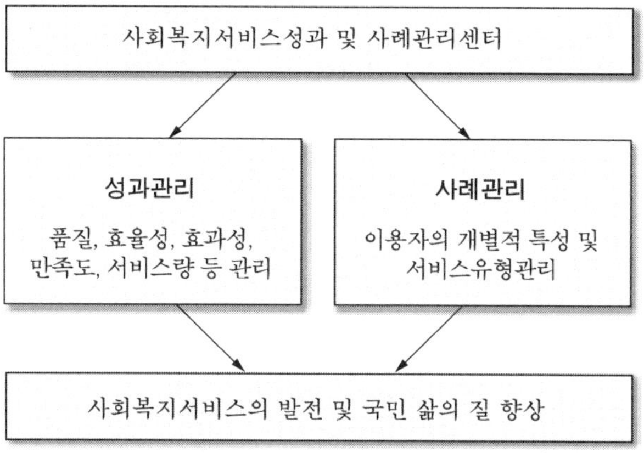

〈그림 7-6〉 사회복지서비스성과 및 사례관리센터의 영역

2) 사회복지서비스성과 및 사례관리센터의 역할

사회복지서비스 재정지원방식에 상관없이 사회복지서비스의 원활한 수행을 관리하고 서비스제공의 효과성을 개선하며 서비스대상자들의 다양하며 복잡한 욕구를 해결하여야 하는 필요성으로 인하여 국가는 지역차원의 서비스성과 및 사례관리체제를 필요로 한다. 즉 사회복지서비스에 따른 관리부분을 강화하고 통합적 서비스지원체계를 구축하기 위한 한 방안으로 서비스성과 및 사례관리체제가 필요하다고 할 수 있다.

서비스성과 및 사례관리체제는 복지혼합의 시대에 국가 관리적 측면에서 정부가 주안점을 두어야 하는 부분의 대부분을 책임지고 서비스가 원만하게 제공되고 이용자가 서비스를 적절하게 이용하는지 등에 대한 관리를 수행하게 된다. 사회복지서비스제공의 다양한 재정지원방식과 함께 국가가 반드시 고려하여야 하는 사회복지서비스성과 및 사례관리체제의 주요한 역할은 다음과 같다.

하나, 서비스유형에 따른 재정지원방식의 적절성을 파악한다.
둘, 서비스의 품질을 유지 관리하며 지속적으로 제공기관을 관리한다.

셋, 서비스제공에 따른 성과를 평가하는 논리 및 지표를 개발하고 적용한다.

넷, 지역별, 대상자별, 서비스유형별 통합적 서비스정보체계를 유지한다.

다섯, 이용자들의 개별적 특성을 고려한 서비스지원체계를 제공한다.

여섯, 이용자들의 다양한 욕구를 사정하고 즉각 응답할 수 있는 지원체계를 제공한다.

일곱, 이용자에 맞는 통합적이고 종합적인 서비스제공 및 지원이 가능하도록 민-관 협력체계를 유지한다.

여덟, 이용자들의 서비스이용에 따른 변화를 수시로 점검할 수 있는 지도 및 점검체계를 제공한다.

위와 같은 사회복지서비스의 제공에 따른 효율성 및 효과성을 제고하기 위한 국가차원의 지원체계구축은 사회복지서비스제공의 재정지원방식에 상관없이 매우 중요한 국가의 역할이라고 할 수 있으며 특히 이용자중심모델을 강화하여 복지혼합을 추진하는 경우 서비스의 효과성 및 효율성강화를 위한 연계와 조정 그리고 통합적이고 안정적이며 지속적인 서비스가 제공되고 재정적 효율성과 국가의 사회책임성을 강화할 수 있는 실천적 대안이라고 할 수 있다. 결국 사회복지서비스성과 및 사례관리체계구축을 통하여 국가는 다음과 같은 정책적 효과를 얻게 된다.

첫째, 서비스 중복성 축소

둘째, 서비스 접근성확보

셋째, 서비스 응답성확보

넷째, 서비스제공의 유연성 확보

다섯째, 재정지출 및 자원의 효율성 확보

여섯째, 사업의 효과성 증대

제5절 소 결

복지국가가 전통적으로 유지하여온 국가직접제공방식 하에서 관리는 수요자 또는 이용자를 강조하기보다는 주로 공공기관의 행정적 측면을 강조하는 관리가 주된 목적이었기 때문에, 정부의 실패를 강조하는 학자들은 국가의 서비스 생산과 공급의 독점에 따른 사업의 비효율성과 국민들의 욕구에 반응하지 않는 정책의 경직성을 주된 사업의 문제점으로 지적하였다. 제공자보조금방식 하에서 사회복지서비스사업의 국가적 관리는 주로 비영리조직의 재정적 책임성을 강화하는 관리가 핵심이었는데 이는 역시 수요자로부터 직접적으로 사업의 필요성이나 욕구해결방안이 발생하기보다는 제공기관을 통한 간접적인 정보를 통한 사업관리가 핵심이었기 때문에, 수요자보다는 제공기관에 대한 관리가 핵심으로서 제공기관의 서비스독점과 도덕적 해이 등에 대한 문제를 해결할 수 있는 관리방안을 찾는 것은 현실적으로 불가능한 것으로 지적되었으며 사업의 효과성은 개선되었지만 경제적 효율성을 지속적으로 강화하기에는 역부족인 것으로 지적되었다. 이용자보조금방식의 관리적 핵심은 관리의 주된 대상이 이용자가 된다는 것이지만 무엇보다도 이용자를 관리할 수 있는 현실적인 관리방안이 존재하지 않는다는 점이 주요한 문제점으로 지적되고 있다. 특히 자기결정능력이 없는 이용자들에 대한 사업의 성과측정, 이용자선별에 대한 통제, 최소수준의 서비스가 제공되는가에 대한 서비스내용관리 즉 질 관리, 사회적 목적의 유지 등에 대한 관리에 있어 국가의 감독과 관리의 중요성이 이용자보조금방식의 성공여부를 결정짓는 매우 중요한 관리적 측면에서 해결하여야 하는 선결문제로 등장하였다.

결국, 사회복지서비스 공급체계와 재정지원방식의 변화는 다양한 욕구를 가진 국민들에게 제공되는 서비스에 대한 보다 체계적인 관리체계의 필요성을 부각시켰다. 즉 민영화에 따른 복지공급주체의 다변화와 재정적 효율성과 사업의 효과성을 증대시키기 위한 다양한 방식의 재정지원모델들은 사회복지서비스의 특성과 유형에 따라 그리고 이용자들의 개별적 특성에 따라 다르게 적용되어야 한다는 점을 인식하게 하였으며 나아가 국가, 제공기관 그리고 이용자의 주체별로 서비스제공에 따른 성과를 관리하고 개별 사례들을 통합적으로 관리하여야 한다는 필요성을 부각시켰다. 현재 우리나라는 복지공급주체의 다변화와 함께 다양한 방식의 재정지원방식, 특히 바우처나 이동발달지원계좌 등과 같은 이용자중심모델들이 소개되고 도입되고 있지만 이에 따른 사회복지서비스 전반의 과정과 결과를 포함하는 성과와 개별적 사례의 통합적 관리의 필요성을 지적하는 경우는 드물다고 할 수 있으며 이에 대한 연구도 이루어지고 있지 못한 것이 현실이다. 이용자보조금방식을 적용하는 경우 국가는 서비스의 양과, 질, 효율성과 효과성, 만족도 등을 모두 포함하는 사업 전 과정의 성과를 관리하고 개선하도록 하는 중심역할과 서비스의 유형별로 적합한 재정지원방식을 적용하여 서비스이용자별로 개별사례들의 특성을 파악하고 민과 협력하여 사례관리가 가능하도록 하는 관리체계를 구축하는 것이 매우 중요하다. 사회복지서비스사업의 목적을 분명히 하고 목적을 성취하기 위한 각 요인별 측정방안을 모색하여 사업을 관리하는 성과관리와 개입별 성과를 관리할 수 있는 사례관리는 이용자중심모델에 있어 관리의 핵심적 측면이라고 할 수 있으며 이를 효과적으로 운영하기 위한 중앙통제적 사회복지서비스 관리기구의 설립은 미룰 수 없는 국가의 정책 일순위라고 할 수 있다.

제 8 장

한국형 사회복지서비스 재정지원방식 모형탐색

제 6장과 7장에서 민영화에 따른 복지공급주체의 다변화와 재정적 효율성과 사업의 효과성을 증대시키기 위한 다양한 방식의 재정지원모델들은 사회복지서비스의 특성과 유형에 따라 그리고 이용자들의 개별적 특성에 따라 다르게 적용되어야 한다는 점을 강조하였다. 본 장에서는 우리나라에서 제공되고 있는 현 사회복지서비스들을 서비스유형별로 구분하고 이용자들을 특성별로 구분하여 보다 적합한 재정지원방식을 찾기 위하여 기존 서비스의 재분류를 시도하였다. 먼저 〈표 7-2〉는 사회복지서비스의 유형을 분류하여 **사회복지서비스의 성격**에 따라 어떠한 재정지원방식이 적합한 모형인지를 나타내고 있다.

사회복지서비스 중에서 서비스 수요가 표준화되어 공급기관이 다수 존재할 가능성이 희박한 경우나 이용자가 원하지 않아도 사회적 필요성에 의해 제공되어야만 하는 서비스는 서비스 공급이 책임성 있게 이루어지는 것이 이용자 선택권 확보보다 더 중요하다. 또, 주어진 서비스를 기반으로 추가서비스의 이용이 가능해지는 기본적인 서비스의 경우 선택권 확보보다는 접근성에 대한 보장이 정책적으로 더 우선적으로 고려되어야 한다. 또한 이용자들이 제공받는 서비스의 질을 평가하기 어려운 전문적 영역이나 이용자들의 잘못된 선택이 장기적으로 큰 문제를 야기할 수 있는 영역의 경우는 이용자들에게 재정지원을 하여 선택권을 주는 것이 오히려 서비스효과에 부정적인 영향을 미칠 수 있다. 따라서 이러한 경우 사회복지서비스재정지원방식은 이용자보조금방식이 적합하지 않다고 할 수 있다.

반면, 제공되는 서비스의 내용이 표준화되기 쉽고 서비스 구매빈도가 잦으며 연속적이지 않고 품질평가가 용이한 서비스의 경우는 다양한 서비스 제공기관이 경쟁적으로 서비스를 제공할 수 있음을 전제로 이용자가 선택을 통해 양질의 서비스를 향유할 수 있는 가능성이 크기 때문에 이용자보조금방식으로 재정을 지원하여 본인 스스로 서비스를 선택할 수 있도록 하는 것이 효과적일 수 있다. 또한 앞의 〈표 6-4〉에서 지적한 것과 같이 서비스 제공관련 사기나 남용이 발생할 가능성이 적은 사회복지서비스 즉, 제공기관이 서비스의 가격편차를 이유로 이용자에게 제공되는 기본서비스의 질을 조정하여 매우 다양한 서비스를 이름만 바꾸어 제공한다든지 또는 동일한 서비스를 이름이나 형식만 바꾸어 지속적으로 제공하는 등의 서비스사기나 남용 등이 일어날 가능성이 없는 서비스인 경우는 서비스의 선택권이 이용자에게 부여되어 이용자스스로 이용 가능한 서비스나 제공기관을 선택하는 것이 바람직할 수 있다. 그리고 구매빈도가 잦아 서비스의 내용이나 질에 대해서 이용자가 잘 알고 있고 다른 서비스로 서비스를 교체하여도 이에 따른 시간비용 등의 거래비용(또는 부대비용)이 낮은 경우는 선택권이 확보될 수 있는 이용자제정지원방식이 효과적일 수 있다. 결국 이용자보조금방식을 취하기 위해서는 7장에서 지적한 바와 같이 사회복지서비스의 특성을 잘 파악하여 이용자보조금방식에 따른 관리체계의 문제점을 수정 보안하기 위한 체계적이고 통합적인 성과 및 사례관리 정보체계구축이 선행되어야 한다.

결론적으로 사회복지서비스의 성격을 고려하여 정책적 틀을 설정할 시 재정지원의 방식을 어떻게 할 것인가를 결정하기 위해서는 첫째, 서비스의 성격(특성)에 대한 면밀한 고려가 가장 우선되어야 한다. 둘째, 사회서비스의 성격상 이용자들에게 선택권을 강화시키는 것이 서비스 품질향상을 위해 가장 효과적인 방법이라고 판단된다면, 서비스의 공급시장 구조를 다원화하고 민간부문(영리부문 포함)을 참여를 유도하며 이용자에 대한 정보제공 체계 확보를 적극적으로 구현해야 한다. 또한 기존 제공자 재정지원 방식 서비스를 이용자 재정지원 방식으로 전환하고자 한다면, 서비스 공급 시장 자체의 구조적 변화는 상당한 시간을 가지고 점차적으로 이루어져야만 하며 서비스제공에 필요한 인적, 물적 토대를 구축하여야 하고 토대구축의 점진적 변화과정에서 서비스 이용자들이 이용에 불편함을 경험하지 않도록 하는 것이 중요하다.

사회복지서비스의 제공에 있어 **이용자의 특성**을 고려하여 재정지원방식을 설정하는 경우 고려하여야 하는 점은 이용자재정지원방식에 적합한 조건을 역으로 설정하면 특성이 제시될 수 있다. 즉, 서비스 품질을 평가할 수 없는 이용자, 서비스선택에 있어 **거래비용**을 높게 지출하여야 하는 이용자, 제공되는 기초적 서비스 이외에 추가적인 서비스가 반드시 필요한 이용자, 공공성의 유지를 위해 또는 강제적으로라도 서비스가 반드시 제공되어야 하는 이용자 등은 일단 국가나 제공기관의 책임 아래 서비스가 지속적이고 안정적으로 제공되는 것이 바람직하다고 할 수 있다. 또한 이에 덧붙여 이용자보조금방식의 문제점을 감안하여 사회복지서비스를 제공하기 위하여 이용자의 특성에 맞는 재정지원방식의 조건을 분류하면 다음과 같은 분류가 가능해진다. 첫째, 이용자들의 서비스인지능력에 문제가 있는 경우, 둘째, 이용자가 자존감과 독립성을 추구하며 자기결정능력의 향상을 원하는 경우, 셋째, 이용자의 정보에 대한 접근성에 제약이 있는 경우, 넷째, 이용자에게 서비스가 지속적이고 안정적으로 제공되어야 하는 경우, 다섯째, 갑작스러운 위기상황에서 이용자에게 긴급서비스가 필요한 경우, 여섯째, 이용자가 표준서비스 이외에 개별적 특성에 맞는 전문화된 서비스를 원하는 경우 등 위와 같은 상황에 처한 이용자들에게 사회복지서비스를 제공하는 경우 재정지원방식은 이용자보조금방식보다는 국가주도형이나 제공기관보조금방식으로 서비스가 제공되는 것이 보다 적합하다고 할 수 있다. 이용자의 특성에 따른 재정지원방식을 분류하여 표로 나타내면 다음과 같다.

〈표 8-2〉 이용자 특성(성격)별 재정지원방식분류

이용자 성격	정책적 강조점	재정지원방식
이용자의 독립성과 자기결정권 확대가 가능한 이용자	이용자 독립성 확보, 자기결정권 확대	이용자 재정지원
서비스선택권을 실질적으로 활용할 수 있는 인지능력(보호자 능력도 고려)이 있는 이용자나 이용자가족	이용자 선택권 확대	
서비스 선택에 기반이 되는 정보접근성이 있는 이용자	정보제공	
개별적 특성으로 인해 서비스를 제공하기가 어려워 기관이 이용자를 선별할 가능성이 있는 이용자	이용자 보호고려	제공자재정지원/국가주도형방식
하나의 서비스가 아닌 여러 서비스가 함께 제공되어야 하는 이용자	이용자 개별적 특성고려	
서비스를 지속적이고 안정적으로 제공받아야 하는 이용자	이용자 보호고려	
자기결정능력을 가지고 있지 못한 이용자	이용자 보호고려	
정보수집을 위한 시간이나 능력을 가지지 못한 이용자	정보공개 체계	
서비스이용에 대한 접근성이 보장되어야 하는 이용자	이용접근성보장	
보편적 서비스 이외에 보다 전문적이거나 기술력이 높은 서비스가 필요한 이용자	이용권보장	

이렇듯 서비스유형이나 이용자의 특성을 고려하여 보다 적합한 서비스재정지원방식을 선택하는 경우 추가적으로 정책결정당국이 우선적으로 고려하여야 하는 점은 효율과 형평과의 거래라고 할 수 있다. 특히 경제적 효율성을 강조하여 재정지원방식을 적용하는 경우 가정 우선적으로 고려하여야 하는 점은 과연 재정지원방식을 이용자보조금방식으로 제공하는 것이 다른 재정지원방식으로 재정을 지원하는 경우보다 저렴한 비용을 지불하는 것이라고 할 수 있다. 즉 이용자보조금방식을 선택하여 재정을 지원하는 경우 이용자들이 서비스를 이용하기 위하여 쏟는 시간비용 등의 거래비용이 국가가 직접서비스를 제공하는

경우나 제공자 보조금방식으로 제공기관에서 서비스를 제공하여 이용자가 이용하는 경우보다 저렴한 비용을 지불하는가를 면밀히 살펴보아야 한다.

위와 같은 서비스의 유형과 이용자의 특성을 고려하여 현재 우리나라에서 제공되고 있는 사회복지서비스를 재분류하기 위하여 현재 노인, 장애인, 아동 등에게 복지부에서 제공되고 있는 사회복지서비스를 재정지원방식별로 구성하여 보면 아래의 표와 같다.

〈표 8-3〉 노인복지사업분류[1]

구분	재정지원방식	사 업 명	수 요 자 연령기준	수 요 자 자 격 기 준
시설운영지원	제공자보조금	○ 노인복지시설(주거) - 무료·실비시설 - 유료시설	65세 이상 60세 이상	일상생활에 지장이 없는 자로서 - 무료시설 : 기초생활수급 대상 노인 등 - 실비시설 : 도시근로자 월평균소득 이하 가구 노인 - 유료시설 : 도시근로자 월평균소득 이상 가구 노인
	제공자보조금	○ 노인복지시설(의료) - 무료·실비시설 - 유료시설	65세 이상 60세 이상	노인성질환 등으로 요양을 필요로 하는 자로서 - 무료시설 : 기초생활수급 대상 노인 등 - 실비시설 : 도시근로자 월평균소득 이하 가구 노인 - 유료시설 : 도시근로자 월평균소득 이상 가구 노인
	제공자보조금	○ 재가노인복지사업 (가정봉사원 파견시설, 주간·단기보호시설)	65세 이상	- 무료시설 : 기초생활수급 대상 노인 등 - 실비시설 : 도시근로자 월평균소득 이하 가구 노인 - 유료시설 : 도시근로자 월평균소득 이상 가구 노인 * 재가노인 가정봉사원 서비스 - 신체 및 정신적 장애를 가져 일정기간 보호 필요자 - 내용 : 신체 수발, 일상생활지원, 질병관리 및 안전상담 및 교육
	제공자보조금	○ 치매상담센터 운영	60세 이상	- 치매노인과 그 가족
	제공자보조금	○ 노인여가복지시설 - 경로당, 노인복지관 등	65세 이상 60세 이상	없음
서비스지원	제공자보조금	○ 노인일자리사업	65세 이상	- 노동이 가능한 신체 건강한 노인
	제공자보조금	○ 치매조기검진사업	60세 이상	- 기초생활수급자, 의료급여수급자 - 기타 보건소장이 필요하다고 인정하는 자
	제공자보조금	○ 노인 안검진 및 개안 수술	60세이상	- 기초생활수급자, 시·도지사가 선정한 저소득층 노인 중 희망자
	제공자보조금	○ 독거노인생활관리사 파견	65세 이상	- 소득수준, 부양의무자 유무 등에 상관없이, 실제 혼자 살고 있는 노인 - 내용 : 독거노인 생활안전 점검 및 보건 복지서비스 연계 등.
	제공자보조금	○ 노인 건강진단	65세 이상	- 기초생활수급자 및 차상위 노인 중 희망자 - 기타 보건소장이 필요하다고 인정하는 자
	제공자보조금	○ 결식우려노인 무료급식 지원	60세 이상	- 결식이 우려되는 노인
	제공자보조금	○경로우대제[2] (철도, 전철, 국·공립공원 등)	65세 이상	없음
이용자지원	바우처 / 이용자보조금	○노인돌보미사업	65세 이상	- 대 상 : 소득 및 건강상태 고려(노인요양필요점수 40점이상 - 55점 이하) - 서비스내용 : ○신변·활동지원 : 식사도움, 세면도움, 체위변경, 옷 갈아입히기, 구강관리, 신체기능의 유지·증진, 화장실 이용, 도움, 외출동행, 목욕보조 등 ○가사 일상생활지원 : 취사, 생필품구매, 청소, 세탁 ○보건소 월 1회 정기적인 가정방문하여 만성질환 관리 및 운동지도 - 본인부담금 : (최저생계비 120%이하/초과) 월 27시간 : 월 18,000원/36,000원 월 36시간 : 월 24,000원/48,000원
	현금지원 / 이용자보조금	○기초노령연금	65세 이상	○ 65세 전체노인 중 소득과 재산이 적은 하위 70% 선정하여 독거노인은 68만원 이하, 노인부부는 108만원 이하일 때 적용됨. - 2009년 4월-2010년 3월까지 : 노인단독가구 매월 8만7천원, 노인부부가구13만9천원 지급

1) 자료 : 2008년 노인복지사업안내, 보건복지가족부

2) 경로우대제의 경우 이용자는 서비스를 무료로 이용하지만 국가는 재정을 공단(또는 공사)에 제공하게

〈표 8-4〉 장애인복지사업[3] 분류

	재정지원 방식	주요사업명	지 원 대 상	지 원 내 용
시설운영지원	제공자보조금	장애인 직업재활 기금사업 수행기관 운영	○ 등록장애인	○ 장애인이 취업을 통하여 안정된 생활을 할 수 있도록 직업상담, 직업평가, 직업적응훈련, 취업알선, 지원고용, 취업 후 지도 등 취업과 관련된 종합적인 서비스 제공
	제공자보조금	장애인생활시설 운영	○ 등록장애인 - 국민기초생활보장법상의 수급자 우선 입소	○ 생활시설 입소 보호 - 의식주 제공 - 재활서비스 제공(사회심리 재활, 교육재활, 직업재활, 의료재활)
	제공자보조금	장애인복지시설 치과 유니트지원	○ 치과치료 기본장비가 필요한 장애인 복지시설	○ 통원치료가 곤란한 시설 입소 장애인에 대해 치과치료 기본장비인 유니트 설치 지원
	제공자보조금	장애인 직업재활 시설운영	○ 등록장애인	○ 일반사업장 취업이 어려운 저소득 중증장애인에게 자신의 능력과 적성에 맞는 직업생활을 할 수 있도록 보호고용 실시
	제공자보조금	재활병 · 의원 운영	○ 등록장애인	○ 지원 내용 - 장애의 진단 및 치료 - 보장구 제작 및 수리 - 장애인 심리검사 및 평가 ○ 국민기초생활보장법상의 수급자는 무료, 그외의 자는 실비부담
	제공자보조금	장애인 심부름센터 운영	○ 등록장애인	○ 사업 내용 - 민원업무 대행, 직장 출 · 퇴근, 장보기, 이사짐 운반, 가사돕기, 취업안내 등 ○ 이용요금 : 실비 ○ 사업 주체 : 한국시각장애인연합회

됨으로 제공자보조금방식으로 구분한다.

3) 자료 : 2008년 장애인복지사업안내, 보건복지가족부

		재정지원 방식	주요 사업명	지 원 대 상	지 원 내 용
이용자지원	현금지원	이용자 보조금	장애수당 지급	○ 국민기초생활보장법에 의한 수급자 및 차상위 계층(120% 이하)의 18세 이상 등록 장애인 (보장시설 장애인은 연령에 상관없이 장애수당만 지급) - 중증장애인 : 장애등급이 1, 2급인자(다른 장애가 중복된 3급 지적장애인 및 자폐성 장애인 포함) - 경증장애인 : 장애등급이 3~6급인자 (※특례수급 장애인이 차상위 계층에 해당시 차상위 장애수당 지급)	○ 기초 중증 : 1인당 월 130천원 ○ 차상위중증 : 1인당 월 120천원 ○ 기초및차상위 경증 : 1인당 월 30천원 ○ 보장시설 장애인 -기초 및 차상위 중증 : 1인당 월 70천원 -기초 및 차상위 경증 : 1인당 월 20천원
		이용자 보조금	장애아동 수당지급	○ 국민기초생활보장법에 의한 수급자 및 차상위 계층(120% 이하)의 18세 미만 재가 장애아동 · 중증장애인 : 장애등급이 1, 2급인 자(다른 장애가 중복된 3급 지적장애인 및 자폐성 장애인 포함) · 경증장애인 : 장애등급이 3~6급인자 ※ 특례수급자 중 장애아동보호자(보호자가 없는 경우 장애아동 당사자)가 차상위 계층에 해당시 차상위 장애아동수당 지급	○ 기초중증 : 1인당 월 200천원 ○ 차상위중증 : 1인당 월 150천원 ○ 기초및차상위 경증 : 1인당 월 100천원
		이용자 보조금	장애인 자녀 교육비 지원	○ 소득인정액이 일정금액 이하인 가구의 1~3급 장애인인 중학생·고등학생 및 1~3급 장애인의 중학생·고등학생 자녀 ※ 소득인정액 기준(가구원/월) · 1인 : 601,961원이하 · 2인 : 1,019,615원이하 · 3인 : 1,334,584원이하 · 4인 : 1,645,602원이하 · 5인 : 1,934,241원이하 · 6인 : 2,225,842원이하 ※ 7인이상 가구는 1인 증가시마다 291,600원씩 증가	○ 고등학생의 입학금 및 수업료 전액 ○ 고등학생의 교과서대 106천원 (연1회) ○ 중학생의 부교재비 32천원(연1회) ○ 중학생, 고등학생의 학용품비 44천원(학기당 22천원씩 연2회)
		이용자 보조금	장애인 자립자금 대여	○ 저소득 가구의 장애인가구주 또는 가구주의 배우자인 장애인 ※ 국민기초생활보장법상의 수급자 및 차상위 계층은 생업자금을 대여함으로 자립자금 대여 대상에서 제외	○ 대여한도 : 가구당 2,000만원 이내 ○ 대여이자 : 3%(고정금리) ○ 상환방법 : 5년 거치 5년 분할 상환
		이용자 보조금	장애인 등록 진단비 지급	○ 국민기초생활보장법상의 수급자로서 신규 등록 장애인 및 직권에 의한 등급 재조정 대상 장애인	○ 진단서 발급 비용 지원 - 지적장애 및 자폐성장애 : 4만원 - 기타 일반장애 : 1만5천원 ※ 장애판정을 위한 검사비용은 본인 부담

		재정지원 방식	주요 사업명	지 원 대 상	지 원 내 용
이용자지원	현금지원	이용자 보조금	장애인 의료비 지원	○ 의료급여법에 의한 의료급여 2종 수급권자인 장애인	○ 1차 의료급여기관 진료 - 본인부담금 1,000원 중 750원 지원(의약분업 적용) - 본인부담금 1,500원 중 750원 지원(의약분업 예외) ○ 2차, 3차 의료급여기관 및 국·공립 결핵병원 진료 - 의료급여수가적용 본인부담진료비 15%(암, 심장 및 뇌혈관질환은 본인부담진료비 10%) 전액을 지원하되 본인부담금 식대 20%는 지원하지 않음 ○ 의료급여 적용 보장구 구입시 상한액 범위내에서 본인부담금(15%) 전액
		이용자 보조금	장애인용 LPG 연료 세금인상액 지원	○ 복지(구입)카드 또는 보호자카드로 수송용 LPG를 이용하는 장애인용 LPG 승용차 소지자	○지원대상 - 1~3급 장애인(2009.12.31까지) ○ 지원금액 -월 250ℓ 한도(리터당 200원 지원)
		이용자 보조금	농어촌 재가 장애인 주택 개조 사업	○ 기초생활보장수급자 및 차상위계층중 등록장애인으로 자가소유자 및 임대주택 거주자	○ 가구당 3,800천원 (1,000가구 지원)
		이용자 보조금	실비 장애인 생활시설 입소 이용료 지원	○ 아래의 소득조건을 만족하여 실비장애인생활시설에 입소한 장애인 ○ 소득조건 - 등록 장애인이 속한 가구의 가구원수로 나눈 월 평균소득액이 통계청장이 통계법시행령 제3조의 규정에 의하여 고시하는 '07년도의 도시근로자가구 월평균 소득을 평균가구원수로 나누어 얻은 1인당 월 평균소득액 이하인 가구의 등록장애인	○ 실비장애인생활시설 입소시 입소비용 중 매월 27만원 지원
	바우처	이용자 보조금	중증 장애인 활동 보조사업	○ 장애인복지법"상 등록 1급 장애인 ○ 만 6세 이상~만 65세 미만 - **본인부담금** · 기초생활수급권자 : 면제 · 최저생계비 120%이내 : 월 2만원 · 최저생계비 120%초과 : 월4만원	- **서비스내용** : 세면·식사보조 등 신변처리, 가사지원, 일정관리 등 일상생활, 커뮤니케이션 보조, 사회활동을 위한 이동보조 등

		재정지원방식	주요사업명	지 원 대 상	지 원 내 용
		이용자 보조금	장애인 의료비 공제	○ 등록장애인	○ 당해년도 의료비 전액 - 총소득의 3% 초과분에 한해 공제(소득세법 제52조 특별공제)
이용자지원	보험료 및 세액공제	이용자 보조금	상속세 인적 공제	○ 등록장애인 - 상속인과 피상속인이 사실상 부양하고 있던 직계존·비속, 형제, 자매	○ 장애인에 대한 상속세 인적 공제 - 공제금액 = 500만원×(75세 - 상속당시 나이)
		이용자 보조금	장애인 특수 교육비 소득공제	○ 등록장애인	○ 사회복지시설이나 보건복지가족부장관으로부터 장애인재활교육시설로 인정받은 비영리법인에 지급하는 특수교육비 전액
		이용자 보조금	증여세 면제	○ 등록장애인 - 장애인을 수익자로 하며, 신탁기간을 장애인의 사망시까지로 하여 신탁회사에 신탁한 부동산, 금전, 유가증권	○ 장애인이 생존기간 동안 증여받은 재산가액의 합계액에 대하여 최고 5억원까지 증여세과세가액에 불산입 ※ 중도에 신탁계약을 해지하는 경우 해지시점에서 세금 납부
		이용자 보조금	장애인 보장구 부가가치세 영세율 적용	○ 등록장애인	○ 부가가치세 감면 - 의수족, 휠체어, 보청기, 보조기, 지체장애인용 지팡이 및 목발, 시각장애인용 흰지팡이, 청각장애인용 인공달팽이관시스템, 성인용 보행기, 욕창예방용 매트리스·쿠션·침대, 인공후두, 장애인용기저귀, 점자판과 점필, 시각장애인용 점자정보단말기, 시각장애인용 점자프린트, 청각장애인용 골도전화기, 시각장애인용으로 특수제작된 화면낭독 소프트웨어, 지체장애인용으로 특수제작된 키보드 및 마우스, 청각장애인용 음향표시장치

		주요사업명	지 원 대 상	지 원 내 용
이용자지원	할인 및 무료이용	고궁, 능원, 국·공립박물관 및 미술관, 국·공립공원, 국·공립공연장, 공공체육시설 요금 감면	○ 등록장애인 및 1~3급 장애인과 동행하는 보호자 1인 - 국공립 공연장중 대관공연은 할인에서 제외	○ 입장요금 무료 ※ 국·공립 공연장(대관공연 제외) 및 공공체육시설 요금은 50% 할인
		철도 · 도시철도 요금 감면	○ 등록장애인	- 등록장애인중 중증장애인(1~3급)과 동행하는 보호자 1인 KTX, 새마을호, 무궁화, 통근열차 : 50% 할인, - 등록장애인중 4~6급 · KTX, 새마을호 : 30% 할인 (토·일, 공휴일을 제외한 주중에 한하여) · 무궁화, 통근열차 : 50% 할인 - 도시철도(지하철, 전철) : 100%
		전화요금 할인	○ 장애인 명의의 전화 1대 ○ 장애인단체, 복지시설 및 특수학교 전화 2대 (청각·언어장애인 시설 및 학교는 FAX전용전화 1대 추가 가능)	○ 시내통화료 50% 할인 ○ 시외통화는 월 3만원의 사용한도 내에서 50% 할인 ○ 이동전화에 걸은 요금 : 월 1만원의 사용한도 이내에서 30% 할인 ○ 114 안내요금 면제
		시·청각 장애인 TV 수신료 면제	○ 시각·청각 장애인이 있는 가정 ○ 사회복지시설에 입소한 장애인을 위하여 설치한 텔레비전 수상기	○ TV수신료 전액 면제 ※ 시·청각장애인 가정의 수신료 면제는 주거 전용의 주택 안에 설치된 수상기에 한함.
		항공요금 할인	○ 등록장애인	○ 대한항공(1~4급), 아시아나항공 국내선 요금 50% 할인 (1~3급 장애인은 동행하는 보호자 1인 포함) ○ 대한항공(5~6급 장애인)국내선 30% 할인 ※ 대한항공은 2006년부터 사전예약제(Booking Class 관리시스템) 실시로 주말, 성수기, 명절연휴 등 고객 선호도가 높은 항공편(제주노선부터 실시)의 경우 사전예약이 안되면 항공요금 감면 등 구입이 안 될 수 있으므로 동 시기에는 사전예약 요망

		재정지원방식	주요사업명	지 원 대 상	지 원 내 용
이용자지원	보험료 및 세액공제	이용자 보조금	장애인용 수입 물품 관세 감면	○ 등록장애인	○ 장애인용물품으로 관세법시행규칙 별표2에서 정한 101종의 수입물품에 대하여 관세 면제 ○ 재활병원 등에서 사용하는 지체·시각등 장애인 진료용구에 대하여 관세면제
		이용자 보조금	특허출원료 또는 기술평가청구료 등의 감면	○ 등록장애인	○ 특허 출원시 출원료, 심사청구료, 1~3년차 등록료, 기술평가 청구료 면제 ○ 특허·실용신안원 또는 의장권에 대한 적극적인 권리범위 확인심판시 그 심판청구료의 70% 할인
		이용자 보조금	장애인용 차량에 대한 등록세·취득세·자동차세 면제	○ 차량 명의를 1~3급(시각은 4급 포함)의 장애인 본인이나 그 배우자 또는 주민등록표상 장애인과 함께 거주하는 직계존·비속, 직계비속의 배우자, 형제, 자매 중 1인과 공동명의 - 배기량 2000cc이하 승용차 - 승차정원 7인승 이상 10인승 이하인 승용자동차, 승차정원 15인승 이하 승합차, 적재정량 1톤이하인 화물차, 이륜자동차 중 1대	○ 등록세·취득세·자동차세 면세
		이용자 보조금	보장구 건강 보험 급여(의료급여)실시	○ 등록장애인 -「보장구급여비 지급청구서」 제출시 첨부서류 1. 의사발행 보장구 처방전 및 보장구 검수확인서 각 1부. 2. 요양기관 또는 보장구 제작·판매자 발행 영수증 1부. ※ 지팡이·목발·휠체어(2회이상 신청시) 및 흰지팡이의 경우는 위 1호 서류 첨부생략	○ 건강보험대상자 : 적용대상품목의 기준액 범위내에서 구입비용의 80%를 공단에서 부담 ○ 의료급여수급권자 : 적용 대상품목의 기준액 범위 내에서 전부(1종) 또는 85%(2종)를 기금에서 부담
		이용자 보조금	차량 구입시 지역개발 공채 구입 면제	○ 지방자치단체별 조례에서 규정하는 장애인용차량 ※ 도지역에 해당	○ 지방자치단체별 조례에 의거 장애인차량에 대한 지역개발 공채 구입의무 면제

		주요사업명	지 원 대 상	지 원 내 용
이용자지원	할인 및 무료이용	연안여객선 여객운임 할인	○ 등록장애인	○ 연안여객선 여객운임 50% 할인(1~3급 장애인 및 1급 장애인 보호자 1인) ○ 연안여객선 여객운임 20%할인(4~6급 장애인)
		이동통신 요금 할인	○ 등록장애인, 장애인단체 ※ 모든 이동통신 사업자 중 개인은 1회선, 단체는 2회선에 한함.	○ 이동전화 - 신규가입비 면제 - 기본요금 및 국내통화 35% 할인 ○ 무선호출기 - 기본요금 30% 할인
		초고속 인터넷 요금할인	○ 등록장애인	○ 기본정보이용료 30~40% 할인 - PC통신 사업자에 따라 할인대상요금과 할인율이 상이함
		고속도로 통행료 50% 할인	○ 장애인 또는 장애인과 함께 거주하는 배우자·직계 존속·직계비속·직계비속의 배우자·형제·자매 명의로 등록한 보철용의 아래 차량중 1대(장애인자동차표지 부착)에 승차한 등록장애인 - 배기량 2,000CC이하의 승용자동차 - 승차정원 7~10인승 승용자동차 - 승차정원 12인승이하 승합차 - 적재정량 1톤이하 화물차 ※ 경차와 영업용차량(노란색 번호판의 차량)은 제외	○ 고속도로 통행료 50% 할인 - 요금정산소에서 통행권과 할인카드를 함께 제시하면 요금 할인
		전기요금 할인	○ 중증장애인(3급 이상)	○ 전기요금의 20% 감면 ※ 구비서류 : 장애인등록증, 주민등록등본, 전기요금영수증 각 1부
서비스지원	제공자보조금	청각장애 아동 인공 달팽이관 수술비 지원	○ 인공달팽이관 수술로 청력회복이 가능한 저소득 청각장애 아동	○ 인공달팽이관 수술비 지원
	제공자보조금	장애인 결연사업	○ 시설 입소 장애인 및 재가 저소득 장애인	○ 결연을 통하여 장애인에게 후원금품 지원, 자원봉사활동, 취업 알선
	제공자보조금	공동주택 특별 분양 알선	○ 등록장애인인 무주택 세대주(지적장애 또는 정신 및 제3급이상의 뇌병변장애인의 경우 그 배우자 포함)	○ 청약저축에 상관없이 전용면적 85제곱미터 이하의 공공분양 및 공공임대주택 분양 알선

	재정지원 방식	주요사업명	지 원 대 상	지 원 내 용
서비스지원	제공자 보조금	무료 법률 구조제도 실시	○ 등록장애인 - 법률구조공단에서 심의하여 무료 법률구조를 결정한 사건에 한함	○ 소송시 법원에 소요되는 일체의 비용(인지대, 송달료, 변호사 비용 등)을 무료로 법률구조서비스 제공
	제공자 보조금	장애인 의무고용	○ 등록장애인	○ 국가 · 지방자치단체 : 소속 공무원 정원의 2% 이상 의무 고용 ○ 50인이상 고용사업주 : 상시 근로자의 2%이상 의무고용
	제공자 보조금	장애인 자동차 표지 발급	○ 장애인 또는 장애인과 세대별주민등록표상 같이 기재되어 있는 배우자, 직계존 · 비속, 직계비속의 배우자, 형제, 자매명의로 등록하여 장애인이 주로 사용하는 자동차 1대 ○ 국내거소신고를 한 재외동포와 외국인등록을 한 외국인으로서 보행장애가 있는 사람 명의로 등록한 자동차 1대	○ 장애인전용주차구역 이용(일부에 한함), 10부제 적용 제외, 지방자치단체별 조례에 의거 공영주차장 주차요금 감면 등
	제공자 보조금	장애인 재활 보조 기구 무료 교부	○ 국민기초생활보장법상의 수급자 및 차상위계층으로서 등록 장애인중 교부품목자	○ 품 목 - 욕창방지용 매트 : 1~2급 지체 · 뇌병변 · 심장장애인 - 음향신호기의 리모콘과 음성탁상시계 : 시각장애인 - 휴대용 무선신호기 과진동시계 : 청각장애인 - 자세보조용구, 워커, 식사보조기구와 기립보조기구 : 뇌병변장애인, 근육병등 지체장애인1,2급
	제공자 보조금	여성 장애인 가사도우미 파견사업	○ 저소득 가정의 등록 여성장애인	○ 여성장애인의 임신 · 출산 · 육아 및 가사활동 지원을 위한 - 가사도우미 파견 - 산후조리, 자녀양육, 가사활동 지원

〈표 8-5〉 아동복지사업분류[4)]

		재정지원방식	주요사업명	지원대상	지원내용
시설운영지원		제공자보조금	○ 요보호아동 그룹형태 보호	○ 아동복지법 제14조에 의해 신고한 공동생활가정(그룹홈) 시설	○ 단기보호 : 경제적 위기 또는 부부의 갈등이나 별거, 수감 및 아동학대 등으로 인해 보호자 또는 친·인척이 함께 거주할 수 없는 아동 보호 ○ 장기보호 : 기존의 소년소녀가정 또는 시설에서 보호중인 아동 및 장기보호가 필요한 아동 ○ 치료보호 : 시설보호에 적응하지 못하거나 약간의 정서적 문제 등으로 인하여 시설보호에 적합하지 않는 아동
		제공자보조금	○ 시설아동 자립 지원센터운영 지원	○ 자립지원센터 운영(16개소)	- 자립지원 전담인력 : 32명(전년동) - 인건비 지원단가 : 15,114천원 → 15,567천원(3% 증가) - 운영비 : 1,225천원 → 1,262천원/월. 개소 (3% 인상) ○ 아동시설축구대회 지원
		제공자보조금	○ 중앙아동보호 전문기관운영	○ 중앙아동보호전문기관	○ 아동학대 신고전화 운영을 통한 신고접수 및 현장조사, 응급보호, 서비스 제공 ○ 아동학대 피해아동·학대행위자 상담, 교육 및 서비스 제공·연계 ○ 아동학대사례판정위원회 설치·운영 및 자체사례회의 운영 ○ 아동학대사례의 전산시스템 입력 및 보존 ○ 신고의무자·일반인대상 아동학대 예방교육 및 홍보 ○ 지역사회자원 개발 및 관련기관 협력체계 구축 ○ 시장·군수·구청장에게 학대아동의 기초생활보장급여 또는 의료급여 등 필요한 보호 및 양육조치 의뢰 ○ 아동학대 피해아동 보호를 위한 그룹홈(공동생활가정) 또는 단기보

4) 참고자료 : 2008년 아동복지사업안내, 보건복지부

		재정지원방식	주요사업명	지원대상	지원내용
시설운영지원					호시설 운영
		제공자 보조금	○ 중앙가정위탁 지원센터 운영	○중앙가정위탁지원센터	○ 지역가정위탁지원센터에 대한 지원 ○ 효과적인 가정위탁사업을 위한 연계체계 구축 ○ 가정위탁사업과 관련된 연구 및 자료발간 ○ 가정위탁사업을 위한 프로그램의 개발 및 평가 ○ 상담원에 대한 교육 등 가정위탁에 관한 교육 및 홍보 ○ 가정위탁사업을 위한 정보기반 구축 및 정보제공 ○ 가정위탁사업에 대한 평가
		제공자 보조금	○ 지역아동센터 운영	○ 사회복지법인, 종교법인 등 비영리법인, 등록된 비영리민간단체 및 개인 등이 운영하는 지역아동센터로서 아동복지법에 의해 신고한 시설	○ 빈곤·위기아동의 지역내 보호개념 실현 : 지역사회 안에서 아동의 권리보장과 안전한 보호 및 급식지원으로 결식의 예방 ○ 교육적 기능 : 아동의 학습능력제고, 학교부적응 해소, 일상생활지도, 학교생활의 유지 및 적응력강화 ○ 정서적 지원 : 아동의 심리·정서적 안정 및 건강한 신체발달 기능강화 ○ 문화서비스 제공 : 문화적으로 소외되어 있는 아동에 대해 문화체험 및 다양한 문화경험의 장을 제공 ○ 지역사회연계 : 지역사회자원 확보, 발굴 및 지원 강화, 지역사회 내 아동문제에 대한 사전 예방적 기능 및 사후 연계

		재정지원방식	주요사업명	지원대상	지원내용
		제공자 보조금	○ 실종아동보호 및 지원	○ 약취·유인·유기·사고 또는 가출하거나 길을 잃는 등의 사유로 인하여 보호자로부터 이탈된 자로서 - 발생 당시 14세 미만의 아동과 - 장애인(연령제한 없음) 중 정신지체인(지적장애인), 발달장애인(자폐성장애인), 정신장애인	보건복지부 (실종아동전문기관) ○ 정책수립 및 시행 ○ 데이터베이스 구축·운영 ○ 실태조사 및 연구 ○ 발생예방·홍보 ○ 실종아동등의 가족지원 ○ 기타 필요 사항
		제공자 보조금	○ 입양단체 지원	○ 국내입양기관	○입양 아동 발굴, 홍보 상담원 인건비 및 운영비 지원
이용자지원	현금지원	이용자 보조금	○ 장애아동입양 양육보조금 지원	○ 13세미만의 아동을 입양한 국내입양가정	○ 장애아동 입양양육보조금 지원 - 지원인원 : 146→186명 - 양육보조금 : 551천원/인.월(전년동) - 의료비 : 2,520천원/인.년(전년동)
		이용자 보조금	○ 입양수수료 지원	○ 입양촉진 및 절차에 관한 특례법상의 입양기관을 통하여 아동을 입양한 국내입양가정	○ 입양가정에 입양수수료 지원 - 지원대상 : 1,534명(전년동) - 지 원 액 : 200만원/회 ※ '07년 국내입양 : 1,264명
		이용자 보조금	○ 입양아동 양육수당 지원	○ 장애인복지법 제2조의 규정에 의한 장애인에 해당하는 아동 ○ 분만시 조산·체중미달·분만장애·유전 등으로 질환을 앓고 있는 아동 ○ 입양당시 장애 또는 의료적 문제가 없었으나 선천적 요인으로 인해 장애 또는 질환이 발생한 아동	○ 양육보조금 : 월 551천원/인 ○ 의료비 - 연간 252만원 한도내에서 본인이 부담한 진료·상담·재활 및 치료에 소요되는 비용(급여 및 비급여부분 포함)
		이용자 보조금	○ 가정위탁아동 상해보험료 지원	○ 가정위탁아동	상해보험료 지원 - 지원단가 : 100천원/인. 년(전년동) - 지원규모 : 21,278→17,050명(△4,228명)

		재정지원방식	주요사업명	지원대상	지원내용
		이용자 보조금	○소년소녀가정 지원	○ 국민기초생활보장법에 의한 수급자(가구)중 18세미만(출생일 기준)의 아동이 실질적으로 가정을 이끌어 가고 있는 세대 - 18세미만의 아동으로만 구성된 세대 - 18세미만의 아동이 부양능력이 없는 부모와 동거하는 세대	○ 생계·교육급여, 의료급여, 부가급여, 전세자금 지원
		이용자 보조금	○ 아동발달지원 계좌 지원	○ 요보호아동(시설보호, 가정위탁, 소년 소녀가정 등)의 자산형성을 통한 자립 지원 도모	○아동이 보호자, 후원자의 후원으로 월 3만원 이내 금액을 저축하면 국가(지자체)에서 만 17세까지 같은 액구(1:1 매칭펀드)를 지원하여 만 18세 이후 사회진출 시 학자금, 전세금, 창업자금 등으로 사용토록 함.
	바우처	이용자 보조금	○지역사회서비스혁신사업	· 보편형아동투자 바우처 ○ 아동인지사업 : 만 6세(당해년도 1월 1일 기준) 이하 아동 중 가구소득을 고려하여 대상자 선정 ○ 비만아동 : 만 7세 이상 만 12세 이하 아동 중 비만 판정기준을 고려하여 대상자 선정 · 지역맞춤형 바우처 ○ 전국가구 평균소득 이하 가구를 원칙으로 하되, 서비스 성격, 이용자 욕구 등에 따라 지자체별로 확정된 사업계획에 의해 대상자 선정. (장애아동 재활심리치료를 포함한 300여개의 서비스)	· 보편형아동투자 바우처 ○ 아동인지사업 - 독서 지도 서비스 - 도서대여 또는 지급 - 독서 관련 정보 제공 및 독서 지도 방법 교육 등 ○ 비만건강지원사업 -대상 아동 및 부모에 대해 운동처방 및 운동 지도, 영양 교육, 각종 정보 제공 등 서비스 제공 · 지역맞춤형바우처 ○ 지역별로 지역맞춤형 바우처 사업(예 : 장애아동 - 미술, 언어, 심리행동 치료 등의 서비스지원)
		제공자 보조금	○ 희망스타트 (아동복지건강 교육통합서비스 지원)	○ 기초생활수급가정 및 차상위층 가정 등 취약계층 아동 ○ 0세(임산부) ~ 만12세의 저소득 아동 및 가정 ※ 사업지역 : 32개 시군구('07년 16개 지역)	○ 빈곤아동 및 그 가족에게 보건, 복지, 교육, 문화 등 맞춤형 통합서비스 제공. - 보건 : 가정방문 보건서비스, 정신건강 및 발달스크리닝, 임산부,영유아 보충영양프로그램 - 복지 : 학교내 교육복지프로

	재정지원방식	주요사업명	지원대상	지원내용
서비스지원				그램 제공, 방과후 프로그램 지원 · 관리 - 보육 : 영유아 교육중재 프로그램, 가정방문/시설내 부가적 서비스 제공, 책읽어주기, Book start 등 발달지원서비스 - 통합서비스 제공 및 가족지원사업 : 학대예방, 안전 등 통합서비스, 부모 자녀양육능력 강화, 보건복지자원 발굴 · 연계, 문화체험,부모참여 등 가족지원

아래의 표는 위에서 분류한 사회복지사업을 다시 종합하여 노인, 아동 그리고 장애인사업으로 함께 묶은 표이다.

〈표 8-6〉 사회복지서비스 사업별 재정지원방식 분류

	노인	장애인	아동
제공자보조금	· 노인복지시설 · 재가노인복지사업 · 치매상담센터 운영 · 노인여가복지시설 · 결식우려노인무료급식지원 · 치매조기검진사업 · 노인건강진단 · 노인 안검진 및 개안수술 · 노인일자리사업 · 독거노인생활관리사파견	· 장애인생산품 판매시설 · 장애인직업재활 기금사업 수행기관 · 장애인생활 시설 · 장애인복지시설 치료유니트 지원 · 장애인 직업재활시설 · 재활 병 · 의원 · 장애인 심부름센터 · 수화통역센터 · 장애인복지관 · 장애인 공동생활가정 · 주간 · 단기보호시설 · 장애인체육시설 · 장애인 재활지원센터 · 장애인 재가복지 봉사센터 · 지적 장애인 자립지립지원센터 · 편의시설 설치 시민촉진단 · 지체장애인 편의시설 지원센터 · 장애인자동차 표지 발급 · 장애인결연사업 · 장애인 의무고용 · 공동주택 특별 분양 알선 · 무료 법률 구제제도 실시 · 장애인특별운송사업 운영	· 아동시설지원 · 중앙아동보호전문기관 · 실종아동보호 및 지원 · 입양단체 지원 · 중앙가정위탁지원센터 · 지역아동센터 · 희망스타트 지원 (해당지역지원)

			· 여성장애인가사도우미 파견사업 · 장애인재활보조 기구 무료교부	
이용자보조금	현금지원	· 기초노령연금	· 장애수당지급 · 장애아동수당지급 · 장애인자녀 교육비 지원 · 장애인 자립자금대여 · 장애인 의료비 지원 · 장애인등록진단비 지급 · 장애인용 LPG연료 세금 인상액지원 · 농어촌 재가 장애인 주택개조사업(현금) · 실비장애인생활시설입소 이용료 지원 · 청각장애 아동 인공 달팽이관 수술비 지원	· 장애아동 입양 양육보조금 지원 · 입양수수료 지원 · 입양아동 양육수당 지원 · 가정위탁아동 상해 보험료 지원 · 아동발달지원계좌 지원
	바우처	· 노인돌보미사업	· 중증장애인활동보조사업 · 장애아동치료바우처사업	· 지역사회서비스혁신사업
	보험료 및 세액공제		· 건강보험 지역가입자의 보험료 경감. · 보장구 건강보험 급여 실시 · 승용자동차에 대한 특별소비세면제 · 장애인용차량에 대한 등록세 · 취득세 · 자동차세 면제 · 차량구입시 지역개발 공채 구입면제 · 차량구입시 도시 철도채권 구입 면제 · 소득세 인적 공제 · 장애인 의료비 공제 · 상속세 인적 공제 · 장애인 특수교육비 소득공제 · 증여세면제 · 장애인 보장구 부가가치세 영세율 적용 · 장애인용 수입 물품 관세 감면 · 특허출원료 또는 기술 평가 청구료 등의 감면	
	할인 및 무료이용	· 경로우대제 (철도, 전철, 국 · 공립공원)	· 박물관 및 미술관, 공공기관 입장요금 무료 · 철도 · 도시철도 요금 감면 · 전화요금 할인 · 시 · 청각 장애인 TV 수신료 면제 · 항공요금 할인 · 연암여객선 여객운임 할인 · 이동통신 요금 할인 · 초고속 인터넷 요금 할인 · 고속도로 50% 할인 · 전기요금 할인	

위의 표에서 제시한 사업들은 사회복지서비스사업에 함께 묶는 것이 어려운 사업들이

포함되어 있다. 사회복지서비스를 대인사회서비스(personal social service)로 범위를 제한하게 되면 위의 표에서 제시된 다양한 사업들이 재정리될 수 있다. 즉, 사람을 향한 돌봄서비스로 사회복지서비스라는 사업 범위를 축소하고 축소된 사업을 중심으로 서비스(사업)의 특성과 이용자의 특성을 고려하여 사업을 재분류하여 재정지원방식과의 적합성을 고려하여 분류하면 아래와 같은 표가 가능해진다.

〈표 8-7〉 사회서비스사업 재정지원방식 서비스 및 이용자 특성별 분석

사업	(현) 재정지원방식	서비스특성	이용자특성	비고
노인 돌보미 사업	이용자 보조금/ 바우처	-요양등급판정을 판정을 받지 못하였지만 노인부양점수기준을 취득한 노인으로 지속적인 서비스 필요 -전문화된 서비스는 아니지만 하나 이상의 다양한 서비스제공	-정보수집능력이 취약 -서비스를 인지할 수 있을 정도의 능력여부도 이용자에 따라 상이함 -이용자의 개별적 특성에 따라 욕구수준 상이(이용자선별가능성 있음)	지속적인 서비스제공필요성과 이용자들의 개별적 특성을 고려한 다양한 서비스와 관리가 필요한 사업으로 재정지원방식의 재고필요
독거 노인 생활 관리사 파견 사업	제공자 보조금	- 소득수준, 부양의무자 유무에 상관없이 혼자살고 있는 노인으로 꾸준한 서비스 필요하며 국가의 지속적인 관리가 필요한 사업 -서비스는 안전점검 및 연계서비스로 전문적 서비스 아니며 표준화된 서비스임 -서비스구매빈도는 낮음	-이용자의 개별적 특성에 따라 정보수집능력과 서비스인지능력이 상이	현행 재정지원방식유지
중증 장애인 활동 보조 사업	이용자 보조금/ 바우처	-장애1등급판정받은 장애인을 위한 지속적이고 안정적인 서비스 제공 -표준화된 서비스와 전문적인 서비스제공 -이용자선호보다는 사회적 책임이라는 사회적 목적이 우선되는 사업 -하나 이상의 다양한 서비스를 필요	-이용자는 정보수집능력과 인지능력이 제한적임, 이용자는 자기결정권없음(이용자가족을 통한 정보수집은 가능) - 이용자의 개별적 특성에 따라 다양한 서비스 필요 - 이용자의 상태에 따라 이용자선별가능성 있음 -이용자가족의 (경제적)능력에 따라 정보이용 및 서비스선택의 장점실현 가능성이 큼	지속적인 서비스제공필요성과 이용자들의 개별적 특성을 고려한 다양한 서비스와 관리가 필요한 사업으로 재정지원방식의 재고필요
여성 장애인 가사 도우미	제공자 보조금	-등록여성장애인을 위한 꾸준하고 지속적인 서비스제공 -전문화된 서비스는 아니지만 하나 이상의 다양한 서비스제공	-이용자는 정보수집능력과 인지능력이 있으며 자기결정가능 - 이용자선별가능성 적음	지속적인 서비스제공필요성 인정되나 표준화된 서비스제공가능성이 있으며 이용자들이 선택이나 결정능력을 가지고

파견 사업				있어 이용자재정보조방식으로 재고필요
지역회 서비스 혁신 사업[5] (아동 인지 사업)	이용자 보조금/ 바우처	-서비스수요는 표준화되어 있어 공급자가 다수 존재 - 서비스는 전문화되어 있지만 상대적으로 표준화된 서비스제공	-이용자는 선별능력과 서비스인지 능력이 제한적(하지만 가족이 권한 행사) -서비스의 다양화에 따른 이용요금의 차이에 따라 이용자차별가능성 있음	현행 재정지원방식유지
지역회 서비스 혁신 사업 (비만 건강 지원 사업)	이용자 보조금/ 바우처	-표준화된 서비스제공이 제한적임 - 하나 이상의 다양한 서비스제공 - 서비스의 교체가 잦은 일회적 서비스제공가능 - 국가의 지속적인 관리와 책임이 필요한 서비스	-이용자는 선별능력과 서비스인지 능력 행사 가능 - 이용자의 개별적 특성에 따라 욕구수준 상이하여 다양한 서비스 필요	지속적인 서비스제공필요성과 이용자들의 개별적 특성을 고려한 다양한 서비스와 관리가 필요한 사업으로 재정지원방식의 재고필요

위의 표는 현재 제공되는 사회복지서비스 중 돌봄서비스를 중심으로 이용자특성과 서비스의 성격을 고려하여 재분류한 것으로서 가장 적합한 재정지원방식을 찾기 위한 하나의 가능한 방법을 제시한 것이라고 할 수 있다. 위의 표에서 제시된 것과 같이 노인돌보미사업의 경우 서비스이용대상이 노인 중에서도 저소득층이고 노인부양점수를 받은 노인으로 한정되어 있어 서비스대상자가 스스로 사회생활을 스스로 영위할 수 없을 정도로 제한적이고 제공되는 서비스의 경우 전문화된 서비스는 아니지만 이용자의 특성에 따라서는 서비스의 욕구가 매우 다양할 수 있어[6] 이용자재정지원방식으로 서비스가 제공되는 경우 선택권의 확대라는 장점보다 이용자들에 대한 정보비대칭, 이용자선별, 지속적이고 안정적인 서비스이용의 제한, 추가적인 서비스의 제한 등이 문제점으로 등장할 가능성이 높아 재정지원의 재고가 필요한 것으로 나타났다. 한편 독거노인생활관리사파견사업의 경우는 대상자가 독거노인으로 한정되어 있어 정보비대칭문제가 심각할 수 있고 개별적인 서비스의 유연성이 필요하여 현행과 같이 제공자재정보조방식으로 서비스가 제공되는 것이 바람직한 것으로 보인다.

중증장애인활동보조사업의 경우 사업에 대한 구체적인 정보가 주로 가족구성원에 의해

5) 2009년부터 지역사회서비스 혁신사업은 지역사회서비스 투자사업으로 명칭이 변경되었음.
6) 노인돌보미사업에서 제공되는 서비스는 생활에 공통적으로 필요한 가장 기본적인 서비스가 제공되는 경우 서비스표준화가 용이할 수 있지만 서비스대상자들의 개별적 욕구를 감안한다면 서비스표준화보다는 이용자의 특성반영이라는 조건이 더욱 중요하다고 할 수 있다.

서 수집되고 활용되는 경우 그리고 매우 기본적인 서비스가 제공되어야 하는 경우를 제외하고는 제공자보조금방식이 적합한 것으로 생각된다. 즉, 현재와 같이 장애 1등급으로 판정받은 장애인들 즉, 중증장애인에게 서비스가 한정되어 적용되는 경우 중증장애인들은 자기결정권을 행사할 능력을 가지고 있지 못하고 독립성이나 자존심향상 등을 추구할 수 있는 입장이 되지 못하며 장애영역에 따라 매우 다양한 서비스가 필요하여 개별적 욕구의 편차가 크다고 할 수 있어 이용자보조금의 장점은 주로 장애가족구성원의 능력(주로 경제적 능력)에 따라 실현여부가 결정된다고 할 수 있다. 장애인을 가진 소득이 낮은 가족의 경우는 중산층 이상이 가지는 정보능력을 가지지 못하기 때문에 저소득층의 중증장애인을 가진 가족의 경우는 선택권확대보다는 공공성을 강화하여 국가나 제공기기관이 직접 서비스를 제공하는 방식이 더욱 효과적이라고 할 수 있다.

여성장애인가사도우미파견사업의 경우는 서비스대상이 저소득가정의 등록장애인으로 대상범위가 넓고 서비스가 임신, 출산, 육아 및 가사활동지원으로 제한되어 있어 기본적인 서비스가 제공되어 제공자보조금방식보다는 이용자보조금방식이 더욱 효율적일 수 있어 재정지원방식의 변경이 고려될 수 있다. 또한 지역사회서비스혁신사업 중 아동인지능력사업의 경우는 서비스가 표준적이며 대상이 매우 넓고 서비스를 제공하는 기관이 다수 존재하며 부모의 선택권이 중요함으로 이용자재정지원방식이 효과적일 수 있지만 그 대상이 포괄적임으로 인하여 경제적 능력이 있는 가정과 경제적 능력이 없는 가정의 경우 이용자 선별이 일어날 가능성이 있고 서비스에 대한 정보도 경제적 능력이 있는 가정이 접근가능성이 더 높으며 또한 선택적 서비스가 제공된다면 본인부담능력의 여부로 인하여 서비스 이용의 양극화가 일어날 가능성이 높아 국가의 관리통제가 필요한 영역이라고 할 수 있어 궁극적으로는 이용자재정지원방식을 유지하되 이용과 선별이 일어나지 않도록 제도적 개선이 필요하다. 비만건강지원사업의 경우는 서비스대상자의 욕구가 너무 다양하지만 표준적인 서비스가 이루어지지 못하고 있고 제공기관도 제한적임으로 재정지원방식을 그 지역의 상황에 맞게 선택할 수 있도록 정책적 유연성을 제공하는 것이 바람직한 것으로 생각된다.

재정지원방식의 고려는 국가 재정지출의 효율성을 제고하고 사회복지서비스사업의 목적성취를 강화하기 위한 국가의 중요 정책결정사항으로서 국가는 효율과 형평을 고려하면서 위에서 제시한 서비스의 성격과 이용자의 특성을 고려하여 서비스제공의 효과성을 증대시키고 복지지출의 효율성을 강화하는 방안으로 재정지원방식을 결정하는 전략적 고려가 필요하다고 볼 수 있다. 아무리 좋은 의도로 서비스가 제공된다고 하더라도 국민들의 복지체감도를 고려하면서 주어진 재정으로 보다 목적성취지향적인 서비스를 제공하는 것이 국가의 의무이자 책무라고 보았을 때 사회복지서비스에 대한 국민들의 다양한 욕구를 채우기 위해서는 보다 다양한 재정지원방식의 유형들을 개발하여 서비스의 성격과 이용자들의 특성에 맞는 서비스를 효과적으로 제공하도록 하는 것이 무엇보다도 중요하다고 할 수 있다.

제 9 장

결 론

최근 새로운 사회적 위험으로 인하여 발생하는 다양한 사회적 욕구를 효과적으로 해결하기 위해서 사회복지 시스템에 많은 변화가 진행되고 있다. 복지국가의 축소라는 흐름에도 불구하고 실제 선진국의 사회적 지출은 거의 감소하지 않고 오히려 증가한 것으로 나타나고 있다. 새로운 변화의 흐름은 분권화, 민영화, 시장화, 다원화 등이다. 이러한 변화의 흐름은 사회서비스의 욕구 증대가 정부지원의 증대와 재정압박을 초래하고 그 결과 사회서비스의 효율성과 책임성을 필요로 하는 시대적 배경을 반영한 것이라고 볼 수 있다. 새로운 변화는 다원적 복지혼합체계를 형성하고 있으며, 적절한 사회복지서비스의 제공과 이에 상응하는 최적의 비용지불방식을 모색하게 하고 있다.

이 책은 이러한 요구에 부응하여 사회복지서비스의 공급체계와 재정지원방식을 연계한 적절한 모형을 모색하고자 하였다. 이를 위해 사회복지서비스 공급의 흐름을 살펴보고 서비스 흐름 국면과 재정 흐름 국면을 연계한 사회복지서비스 공급-재정지원 모형을 제시하였다.

재정지원 방식에 대해서는 제공자 지원방식과 이용자 지원방식으로 구분하여 선진국에서 시행되고 있는 제도들을 분석 검토하였다. 최근 제공자 지원방식에서 이용자 지원방식으로 중심축이 이동하는 경향이 있다. 서비스 제공자 재정지원 방식으로는 서비스 구매계약과 민관협력 방식을 집중 검토하였다. 서비스 구매계약의 예로서 서비스당 지불방식(fee for service)에서 클라이언트 1인당 지불방식으로 바뀐 메네지드 케어와 품질확보에 초점을 둔 네트워크계약 방식을 살펴보았다.

서비스 이용자 재정지원 방식으로는 직접지불제도, 개인총예산제도, 바우처제도, 수당제도를 집중 검토하였다. 검토 결과 사회서비스의 이용자 재정지원방식은 (1) 이미 존재하는 시장 재화나 서비스에 대해 바우처와 같은 도구를 주어서 이용자의 선택가능성을 증가시키는 방식이 있는가하면, (2) 잠재적 자원의 발굴을 통해 복지서비스 공급체계의 틀을 보다 확대하려는 방식, (3) 비공식 부문을 포함하여 자원부문을 적극적으로 활용하고 이용자 중심적인 서비스 제공가능성의 확대를 꾀하려는 방식, (4) 특정 영역(보육, 노인돌봄 등)에 대해 국가의 재정적 보조를 공식적으로 제도화하는 방식 등, 다양한 형태가 존재할 수 있음을 논의하였다.

그리고 재정지원방식에 따른 사회복지서비스 성과관리 방안에 대해 논의하였다. 또한 다양한 방식의 재정지원모형들은 사회복지서비스의 특성과 유형에 따라 그리고 이용자들의 개별적 특성에 따라 다르게 적용되어야 한다는 점을 강조하고 이들 특성 및 유형에 따라 사회복지서비스 재정지원 방식을 재분류하는 시도를 하였다. 마지막으로 앞에서의 논의를 토대로 하여 사회서비스의 특성과 유형, 그리고 이용자의 개별적 특성에 따라 재정지원방식이 다르게 적용되는 한국형 재정지원모형을 탐색하였다.

사회복지서비스에 대한 재정지원 방식은 이용자의 접근권 보장과 이용자 선택권 강화라는 두 가지 기준을 고려하여 결정되어야 한다. 이러한 기준은 서비스의 유형별 특성과 연계되어 재정지원방식을 결정하게 된다. 사회서비스의 성격상 이용자들에게 선택권을 강화시키는 것이 서비스 품질향상을 위해 가장 효과적인 방법이라고 판단된다면, 서비스의 공급시장 구조를 다원화하고 민간부문의 참여를 유도하며 이용자에 대한 정보제공 체계의 확보를 적극적으로 구현해야만 한다. 기존 공급자 재정지원 방식 서비스를 이용자 재정지원 방식으로 전환하고자 한다면, 이러한 공급 시장 자체의 구조적 변화는 상당한 시간을 가지고 점차적으로 이루어져야만 하며 기반의 점진적 변화과정에서 서비스 이용자들이 이용에 불편함을 경험하지 않도록 하는 것이 중요하다.

사회복지서비스 중에서 서비스 수요가 표준화되어 공급기관이 다수 존재할 가능성이 희박한 경우나 이용자가 원하지 않아도 사회적 필요성에 의해 제공되어야만 하는 서비스는 서비스 공급이 책임성 있게 이루어지는 것이 이용자 선택권 확보보다 더 중요하다. 또한 주어진 서비스를 기반으로 추가서비스의 이용이 가능해지는 기초서비스의 경우 선택권 확보보다는 접근성에 대한 보장이 정책적으로 더 우선적으로 고려되어야 한다.

한편, 서비스의 내용이 표준화되기 쉽고 품질평가가 용이한 서비스의 경우는 다양한 서비스 제공기관이 경쟁적으로 서비스를 제공할 때 이용자가 선택을 통해 양질의 서비스를 향유할 수 있는 가능성이 크다. 그러나 이용자들이 질을 평가하기 어려운 전문적 영역이나 잘못된 선택이 장기적으로 큰 문제를 야기할 수 있는 영역의 경우는 이용자들에게 재정지원을 하여 선택권을 주는 것이 오히려 이들의 최종복지를 감소시킬 수도 있다.

서비스 재정지원방식은 또한 이용자의 특성과도 연계되어 설계되어야 한다. 이용자 접근권과 선택권이 이용자의 복지증진으로 이어지기 위해서는 이들을 적절히 활용할 수 있는 이용자의 능력이나 이들을 지원해 주는 체계가 확보되어야만 가능하다. 이 책에서는 이러한 이용자의 특성으로 인지능력이나 정보에 대한 접근성, 독립성에 대한 요구나 서비스 일관성에 대한 요구정도를 재정지원방식 결정시 고려해야 한다고 보았다.

그런데 사회서비스의 특성은 시대적, 상황적 여건에 따라 변화하기 때문에 특정 국가에서 특정 시기에 합의된 서비스의 내용과 특성이 다른 상황에도 적용될 수 있다고 보기는 어렵다. 또 동일한 국가 내에서도 시대적으로 서비스의 특성에 따른 공급 및 재정지원방식에 대한 사회적 합의나 기대가 변화하는 경우가 많다.

이 책에서는 한국적 사회복지서비스 재정지원 모형을 탐색하고자 하였으나 다양한 서비스 공급방식과 재정지원 방식을 세분화하는 작업은 충분히 다루지 못한 한계를 갖고 있다. 이러한 정책설계는 모든 사회복지서비스 사업 각각의 특성을 충분히 분석하여 이루어야 하는 과제이기 때문에 추후 연구가 더 진전되어야 할 것이다.

참고문헌

강혜규·김형용·박세경·최현수·김은지·최은영·황덕순·김보영·박수지(2007). 『사회서비스 공급의 역할분담 모형개발과 정책과제-국가, 시장, 비영리민간의 재정분담 및 공급참여방식』. 한국보건사회연구원(연구보고서 2007-12)

고경환 외(2002). 『한국의 사회복지지출 추계 1990~1999: 순사회복지지출을 중심으로』. 보건복지부·한국보건사회연구원 정책보고서.

김미곤 외(2003). 국민기초생활보장제도 부양의무자기준 개선방안 연구. 한국보건사회연구원.

김상균·홍경준(1998). 한국 사회복지의 현실: 낙후된 국가, 성장한 시장, 그리고 변형된 공동체. [사회복지연구] 제13호.

김순양·고수정(2004). 지방 공공서비스의 민간위탁 과정 비교 · 분석, 한국사회와 행정연구. 15권 1호:95-124.

김승현(1998). 지방자치단체의 복지서비스 계약공급에 관한 연구: 노원구의 위탁시설을 중심으로. 한국행정학보 제 32권 3호: 145-160.

김연명(2008). 사회보험의 시장화 어떻게 볼 것인가? 2008년 춘계사회복지학회발표자료집. 한국사회복지학회.

김영순·최현수·이윤경·방효정(2007). 복지국가유형별 사회서비스의 발전과정과 시사점. 보건복지포럼(3): 37-61

김영종(2001). 지역사회복지서비스 조직들의 재정자원 수급 형태에 관한 연구, 한국사회복지학, 44, 64-90.

______(2003). 한국 사회복지에서의 공공과 민간부문의 협력체계. 한국사회복지학회 춘계학술대회자료집.

김용득(2007). 영국사회복지서비스의 구조와 서비스 질 관리체계. 보건복지포럼, 125, 76-91.

김은정(2007). 사회서비스 확충과 지방화의 과제. 계명대 사회과학연구소 학술심포지움 자료.

김은정·최은영·정소연(2008). "사회서비스 품질접근 동향과 품질표준 설정". [사회서비스 활성화를 위한 품질 및 성과관리체계 구축방안 II] 보건복지부 품질관리연구용역.

김진욱(2004). 복지혼합의 모형에 관한 이론적 연구, 연세사회복지연구, 11, 1-13.

______(2005). 한국 복지혼합의 구조: 2000년도 지출추계를 중심으로. 사회보장연구. 제21권 제3호.

______(2005a). 한국 복지혼합의 구조 : 2000년도 지출추계를 중심으로, 한국사회보장학회, 21(3), 22-54.

______(2005b). 한국 복지국가 공급체계의 혼합구성, 한국사회복지학회 2005년 추계학술대회 자료집.

노시평(2007). 공공서비스 민간위탁공급에 관한 연구. 한국거버넌너스학회보 제14권 3호:175-201.

박중훈(2003). 정부기능의 민간위탁제도 및 운영방식 개선방안, 서울: 한국행정연구원.

박치성(2006). 비영리-정부조직간 관계에 대한 연구: 미국 피츠버그시 사회서비스 공식계약 연결망을 중심으로. 한국행정학회 추계학술대회논문집.

백종만(2007). 사회복지재정분권의 과제와 대안. 한국사회복지의 현실과 과제. 참여연대 사회복지위원회. 나눔의 집.

보건복지가족부(2006). 보건복지부소관 예산안 및 기금운용계획안 개요.

____________(2007). 전국사회복지관현황보도서.

______________(2008a). 2008년 노인복지사업 안내.

______________(2008b). 2008년 장애인복지사업 안내.

______________(2008c). 2008년 아동복지사업 안내.

소병희(2004). 공공부분의 경제학. 박영사.

송광태(2005). 공공서비스 민간위탁의 경쟁성 관리에 대한 실태분석, 한국지방자치학회보, 제17권 제2호:45

신동면(2001). 한국의 복지혼합에 관한 연구, 한국사회복지학, 45, 220-249.

유영철(2008). 신거버넌스로서 민·관 협력 그리고 민간투자에 관한 연구-공공서비스 확충을 위한 민간투자방식의 레짐이동을 중심으로. 한국행정논집 제 20권 1호: 21-46.

유한욱(2006). 재정효율성 제고를 위한 시장원리 활용방안-바우처 제도를 중심으로- 한국개발원(정책연구시리즈 2006-2)

유한욱(2006). 재정효율성 제고를 위한 시장원리 활용방안-바우체 제도를 중심으로, KDI.

윤영진 외(2007). 복지재정과 시민사회. 나남출판사

윤홍식(2006). OECD 21개국의 부모권과 노동권 보장수준을 통해 본 가족정책의 비교연구. 한국사회복지학. 58(3), 341-370.

윤홍식(2006). OECD 21개국의 부모권과 노동권 보장수준을 통해 본 가족정책의 비교연구. 한국사회복지학. 58(3), 341-370.

이봉주·김용득·김문근(2007). 『사회복지서비스와 공급체계: 쟁점과 대안』. 도서출판커뮤니티.

이봉주 외(2008). 사회복지서비스와 공급체계. EM 커뮤니티.

이선주·박선영·김은정(2006). 『아동수당제도 도입방안에 관한 연구』. 한국여성정책원 연구보고서.

이영아(2006). 영국의 직접지불제도를 통한 이용자 선택권 확대. 국제사회보장동향 창간호, 105-111.

______(2006). 영국의 직접지불제도를 통한 이용자 선택권 확대. 국제사회보장동향 창간호. 105-111.

이인희(2004). 사회복지서비스 제공의 역할분담 모형, 한국사회와 행정연구, 14(4), 123-145

이혜경(2002). 한국사회복지서비스 공급체계의 민·관 파트너쉽 구축의 과제와 전망. 사회복지공동모금회 창립4주년 자료집.

장혜경 외(2006). 가족내 돌봄노동에 대한 사회적 지원방안 연구. 한국여성정책원 연구보고서

정광호(2007). 수요자중심의 사회서비스: 바우처 방식을 중심으로, 한국행정학회 2007년 추계학술대회 발표문.

조연숙(2004). 사회복지서비스 민간위탁 성과요소에 따른 정부의 대응: 플로리다 주를 중심으로. 한국행정학회 2004년도 학술대회 발표논문집3: 734-755.

조정아·이혜은(2005). 서비스 구매계약제도를 중심으로 미국의 복지개혁이후 사회복지조직의 적응양상에 대한 연구: 서비스 구매계약제도를 중심으로 . 사회보장연구, 21권 4호: 137-160.

지은구(2003). 사회복지경제학연구. 청목출판사.

______(2005). 사회복지프로그램개발과 평가. 학지사.

______(2006). 자본주의와 사회복지. 청목출판사.

______(2008). 사회복지평가론. 학현사.

최은영(2007). 사회서비스의 정책적 쟁점. 보건복지포럼, 125, 23-36.

최성은 외(2007). 사회예산분석과 정책과제. 한국보건사회연구원.

최재성(2005). 사회복지서비스전달체계에서 서비스구매계약제의 가능성과 한계: 미국의 사례검토를 통한 한국적 정책함의에 대한 소고. 한국사회복지행정학 7권2호: 99-125.

______(2005). "사회복지서비스 전달체계의 민영화 쟁점과 과제", 한국사회복지학회, 2005년 추계학술대회 자료집.

최재성 외(2000). 「사회복지시설 이용권제도 모형 개발」, 연세대 사회복지연구소.

통계청. 가계수지동향, 2008년 1/4분기.

______. 경제활동인구연보.

______. 도시가계연보. 각 연도

______. 도시근로자가구의 가계수지동향. 각 연도

______. 국가통계포털.

행정자치부(2004). 지방재정연감.

황혜신(2005). 공공의료서비스 민간위탁의 성과에 관한 연구. 한국행정학보, 39권 1호: 65-88.

황혜신(2006). 공공서비스 민간위탁의 이론과 실제. 한국행정연구원.

Adema. W. and M. Einerhand.(1998). "The growing role of private social benefits," Labour market and social policy-Occasional paper No.32, Paris: OECD.

Agranoff, R., and McGuire, M. (2003). Collaborative Public Management: New Strategies for Local Governments. Washington, DC: Georgetown University Press.

Alcock. P., Erskine, A, and May, M. (2003). Encyclopedia of Social Policy. London: Blackwel

Allen, G. (2001). The Private Finance Initiative(PFI) Research paper01/117. http://www.parliament.uk

Ammons, D. N. (2003). Performance measurement and benchmarking in local government. In J. RAbin(ed), *Encyclopedia of public administration and public policy*. New York: Marcel Dekker Inc.

Anderson and Molander (2003). Alternatives for welfare policy. London: Cambridge university press.

Anderson, J. (2003). Public finance. New York: Houghton Mifflin Co.

Anheier, H. K. and W. seibel (1998). "The Nonprofit Sector and the Transformation of societies : A Comparative Analysis of East Germany, Hunagary and Poland". in W.W Powell and L. Clemens (eds) Private Action and the Public Good, New Heaven: Yale University Press.

Ascolil, U. and C, Rancil(eds.) (2002). Dilemmas of The Welfare Mix, New York:Kluwer Academic/Plenum Publisher.

Atkinson. 2001(2nd ed.). The consequences of rolling back the welfare state. Cambridge, MA:MIT press.

Atkinson, A.B. (1999). The economic consequences of rolling back the welfare state, Cambridge, MA:MIT press.

Barr, Nicholas (1979). 'Myths my Grandpa Taught Me', Three Banks Review, 124(Dec.), 27-55.

Barr, Nicholas (1987). The Economics of the Welfare State, 1st edn., London:Weidenfeld & Nicolson, and Stanford, Calif.:Stanford University Press.

Barr, Nicholas (1989). Student Loans: The Next Steps, Aberdeen University Press for the David Hume Institute, Edinburgh, and the Suntory-Toyota International Centre for Economics and Related Disciplines, London School of Economics.

Barr, Nicholas (1991). 'Income-Contingent Student Loans: An Idea whose Time has Come', in G. K. Shaw(ed), Economics, Culture and Education: Essays in Honour of Make Blaug,

Cheltenham: Edward Elgar, 155-70

Barr, Nicholas (1992). 'Economic Theory and the Welfare State: A Survey and Interpretation', Journal of Economic Literature, 30/2, 741-803.

Barr, Nicholas (1994). 'Income Transfers: Social Insurance', in Nicholas Barr(ed.), Labor Markets and Social Policy in Central and Eastern Europe: The Transition and Beyond, New York: Oxford University Press for the World Bank(also available in Hungarian, Romanian, and Russian).

Barr, Nicholas (1997). 'Student Loans: Towards a New Public/private Mix', Public Money and Management, 17/3(July-Sept); 31-40.

Barr, Nicholas (1998a). The Economics of the Welfare State, 3rd edn., Oxford: Oxford University Press, and stanford, Calif.:Stanford University Press.

Barr, Nicholas (1998b). 'Higher Education in Australia and Britain: What Lessons?', Australian Economic Review. 31/2(June); 179-88.

Barr, Nicholas (1999a). 'Comments on 'Economic Policy and Equity: An overview" by Amartya Sen', in Vito Tanzi Ke-young Chu, and Sanjeev Gupta (eds.), Economic Policy and Equity, Waghington: International Monetary Fund, 44-8.

Barr, Nicholas (1999b). 'Pension Reform in Central and Eastern Europe: The Good, the Bad and the Unsustainable', in Sami Daniel, Philip Arestis, and John Grahl(eds.), Essays in Honour of Bernard Corry and Maurice Peston, iii. Regulation Strategies and Economic Policies, Cheltenham: Edward Elgar, 174-91.

Barr, Nicholas(2000). 'A Strategy for Financing Tertiary Education', Submission to the Education and Science Select Committee, Inquiry into the Resourcing of Tertiary Education, Wellingoton.

Barr, Nicholas (2001a). Economic Theory and the Welfare State, I. Theory, ii. Income Transfers, and iii. Cheltenham, UK: An Elgar Reference collection.

Barr, Nicholas. (2001b). The welfare state as piggy bank: Information, risk, uncertainty and the role of the state, Oxford: Oxford University Press.

Bereford, P. and S, Croft (1984). "Welfare Pluralism : the new face of Fabianism", Critical Social Policy, 9:19-39.

Ben-Ner, A. and B. Gui. (1993). The Nonprofit Sector in the Mixed Economy, The University of Michigan Press.

Blair, T. (1998). The Third Way: New Politics for the New Century , Fabian Society.

Blaug, M. (1984). "Education vouchers - it all depends on what you mean," in J.Le Grand and R.Robinson (eds) Privatisation and the Welfare State(London: Allen&Unwin).

Blondal, J, R. (2005). "Market-type Mechanism and the Provision of Public Services" . OECD Journal of Budgeting, Vol. I. NO. 1; 79-106.

Bouckaert, G. and Halligan, J. (2006). Performance and performance management. In B. G. Peters and J. Pierre(ed), *Handbook of poblic policy*. London: Sage.

Brunsdon, E. (1998). "Private welfare". in P. Alcock, A. Erskine and M. May eds.,The students's companion to social policy, Oxford:Blackwell Publisbers.

Burwick, A. and Kirby, G. (2007). "Using Vouchers to Deliver Social Services:Learning from the Goals, uses, and Key Elements of Existing Federal vouchers Programs." MPR Reference No. 6289-300.

Burchardt, T., Hills, J. and Propper, C. (1999). Private welfare and public policy, York:Joseph Rowntree Foundation.

Burch, H. (1999). social welfare policy analysis and choice. Bringhamton: NY. The Haworth Press.

Cardy, R. L. (2004). *Performance management: concepts, skills, and exercises.* New York: M. E. Sharpe.

Castles. F. (2004). The future of the welfare state. London: Oxford University Press.

Cave, M. (2001). "Voucher Programmes abd their Role in Distributing Public Services." OECD Journal of Budgeting, Vol. I. NO. 1: 59-88.

Clarke, M. & J. D. Stewart. (1990). General management in local government : getting the balance right, Longman : Harlow.

Commission for Social Care Inspection (UK).(2006). Policy & Guidance: Enforcement Policy. www.dh.gov.uk/publications

Daniels R. J., & Trebilcock, M. J. (2005). *Rethinking the Welfare State-The Prospects for government by voucher.* Routledge.

Deakin, N. (1998). "The voluntary sector", in P. Alcock, A. Erskine and M. May eds., The student's companion to social policy, Oxford : Blackwell Publishers.

Deakin, N. and Parry, R. (2000). The Treasury and social policy, Basingstoke: Macmillan.

DeHoog, R. H. (1984). Contracting out for Human Services: Economic, Political and Organizational Perspectives. Alvany: State Unive. of New York Press

Department of Health(UK). (2008). *An Introduction to the Personalisation Toolkit.* www.toolkit.personalisation.org.uk

Deyo, F. C. (1992). "The political economy of social policy formation : East Asia's Newly industrialized countries", in R. P. Appelbaum and J. Henderson eds., State and Development in the Asian Pacific Rim, Newbury Park, London : Sage.

Dinitto, D. M. and T. R. Dye(1993). Social Welfare: Politics and Public Policy. Englewood Cliffs: Prentice-Hall.

Donahue, J. D. (1989) The privatization Decision : public Ends, private means, New York : Basic Books.

Dougherty, R. & Eggers, W. D. (1996). *Delivering Better Services for the Mentally Ill and Developmentally Disabled: A Consumer Choice Model.* Policy Study. California: Reason Public Policy Institute.

Enjolras, B. (2007). General Interest and Social Services in the European Union. Working Paper on Conference "Social Services of General Interest in the European Union-Assessing Their Specificities, Potential and Needs."

Esping-Andersen, G. (1985). Politics against Market, Princeton, N. J : Princeton University Press.

Esping-Andersen, G. (1996). "After the Golden Age? Welfare State Dilemmas in a Global

Ecomomy", in G Esping-Andersen (ed.) Welfare State in Transition London Sage Publications.

Esping-Andersen, G. (1999). Social Foundation of Postindustrial Economies, Oxford : Oxford University Press.

European Centre Vienna, Avebury. Johnson, N. (1987). The Welfare State in Transition : The Theory and Practice of Welfare Pluralism, Brighton : Wheatsheaf Books.

European Communities, (1991). Labour costs-survey 1988, Eurostat, Statistical Office of the European Communities, Luxembourg, Office for Publication of the European Communities.

European Commission. (2007a). *Social Protection in EU: Social Services of General Interest Questionnaire(Background Document Legal Framework).* Final 2209.

European Commission. (2007b). *Social Protection in EU: Social Services of General Interest Feedback Report to the 2006 Questionnaire of the Social Protection Committee.*

Evers, A. (1990). "Shifts in the welfare mix, the case of care for the elderly-Mapping the field of a cross-national research project", paper presented at an international conference in Montreal, May 14-19.

Evers, A. & T. Olk (1991). "The mix care provisions for the frail elderly in the Fedral Republic of Germany", in Evers, A, and I. Svetlik(eds) (1993.), Balancing Pluralism : New Welfare Mixes in Care for Elderly, Vol. 3 European Centre for Social Policy Researcy. Vienna, Aldershot : Avebury.

Evers, A, Svetlik Ivan(eds.)(1993a). Balancing Pluralism. New Welfare Mixes in Care for the Elderly. Aldershot :Avebury

Evers, A. (1993b). "The Welfare Mix Approach. Understanding the pluralism of Welfare Systerm". in A Evers and I. Svetlik (eds.) Balancing Pluralism: New Welfare Mixes in Care for Elderly, European Centre Vienna: Avebury.

Evers, A. (1994). Payments for Care: A Small but Significant Part of a Wider Debate. In Evers, A., Pijl, M., & Ungerson, C.(Eds.), *Payments for Care: A Comparative Overview*, European Centre Vienna, Avebury.

Evers, A. (1995). "Part of the welfare mix: the third sector as an intermediate area", Voluntas, 6(2): 159-182.

Fernadaz, J., Kendall, J., Davey, V., & Knapp, M. (2007). "Direct Payment in England: An analytic first cut at the evidence on variation." *Journal of Social Policy 36*(1), 97-121.

Finch, J. and D. Groves (1980). "Community care and the family : a case for equal opportunity?, *Journal of social policy*, 9(4).

Gaster, L. & Squires. A. (2003). *Providing Quality in the Public Sector*. Open University Press.

Gibelman, M. and Demone, H. W. Jr. (1989). The evolving contract state in H.W. Demone Jr. & M. Bibelman (eds) Services for sale: Purchasing Health and Human Service: New Brunswick, N. J.: Rutgers University Press.

Giddens, A.(ed.) (2001). The Global Third Way Debate, Cambridge: Polity.

Gidron, Benjamin, Ralph Kramer, and Lester Salamon(1992). Government and the Third Sector:

Emerging Relationships in Welfare States. Jossey-Bass Publishers.

Gillbert, N. (1993). "From 'Welfare' to 'Enabling State", in A Evers and I. Svetlik(eds.) Balancing Pluralism: New Welfare Mixes in Care for Eldrely, European Centre Vienna, Avebury.

Gilbert, H. and Terrel, P. (2005)(6th ed.). Dimensions of social welfare policy. Boston : Allyn and Bacon.

Glasby, J. Glendinning, C., & Littlechild, R. (2006). The Future of Direct Payments. in J. Leece & J. Bornat (Eds). *Development in direct payments*. 269-284. Policy Press.

Glasby et al. (2006). The Future of Direct Payments. In *Development in Direct Payments.* The Policy Press. Glendinning, (2006). Direct Payments and Health. In *Development in Direct Payments.* The Policy Press

Glendinning, C. (2006). Direct payment and health. pp. 253-268 In J. Leece & J. Bornat (Eds). *Development in direct payments.* 253-268. Policy Press.

Glennerster, H.(1992). Paying for Welfare. The 1990s, Hemel Hempstead: Harvester Wheatsheaf.

Glennerster, H. (1995). "The Life Cycle: Public or Private Concern?, In Jane Falkingham and John Hills(eds), The Dynamic of Welfare; The Welfare State and the Life Cycle, Chapter1, Hemel Hempstead; Prentice Hall/Harvester Wheatsheaf.

Glennerster, H. (1997a). Paying for Welfare: Towards 2000, 3rd edn., Hemel

Glennerster, H. (1997b). 'Education', in Howard Glennerster and John Hills (eds.), The State of Welfare: The Economics of Social Spending, Oxford: Oxford University Press.

Glennerster, H. (1998a). 'Solutions for Long-Term Care', New Economy, 5/1:24-9.

Glennerster, H. (1998b). 'Competition and Quality in Health Care: The UK Experience', International Journal for Quality in Health Care, 10/5; 403-10.

Glennerster, H. (1998c). 'Priorities for Welfare', Times Higher Education Supplement, 1344, 7 Aug. 1998, 16-17.

Glennerster, H. and Hills, J. (1998). The state of welfare: The economics of social spending, Oxford: Oxford University Press.

Glennerster, H. (2003). Understanding the finance of welfare. The Policy Press.

Goodman, R. and G. White (1998). "Welfare Orientalism and the Serch for an East Asian welfare model" in R. Goodman et al. eds, The East Asian Welfare Model : Welfare Orientalism and the state, London and New York : Routledge.

Gormley, W. T. eds. (1991). Privatization and its alternatives, Madison. WI: University of Wisconsin Press.

Gormley, W. T. (1994). Privatization revisited, Studies Review. 13:3/4, 215-234.

Gough, I and T. Eardley. (1996). "Diverse systems, common destinations? a comparative study of social assistance in OECD countries" Conference paper at the annual meeting of research Committee 19 of the International Sociological Association, Australian National University.

Gough, I. (1999). "Welfare regime : On adapting the framework to developing countries". University of Bath, SPDC working paper.

Gough, I, and J. W. Kim (2000). "Tracking the wlefaref mix in Korea", University of Bath,

SPDC working paper.

Gould, A. (1993). A Capitalist Welfare System: A Comparison of Japan, Briton, Sweden. London: Longman Green.

Gregory, P. R. and Ruffin, R. J. (1994). *Micro economics*, NY: Harper Collins College Pulishers.

Haberkern, R. M. (2003). *Using Vouchers to Deliver Social Services*. Welfare Information Network.

Higgins, J. (1979). The poverty business Britain and America, Oxford : Basil Blackwell.

Hill, M. (2006). Social policy in the modern world. Oxford: Blackwell

IMF. (1997). Government Financial Statistic Yearbook, Washington, D. C, : IMF.

James, E.(1987). The Nonprofit Sector in Comparative Perspective. New Haven and London: Yale University Press.

Jensen, P.H. and Stonecash, R. (2004). The efficiency of public sector outsourcing contracts: A Literature review. Melbourne Institute Working Paper No.29/04, 1-32.The University of Melbourne.

Johansson, L. & Sundstrom, G. (1994). Payments for Care: The Case of Sweden. In Evers, A., Pijl, M., & Ungerson, C.(Eds.), *Payments for Care: A Comparative Overview*, 87-100.

Jones, C. (1990). "Hong Kong, Singapore, South Korea and Taiwan : Oikonomic Welfare state", Government & Opposition, Vol.25, No.4: 446-462.

Jones, C. (1993), "The Pacific Challenge : Confucian welfare states", In C. Jones ed., New perspectives on the welfare state in Europe, London and New York : Routledge.

Jones, N. (1993). "Welfare Pluralism : Opportunities and Risks, in A. Evers and I. Svetlik(eds.), Balancing Pluralism : New Welfare Mixes in Care for Elderly, European Centre Vienna, Aldershot : Avebury.

Julnes, P, D, L. (2003). Performance measurement. In J. RAbin(ed), *Encyclopedia of public administration and public policy*. New York: Marcel Dekker Inc.

Kamerman, S. B., and Kahn, A. J. eds. (1989). Privatization and the welfare state. princetion, N.J. : Princetion University Press.

Keigher, S. M. & Stone, R. I. (1994). Payments for Care: The Case of United States of America. In Evers, A., Pijl, M., & Ungerson, C.(Eds.), *Payments for Care: A Comparative Overview*, 322-342. European Centre Vienna, Avebury.

Kettle, D. F. (1995). Privatization as a tool of reform. The LaFollette Policy Report. 7: f1.

Knapp, M. (1984). The economics of social care, London: Macmillan.

Knapp, M., Hardy, B., and J. Forder. (2001). Commissioning for Quality: Ten years of Social Care Markets in England. Journal of Social Policy 30(2) : 283-306.

Kneck, S. and Keefer, P. (1997). Dose social capital have an economic pay-off?:A cross country investigation. Quarterly Journal of Economics, Vol. 112: 1251-1288.

Kramer, R. M. & Grosman, B. (1989) Privatization and Welfare State, (김순양·고수정, 2004 재인용)

Kuhnle, Stein and Per Selle. (1990). Meeting Needs in a Welfare State: Relations between Government and Voluntary Organizations in Norway. In Alan Ware and Robert E. Goodin(eds.). Needs and Welfare. London: Sage Publications.

Leat, D. & Ungerson, C. (1994). Payments for Care: The Case of Britain. In Evers, A., Pijl, M., & Ungerson, C.(Eds.), *Payments for Care: A Comparative Overview*, European Centre Vienna, Avebury.

Leece, J. & Bornat, J. (2006). *Development in Direct Payments.* The Policy Press.

Le Grand, J. (1982). The Strategy of Equality, London: George Allen & Unwin.

Le Grand, J. and Robinson, R. (1984). Privatization and the welfare state. London: George Allen & Unwin.

Le Grand, J. (1989) 'Markers, Welfare and Equality', in Julian Le Grand and Saul Eatrin(eds.), Market Socialism. Oxford : Clarendon Press.

Le Grand, J. (1991a). 'The Theory of Government Failure', British Journal of Political Science, 21:423-42.

Le Grand, J. (1991b). 'Equity in the Distribution of UK National Health Service Resources', Journal of Health Economics, 10/1 (May): 1-9.

Le Grand, J. (1992). 'The Distribution of Health Care Revisited', Journal of Political Economics, 10; 239-45.

Le Grand, J. and Bartlett, W. (eds.). (1993). Quasi-markets and social policy. Macmillan, London.

Le Grand, J. (1995). 'The Strategy of Equality Revisited : Reply', Journal of Sociay, 24/2:187-91.

Le Grand, J. (1995). The development of quasi markets in welfare provision on the U. K, International Journal of Health Service, 25(2), 203-218.

Le Grand, Julian and Vizard, Polly (1998). 'The National Health Service: Crisis, Change or Continuity?', in Howard Glennerster and John Hills(1998)(eds.), The State of Welfare, 2nd edn., Oxford : Oxford University Press, 75-121.

Le Grand, J, Mays, Nicholas, and Mulligan, Jo-Ann. (1998). Learning from the NHS Internal Market, London: King's Fund.

Le Grand, J. and Nissan, David (2000) A Capital Idea: Start-Up Grants for young people, London: Fabian Society.

Ludowise. C. (2004). Accountability in Social Service Contracting: The State Action Doctrine and Beyond. JHHSA(Winter).

MacPherson, S. (1992). "Social policy and economic change in the Asia", Social Policy & Administration, Vol.26. No.1: 55-60.

Management Advisory Committee. (2001). Performance management in the Australian public service: A strategic framework. Canberra: Government of Australia.

Mayo, M. (1994). Communities and Caring : The Mixed Economy of Welfare, New York : St. Martin's Press.

Means, R. and R. Smith. (1998). Community Care : Policy and Practice, Second Edition, Basingstoke : Macmillan.

Midgley, J. (1985). "Industialization and welfare : the case of the four little tigers", Social Policy & Administration, Vol.20, No.3; 225-238.

Munday, B. R. (2007). *The United Kingdom's Approach to a Mixed Economy of Social*

Services. International Symposium of Social Service Provision System: The Issues of Public-Private Partnership in Korea.

Nightingale, D. S., & Pindus, N. M. (1997). *Privatization of Public Social Services.* Urban Institute (Background Paper).

Niskanen, W. A. (1973). Bureaucracy and Representative Government, Chicago : Aldine-Atherton.

O'Connor, J. (1973). The fiscal crisis of the state. New York, NY: St. Martin's Press.Pijl, M. 1994. When Private Care Goes Public: An Analysis of Concept and Principles Concerning Payments for Care. In Evers, A.,

OECD (1993), OECD Health system, Vol. II, Paris.

OECD (1994). 'New Orientations for Social Policy', Social Policy Studies, No. 12, Paris

OECD (1999). Social expenditure database 1980~96, Paris : OECD.

OECD (2001a) Economic Outlook, Paris,

OECD (2001b), Labor force statistics 1980-2000, Paris

OECD (2001c), Social Expenditure Database, 1980-1998, Paris: OECD

OECD (2003). Revenue statistics, 1965-2001. Paris: OECD.

OECD (2004a). Education at a glance. Paris: OECD.

OECD (2004b). OECD in figure, 2004. Paris: OECD

OECD (2004c). Social expenditure database. Paris: OECD.

OECD (2005). Net social expenditure. Paris: OECD.

OECD (2007). 2007 Social expenditure database(SOCX 1980-2003). Paris: OECD.

OECD (2008a). Market mechanism in public service provision. Working Paper No. 16.

Pack, J. R. (1987). Privatization of public-sector services in theory and practice. Journal of Policy analysis and mangerment 6(4). 황혜신(2005) 재인용.

Pijl, M., & Ungerson, C.(Eds.), *Payments for Care: A Comparative Overview*, European Centre Vienna, Avebury.

Pinker, R. (1990). Social Work in an Enterprise Society, London and New York : Routledge.

Pinker Robert. (1995). "사회복지에서의 파트너십 : 영국의 경험". 『한국사회복지학회 국제심포지엄 및 학술대회 자료집』. 12:171-190.

Poister, T. H. (2003). *Measuring performance in public and nonprofit organizations.* San Franciso: CA. Jossey-Bass.

Pond C. (1980). "Introduction", in C. Sandford, C. Pond and R. Walker eds., Taxation and social policy, London : Heinemann.

Rames, M. (1995). "Politics of illiberal capitalism:the state, industrialization and social security in South Korea", Contributions in Political Sciences, Vol. 359;49-71.

Rao, N. (1996). Towards Welfare Pluralism: Public Seroices in a Time of Change, Aldershot: Dartmouth.

Rejda, G. E. (1994). Social insurance and economic security. Englewood Cliffs, NJ: Prentice Hall.

Robbins. (2005). Handbook of public sector economics. London: Taylor and Francis.

Rosen, H. (1995). Public Finance. New York: McGraw-Hill.

Rosen, H. (1995). Public finance(4th ed.). Chicago: Irwin.

Rothgang, Heinz, Herbert Obinger, and Stephan Leibfried(2006). The State and its Welfare State: How do Welfare State Changes Affect the Make-up of the Nation State? Social Policy & Administration, Vol. 40, No.3.

Salamon, L. M. (1993). The marketization of welfare : Changing nonprofit and for-profit roles in American Welfare State. *Social Service Review*, March.

Salamon, Lester and Helmut Anheier. (1996). Social Origins of Civil Society: Explaining the Nonprofit Sector Cross-Nationally. The Johns Hopkins University, Institute for Policy Studies, Working Paper.

Savas, E. S. (1987). 「Privatization : The Key to Better Government」, Chatham House, New Jersey, 1987, 박종화 역, 「민영화의 길」, 서울, 한마음사, 1994.

Savas, E. S. (2000). Privatization and Public Private Partnerships. Seven Bridges Press, LLC.

Scala, M. A., & Mayberry, P. S. (1997). *Consumer-directed Home Services: Issues and Models.* Ohio Long-term Research Project. Scripps Gerontology Center, Miami University.

Schuyt, Theo N.M. (2001). Philanthropy and the Diversification of the Western European 'Welfare State' Model. European Journal of Social Work. Vol. 4, No.1.

Segal E. A. (2007). Social Welfare policy and social program: a value perspective. Thomson Brooks/cole.

Shin, D.-M. (2000a). "Financial crisis and social security: The Paradox of the Republic of Korea", International Social Security Review, 53(3): 107-131.

Shin, D.-M. (2000b). "The Recent Development of Welfare System in Korea: Transition to a Welfare State from a Welfare Society?", 한국사회보장학회 :16(2), 187-210.

Shin, D.-M. (2000c). "Social and economic policy in Korea 1960-Present: the Dynamics of Ideas, Networks and Linkages", Unpublished Ph.D. Dissertation, University of Bath.

Standing G. (1999). Global Labour Flexibility : Seeking distributive justice, New York : St. Martin's Press.

Starr, P. (1989). The Meaning of Privatization. In S. Kammerman and A. Kahnthe(eds.). Privatizations and the Welfare State. Princeton, N.J.: Princeton University Press.

Steuerle, C. U., Peterson, G., Reischauer, R. D., & Ooms, V. D. (2000). *Vouchers and the Provision of Public Services*. Brookings Institution Press.

Steuerle, G. (2000). "Common Issues for Vouchers Programs" . in E. Steuerle & V. D. Ooms & G. E. Peterson & R. D. Reischauer (eds.). Vouchers and the Provision of Public Washington, D. C : Brookings Institution CED and Urban Institute: 3-39.

Svetlik, I. (1990). "The future of welfare pluralism in the postcommunist countries", in Evers, A. and I. Svetlik eds.. 1993. Balancing Pluralism : New Welfare Mixes in Care for Elderly, Vol. 1. European Centre for Social Policy Research. Vienna, Aldershot : Avebury.

Taylor-Gooby, P. (1998). Choice and the policy agenda. In Peter Taylor-Gooby(ed.). Choice and public policy: the limits to welfare markets. London: Macmillan Press.

Taylor-Gooby, P. (2004). New risks, new welfare. London: Oxford University Press.

The Office for National Statisatics. (1996). Family spending, London : The Office for National Statistics, The British Government.

Titmuss, R. M. (1958). Essays on the welfare state, Botson : Beacon Press.Ungerson, C. 1994. Morals and Politics in "Payments for Care": An Introductory Note. In Evers, A., Pijl, M., & Ungerson, C.(Eds.), *Payments for Care: A Comparative Overview*, European Centre Vienna, Avebury.

Ungerson, C. (1994). Morals and Politics in "Payments for Care": An Introductory Note. In Evers, A., Pijl, M., & Ungerson, C.(Eds.), *Payments for Care: A Comparative Overview*, 43-47. European Centre Vienna, Avebury.

Ungerson, C. (1998). "The informal sector", in P. Alcock, A. Erskine and M. May eds., The students's companion to social policy, Oxford : Blackwell Publishers.

US General Accounting Office. (1997). Social Service Privatization: Expansion Poses Challenges in Ensuring Accountability for Program Results. GAO/HEHS-98-6.

Valkama, P. and Bailey, S. J. (2001). "Vouchers As An Alternative Public Sector System". Public Policy and Administration Vol. 16, No. 1:32-58.

Van Slyke, D. U. (2003) "The mythology and privatization in contracting for social services", Public Administration Review 63(3) : 296-315.

Walker, R. (2005). Social security and welfare. Open University.

Wistow, G,, M. Knapp, R. Hardy and C. Allen, (1994). Social Care in a Mixed Economy, Buckingham and Philadelphia: Open University Press.

World Bank. (2000). Social capital for development. www.worldbank.org. http://en.wikipedia.org/wiki/Quasi_market

찾아보기

[저자 소개]

• 윤 영 진

서울대학교 행정학전공 박사
현, 계명대학교 사회과학대학 행정학과 교수

〈주요 저서〉
『복지재정과 시민참여(나남출판, 2007)』 외 다수.

• 장 승 옥

Univ. of California(Berkeley), 사회복지학전공 박사
현, 계명대학교 사회과학대학 사회복지학과 교수

〈주요 저서〉
『학교사회복지와 탄력성(학지사, 2008)』 외 다수.

• 지 은 구

The City Univ. of New York, 사회복지학전공 박사
현, 계명대학교 사회과학대학 사회복지학과 교수

〈주요 저서〉
『사회복지평가론(학현사, 2008)』 외 다수.

• 김 은 정

Univ. of Texas(Austin) 사회복지학전공 박사
현, 계명대학교 사회과학대학 사회복지학과 교수

〈주요 저서〉
『한부모 어머니들의 취업과 복지-빈곤한 미국 한부모 어머니들의 삶(신정출판사, 2007)』 외 다수.

사회복지서비스 재정지원방식

2009년 7월 5일 초판인쇄
2009년 7월 10일 초판발행

저 자 윤영진 · 장승옥 · 지은구 · 김은정
발행인 유 성 렬
발행처 **청목출판사**
서울특별시 영등포구 신길동 233-96
전화 (02) 849-6157(代) · 2820
FAX (02) 849-0817
등록 제318-1994-000090호

파본은 바꾸어 드립니다. 값 15,000원

http : //www.chongmok.co.kr

ISBN 978-89-5565-306-9